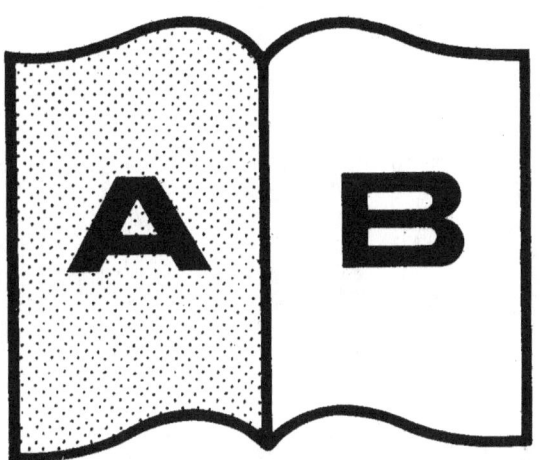

Contraste insuffisant
NF Z 43-120-14

LES VOYAGES EXTRAORDINAIRES
COURONNÉS PAR L'ACADÉMIE FRANÇAISE

JULES VERNE

P'TIT BONHOMME

BIBLIOTHÈQUE D'ÉDUCATION ET DE RÉCRÉATION
J. HETZEL ET Cie, 18, RUE JACOB

P'TIT-BONHOMME

— LES VOYAGES EXTRAORDINAIRES —

— COLLECTION HETZEL —

LES VOYAGES EXTRAORDINAIRES
Couronnés par l'Académie française.

PAR

JULES VERNE

85 ILLUSTRATIONS PAR L. BENETT
12 GRANDES GRAVURES EN CHROMOTYPOGRAPHIE
1 CARTE EN COULEURS

BIBLIOTHÈQUE
D'ÉDUCATION ET DE RÉCRÉATION
J. HETZEL ET Cie, 18, RUE JACOB
PARIS
—
Tous droits de traduction et de reproduction réservés.

P'TIT-BONHOMME

LES PREMIERS PAS

I

AU FOND DU CONNAUGHT

L'Irlande, dont la surface comprend vingt millions d'acres, soit environ dix millions d'hectares, est gouvernée par un vice-roi ou lord-lieutenant, assisté d'un Conseil privé, en vertu d'une délégation du souverain de la Grande-Bretagne. Elle est divisée en quatre provinces : le Leinster à l'est, le Munster au sud, le Connaught à l'ouest, l'Ulster au nord.

Le Royaume-Uni ne formait autrefois qu'une seule île, disent les historiens. Elles sont deux maintenant, et plus séparées par les désaccords moraux que par les barrières physiques. Les Irlandais, amis des Français, sont ennemis des Anglais, comme au premier jour.

Un beau pays pour les touristes, cette Irlande, mais un triste pays pour ses habitants. Ils ne peuvent la féconder, elle ne peut les nourrir — surtout dans la partie du nord. Ce n'est point cependant une terre bréhaigne, puisque ses enfants se comptent par millions, et si cette mère n'a pas de lait pour ses petits, du moins l'aiment-ils passionnément. Aussi lui ont-ils prodigué les plus doux noms, les plus « sweet », — mot qui revient familièrement sur leurs lèvres. C'est la « Verte Erin », et elle est verdoyante en effet. C'est la « Belle Émeraude », une émeraude sertie de granit et non d'or. C'est « l'île des Bois », mais plus encore l'île des roches. C'est la « Terre de la Chanson », mais sa chanson ne s'échappe que de bouches maladives. C'est la « première fleur de la terre », la « première fleur des mers », mais ces fleurs se fanent vite au souffle des rafales. Pauvre Irlande ! Son nom serait plutôt l' « Ile de la Misère », nom qu'elle devrait porter depuis nombre de siècles : trois millions d'indigents sur une population de huit millions d'habitants.

En cette Irlande, dont l'altitude moyenne est de soixante-cinq toises, deux hautes régions séparent nettement les plaines, lacs et tourbières entre la baie de Dublin et la baie de Galway. L'île se creuse en cuvette, — une cuvette où l'eau ne manque pas, puisque l'ensemble des lacs de la Verte Erin comprend environ deux mille trois cents kilomètres carrés.

Westport, petite ville de la province de Connaught, est située au fond de la baie de Clew, semée de trois cent soixante-cinq îles ou îlots, comme le Morbihan des côtes de Bretagne. Cette baie est l'une des plus charmantes du littoral, avec ses promontoires, ses caps, ses pointes, disposées comme autant de dents de requin, qui mordent les houles du large.

C'est à Westport que nous allons trouver P'tit-Bonhomme au début de son histoire. On verra où, quand et comment elle finit.

La population de cette bourgade, — cinq mille habitants environ, — est en grande partie catholique. Ce jour-là, un dimanche précisément, 17 juin 1875, la plupart des habitants s'étaient rendus à l'église pour les offices du matin. Le Connaught, terre d'origine des Mac-Mahon, produit ces types celtiques par excellence qui se sont conservés dans les familles primitives, refoulées par la persécution. Mais quel misérable pays, et ne justifie-t-il pas ce que l'on dit communément : « Aller au Connauhgt, c'est aller en enfer ! »

On est pauvre au sein des bourgades de la haute Irlande, et cependant s'il y a les guenilles de la semaine, il y a aussi les guenilles des jours fériés, haillons à volants et à plumes. Les gens mettent ce qu'ils ont de moins troué ; les hommes portent le manteau rapiécé, frangé par le bas ; les femmes, vêtues de jupes étagées les unes sur les autres, qui viennent de l'échoppe du revendeur, se coiffent de ces chapeaux aux fleurs artificielles dont il ne reste plus que la monture en fil de fer.

Tout ce monde est arrivé pieds nus jusqu'au seuil de l'église, afin de ne pas user sa chaussure — des bottines crevées à la semelle, des bottes déchirées à l'empeigne, sans lesquelles nul ne voudrait franchir le porche du temple, par convenance.

En ce moment, il n'y avait personne dans les rues de Westport, si ce n'est un individu qui poussait une charrette trainée par un grand chien maigre, un épagneul noir et feu, aux pattes déchirées par les cailloux, au poil usé par le licol.

« Marionnettes royales... marionnettes ! » criait à pleins poumons cet homme.

Il est venu de Castlebar, le chef-lieu du comté de Mayo, ce montreur de cabotins. S'étant dirigé vers l'ouest, il a traversé le col de ces hauteurs qui font face à la mer, comme la plupart des montagnes de l'Irlande : au nord, la chaîne du Nephin avec son dôme de deux mille cinq cents pieds, et au sud, le Croagh-Patrick, où le grand saint irlandais, l'introducteur du christianisme au IVe siècle, passait les quarante jours du carême. Puis il a descendu les dangereux raidillons du plateau de Connemara, les sauvages régions des lacs Mask et Corril qui aboutissent à Clew-Bay. Il n'a pas pris le railway de Midland-Great-Western qui met Westport en communication avec Dublin; il n'a point chargé son bagage sur les malles, les cars ou les « carts » qui roulent à la surface du pays. Il a voyagé en forain, criant partout son spectacle de marionnettes, relevant de temps en temps d'un violent coup de fouet le grand chien qui n'en peut plus. Un féroce aboiement de douleur répond à ce cinglement lancé d'une main vigoureuse, et, parfois une sorte de gémissement prolongé à l'intérieur de la charrette.

Et après que l'homme a dit au robuste animal :

« Marcheras-tu, fils de chienne ?... » il semble qu'il s'adresse à un autre, caché dans la caisse de son véhicule, quand il crie :

« Te tairas-tu, fils de chien ? »

Le gémissement cesse alors, et la charrette se remet lentement en marche.

Cet homme s'appelle Thornpipe. De quel pays est-il ? Peu importe. Il suffit de savoir que c'est un de ces Anglo-Saxons, comme les Iles-Britanniques n'en produisent que trop parmi les basses classes. Ce Thornpipe n'a pas plus de sensibilité qu'une bête fauve, ni de cœur qu'un roc.

Dès que cet homme eut atteint les premières habitations de Westport, il suivit la rue principale, bordée de maisons assez convenables, avec boutiques aux pompeuses enseignes, où l'on ne trouverait que peu d'acquisitions à faire. A cette rue s'amorcent des ruelles sordides, comme autant de ruisseaux fangeux qui se jettent dans une limpide rivière. Sur les galets aigus qui la pavent, la charrette de Thornpipe promenait son bruit de ferraille, sans doute au détriment des marionnettes qu'elle véhiculait pour l'agrément des populations du Connaught.

Le public faisant toujours défaut, Thornpipe continua de dévaler, et il arriva à l'entrée du mail que la rue traverse, entre une double rangée d'ormes. Au delà du mail s'étend un parc dont les allées sablées, soigneusement entretenues, conduisent jusqu'au port ouvert sur la baie de Clew.

Il va sans dire que ville, port, parc, rues, rivière, ponts, églises, maisons, masures, tout cela appartient à l'un de ces opulents landlords qui possèdent presque tout le sol de l'Irlande, au marquis de Sligo, de pure et antique noblesse, lequel n'est point un mauvais maître à l'égard de ses tenanciers.

Tous les vingt pas, à peu près, Thornpipe arrêtait sa charrette, il regardait autour de lui, et d'une voix qui ressemblait à un grincement de mécanique mal graissée, il criait :

« Marionnettes royales... marionnettes! »

Personne ne sortait des boutiques, personne ne mettait la tête aux fenêtres. Çà et là, quelques haillons apparaissaient entre les ruelles adjacentes, et de ces haillons sortaient des faces hâves et faméliques, aux yeux rougis, profonds comme ces soupiraux à travers lesquels on voit le vide. Puis, il y avait des enfants à peu près nus, et cinq ou six de ces gamins se hasardèrent enfin à rejoindre la charrette de Thornpipe, lorsqu'elle eut fait halte sur la grande allée du mail. Et les voici tous criant :

« Copper... copper! »

C'est une monnaie de cuivre, une subdivision du penny, ce qu'il y a de plus infime en valeur. Et à qui s'adressaient-ils, ces enfants ? A un homme qui avait plus envie de demander l'aumône que de la faire! Aussi, de quels gestes menaçants du pied et de la main, de quels roulements d'yeux, il accueillit ces petits qui durent prudemment se tenir hors de la portée de son fouet, — et encore plus des crocs du chien, une vraie bête fauve, enragée par les mauvais traitements.

Et d'ailleurs, Thornpipe est furieux. Il crie dans le désert. On ne s'empresse pas à ses marionnettes royales. Paddy, — c'est l'Irlandais, de même que John Bull est l'Anglais, — Paddy ne montre aucune curiosité. Ce n'est point qu'il ait de l'inimitié pour l'auguste famille de la Reine. Non! Ce qu'il n'aime pas, ce qu'il hait même de toute une haine amassée pendant des siècles d'oppression, c'est le landlord, qui le considère comme un être inférieur aux anciens serfs de Russie. Et, s'il a acclamé O'Connell, c'est que ce grand patriote a soutenu les droits de l'Irlande établis par l'acte d'union des trois royaumes en 1806 ; c'est que, plus tard, l'énergie, la ténacité, l'audace politique de cet homme d'État ont obtenu le bill d'émancipation de l'année 1829 ; c'est que, grâce à son attitude irréductible, l'Irlande, cette Pologne de l'Angleterre, l'Irlande catholique surtout, allait entrer dans une période de quasi-liberté. Nous avons donc lieu de croire que Thornpipe aurait été mieux avisé en montrant O'Connell à ses concitoyens ; mais ce n'était pas une raison pour dédaigner Sa Gracieuse Majesté en effigie. Il est vrai, Paddy eût préféré — et de beaucoup — le portrait de sa souveraine sous forme de pièces monnayées, pounds, couronnes, demi-couronnes, shillings, et c'est précisément ce portrait, sorti de la frappe britannique, qui manque le plus généralement aux poches de l'Irlandais.

Aucun spectateur sérieux ne se rendant aux invitations réitérées du forain, la charrette reprit sa marche, tirée péniblement par le grand chien efflanqué.

Thornpipe continua cette promenade à travers les allées du mail, sous l'ombrage de ses magnifiques ormes. Il s'y trouvait seul. Les enfants avaient fini par l'abandonner. Il atteignit ainsi le parc, sillonné d'avenues sablées, que le marquis de Sligo livre à la circulation publique, afin de donner accès au port qu'un bon mille sépare de la ville.

« Marionnettes royales... marionnettes! »

Personne ne répondait. Les oiseaux jetaient des cris aigus en s'envolant d'un arbre à l'autre. Le parc était non moins abandonné que le mail. Aussi, pourquoi venir un dimanche convier des catholiques à cette exhibition, lorsque c'est l'heure des offices? Il fallait vraiment que ce Thornpipe ne fût pas du pays. Peut-être, après le dîner de midi, entre la messe et les vêpres, sa tentative serait-elle plus heureuse? Dans tous les cas, il n'y avait aucun inconvénient à pousser jusqu'au port, et c'est ce qu'il fit en jurant, à défaut de saint Patrick, par tous les diables d'Irlande.

Il est peu fréquenté, ce port que la rivière baigne au fond de la baie de Clew, bien qu'il soit le plus vaste et le mieux abrité de cette côte. S'il y vient quelques navires, c'est qu'il est nécessaire que la Grande-Bretagne, c'est-à-dire l'Angleterre et l'Écosse, envoie à cette aride région du Connaught ce qu'elle ne peut tirer de son propre sol. L'Irlande est un enfant qui se nourrit à ces deux mamelles; mais les nourrices lui font payer cher leur lait.

Plusieurs matelots se promenaient sur le quai en fumant, et, en ce jour de fête, il va de soi que le déchargement des navires avait été suspendu.

On sait combien l'observation du dimanche est sévère chez la race anglo-saxonne. Les protestants y apportent toute l'intransigeance de leur puritanisme, et, en Irlande, les catholiques luttent de rigorisme avec eux dans la pratique du culte. Et pourtant, ils sont deux millions et demi contre cinq cent mille adeptes des divers rites de la religion anglicane.

Du reste, on ne voyait à Westport aucun navire appartenant aux autres pays. Des bricks-goélettes, des schooners ou des cutters, quelques barques de pêche, de celles qui travaillent à l'ouvert de la baie, se trouvaient à sec, la marée étant basse. Ces navires, venus de la côte occidentale de l'Écosse avec des chargements de céréales, — ce qui manque le plus au Connaught, — repartiraient sur lest, après avoir livré leur cargaison. Pour rencontrer les bâtiments de grande navigation, il faut aller à Dublin, à Londonderry, à Bel-

Plusieurs matelots se promenaient sur le quai. (Page 7.)

fast, à Cork, où font escale les paquebots transatlantiques des lignes de Liverpool et de Londres.

Évidemment, ce ne serait pas au fond du gousset de ces marins inoccupés que Thornpipe pourrait puiser quelques shillings, et son cri devait rester sans écho même sur les quais du port.

Il laissa donc s'arrêter sa charrette. Le chien affamé, rompu de fatigue, s'étendit sur le sable. Thornpipe tira de son bissac un mor-

Thornpipe fit son petit tour. (Page 18.)

ceau de pain, quelques pommes de terre et un hareng salé; puis, il se mit à manger, en homme qui en est à son premier repas après une longue étape.

L'épagneul le regardait, faisant claquer ses mâchoires d'où pendait une langue brûlante. Mais, paraît-il, ce n'était pas l'heure de sa réfection, car il finit par allonger sa tête entre ses pattes, en fermant les yeux.

Un léger mouvement, qui se produisit dans la caisse de la charrette, tira Thornpipe de son apathie. Il se leva, observa si personne ne l'apercevait. Et alors, soulevant le tapis qui recouvrait la boîte aux marionnettes, il y introduisit un morceau de pain, en disant d'un ton farouche :

« Si tu ne te tais pas !... »

Un bruit de mastication gloutonne lui répondit, comme si un animal, mourant de faim, eût été blotti à l'intérieur de cette caisse, et il revint à son déjeuner.

Thornpipe eut bientôt achevé le hareng et les pommes de terre, cuites dans la même eau afin de leur donner plus de goût. Il porta alors à ses lèvres une gourde grossière, pleine de ce petit lait aigre, qui est une boisson assez commune dans le pays.

Sur ces entrefaites, la cloche de l'église de Westport retentit à toute volée, sonnant la fin de l'office.

Il était onze heures et demie.

Thornpipe releva le chien d'un coup de fouet, et ramena vivement sa charrette vers le mail, avec l'espoir d'accaparer quelques spectateurs à leur sortie de la messe. Pendant la bonne demi-heure qui précédait le dîner, peut-être l'occasion s'offrirait-elle de faire une recette. Thornpipe recommencerait après vêpres, et ne se remettrait en route que le lendemain, afin d'exhiber ses marionnettes en quelque autre bourgade du comté.

En somme, l'idée n'était pas mauvaise. A défaut de shillings, il saurait se contenter de coppers, et du moins ses marionnettes ne travailleraient pas pour ce fameux roi de Prusse, dont l'avarice fut telle que personne ne vit jamais la couleur de son argent.

Le cri retentit de nouveau :

« Marionnettes royales... marionnettes! »

En deux ou trois minutes, une vingtaine de personnes se rassemblèrent autour de Thornpipe. Dire que ce fût l'élite de la population westportienne, ce serait dépasser la mesure. Il y avait là des enfants en majorité, une dizaine de femmes, quelques hommes, la plupart tenant leurs chaussures à la main, non seulement par désir de ne point les user, mais aussi parce qu'ils étaient plus à l'aise, ayant l'habitude de marcher pieds nus.

Cependant, faisons une exception pour certains notables de Westport, appartenant à ce public bête des dimanches. Tel le boulanger, qui s'est arrêté avec sa femme et ses deux enfants. Il est vrai, son « tweed » date déjà de quelques années; et l'on sait que les années comptent double et même triple sous le climat pluvieux de l'Irlande; mais le digne patron est présentable, en somme. Ne se doit-il pas à sa boutique pompeusement désignée par cette enseigne : « *Boulangerie publique centrale* »! Et, en effet, elle centralise si bien les produits de sa fabrication qu'il n'y en a pas d'autre à Westport. Là se voit également le droguiste, lequel réclame volontiers le titre de pharmacien, bien que son office soit dépourvu des drogues les plus usuelles, et pourtant, sur la devanture se détachent ces mots : *Medical Hall*, tracés en lettres superbes, qui devraient vous guérir rien qu'en les regardant.

Il faut noter encore qu'un prêtre a fait halte devant la charrette de Thornpipe. Cet ecclésiastique porte un costume très propre : col en soie, long gilet dont les boutons sont rapprochés comme ceux d'une soutane, vaste lévite en étoffe noire. C'est le chef de la paroisse, où il exerce de multiples fonctions. Il ne se contente pas, en effet, de baptiser, de confesser, de marier, d' « extrémiser » ses fidèles, il les conseille dans leurs affaires, il les soigne dans leurs maladies, il agit avec une complète indépendance, car il ne relève de l'État ni par son traitement ni par ses attributions. Les dîmes en nature ou les honoraires des cérémonies religieuses, — ce qu'on appelle le casuel en d'autres pays, — lui assurent une vie honorable et facile. Il est l'administrateur naturel des écoles et des maisons de charité, — ce qui ne l'empêche pas de présider les concours de sports nautiques ou hippiques, lorsque régates ou steeples-chases mettent la paroisse en fête. Il est intimement mêlé à l'existence familiale de ses ouailles, il est respecté, car il est respectable, même lorsqu'il ne dédaigne pas d'accepter quelque broc de bière sur le comptoir d'un débit. La pureté de ses mœurs n'a jamais subi la moindre atteinte Et, d'ailleurs, comment son influence ne serait-elle pas dominante en ces contrées si pénétrées de catholicisme, où, ainsi que le dit Mlle Anne de Bovet dans son remarquable voyage intitulé *Trois Mois en Irlande*, « la menace d'être exclu de la Sainte-Table ferait passer le paysan par le trou d'une aiguille ».

Il y avait donc un public autour de la charrette, un public un peu plus productif — si l'on veut nous permettre ce mot — que n'aurait pu l'espérer Thornpipe. Vraisemblablement son exhibition avait quelques chances de succès, Westport n'ayant en aucun temps été honoré d'un spectacle de ce genre.

Aussi le montreur de cabotins fit-il retentir une dernière fois son cri de « great attraction » :

« Marionnettes royales... marionnettes ! »

II

MARIONNETTES ROYALES !

La charrette de Thornpipe est établie d'une façon très rudimentaire : un brancard auquel le farouche épagneul est attelé ; une caisse quadrangulaire, placée sur deux roues — ce qui rendait le tirage plus facile au long des chemins cahoteux du comté ; deux poignées en arrière permettant de la pousser comme les baladeuses des marchands ambulants ; au-dessus de la caisse, un tendelet de toile, disposé sur quatre tiges de fer, et qui l'abrite sinon contre le soleil peu ardent d'ordinaire, du moins contre les pluies interminables de la haute

Irlande. Cela ressemble à l'un de ces appareils roulants qui portent des orgues de Barbarie à travers les villes et les campagnes, et dont les stridentes flûtes se mêlent à l'éclat des trompettes ; mais ce n'est point un orgue que Thornpipe promène d'une bourgade à l'autre, ou plutôt, en cette machine plus compliquée, l'orgue est réduit à l'état de simple serinette, ainsi qu'on en pourra juger tout à l'heure.

Le dessus de la caisse est fermé d'un couvercle qui l'emboîte sur un quart de sa hauteur. Ce couvercle une fois relevé et rabattu latéralement, voici ce que les spectateurs aperçoivent, non sans quelque admiration, à la surface de la tablette.

Toutefois, afin d'éviter des redites, nous conseillons d'écouter Thornpipe, débitant son boniment habituel. A n'en pas douter, le forain en eût remontré, avec son intarissable faconde, au célèbre Brioché, le créateur du premier théâtre des marionnettes sur les champs de foire de la France.

« Ladies et gentlemen... »

C'est le début invariablement destiné à provoquer les sympathies des spectateurs, même quand il s'adresse aux plus piteux déguenillés d'un village.

« Ladies et gentlemen, ceci vous représente la grande salle des fêtes dans le château royal d'Osborne, île de Wight. »

En effet, la tablette figure un salon en miniature, contenu entre quatre planchettes posées de champ, et sur lesquelles sont peintes des portes et des fenêtres drapées ; çà et là des meubles en carton du plus haut goût, épinglés sur un tapis colorié, des tables, des fauteuils, des chaises, placés de manière à ne point gêner la circulation des personnages, princes, princesses, ducs, marquis, comtes, baronnets, qui se pavanent avec leurs nobles épouses au milieu de cette réception officielle.

« Au fond, continue Thornpipe, vous remarquerez le trône de la reine Victoria, surmonté de son baldaquin de velours cramoisi à crépines d'or, modèle exact de celui sur lequel Sa Gracieuse Majesté prend place pendant les cérémonies de la cour. »

Le trône en question mesure de trois à quatre pouces en hauteur, et bien que le velours soit en papier pelucheux, et les crépines faites d'une simple virgule couleur jaune, cela ne laisse pas de donner illusion aux braves gens qui n'ont jamais vu ce meuble essentiellement monarchique.

« Sur le trône, reprit Thornpipe, contemplez la Reine, — ressemblance garantie, — revêtue de ses habits de gala, le manteau royal attaché aux épaules, la couronne en tête et le sceptre à la main. »

Nous qui n'avons jamais eu l'honneur d'entrevoir la souveraine du Royaume-Uni, Impératrice des Indes, dans ses salons d'apparat, nous ne saurions dire si la figurine représente Sa Majesté avec une fidélité scrupuleuse. Toutefois, en admettant qu'elle ceigne la couronne pendant ces grandes solennités, il est douteux que sa main brandisse un sceptre qui ressemble au trident de Neptune. Le plus simple, d'ailleurs, est d'en croire Thornpipe sur parole, et c'est ce que fit sagement l'assistance.

« A la droite de la Reine, déclara Thornpipe, j'appelle l'attention des spectateurs sur Leurs Altesses Royales, le prince et la princesse de Galles, tels que vous avez pu les voir, lors de leur dernier voyage en Irlande. »

Il n'y a pas à s'y tromper, voilà le prince de Galles en costume de feld-maréchal de l'armée britannique, et la fille du roi de Danemark, drapée d'une splendide robe de dentelle découpée dans un morceau de ce papier d'argent qui recouvre les boites de pralines.

De l'autre côté, c'est le duc d'Edimbourg, c'est le duc de Connaught, c'est le duc de Fife, c'est le prince de Battemberg, ce sont les princesses leurs femmes, enfin la famille royale au complet, arrangée de manière à décrire un demi-cercle devant le trône. Il est certain que ces poupées, — ressemblance garantie toujours, — avec leurs habits de cérémonie, leurs figures enluminées, leurs attitudes prises sur le vif, donnent une idée très exacte de la cour d'Angleterre.

Puis, voici les grands officiers de la couronne, entre autres, le grand amiral sir Georges Hamilton. Thornpipe prend soin de les désigner du bout de sa baguette à l'admiration du public, en ajoutant que chacun d'eux occupe la place due à son rang, suivant l'étiquette cérémoniale.

Là, respectueusement immobile devant le trône, se tient un monsieur de haute taille, d'une distinction très anglo-saxonne, et qui ne peut être qu'un des ministres de la Reine.

C'en est un, en effet, c'est le chef du cabinet de Saint-James, très reconnaissable à son dos qui est légèrement courbé sous le poids des affaires.

Puis, Thornpipe d'ajouter :

« Et près du premier ministre, à droite, le vénérable monsieur Gladstone. »

Et, ma foi, il eût été difficile de ne pas reconnaître l'illustre « old man », ce beau vieillard, toujours droit, lui, toujours prêt à défendre les idées libérales contre les idées autoritaires. Peut-être y a-t-il lieu de s'étonner qu'il regarde le premier ministre d'un air sympathique ; mais, entre marionnettes, — même entre marionnettes politiques, — on se passe bien des choses, et ce qui répugnerait à des êtres de chair et d'os, des cabotins en carton et en bois n'en ont point vergogne.

D'ailleurs, voici un autre rapprochement inattendu, engendré par un extraordinaire anachronisme, car Thornpipe s'écrie en gonflant sa voix :

« Je vous présente, ladies et gentlemen, votre célèbre patriote O'Connell, dont le nom trouvera toujours un écho dans le cœur des Irlandais ! »

Oui ! O'Connell était là, à la cour d'Angleterre, en 1875, bien qu'il fût mort depuis vingt-cinq ans. Et, si on en eût fait l'observation à Thornpipe, le forain aurait répondu à cela que, pour un fils de l'Irlande, le grand agitateur est toujours vivant. A ce compte-là, il aurait tout aussi bien pu exhiber M. Parnell, bien que cet homme politique ne fût guère connu à cette époque.

Puis, par places, sont disséminés d'autres courtisans, dont le nom nous échappe, tous constellés de crachats et enrubannés de cordons, des célébrités politiques et guerrières, entre autres Sa Grâce le duc de Cambridge auprès de feu lord Wellington, et feu lord Palmerston auprès de feu M. Pitt; enfin des membres de la Chambre haute, fraternisant avec des membres de la Chambre basse; derrière eux, une rangée de horse-guards, en tenue de parade, à cheval au milieu de ce salon, — ce qui indique bien qu'il s'agit d'une fête comme il est rare d'en voir au château d'Osborne. Cet ensemble comprend environ une cinquantaine de petits bonshommes, violemment peinturlurés, qui représentent avec aplomb et raideur tout ce qu'il y a de plus aristocratique, de plus distingué, de plus officiel, dans le monde militaire et politique du Royaume-Uni.

On s'aperçoit même que la flotte anglaise n'a point été oubliée, et si le yacht royal *Victoria and Albert* n'est pas là sous vapeur, du moins des navires sont-ils dessinés sur la vitre des fenêtres, d'où l'on est censé voir la rade de Spithead. Avec de bons yeux, sans doute, on pourrait distinguer le yacht *Enchanteress*, ayant à bord leurs Seigneuries les lords de l'Amirauté, tenant chacun une lunette d'une main et un porte-voix de l'autre.

Il faut en convenir, Thornpipe n'a point trompé son public, en disant que cette exhibition est unique au monde. Positivement, elle permet d'économiser un voyage à l'île de Wight. Aussi est-ce un ébahissement, non seulement chez les gamins qui regardent cette merveille, mais également parmi les spectateurs d'âge respectable, qui ne sont jamais sortis du comté de Connaught ni des environs de Westport. Peut-être le curé de la paroisse ne laisse-t-il pas de sourire *in petto* : quant au pharmacien-droguiste, il ne se cache pas de dire que ces personnages sont d'une ressemblance à s'y méprendre, bien qu'il ne les ait vus de sa vie. Pour le boulanger, il l'avouait, cela passait l'imagination, et il se refusait à croire qu'une réception à la cour d'Angleterre pût s'accomplir avec tant de luxe, d'éclat et de distinction.

« Eh bien, ladies et gentlemen, ce n'est rien encore! reprit Thorn-

MARIONNETTES ROYALES.

Un petiot de trois ans environ. (Page 20.)

pipe. Vous supposez sans doute que ces personnes royales et autres ne peuvent faire ni mouvements ni gestes... Erreur! Elles sont vivantes, vivantes, je vous dis, comme vous et moi, et vous l'allez voir. Auparavant, je prendrai la liberté de faire mon petit tour en me recommandant à la générosité d'un chacun. »

C'est là le moment critique pour les montreurs de curiosités et autres, lorsque la sébille commence à circuler entre les rangs de l'assistance. Règle générale, les spectateurs de ces exhibitions foraines se classent en deux catégories : ceux qui s'en vont pour ne point mettre la main à la poche, et ceux qui restent avec l'intention de s'amuser gratuitement, — ces derniers, qu'on ne s'en étonne pas, de beaucoup plus nombreux. Il existe une troisième catégorie, celle des payants, mais elle est si infime qu'il vaut mieux n'en point parler. Et cela ne fut que trop évident, lorsque Thornpipe « fit son petit tour », avec un sourire qu'il essayait de rendre aimable et qui n'était que farouche. En eût-il pu être autrement de cette face de boule-dogue, aux yeux méchants, à la bouche plus prête à mordre les gens qu'à les embrasser?...

Il va de soi que chez toute cette marmaille en guenilles qui ne bougea pas, on n'eût pas même trouvé deux coppers à récolter. Quant à ceux des spectateurs qui, alléchés par le boniment du montreur de marionnettes, voulaient voir sans payer, ils se bornèrent à détourner la tête. Cinq ou six seulement tirèrent quelques piécettes de leur gousset, ce qui produisit une recette d'un shilling et trois pence que Thornpipe accueillit d'une méprisante grimace... Que voulez-vous? Il fallait s'en contenter, en attendant la représentation de l'après-midi, qui serait peut-être meilleure, et se conformer au programme annoncé plutôt que de rendre l'argent.

Et, alors, à l'admiration muette succéda l'admiration démonstrative et criarde. Les mains se mirent à battre, les pieds à trépigner, les bouches à s'emplir, puis à se vider de aohs! qui devaient s'entendre du port.

En effet, Thornpipe vient de donner sous la caisse un coup de baguette, qui a provoqué un gémissement auquel personne n'a pris garde. Soudain toute la scène s'est animée, on peut dire d'une façon miraculeuse.

Les marionnettes, mues par un mécanisme intérieur, semblent être douées d'une vie réelle. Sa Majesté la reine Victoria n'a pas quitté son trône, — ce qui eût été contraire à l'étiquette, — elle ne s'est pas même levée, mais elle meut la tête, agitant son bonnet couronné et abaissant son sceptre à la façon du bâton d'un chef de musique qui bat une mesure à deux temps. Quant aux membres de la famille royale, ils se tournent et se retournent tout d'une pièce, rendant salut pour salut, tandis que ducs, marquis, baronnets, défilent avec grandes démonstrations de respect. De son côté, le premier ministre s'incline devant M. Gladstone, qui s'incline à son tour. Après eux, O'Connell s'avance gravement sur sa rainure invisible, suivi du duc de Cambridge, lequel semble exécuter un pas de caractère. Les autres personnages déambulent ensuite, et les chevaux des horse-guards, comme s'ils étaient non dans un salon mais au milieu de la cour du château d'Osborne, piaffent en secouant leur queue.

Et tout ce manège s'accomplit au son d'une musique aigre et susurrante, grâce à une serinette à laquelle manquaient nombre de dièzes et de bémols. Mais comment Paddy, — si sensible à l'art musical que Henri VIII a mis une harpe dans les armes de la Verte Erin, — n'aurait-il pas été charmé, bien qu'il eût préféré au *God save the Queen* et au *Rule Britannia*, hymnes mélancoliques qui sont les dignes chants nationaux du triste Royaume-Uni, quelque refrain de sa chère Irlande?

De vrai, c'était très beau, et pour qui n'avait jamais vu les mises en scène des grands théâtres de l'Europe, il y avait là de quoi provoquer plus que de l'admiration. Et ce fut un indescriptible enthousiasme à la vue de ces marionnettes mouvantes, que l'on appelle en termes du métier des « danso-musicomanes ».

Mais, à un certain moment, voici que par suite d'un à-coup du mécanisme, la Reine abaisse si vivement son sceptre qu'elle atteint le dos rond du premier ministre. Alors les hurrahs du public de redoubler.

« Ils sont vivants! dit un des spectateurs.

— Il ne leur manque que la parole! répondit un autre.

— Ne le regrettons pas! » ajouta le pharmacien, qui était démocrate à ses moments perdus.

Et il avait raison. Voyez-vous ces marionnettes faisant des discours officiels!

« Je voudrais savoir ce qui les met en mouvement, dit alors le boulanger.

— C'est le diable! répliqua un vieux matelot.

— Oui! le diable! » s'écrièrent quelques matrones à demi convaincues, qui se signèrent, en tournant la tête vers le curé, lequel regardait d'un air pensif.

« Comment voulez-vous que le diable puisse tenir à l'intérieur de cette caisse? fit observer un jeune commis, connu pour ses naïvetés. Il est de grande taille... le diable...

— S'il n'est pas dedans, il est dehors! riposta une vieille commère. C'est lui qui nous montre le spectacle...

— Non, répondit gravement le droguiste, vous savez bien que le diable ne parle pas l'Irlandais! »

Or, c'est là une de ces vérités que Paddy admet sans conteste, et il fut constant que Thornpipe ne pouvait être le diable, puisqu'il s'exprimait en pure langue du pays.

Décidément, si le sortilège n'entrait pour rien en cette affaire, il fallait admettre qu'un mécanisme interne donnait le mouvement à ce petit monde de cabotins. Cependant personne n'avait vu Thornpipe remonter le ressort. Et même — particularité qui n'avait point échappé au curé — dès que la circulation des personnages commençait à se ralentir, un coup de fouet envoyé sous la caisse que cachait le tapis, suffisait à ranimer leur jeu. A qui s'adressait ce coup de fouet, toujours suivi d'un gémissement? »

Le curé voulut savoir, et il dit à Thornpipe :

« Vous avez donc un chien au fond de cette boîte?

L'homme le regarda en fronçant le sourcil et parut trouver la question indiscrète.

« Il y a ce qu'il y a! répondit-il. C'est mon secret... Je ne suis pas obligé de le faire connaître...

— Vous n'y êtes point obligé, répondit le curé, mais nous avons bien le droit de supposer que c'est un chien qui fait marcher votre mécanique...

— Eh oui !... un chien, répliqua Thornpipe de mauvaise humeur, un chien dans une cage tournante... Ce qu'il m'a fallu de temps et de patience pour le dresser !... Et qu'ai-je reçu en payement de ma peine ?... Pas même la moitié de ce qu'on donne pour dire une messe au curé de la paroisse ! »

A l'instant où Thornpipe achevait cette phrase, le mécanisme s'arrêta, au vif déplaisir des spectateurs, dont la curiosité était loin d'être satisfaite. Et, comme le montreur de marionnettes se disposait à rabattre le couvercle de la caisse, en disant que la représentation était terminée :

« Est-ce que vous consentiriez à en donner une seconde ? lui demanda le pharmacien.

— Non, répondit brusquement Thornpipe, qui se voyait entouré de regards soupçonneux.

— Pas même si l'on vous assurait une belle recette de deux shillings ?...

— Ni pour deux ni pour trois ! » s'écria Thornpipe.

Il ne songeait qu'à partir, mais le public ne semblait point en humeur de lui livrer passage. Cependant, sur un signe de son maître, l'épagneul tirait déjà entre les brancards, lorsqu'une longue plainte, entrecoupée de sanglots, sembla s'échapper de la caisse.

Et alors Thornpipe, furieux, de s'écrier, ainsi qu'il l'avait déjà fait une première fois :

« Te tairas-tu, fils de chien !

— Ce n'est point un chien qui est là ! dit le curé en retenant la charrette.

— Si ! riposta Thornpipe.

— Non !... c'est un enfant !...

— Un enfant... un enfant ! » répéta l'assistance.

Quel revirement venait de s'opérer dans les sentiments des spectateurs ! Ce n'était plus leur curiosité, c'était leur pitié qui se manifestait par une attitude peu sympathique. Un enfant, placé à l'intérieur de cette boîte ouverte latéralement, et cinglé de coups de fouet, lorsqu'il s'arrêtait, n'ayant plus la force de se mouvoir dans sa cage!...

« L'enfant... l'enfant!... » cria-t-on énergiquement.

Thornpipe avait affaire à trop forte partie. Il voulut résister toutefois et pousser sa charrette par derrière... Ce fut en vain. Le boulanger la saisit d'un côté, le droguiste de l'autre, et elle fut secouée de la belle façon. Jamais la cour royale ne s'était trouvée à pareille fête, les princes heurtant les princesses, les ducs renversant les marquis, le premier ministre tombant et provoquant avec lui la chute du ministère,—bref, un cahot tel qu'il se produirait au château d'Osborne, si l'île de Wight était agitée par un tremblement de terre.

On eut vite fait de contenir Thornpipe, bien qu'il se débattît furieusement. Tous s'en mêlèrent. La charrette fut fouillée, le droguiste se glissa entre les roues, et retira un enfant de la caisse...

Oui! un petiot de trois ans environ, pâle, souffreteux, malingre, les jambes zébrées d'écorchures par la mèche du fouet, respirant à peine.

Personne ne connaissait cet enfant à Westport.

Telle fut l'entrée en scène de P'tit-Bonhomme, le héros de cette histoire. Comment il était tombé entre les mains de ce brutal, qui n'était point son père, il eût été malaisé de le savoir. La vérité est que le petit être avait été ramassé, neuf mois avant, par Thornpipe dans la rue d'un hameau du Donegal, et l'on voit à quoi le bourreau l'avait employé.

Une brave femme venait de le prendre entre ses bras, elle essayait de le ranimer. On se pressait autour de lui. Il avait une figure intéressante, intelligente même, ce pauvre écureuil réduit à faire tourner sa cage sous la boîte aux marionnettes pour gagner sa vie. Gagner sa vie... à cet âge!

Enfin il rouvrit les yeux, et se rejeta en arrière, dès qu'il aperçut Thornpipe, qui s'avançait avec l'intention de le reprendre, criant d'une voix irritée :

« Rendez-le moi!...

— Êtes-vous donc son père? demanda le curé.
— Oui... répondit Thornpipe.
— Non!... ce n'est point mon papa! s'écria l'enfant, qui se cramponnait aux bras de la femme.
— Il n'est pas à vous! s'écria le droguiste.
— C'est un enfant volé! ajouta le boulanger.
— Et nous ne vous le rendrons pas! » dit le curé.

Thornpipe voulut résister quand même. La face congestionnée, les yeux allumés de colère, il ne se possédait plus et semblait disposé à « prendre des ris à l'irlandaise », c'est-à-dire à jouer du couteau, lorsque deux vigoureux gaillards s'élancèrent sur lui et le désarmèrent.

« Chassez-le... chassez-le! répétaient les femmes.
— Va-t'en d'ici, gueux! dit le droguiste.
— Et qu'on ne vous revoie pas dans le comté! » s'écria le curé avec un geste de menace.

Thornpipe cingla le chien d'un grand coup de fouet, et la charrette s'en alla en remontant la principale rue de Westport.

« Le misérable! dit le pharmacien. Je ne lui donne pas trois mois avant qu'il ait dansé le menuet de Kilmainham! »

Danser ce menuet, c'est, suivant la locution du pays, danser sa dernière gigue au bout d'une potence.

Puis, lorsque le curé eut demandé à l'enfant comment il s'appelait :

« P'tit-Bonhomme, » répondit celui-ci d'une voix assez ferme.

Et, de fait, il n'avait pas d'autre nom.

III

RAGGED-SCHOOL

« Et le numéro 13, qu'est-ce qu'il a ?...
— La fièvre.
— Et le numéro 9 ?...
— La coqueluche.
— Et le numéro 17 ?...
— La coqueluche aussi.
— Et le numéro 23 ?...
— Je crois que ce sera la scarlatine. »

Et, à mesure que ces réponses lui étaient faites, M. O'Bodkins les inscrivait sur un registre admirablement tenu, au compte ouvert à chacun des numéros 23, 17, 9 et 13. Il y avait une colonne affectée au nom de la maladie, à l'heure de la visite du médecin, à la nature des remèdes ordonnés, aux conditions dans lesquelles ils devaient être administrés, lorsque les malades auraient été transportés à l'hospice. Les noms étaient en écriture gothique, les numéros en chiffres arabes, les médicaments en ronde, les prescriptions en anglaise courante, — le tout entremêlé d'accolades finement tracées à l'encre bleue, et de barres doubles à l'encre rouge. Un modèle de calligraphie doublé d'un chef-d'œuvre de comptabilité.

« Il y a quelques-uns de ces enfants qui sont assez gravement atteints, ajouta le docteur. Recommandez qu'ils ne prennent pas froid pendant le transport...

— Oui... oui !.. on le recommandera ! répondit négligemment

LES FEMMES S'APITOYAIENT SUR SON SORT. (Page 27.)

M. O'Bodkins. Lorsqu'ils ne sont plus ici, cela ne me regarde en aucune façon, et pourvu que mes livres soient à jour...

— Et puis, si la maladie les emporte, repartit le docteur en prenant sa canne et son chapeau, la perte ne sera pas grande, je suppose...

— D'accord, répliqua O'Bodkins. Je les inscrirai à la colonne des décès, et leur compte sera balancé. Or, quand un compte est balancé, il me semble que personne n'a lieu de se plaindre. »

Et le docteur s'en alla, après avoir serré la main de son interlocuteur.

M. O'Bodkins était le directeur de la « ragged-school » de Galway, petite ville située sur la baie et dans le comté du même nom, au sud-ouest de la province du Connaught. Cette province est la seule où les catholiques puissent posséder des propriétés foncières, et c'est là, comme dans le Munster, que le gouvernement anglais prend à tache de refouler l'Irlande non protestante.

On connait le type d'original auquel se rapporte ce M. O'Bodkins, et il ne mérite pas d'être classé parmi les plus bienveillants de la race humaine. Un homme gros et court, un de ces célibataires qui n'ont pas eu de jeunesse et qui n'auront point de vieillesse, ayant toujours été ce qu'ils sont, ornés de cheveux qui ne tombent ni ne blanchissent, venus au monde avec des lunettes d'or et qu'on fera bien de leur laisser dans la tombe, n'ayant eu ni un ennui d'existence ni un souci de famille, possédant juste ce qu'il faut de cœur pour vivre, et qu'un sentiment d'amour, d'amitié, de pitié, de sympathie, n'a jamais su émouvoir. Il est de ces êtres ni bons ni méchants, qui passent sur terre sans faire le bien, mais sans faire le mal, et qui ne sont jamais malheureux — pas même du malheur des autres.

Tel était O'Bodkins, et, nous en conviendrons volontiers, il était précisément né pour être directeur d'une ragged-school.

Ragged-school, c'est l'école des déguenillés, et l'on a vu de quelle admirable exactitude, de quelle entente du doit et avoir témoignent les livres de M. O'Bodkins. Il avait pour aides, d'abord une vieille fumeuse, la mère Kriss, sa pipe toujours à la bouche, puis un ancien pensionnaire de seize ans, nommé Grip. Celui-ci, un pauvre diable, les yeux bons, la physionomie empreinte d'une jovialité naturelle, le nez un peu relevé, ce qui est un signe caractéristique chez l'Irlandais, valait infiniment mieux que les trois quarts des misérables recueillis dans cette espèce de lazaret scolaire.

Ces déguenillés sont des enfants orphelins ou abandonnés de leurs parents que la plupart n'ont jamais connus, nés du ruisseau et de la borne, des polissons ramassés à même les rues et sur les routes, et qui y retourneront, lorsqu'ils auront l'âge de travailler. Quel rebut de la société! Quelle dégradation morale! Quelle agglomération de larves humaines, destinées à faire des monstres! Et, en effet, de ces graines jetées au hasard entre les pavés, que pourrait-il sortir?

On en comptait une trentaine dans l'école de Galway, depuis trois ans jusqu'à douze, vêtus de loques, incessamment affamés, ne se nourrissant que des restes de la charité publique. Plusieurs étaient malades, ainsi que nous venons de le voir, et, de fait, ces enfants fournissent à la mortalité une part importante, — ce qui n'est pas une grande perte, à en croire le docteur.

Et il a raison, si aucun soin, si aucune moralisation n'est capable de les empêcher de devenir des êtres malfaisants. Cependant il y a une âme sous ces tristes enveloppes, et avec une meilleure direction, un dévouement de missionnaire, on arriverait peut-être à la faire s'épanouir vers le bien. Dans tous les cas, il faudrait, pour élever ces malheureux, d'autres éducateurs que l'un de ces mannequins dont M. O'Bodkins nous offre le déplorable type, et qu'il n'est point rare de rencontrer, même ailleurs que dans les comtés besogneux de l'Irlande.

P'tit-Bonhomme était l'un des moins âgés de cette ragged-school. Il n'avait pas quatre ans et demi. Pauvre enfant! Il aurait pu porter sur son front cette navrante locution française : Pas de chance! Avoir été traité, comme on sait, par ce Thornpipe, s'être vu réduit à l'état de manivelle, puis, arraché à ce bourreau grâce à la pitié de quelques bonnes âmes de Westport, et être maintenant un hôte de la ragged-school de Galway ! Et, quand il la quittera, ne sera-ce pas pour trouver pire encore?...

Certes, c'était un bon sentiment qui avait conduit le curé de la paroisse à enlever ce malheureux être au montreur de marionnettes. Après avoir vainement fait des recherches à son sujet, il avait fallu renoncer à découvrir son origine. P'tit-Bonhomme ne se souvenait que de ceci : c'est qu'il avait vécu chez une méchante femme en même temps qu'une autre fillette qui l'embrassait parfois, et aussi une petite qui était morte... Où cela s'était-il passé?... Il ne savait pas. Qu'il fût un enfant abandonné ou qu'il eût été volé à sa famille, personne n'aurait pu le dire.

Depuis qu'il avait été recueilli à Westport, on avait pris soin de lui tantôt dans une maison, tantôt dans une autre. Les femmes s'apitoyaient sur son sort. On lui avait conservé le nom de P'tit-Bonhomme. Des familles le gardèrent huit jours, quinze jours. Ce fut ainsi pendant trois mois. Mais la paroisse n'était pas riche. Bien des malheureux vivaient à sa charge. Si elle eût possédé une maison de charité pour les enfants, notre petit garçon y aurait eu sa place. Or, il n'en existait pas. Aussi avait-il dû être envoyé à la ragged-school de Galway, et voilà neuf mois qu'il végétait au milieu de ce ramassis de mauvais garnements. Quand en sortirait-il, et, lorsqu'il en sortirait, que deviendrait-il? Il est de ces déshérités pour lesquels, dès le bas âge, l'existence, avec ses exigences quotidiennes, est une question de vie ou de mort, — question qui ne reste que trop souvent sans réponse !

Ainsi P'tit-Bonhomme était depuis neuf mois confié aux soins de la vieille Kriss à demi abrutie, de ce pauvre Grip résigné à son sort, et de M. O'Bodkins, cette machine à balancer des recettes et des dépenses. Cependant sa bonne constitution lui avait permis de résister à tant de causes de destruction. Il ne figurait pas encore sur le grand livre du directeur, à la colonne des rougeoles, des scarlatines et autres maladies de l'enfance, sans quoi son compte eût été déjà réglé... au fond de la fosse commune que Galway réserve à ses déguenillés.

Mais, pour ce qui est de la santé, si P'tit-Bonhomme supportait impunément de telles épreuves, que ne pouvait-on craindre au point de vue de son développement intellectuel et moral ? Comment résisterait-il au contact de ces « rogues », comme disent les Anglais, au milieu de ces gnomes vicieux de corps et d'esprit, les uns nés on ne sait où ni de qui, les autres, pour la plupart, venus de parents relégués dans les colonies pénitentiaires, à moins qu'ils ne fussent fils de suppliciés !

Et, même il y en avait un dont la mère « faisait son temps » à l'île Norfolk, au centre des mers australiennes, et dont le père, condamné à mort pour assassinat, avait fini à la prison de Newgate par les mains du fameux Berry.

Ce garçon se nommait Carker. A douze ans, il semblait déjà prédestiné à marcher sur les traces de ses parents. On ne s'étonnera pas qu'au milieu de ce monde abominable de la ragged-school, il fût quelqu'un. Il jouissait d'une certaine considération, étant perverti et pervertissant, ayant ses flatteurs et ses complices, chef indiqué des plus méchants, toujours prêts à quelques mauvais coups, en attendant les crimes, lorsque l'école les aurait vomis comme une écume sur les grandes routes.

Hâtons-nous de le dire, P'tit-Bonhomme n'éprouvait que de l'aversion pour ce Carker, bien qu'il ne cessât de le regarder avec de grands yeux, pleins d'étonnement. Jugez donc ! le fils d'un homme qui a été pendu !

En général, ces écoles ne ressemblent guère aux établissements modernes d'éducation où le cube d'air est distribué mathématiquement. Le contenant est approprié au contenu. De la paille pour literie, et le lit est vite fait : on ne le retourne même pas. Des réfectoires ? A quoi bon, lorsqu'il s'agit de manger les quelques croûtes et pommes de terre, dont il n'y a pas toujours suffisance. Quant à la matière instructive, c'est M. O'Bodkins qui était chargé de la distribuer aux déguenillés de Galway. Il devait apprendre à lire, à écrire, à compter, mais il n'y obligeait personne, et, après deux ou trois ans passés sous sa férule, on n'eût pas trouvé une dizaine de ces enfants qui fussent en état de déchiffrer une affiche. P'tit-Bonhomme, quoiqu'il fût l'un des plus jeunes, contrastait avec ses camarades, montrant un certain goût à s'instruire, — ce qui lui valait mille sarcasmes. Quelle misère, et aussi quelle responsabilité sociale, quand une intelligence, qui ne demanderait qu'à être cultivée, reste sans culture! Sait-on ce que l'avenir perd à la stérilisation d'un jeune cerveau, dans lequel la nature a peut-être déposé de bons germes qui ne produiront pas?

Si le personnel de l'école travaillait à peine de la tête, ce n'est pas parce qu'il travaillait honorablement de ses mains. Ramasser un peu de combustible pour l'hiver, mendier des lambeaux de vêtements chez les personnes charitables, recueillir le crottin des chevaux et des bestiaux pour l'aller vendre dans les fermes au prix de quelques coppers — recette à laquelle M. O'Bodkins ouvrait un compte spécial — fouiller les tas d'ordures accumulées au coin des rues, autant que possible avant les chiens et, s'il le fallait, après s'être battus avec eux, telles étaient les occupations quotidiennes de ces enfants. De jeux, de divertissements, aucuns, — à moins que ce ne soit un plaisir de s'égratigner, de se pincer, de se mordre, de se frapper du pied et du poing, sans parler des mauvais tours que l'on jouait à Grip. Il est vrai, ce brave garçon prenait cela sans trop s'en inquiéter, — ce qui poussait Carker et les autres à s'acharner sur lui avec autant de lâcheté que de cruauté.

La seule chambre à peu près propre de la ragged-school était celle du directeur. Il va de soi qu'il n'y laissait jamais entrer personne. Ses livres eussent été vite mis en pièces, leurs feuilles dispersées à tous les vents. Aussi ne lui déplaisait-il pas que ses « élèves » fussent dehors, errant à l'aventure, vagabondant, polissonnant, et c'était toujours trop tôt, à son gré, qu'il les voyait revenir, lorsque le besoin de manger ou de dormir les ramenait à l'école.

Avec son esprit sérieux, ses bons instincts, P'tit-Bonhomme était le plus ordinairement en butte, non seulement aux sottes plaisanteries de Carker et de cinq ou six autres qui ne valaient pas mieux, mais aussi à leurs brutalités. Il évitait de se plaindre. Ah! que n'avait-il la force? Comme il se serait fait respecter, comme il aurait rendu coup de poing pour coup de poing, coup de pied pour coup de pied, et quelle colère s'amassait en son cœur de se sentir trop faible pour se défendre!

Il était, d'ailleurs, celui qui sortait le moins de l'école, trop heureux d'y goûter un peu de calme, lorsque ces garnements vaguaient aux alentours. C'était sans doute au préjudice de son bien-être, car il aurait pu trouver quelque morceau de rebut à ronger, un gâteau de « vieux cuit » à acheter pour deux ou trois coppers dus à l'aumône. Mais il répugnait à tendre la main, à courir derrière les cars, dans l'espoir d'attraper une menue monnaie, et surtout à dérober quelque babiole aux étalages, et Dieu sait si les autres s'en privaient! Non! il préférait rester avec Grip.

« Tu n'sors pas? lui disait celui-ci.
— Non, Grip.
— Carker t' battra, si tu n'as rien rapporté c'soir!
— J'aime mieux être battu. »

Grip éprouvait pour P'tit-Bonhomme une affection qui était partagée. Ne manquant pas d'intelligence, sachant lire et écrire, il essayait d'apprendre à l'enfant un peu de ce qu'il avait appris. Aussi, depuis qu'il se trouvait à Galway, P'tit-Bonhomme commençait-il à montrer quelque progrès en lecture tout au moins, et promettait de faire honneur à son maître.

Il convient d'ajouter que Grip connaissait un tas d'histoires amusantes, et qu'il les racontait joyeusement.

Avec ses éclats de rire dans ce sombre milieu, il semblait à P'tit-Bonhomme que ce brave garçon jetait un rayon de lumière au milieu de la ténébreuse école.

Ce qui irritait particulièrement notre héros, c'était que les autres s'en prissent à Grip et en fissent l'objet de leur malveillance. Celui-ci, nous le répétons, supportait cela avec une très philosophique résignation.

« Grip!... lui disait parfois P'tit-Bonhomme.

— Qu'veux-tu?

— Il est bien méchant, Carker!

— Certes... bien méchant.

— Pourquoi ne tapes-tu pas dessus?...

— Taper?...

— Et aussi sur les autres? »

Grip haussait les épaules.

« Est-ce que tu n'es pas fort, Grip?...

— J'sais pas.

— Tu as pourtant de grands bras, de grandes jambes... »

Oui, il était grand, Grip, et maigre comme une tige de paratonnerre.

« Eh bien, Grip, pourquoi que tu ne les calottes pas, ces mauvaises bêtes?

— Bah! ça n'vaut pas la peine!

— Ah! si j'avais tes jambes et tes bras...

— Ce qui vaudrait mieux, p'tit, répondait Grip, ce s'rait de s'en servir pour travailler.

— Tu crois?...

— Sûr.

— Eh bien!... nous travaillerons ensemble!... Dis?... nous essaierons... veux-tu?... »

Grip voulait bien.

Quelquefois tous deux sortaient. Grip emmenait l'enfant, lorsqu'il était envoyé en course. Il était misérablement vêtu, P'tit-Bonhomme, des nippes à peine à sa taille, sa culotte trouée, sa veste effilochée, sa casquette sans fond, aux pieds des brogues en cuir de vache, dont la semelle ne tenait que par un bout de corde. Grip, habillé lui-même de haillons, ne valait pas mieux. Les deux faisaient la paire. Cela allait encore, par le beau temps; mais le beau temps, au milieu des comtés du nord de l'Irlande, est aussi rare qu'un bon repas

Telles étaient les occupations de ces enfants. (Page 29.)

dans la cabane de Paddy. Et alors, sous la pluie, sous la neige, demi-nus, la figure bleuie par le froid, les yeux mordus par la bise, les pieds dévorés par la neige, ces deux misérables faisaient pitié, le grand tenant le petit par la main, et courant pour s'échauffer.

Ils erraient ainsi le long des rues de cette Galway, qui a l'aspect d'une bourgade espagnole, seuls parmi une foule indifférente. P'tit-

Le grand tenant le petit par la main. (Page 32.)

Bonhomme aurait bien voulu savoir ce qu'il y avait à l'intérieur des maisons. A travers leurs étroites fenêtres fermées de grillages, leurs jalousies baissées, impossible de rien distinguer. C'était pour lui des coffres-forts, qui devaient être remplis de sacs d'argent. Et les hôtels où les voyageurs arrivaient en voiture, quel plaisir à en visiter les belles chambres, celles du *Royal-Hôtel* surtout! Mais les domestiques les auraient chassés tous deux comme des chiens, ou, ce qui est pire, comme des mendiants, car les chiens peuvent à la rigueur recevoir quelque caresse...

Et lorsqu'ils s'arrêtaient devant les magasins, si insuffisamment approvisionnés pourtant, des bourgades de la haute Irlande, les choses leur paraissaient un entassement de richesses incalculables. Quel regard ils jetaient, ici, sur un étalage de vêtements, eux qui n'étaient vêtus que de loques ; là, sur une boutique de chaussures, eux qui marchaient pieds nus! Et connaîtraient-ils jamais cette jouissance d'avoir un habit neuf à leur taille, et une paire de bons souliers dont on leur aurait pris mesure? Non, sans doute, pas plus que tant de malheureux condamnés au rebut des autres, restes de défroque et restes de cuisine!

Il y avait aussi des étals de bouchers, avec de grands quartiers de bœuf pendus au croc, qui auraient suffi à nourrir pendant un mois toute la ragged-school. Lorsque Grip et P'tit-Bonhomme les contemplaient, ils ouvraient la bouche démesurément et sentaient leur estomac se contracter de spasmes douloureux.

« Bah! disait Grip d'un ton jovial, fais aller tes mâchoires, p'tit!... Ça s'ra comme si tu mangeais pour de bon! »

Et devant les gros pains dont la chaude odeur s'échappait du fournil, devant les « cakes » et autres pâtisseries qui excitaient la convoitise du passant, ils restaient là, les dents longues, la langue humide, les lèvres convulsées, la figure famélique, et P'tit-Bonhomme murmurait :

« Que ça doit être bon!

— J' t'en réponds! répliquait Grip.

— En as-tu mangé?...

— Un' fois.

— Ah! » soupirait P'tit-Bonhomme.

Il n'en avait jamais mangé, lui, ni chez Thornpipe, ni depuis que la ragged-school lui donnait asile.

Un jour, une dame, prenant pitié de sa mine pâle, lui demanda si un gâteau lui ferait plaisir.

« J'aimerais mieux un pain, madame, répondit-il.

— Et pourquoi, mon enfant?...

— Parce que ce serait plus gros. »

Une fois, cependant, Grip, ayant gagné quelques pence pour prix d'une commission, acheta un gâteau qui devait bien avoir huit jours d'existence.

« Est-ce bon? demanda-t-il à P'tit-Bonhomme.

— Oh!... On dirait que c'est sucré!

— J' te crois qu' c'est sucré, répliqua Grip, et avec du vrai sucre, encore! »

Quelquefois Grip et P'tit-Bonhomme allaient se promener jusqu'au faubourg de Salthill. De là on peut embrasser l'ensemble de la baie, l'une des plus pittoresques de l'Irlande, les trois îles d'Aran, posées à l'entrée comme les trois cônes de la baie de Vigo, — autre ressemblance avec l'Espagne, — et, en arrière, les sauvages montagnes du Burren, de Clare et les abruptes falaises de Moher. Puis ils revenaient vers le port, sur les quais, le long des docks commencés à l'époque où l'on avait songé à faire de Galway le point de départ d'une ligne de transatlantiques, qui eût été la plus courte entre l'Europe et les États-Unis d'Amérique.

Lorsque tous deux apercevaient les quelques navires mouillés sur la baie ou amarrés à l'entrée du port, ils se sentaient comme irrésistiblement attirés, soupçonnant sans doute que la mer doit être moins cruelle que la terre aux pauvres gens, qu'elle leur promet une existence plus assurée, que la vie est meilleure au plein air vif des océans, loin des bouges empestés des villes, que le métier de marin est, par excellence, celui qui peut garantir la santé à l'enfant et le gagne-pain à l'homme.

« Ça doit être bien beau, Grip, d'aller sur ces bateaux... avec leurs grandes voiles! disait P'tit-Bonhomme.

— Si tu savais c' que ça m' tente! répondait Grip, en hochant la tête.

— Alors pourquoi que tu n'es pas marin sur la mer?...

— T'as raison... Pourquoi que je n' suis pas marin ?...

— Tu irais loin... loin...

— Ça viendra p't'être ! » répondit Grip.

Enfin, il ne l'était pas.

Le port de Galway est formé par l'embouchure d'une rivière qui sort du Lough Corrib et se jette au fond de la baie. Sur l'autre rive, au delà d'un pont, se développe le curieux village du Claddagh, avec ses quatre mille habitants. Rien que des pêcheurs, qui ont longtemps joui de leur autonomie communale, et dont le maire est qualifié de roi dans les vieilles chartes. Grip et l'enfant venaient parfois jusqu'au Claddagh. Que n'aurait-il donné, P'tit-Bonhomme, pour être un de ces garçons robustes, pétulants, hâlés par les brises, pour être le fils d'une de ces mères vigoureuses, au sang gallicien, un peu sauvages d'aspect comme leur homme. Oui ! il enviait cette marmaille bien portante, et vraiment plus heureuse qu'en tant d'autres villes d'Irlande. Des garçons, qui criaient, jouaient, barbotaient... Il aurait voulu être des leurs... Il avait envie d'aller les prendre par la main... Il n'osait, haillonné comme il l'était, et, à le voir s'approcher, ils auraient pu croire qu'il venait leur demander l'aumône. Alors il se tenait à l'écart, une grosse larme perlant à ses yeux, se contentant de traîner ses brogues sur la place du marché, s'enhardissant à regarder les maquereaux aux couleurs scintillantes, les harengs grisâtres, les seuls poissons que recherchent les pêcheurs du Claddagh. Quant aux homards, aux gros crabes, qui abondent aussi entre les roches de la baie, il ne pouvait croire que ce fût bon à manger, bien que Grip affirmât — d'après ce qu'il avait ouï dire, — que « c'était du gâteau à la crême que ces bêtes-là avaient dans l' coque ! » Peut-être ne serait-il pas impossible qu'un jour ils s'en rendraient compte par eux-mêmes.

Leur promenade hors de la ville terminée, tous deux regagnaient par les rues étroites et sordides le quartier de la raggedschool. Ils passaient au milieu des ruines, qui font de Galway une bourgade qu'un tremblement de terre aurait à moitié détruite. Et encore les ruines ont-elles leur charme, lorsque c'est le temps qui les a faites. Ici, de ces maisons inachevées faute d'argent, de ces édifices à peine ébauchés dont les murs étaient lézardés, enfin de tout ce qui était l'œuvre de l'abandon et non l'œuvre des siècles, il ne se dégageait qu'une impression de morne tristesse.

Pourtant ce qu'il y avait de plus désolé que les quartiers pauvres de Galway, de plus repoussant que les dernières masures de ses faubourgs, c'était l'abominable et nauséabonde demeure, l'abri insuffisant et répugnant, où la misère entassait les compagnons de P'tit-Bonhomme, et ils ne se hâtaient guère, Grip et lui, lorsque l'heure arrivait de rentrer à la ragged-school!

IV

L'ENTERREMENT D'UNE MOUETTE

Au cours de cette pénible existence, dans ce milieu dégradant des déguenillés, P'tit-Bonhomme ne faisait-il pas parfois un retour en arrière? Qu'un enfant, heureux des soins qui l'entourent, des caresses qu'on lui prodigue, se livre tout entier au bonheur de vivre, sans le souci de ce qu'il a été ni de ce qu'il sera, qu'il s'abandonne à l'épanouissement de son jeune âge, cela se conçoit, cela doit être. Hélas! il n'en va pas ainsi lorsque le passé n'a été que souffrances. L'avenir apparaît sous le plus sombre aspect. On regarde en avant, après avoir regardé en arrière.

Et s'il remontait d'une année ou deux, que revoyait-il, P'tit-Bonhomme? Ce Thornpipe, brute et brutal, ce gueux sans pitié, qu'il craignait parfois de rencontrer au coin d'une rue, ou sur une grande route, ouvrant ses larges mains pour le ressaisir. Puis un souvenir vague et terrifiant lui revenait, celui de cette cruelle femme qui le maltraitait, et aussi l'image consolante de cette fillette qui le berçait sur ses genoux.

« Je crois bien me rappeler qu'elle se nommait Sissy[1], dit-il un jour à son compagnon.

— Què joli nom! » répondit Grip.

Au vrai, Grip était persuadé que cette Sissy ne devait exister que dans l'imagination de l'enfant, car on n'avait jamais pu avoir de renseignements sur elle. Mais, quand il semblait douter de son existence, P'tit-Bonhomme avait envie de se fâcher. Oui! il la revoyait en pensée... Est-ce qu'il ne la retrouverait pas un jour?... Qu'était-elle devenue?... Vivait-elle encore chez cette mégère... loin de lui?... Des milles et des milles les séparaient-ils l'un de l'autre?... Elle l'aimait bien et il l'aimait aussi... C'était la première affection qu'il eût éprouvée avant d'avoir rencontré Grip, et il parlait d'elle comme d'une grande fille... Elle était bonne et douce, elle le caressait, elle essuyait ses larmes, elle lui donnait des baisers, elle partageait ses pommes de terre avec lui...

« J'aurais bien voulu la défendre, lorsque la vilaine femme la battait! disait P'tit-Bonhomme.

— Moi aussi, et j' crois qu' j'aurais cogné dur! » répondait Grip pour faire plaisir à l'enfant.

D'ailleurs, si ce brave garçon ne se défendait guère, quand on l'attaquait, il savait au besoin défendre les autres, et il l'avait déjà prouvé, le cas se présentant de mettre à la raison cette mauvaise engeance acharnée contre son protégé.

Une fois, pendant les premiers mois de son séjour à la ragged-school, attiré par les cloches du dimanche, P'tit-Bonhomme était entré dans la cathédrale de Galway. Nous avouerons que le hasard seul l'y avait conduit, car les touristes eux-mêmes ont quelque peine à la découvrir, perdue qu'elle est au milieu d'un labyrinthe de rues fangeuses et étroites.

1. Abréviation familière du nom de Cécily.

L'enfant était là, honteux et craintif. Certainement, si le redoutable bedeau l'eût aperçu, presque nu sous ses haillons, il ne lui aurait pas permis de rester dans l'église. Il fut très étonné et très charmé de ce qu'il entendit, les chants de l'office, l'accompagnement de l'orgue, et de ce qu'il vit, le prêtre à l'autel avec ses ornements d'or, et ces longues chandelles qu'étaient pour lui les cierges allumés en plein jour.

P'tit-Bonhomme n'avait pas oublié que le curé de Westport lui avait quelquefois parlé de Dieu, — Dieu qui est le père à tous. Il se rappelait même que, lorsque le montreur de marionnettes prononçait le nom de Dieu, c'était pour le mêler à ses horribles jurons, et cela troublait sa pensée au milieu des cérémonies religieuses. Et pourtant, sous les voûtes de cette cathédrale, caché derrière un pilier, il éprouvait une sorte de curiosité, regardant les prêtres comme il eût regardé des soldats. Puis, tandis que toute l'assemblée se courbait pendant l'élévation aux tintements de la sonnette, il s'en alla, avant d'avoir été aperçu, glissant sur les dalles sans plus de bruit qu'une souris qui regagne son trou.

Lorsque P'tit-Bonhomme revint de l'église, il n'en dit rien à personne, — pas même à Grip, lequel d'ailleurs n'avait qu'une très vague idée de ce que signifiaient ces pompes de la messe et des vêpres. Toutefois, après une seconde visite, s'étant trouvé seul avec la Kriss, il se hasarda à lui demander ce que c'était que Dieu.

« Dieu?... répondit la vieille femme en roulant des yeux terribles au milieu des bouffées nauséabondes qui s'échappaient de sa pipe de terre noire.

— Oui... Dieu?...

— Dieu, dit-elle, c'est le frère du diable, à qui il envoie ces gueux d'enfants qui ne sont pas sages pour les brûler dans son feu d'enfer! »

A cette réponse, P'tit-Bonhomme devint pâle, et, bien qu'il eût grande envie de savoir où était cet enfer rempli de flammes et d'enfants, il n'osa pas interroger Kriss à ce sujet.

P'tit Bonhomme s'étant trouvé seul avec Kriss. (Page 39.)

Mais il ne cessa de songer à ce Dieu dont l'unique occupation semblait être de punir des bébés, et de quelle horrible façon, s'il fallait s'en rapporter au dire de Kriss.

Un jour, cependant, très anxieux, il voulut en causer avec son ami Grip.

« Grip, lui demanda-t-il, as-tu entendu quelquefois parler de l'enfer ?

Après avoir fait un trou dans le sable. (Page 47.)

— Quèqu'fois, p'tit !
— Où se trouve-t-il, l'enfer ?
— J' sais pas.
— Dis donc.... si on y brûle les enfants qui sont méchants, on y brûlera Carker ?...
— Oui... et à grand feu !
— Moi... Grip... je ne suis pas méchant, dis ?

« — Toi ?... méchant ?... Non... j'crois pas!

— Alors, je ne serai pas brûlé ?...

— Pas même d'un ch'veu!

— Ni toi, Grip ?...

— Ni moi... bien sûr! »

Et Grip crut bon d'ajouter qu'il n'en valait pas la peine, étant si maigre qu'il n'eût fait qu'une flambée.

Voilà tout ce que P'tit-Bonhomme savait de Dieu, tout ce qu'il avait appris du catéchisme. Et pourtant, dans la simplicité, dans la naïveté de son âge, il sentait confusément ce qui était bien et ce qui était mal. Mais, s'il ne devait pas être puni suivant les préceptes de la vieille femme de la ragged-school, il risquait fort de l'être suivant les préceptes de M. O'Bodkins.

En effet, M. O'Bodkins n'était guère content. P'tit-Bonhomme ne figurait pas sur ses livres à la colonne des recettes tout en figurant à la colonne des dépenses. Voilà un gamin qui coûtait... Oh! pas grand'chose, M. O'Bodkins! — et qui ne produisait pas! Au moins les autres, mendiant et rapinant, subvenaient-ils en partie aux frais de logement et de nourriture, tandis que cet enfant ne rapportait rien.

Un jour, M. O'Bodkins lui en fit de très vifs reproches, en dardant sur lui un regard sévère à travers ses lunettes.

P'tit-Bonhomme eut assez de force pour ne point pleurer, en recevant cette admonestation que M. O'Bodkins lui adressait au double titre de comptable et de directeur.

« Tu ne veux rien faire ?... lui dit-il.

— Si, monsieur, répliqua l'enfant. Dites-moi... que voulez-vous que je fasse?

— Quelque chose qui paye ce que tu coûtes!

— Je voudrais bien, mais je ne sais pas.

— On suit les gens dans la rue... on leur demande des commissions...

— Je suis trop petit, et on ne veut pas.

— Alors, on cherche dans les tas, au coin des bornes ! Il y a toujours quelque chose à trouver...

— Les chiens me mordent, et je ne suis pas assez fort... Je ne peux pas les chasser !

— Vraiment !... As-tu des mains ?...

— Oui.

— Et as-tu des jambes ?

— Oui.

— Eh bien, cours sur les routes après les voitures, et attrape des coppers, puisque tu ne peux pas faire autre chose !

— Demander des coppers ! »

Et P'tit-Bonhomme eut un haut-le-cœur, tant cette proposition révolta sa fierté naturelle. Sa fierté ! oui ! c'est le mot, et il rougissait à la pensée de tendre la main.

« Je ne pourrais pas, monsieur O'Bodkins ! dit-il.

— Ah ! tu ne pourrais pas ?...

— Non !

— Et pourras-tu vivre sans manger ?... Non ! n'est-ce pas !... Je te préviens pourtant qu'un jour ou l'autre, je te mettrai à ce régime-là, si tu n'imagines pas un moyen de gagner ta vie !... Et maintenant, file ! »

Gagner sa vie... à quatre ans et quelques mois ! Il est vrai qu'il la gagnait déjà chez le montreur de marionnettes, et de quelle façon ! L'enfant « fila » très accablé. Et qui l'eût vu dans un coin, les bras croisés, la tête basse, aurait été pris de pitié. Quel fardeau était la vie pour ce pauvre petit être !

Ces petiots, quand ils ne sont pas abrutis par la misère dès le bas âge, on ne saurait s'imaginer ce qu'ils souffrent, et on ne s'apitoiera jamais assez sur leur sort !

Et puis, après les admonestations de M. O'Bodkins, venaient les excitations des polissons de l'école.

Cela les enrageait de sentir ce garçon plus honnête qu'eux. Ils avaient plaisir à le pousser au mal, et ne lui épargnaient ni les perfides conseils ni les coups.

Carker, surtout, ne tarissait pas à cet égard, et il y mettait un acharnement qui s'expliquait par sa perversité.

« Tu ne veux pas demander la charité ? lui dit-il un jour.

— Non, répondit d'une voix ferme P'tit-Bonhomme.

— Eh bien, sotte bête, on ne demande pas... on prend !

— Prendre ?...

— Oui !... Quand on voit un monsieur bien mis, avec un mouchoir qui sort de sa poche, on s'approche, on tire adroitement le mouchoir, et il vient tout seul.

— Laisse-moi, Carker !

— Et quelquefois, il y a un porte-monnaie qui arrive avec le mouchoir...

— C'est voler, cela !

— Et ce n'est pas des coppers qu'on trouve dans ces porte-monnaies de riches, ce sont des shillings, des couronnes, et aussi des pièces d'or, et on les rapporte, on les partage avec les camarades, mauvais propre à rien !

— Oui, dit un autre, et on fait la nique aux policemen en s'ensauvant.

— Ensuite, ajouta Carker, quand on irait en prison, qu'est-ce que ça fait ? On y est aussi bien qu'ici — et même mieux. On vous y donne du pain, de la soupe aux pommes de terre, et on mange tout son content.

— Je ne veux pas... je ne veux pas ! » répétait l'enfant, en se débattant au milieu de ces vauriens, qui se le renvoyaient de l'un à l'autre comme une balle.

Grip, étant entré dans la salle, se hâta de l'arracher des mains de la bande.

« Allez-vous m' laisser ce p'tit tranquille ! » s'écria-t-il en serrant les poings.

Cette fois, il était vraiment en colère, Grip.

« Tu sais, dit-il à Carker, j'tape pas souvent, n'est-ce pas, mais quand je m' mets à taper... »

Après que ces garnements eurent laissé leur victime, quel regard ils lui jetèrent, comme ils se promirent de recommencer, dès que Grip ne serait plus là, et même, à la prochaine occasion, de « leur faire leur affaire » à tous les deux !

« Bien sûr, Carker, tu seras brûlé ! dit P'tit-Bonhomme, non sans une certaine commisération.

— Brûlé ?...

— Oui... en enfer... si tu continues à être méchant ! »

Réponse qui excita les railleries de toute cette bande de mécréants. Que voulez-vous ? le rôtissement de Carker, c'était une idée fixe chez P'tit-Bonhomme.

Toutefois, il était à craindre que l'intervention de Grip en sa faveur ne produisit pas d'heureux résultats. Carker et les autres étaient décidés à se venger du surveillant et de son protégé.

Dans les coins, les pires garnements de la ragged-school tenaient des conciliabules qui ne présageaient rien de bon. Aussi Grip ne cessait-il de les surveiller, ne quittant notre garçonnet que le moins possible. La nuit, il le faisait monter jusqu'au galetas qu'il occupait sous les bardeaux de la toiture. Là, dans ce réduit bien froid, bien misérable, P'tit-Bonhomme était du moins à l'abri des mauvais conseils et des mauvais traitements.

Un jour, Grip et lui étaient allés se promener sur la grève de Salthill, où ils prenaient quelquefois plaisir à se baigner. Grip, qui savait nager, donnait des leçons à P'tit-Bonhomme. Ah ! que celui-ci était heureux de se plonger dans cette eau limpide sur laquelle naviguaient de beaux navires, loin, bien loin, et dont il voyait les voiles blanches s'effacer à l'horizon.

Tous deux s'ébattaient au milieu des longues lames qui grondaient sur la grève. Grip, tenant l'enfant par les épaules, lui indiquait les premiers mouvements.

Soudain, de véritables hurlements de chacals se firent entendre du côté des rochers, et on vit apparaître les déguenillés de la ragged-school.

Ils étaient une douzaine, des plus vicieux, des plus féroces, Carker à leur tête.

S'ils criaient, s'ils vociféraient de la sorte, c'est qu'ils venaient d'apercevoir une mouette, blessée à l'aile, qui essayait de s'enfuir. Et peut-être y fût-elle parvenue, si Carker ne lui eût lancé une pierre dont il l'atteignit.

P'tit-Bonhomme poussa un cri à faire croire que c'était lui qui avait reçu le coup.

« Pauvre mouette... pauvre mouette ! » répétait-il.

Une grosse colère saisit Grip, et probablement allait-il infliger à Carker une correction dont celui-ci se souviendrait, lorsqu'il vit l'enfant s'élancer sur la grève, au milieu de la bande, en demandant grâce pour l'oiseau.

« Carker... je t'en prie... répétait-il, bats-moi... bats-moi... mais pas la mouette !... pas la mouette ! »

Quelle bordée de sarcasmes l'accueillirent, lorsqu'on le vit se traîner sur le sable, tout nu, ses membres si grêles, ses côtes qui faisaient saillie sous la peau ! Et toujours il criait :

« Grâce... Carker... grâce pour la mouette ! »

Personne ne l'écoutait. On se riait de ses supplications. La bande poursuivait l'oiseau, qui essayait en vain à s'élever de terre, sautillant gauchement d'une patte sur l'autre, et tâchant de gagner un abri entre les roches.

Efforts inutiles.

« Lâches... lâches ! » criait P'tit-Bonhomme.

Carker avait saisi la mouette par une aile, et, la faisant tournoyer, il la lança en l'air. Elle retomba sur le sable. Un autre la ramassa et l'envoya sur les galets.

« Grip... Grip !... répétait P'tit-Bonhomme, défends-la... défends-la !... »

Grip se précipita sur ces gueux pour leur arracher l'oiseau... il était trop tard. Carker venait d'écraser sous son talon la tête de la mouette.

Et les rires de reprendre de plus belle au milieu d'un concert de hurrahs frénétiques.

P'tit-Bonhomme était outré. La colère le prit alors, — une colère aveuglante, — et n'y tenant plus, il ramassa un galet et le jeta de toutes ses forces contre Carker, lequel le reçut en pleine poitrine.

« Ah! tu vas me l'payer! » s'écria Carker.

Et, avant que Grip eût pu l'en empêcher, il se précipita sur le jeune garçon, il l'entraîna au bord de la grève, l'accablant de coups. Puis, tandis que les autres retenaient Grip par les bras, par les jambes, il enfonça la tête de P'tit-Bonhomme sous les lames au risque de l'asphyxier.

Étant parvenu à se débarrasser à coup de taloches de ces garnements dont la plupart roulèrent sur le sable en hurlant, Grip courut vers Carker, qui s'enfuit avec toute la bande.

En se retirant, les lames auraient entraîné P'tit-Bonhomme, si Grip ne l'eût saisi et ramené à demi évanoui.

Après l'avoir frotté vigoureusement, Grip ne tarda pas à le remettre sur pied. L'ayant rhabillé de ses haillons, et le prenant par la main :

« Viens... viens! » lui dit-il.

P'tit-Bonhomme remonta du côté des roches. Là, apercevant l'oiseau écrasé, il s'agenouilla, des larmes lui mouillèrent les yeux, et, creusant un trou dans le sable, il l'y enterra.

Et, lui-même, qu'était-il, si ce n'est un oiseau abandonné... une pauvre mouette humaine!

V

ENCORE LA RAGGED-SCHOOL

En rentrant à l'école, Grip crut devoir attirer l'attention de M. O'Bodkins sur la conduite de Carker et des autres. Ce ne fut point pour parler des tours qu'on lui jouait et dont il ne s'apercevait même pas la plupart du temps. Non ! il s'agissait de P'tit-Bonhomme et des mauvais traitements auxquels il était en butte. Cette fois, cela avait été poussé si loin que, sans l'intervention de Grip, il y aurait maintenant un cadavre d'enfant que les lames rouleraient sur la grève de Salthill.

Pour toute réponse, Grip n'obtint qu'un hochement de tête de M. O'Bodkins. Il aurait dû le comprendre, c'étaient de ces choses qui ne regardent point la comptabilité. Que diable ! le grand-livre ne peut avoir une colonne pour les taloches et une autre pour les coups de pied ! Cela ne saurait pas plus s'additionner, en bonne arithmétique, que trois cailloux et cinq chardonnerets. Sans doute M. O'Bodkins avait comme directeur le devoir de s'inquiéter des agissements de ses pensionnaires ; mais, comme comptable, il se borna à envoyer promener le surveillant de l'école.

A partir de ce jour, Grip résolut de ne plus perdre de vue son protégé, de ne jamais le laisser seul dans la grande salle, et, quand il sortait, il prenait soin de l'enfermer au fond de son galetas, où du moins l'enfant se trouvait en sûreté.

Les derniers mois de l'été s'écoulèrent. Septembre arriva. C'est déjà l'hiver pour les districts des comtés du nord, et l'hiver de la

Toute l'école se pressait autour du foyer. (Page 50.)

haute Irlande est fait d'une succession ininterrompue de neiges, de bises, de rafales, de brouillards, venus des plaines glacées de l'Amérique septentrionale, et que les vents de l'Atlantique précipitent sur l'Europe.

Un temps âpre et rude aux riverains de cette baie de Galway, enserrée dans son écran de montagnes comme entre les parois d'une glacière. Des jours bien courts et des nuits bien longues à passer pour ceux dont le foyer n'a ni houille ni tourbe. Ne vous étonnez pas si la température est basse alors à l'intérieur de la ragged-school, sauf peut-être dans la chambre de M. O'Bodkins. Est-ce que si le directeur-comptable n'était pas au chaud, son encre resterait liquide en son encrier?... Est-ce que ses paraphes ne seraient pas gelés avant qu'il eût pu achever leur fioriture?

C'était ou jamais le moment d'aller ramasser par les rues, sur les routes, tout ce qui est susceptible de se combiner avec l'oxygène pour produire de la chaleur. Médiocre ressource, il faut le reconnaître, lorsqu'on en est réduit aux branches tombées des arbres, aux escarbilles abandonnées à la porte des maisons, aux cassures de charbon que les pauvres se disputent sur les quais de déchargement du port. Les pensionnaires de l'école s'occupaient donc à cette récolte, et combien les glaneurs étaient nombreux!

Notre petit garçon prenait sa part de ce pénible travail. Chaque jour, il rapportait un peu de combustible. Ce n'était pas mendier, cela. Aussi, tant bien que mal, l'âtre brillait-il de vilaines flammes fumeuses dont il fallait se contenter. Toute l'école, gelée sous ses haillons, se pressait autour du foyer, — les plus grands aux bonnes places, cela va de soi, tandis que le souper essayait de cuire dans la marmite. Et quel souper!... Des croûtes de pain, des pommes de terre de rebut, quelques os auxquels adhéraient encore des bribes de chair, une abominable soupe, où les taches de graisse remplaçaient les yeux du bouillon gras.

Il va sans dire que, devant le feu, il n'y avait jamais une place pour P'tit-Bonhomme, et rarement une écuelle de ce liquide que la vieille réservait aux plus grands. Ceux-ci se jetaient dessus comme des chiens affamés, et n'hésitaient pas à montrer les crocs pour défendre leur maigre portion.

Heureusement, Grip s'empressait d'emmener l'enfant dans son trou, et il lui donnait le meilleur de ce qui lui revenait pour sa part de la réfection quotidienne. Sans doute, il n'y avait pas de feu là-haut. Cependant, en se blottissant sous la paille, en se serrant l'un

ENCORE LA RAGGED-SCHOOL.

contre l'autre, tous deux parvenaient à se garantir du froid, puis à s'endormir, et le sommeil, peut-être cela réchauffe-t-il?... Il faut l'espérer du moins.

Un jour, Grip eut un vrai coup de fortune. Il était en promenade et filait le long de la principale rue de Galway, lorsqu'un voyageur qui rentrait à *Royal-Hôtel*, le pria de lui porter une lettre au Post-Office. Grip s'empressa de faire la commission et, pour sa peine, il reçut un beau shilling tout neuf. Certes, ce n'était pas un gros capital qui lui arrivait sous cette forme, et il n'aurait pas à se creuser la tête pour décider s'il le placerait en rentes sur l'État ou en valeurs industrielles. Non! le placement tout indiqué se ferait en nature, beaucoup dans l'estomac de P'tit-Bonhomme, un peu dans le sien. Il acheta donc une portion de charcuterie variée qui dura trois jours, et dont on se régala en cachette de Carker et des autres. On le pense bien, Grip entendait ne rien partager avec ceux qui ne partageaient jamais avec lui.

En outre, — ce qui rendit particulièrement heureuse la rencontre de Grip et du voyageur de *Royal-Hôtel*, — c'est que ce digne gentleman, le voyant si mal vêtu, se défit en sa faveur d'un tricot de laine qui était en bon état.

Ne croyez pas que Grip eût songé à le garder pour son usage personnel. Non! il ne pensa qu'à P'tit-Bonhomme. Ce serait « fameux » d'avoir ce bon tricot sous ses haillons.

« Il s'ra là-d'dans comme un mouton sous sa laine! » se dit le brave cœur.

Mais le mouton ne voulut point que Grip se dépouillât de sa toison à son profit. Il y eut discussion. Enfin les choses purent s'arranger à la satisfaction commune.

En effet, le gentleman était gros, et son tricot eût fait deux fois le tour du corps de Grip. Le gentleman était grand, et son tricot eût enveloppé P'tit-Bonhomme de la tête aux pieds. Donc, en gagnant sur la hauteur et la largeur, il ne serait pas impossible d'ajuster le tricot à l'avantage des deux amis. Demander à cette vieille ivrognesse de

Kriss de découdre et de recoudre, autant lui demander de renoncer à sa pipe. Aussi, s'enfermant dans le galetas, Grip se mit-il à l'œuvre en y concentrant toute son intelligence. Après avoir pris mesure sur l'enfant, il travailla si adroitement qu'il parvint à confectionner une bonne veste de laine. Quant à lui, il se trouva pourvu d'un gilet — sans manches, il est vrai — mais enfin un gilet, c'est déjà quelque chose.

Il va de soi que recommandation fut faite à P'tit-Bonhomme de cacher sa veste sous ses loques, afin que les autres ne pussent la voir. Plutôt que de la lui laisser, ils l'auraient mise en morceaux. C'est ce qu'il fit, et s'il apprécia l'excellente chaleur de ce tricot pendant les grands froids de l'hiver, nous le laissons à penser.

A la suite d'un mois d'octobre excessivement pluvieux, novembre déchaîna sur le comté une bise glaciale qui condensa en neige toute l'humidité de l'atmosphère. La couche blanche dépassa l'épaisseur de deux pieds dans les rues de Galway. La récolte quotidienne de houille et de tourbe s'en ressentit. On gelait rudement dans la ragged-school, et si le foyer manquait de combustible, l'estomac, qui est un foyer, en manquait également, car on n'y faisait pas de feu tous les jours.

Il fallait bien, néanmoins, au milieu de ces tempêtes de neige, à travers les courants glacés, le long des rues, sur les routes, que les déguenillés cherchassent à pourvoir aux besoins de l'école. Maintenant, on ne trouvait plus rien à ramasser entre les pavés. L'unique ressource, c'était d'aller de porte en porte. Certes, la paroisse faisait ce qu'elle pouvait pour ses pauvres; mais, sans parler de la ragged-school, nombre d'établissements de charité se réclamaient d'elle en ce temps de misère.

Les enfants étaient dès lors réduits à quêter d'une maison à l'autre, et quand toute pitié n'y était pas éteinte, on ne leur faisait pas mauvais accueil. Le plus souvent, il est vrai, avec quelle brutalité on les recevait, avec quelles menaces en cas qu'ils s'aviseraient de revenir, et ils rentraient alors les mains vides...

P'tit-Bonhomme n'avait pu se refuser à suivre l'exemple de ses compagnons. Et pourtant, lorsqu'il s'arrêtait devant une porte, après en avoir soulevé le marteau, il lui semblait que ce marteau retombait d'un grand coup sur sa poitrine. Alors, au lieu de tendre la main, il demandait si l'on n'avait pas quelque commission à lui donner. Il s'épargnait du moins la honte de mendier... Une commission à ce gamin de cinq ans, on savait ce que cela voulait dire, et parfois, on lui jetait un morceau de pain... qu'il prenait en pleurant. Que voulez-vous?... la faim.

Avec décembre, le froid devint très rigoureux et très humide. La neige ne cessait de tomber à gros flocons. C'est à peine si l'on pouvait reconnaître son chemin à travers les rues. A trois heures de l'après-midi, il fallait allumer le gaz, et la lumière jaunâtre des becs ne parvenait point à percer l'amas des brumes, comme si elle eût perdu tout pouvoir éclairant. Ni voitures ni charrettes en circulation. De rares passants se hâtant vers leur logis. Et P'tit-Bonhomme, avec les yeux brûlés par le froid, les mains et la figure bleues sous les morsures de la bise, courait en serrant étroitement ses loques blanches de neige...

Enfin ce pénible hiver s'acheva. Les premiers mois de l'année 1877 furent moins durs. L'été fit une précoce apparition. Il y eut d'assez fortes chaleurs dès le mois de juin.

Le 17 août, P'tit-Bonhomme — il avait alors cinq ans et demi — eut la bonne chance d'une trouvaille, qui allait avoir des conséquences très inattendues.

A sept heures du soir, il suivait une des ruelles aboutissant au pont du Claddagh, et revenait à la ragged-school, certain d'y être fort mal reçu, car sa tournée n'avait point été fructueuse. Si Grip n'avait pas quelque vieille croûte en réserve, tous deux devraient se passer de souper ce soir-là. Ce ne serait pas la première fois, d'ailleurs, et de s'attendre à manger tous les jours, à heure fixe, c'eût été de la présomption. Que les riches aient de ces habitudes, rien de mieux, puisque c'est dans leurs moyens. Mais un pauvre diable, ça mange quand ça peut, et « ça n' mang' pas, quand ça n' peut pas ! » disait Grip, très habitué à se nourrir de maximes philosophiques.

Or, voilà qu'à deux cents pas de l'école, P'tit-Bonhomme buta et s'étendit de tout son long sur le pavé. Comme il n'était point tombé de haut, il ne se fit aucun mal. Mais, au moment où il s'étalait, un objet, heurté par son pied, avait roulé devant lui. C'était une grosse bouteille de grès, qui ne s'était pas cassée, — par bonheur, car il aurait pu être blessé grièvement.

Notre petit garçon se releva, et, en cherchant autour de lui, finit par retrouver cette bouteille, dont la contenance pouvait être de deux à trois gallons. Un bouchon de liège fermait son goulot, et il suffisait de l'enlever avec la main pour savoir ce que contenait ladite bouteille.

P'tit-Bonhomme la déboucha donc, et il lui sembla qu'elle était pleine de gin.

Ma foi, il y aurait là de quoi satisfaire tous les déguenillés, et, ce jour-là, P'tit-Bonhomme put être assuré qu'on lui ferait un excellent accueil.

Personne dans la ruelle, aucun passant ne l'avait vu, et deux cents pas le séparaient de la ragged-school.

Mais alors des idées lui vinrent, — des idées qui ne seraient venues ni à Carker ni aux autres. Elle ne lui appartenait pas, cette bouteille. Ce n'était point un don de charité, ce n'était pas un débris jeté aux ordures, c'était un objet perdu. Sans doute, de retrouver son propriétaire, cela ne laisserait pas d'être assez difficile. N'importe, sa conscience lui disait qu'il n'avait pas le droit de disposer de la chose d'autrui. Il savait cela d'instinct, car Thornpipe pas plus que M. O'Bodkins ne lui avaient jamais enseigné ce que c'est que d'être honnête. Heureusement, il y a de ces cœurs d'enfant où c'est écrit tout de même.

P'tit-Bonhomme, assez embarrassé de sa trouvaille, prit la résolution de consulter Grip. Bien sûr, Grip parviendrait à opérer la restitution. L'essentiel, c'était d'introduire la bouteille dans le galetas sans être vu des vauriens, car ils ne s'inquiéteraient guère de la rendre à qui elle appartenait. Deux ou trois gallons de gin !... Quelle aubaine !... La nuit venue, il n'en resterait pas une goutte... Pour ce qui concerne Grip, P'tit-Bonhomme en répondait comme de lui. Il ne toucherait pas à la bouteille, il la cacherait sous la paille, et, le lendemain, il prendrait des informations dans le quartier. S'il le fallait, tous deux iraient de maison en maison, ils frapperaient aux portes : ce ne serait pas pour mendier, cette fois.

P'tit-Bonhomme se dirigea alors vers l'école, en essayant, non sans peine, de cacher la bouteille qui faisait une grosse bosse sous ses haillons.

Par malechance, lorsqu'il fut arrivé devant la porte, voici que Carker sortit brusquement, et il ne put éviter le choc. D'ailleurs, Carker l'ayant reconnu et le voyant seul, trouva l'occasion bonne pour lui payer l'arriéré qu'il lui devait depuis l'intervention de Grip sur la grève de Salthill.

Il se jeta donc sur P'tit-Bonhomme, et, ayant senti la bouteille sous ses loques, il la lui arracha.

« Eh ! qu'est-ce que ça ? s'écria-t-il.

— Ça !... ce n'est pas à toi !

— Alors... c'est à toi ?

— Non... ce n'est pas à moi ! »

Et P'tit-Bonhomme voulut repousser Carker, lequel, d'un coup de pied, l'envoya rouler à trois pas.

S'emparer de la bouteille, puis rentrer dans la salle, c'est ce que Carker eut fait en un instant, et P'tit-Bonhomme ne put que le suivre en pleurant de rage.

Il essaya encore de protester ; mais Grip n'étant pas là pour lui venir en aide, ce qu'il reçut de taloches, de coups de pieds, de coups de dents même !... Jusqu'à la vieille Kriss qui s'en mêla, dès qu'elle eut aperçu la bouteille.

« Du gin, s'écria-t-elle, du bon gin, et il y en aura pour tout le monde ! »

Assurément P'tit-Bonhomme eût mieux fait de laisser cette bouteille dans la rue, où son propriétaire la cherchait peut-être à cette heure, car, enfin, deux ou trois gallons de gin, ça vaut des shillings et même plus d'une demi-couronne. Il aurait dû se dire qu'il lui serait impossible de remonter au galetas de Grip sans être vu. Maintenant, il était trop tard.

Quant à s'adresser à M. O'Bodkins, à lui raconter ce qui venait de se passer, il aurait été bien accueilli. Aller au cabinet du directeur, entr'ouvrir sa porte si peu que ce fût, risquer de le déranger au plus fort de ses calculs... Et puis, qu'en serait-il résulté ? M. O'Bodkins aurait fait apporter la bouteille, et ce qui entrait dans son bureau n'en sortait guère.

P'tit-Bonhomme ne pouvait rien, et il se hâta de rejoindre Grip au galetas, afin de tout lui dire.

« Grip, demanda-t-il, ce n'est pas à soi, n'est-ce pas, une bouteille qu'on trouve ?...

— Non... j'crois pas, répondit Grip. Est-ce que t'as trouvé une bouteille ?...

— Oui... j'avais l'intention de te la donner, et, demain, nous aurions été savoir dans le quartier...

— A qui qu'elle appartient ?... dit Grip.

— Oui, et peut-être en cherchant...

— Et ils te l'ont prise, c'te bouteille ?...

— C'est Carker !... J'ai essayé de l'empêcher... et alors les autres... Si tu descendais, Grip ?...

— Je vais descendre, et nous verrons à qui qu'elle rest'ra, la bouteille !... »

Mais lorsque Grip voulut sortir, il ne le put. La porte était fermée à l'extérieur.

Cette porte, vigoureusement secouée, résista, à la grande joie de la bande, qui criait d'en bas :

« Eh ! Grip !...

— Eh ! P'tit-Bonhomme !...

M. O'BODKINS PRENAIT ENFIN LE PARTI DE SE SAUVER. (Page 59.)

— À leur santé! »

Grip, ne pouvant enfoncer la porte, se résigna suivant son habitude, s'efforçant de calmer son compagnon très en colère.

« Bon! dit-il, laissons-les, ces bêtes!

— Oh! n'être pas le plus fort!

— A quoi qu' ça servirait!... Tiens, p'tit, v'là des pommes de terre que je t'ai gardées... Mange...

— Je n'ai pas faim, Grip!

— Mange tout d'même, et puis on s'fourr'ra sous la paille pour dormir. »

C'était ce qu'il y aurait de mieux à faire, après un souper, hélas! si maigre.

Si Carker avait fermé la porte du galetas, c'est qu'il ne tenait pas à être dérangé ce soir-là. Grip sous les verrous, on serait à son aise pour fêter la bouteille de gin, et Kriss ne s'y opposerait pas, pourvu qu'on lui réservât sa part.

Et alors la liqueur circula dans les tasses. Quels cris, quels hurlements! Il ne leur en fallait pas beaucoup, à ces vauriens, pour les griser, sauf Carker peut-être, qui avait déjà l'habitude des boissons alcooliques.

C'est ce qui ne tarda pas d'arriver. La bouteille n'était pas à demi vide, quoique Kriss y eût puisé à même, que l'ignoble bande était plongée dans l'ivresse. Et ce tumulte, ce vacarme, ne suffirent pas à tirer M. O'Bodkins de son indifférence accoutumée. Que lui importait ce qui se passait en bas, lorsqu'il était en haut devant ses cartons et ses livres?... La trompette du jugement dernier n'aurait pu l'en distraire.

Et pourtant, il allait bientôt être brusquement arraché de son bureau, — non sans grand dommage pour sa chère comptabilité.

Après avoir absorbé un gallon et demi de gin, des trois que contenait la bouteille, la plupart des garnements étaient tombés sur leur paille, pour ne pas dire leur fumier. Et là, ils se fussent endormis, s'il ne fût venu à Carker l'idée de faire un brûlot.

Un brûlot, c'est un punch. Au lieu de rhum, on met du gin dans une casserole, on l'allume, il flambe, et on le boit tout brûlant.

C'est ce qu'imagina Carker, pour le plus vif plaisir de la vieille Kriss et de deux ou trois autres qui résistaient encore. Certes, il manquait certains ingrédients à ce brûlot, mais les pensionnaires de la ragged-school n'étaient point exigeants.

Lorsque le gin eut été versé dans la marmite, — l'unique ustensile que la vieille Kriss eût à sa disposition, — Carker prit une allumette, et alluma le brûlot.

Dès que la flamme bleuâtre eut éclairé la salle, ceux de ces déguenillés qui pouvaient se tenir sur leurs jambes, commencèrent une ronde bruyante autour de la marmite. Qui eût passé en ce moment dans la rue, aurait cru qu'une légion de diables avait envahi l'école. Il est vrai, ce quartier est désert aux premières heures de la nuit.

Soudain une vaste lueur apparut à l'intérieur de la maison. Un faux pas ayant renversé le récipient, d'où débordaient les vapeurs enflammées du gin, le liquide se répandit sur la paille, en gagnant jusqu'aux derniers recoins de la salle. En un instant, le feu fut partout, comme s'il eût fusé d'un tas de pièces d'artifices. Ceux qui étaient valides et ceux qui furent tirés de leur ivresse par les crépitements de l'incendie n'eurent que le temps d'ouvrir la porte, d'entraîner la vieille Kriss et de se jeter dans la rue.

En ce moment, Grip et P'tit-Bonhomme, qui venaient de s'éveiller, cherchèrent vainement à s'enfuir hors du galetas, que remplissait une fumée suffocante.

Déjà, d'ailleurs, le reflet des flammes avait été aperçu. Quelques habitants, munis de seaux et d'échelles, accouraient. Très heureusement, la ragged-school était isolée, et le vent, portant à l'opposé, ne menaçait point les maisons d'en face.

Mais, s'il y avait peu d'espoir de sauver cette antique cassine, il fallait songer à ceux qui s'y trouvaient, et auxquels la flamme fermait toute issue.

Alors s'ouvrit une fenêtre de l'étage qui donnait sur la rue.

C'était la fenêtre du cabinet de M. O'Bodkins, que l'incendie allait bientôt atteindre. Le directeur apparut tout effaré, s'arrachant les cheveux.

Ne croyez pas qu'il s'inquiétait de savoir si ses pensionnaires étaient en sûreté... il ne songeait même pas à lui, ni au danger qu'il courait...

« Mes livres... mes livres! » criait-il en agitant désespérément les bras.

Et, après avoir essayé de descendre par l'escalier de son cabinet dont les marches crépitaient sous la lèche des flammes, il se décida à jeter par la fenêtre ses registres, ses cartons, ses ustensiles de bureau. Aussitôt les garnements de se précipiter dessus, de les piétiner, d'éparpiller les feuillets que le vent dispersait, tandis que M. O'Bodkins se décidait enfin à se sauver par une échelle dressée contre la muraille.

Mais ce que le directeur avait pu faire, Grip et l'enfant ne le pouvaient pas. Le galetas ne prenait jour que par une étroite lucarne, et l'escalier qui le desservait s'effondrait marche à marche au milieu de la fournaise. La déflagration des murs de paillis commençait, et les flammèches, retombant en pluie sur le toit de chaume, allaient bientôt faire de la ragged-school un large brasier.

Les cris de Grip dominèrent alors le fracas de l'incendie.

« Il y a donc du monde dans ce grenier? » demanda quelqu'un qui venait d'arriver sur le théâtre de la catastrophe.

C'était une dame en costume de voyage. Après avoir laissé sa voiture au tournant de la rue, elle était accourue de ce côté avec sa femme de chambre.

En réalité, le sinistre s'était propagé si rapidement qu'il n'existait plus aucun moyen de s'en rendre maître. Aussi, depuis que le directeur avait été sauvé, avait-on cessé de combattre le feu, croyant qu'il ne se trouvait plus personne dans la maison.

« Du secours... du secours à ceux qui sont là! » s'écria de nouveau la voyageuse, en faisant de grands gestes dramatiques. Des échelles, mes amis, des échelles... et des sauveteurs ! »

Mais comment appliquer des échelles contre ces murs qui menaçaient de s'écrouler ? Comment atteindre le galetas sur un toit enveloppé d'une fumée épaisse, et dont le chaume pétillait comme une meule livrée aux flammes ?

« Qui donc est dans ce grenier ?... demanda-t-on à M. O'Bodkins, occupé à ramasser ses registres.

— Qui ?... je ne sais... » répondit le directeur éperdu, n'ayant conscience que de son propre désastre.

Puis, la mémoire lui revenant :

« Ah !... si... deux... Grip et P'tit-Bonhomme...

— Les malheureux ! s'écria la dame. Mon or, mes bijoux, tout ce que je possède, à qui les sauvera ! »

Il était maintenant impossible de pénétrer à l'intérieur de l'école. Une gerbe écarlate se projetait à travers les murs. Le dedans flambait, crépitait, s'écroulait. Encore quelques instants, et sous le souffle de la rafale, qui tordait les flammes comme l'étamine d'un pavillon, la ragged-school ne serait plus qu'une caverne de feu, un tourbillon de vapeurs incandescentes.

Soudain le toit de chaume creva à la hauteur de la lucarne. Grip était parvenu à le déchirer, à briser les bardeaux, au moment où l'incendie faisait craquer le plancher du galetas. Il se hissa alors sur les traverses du faîtage, et il tira après lui le jeune garçon à demi-suffoqué. Puis, ayant gagné la partie du mur qui formait pignon à droite, il se laissa glisser sur l'arête, tenant toujours P'tit-Bonhomme entre ses bras.

En ce moment, il se produisit une violente poussée de flammes fuligineuses, éructées de la toiture, en faisant jaillir des milliers d'étincelles.

« Sauvez-le... cria Grip, sauvez-le ! »

Et il lança l'enfant du côté de la rue, où, par bonheur, un homme le reçut dans ses bras, avant qu'il se fût brisé sur le sol.

Grip, se jetant à son tour, roula presque asphyxié au pied d'un pan de muraille, qui s'abattit d'un bloc.

Alors la voyageuse s'avançant vers l'homme qui tenait P'tit-Bonhomme, lui demanda d'une voix tremblante d'émotion :

« A qui est cette innocente créature ?...

— A personne!... Ce n'est qu'un enfant trouvé... lui répondit cet homme.

— Eh bien... il est à moi... à moi!... s'écria-t-elle en le prenant, en le serrant sur sa poitrine.

— Madame... fit observer la femme de chambre.

— Tais-toi... Élisa... tais-toi!... C'est un ange qui m'est tombé du ciel! »

Comme l'ange n'avait ni parents ni famille, autant valait le laisser aux mains de cette belle dame, douée d'un cœur si généreux, et ce furent des hurrahs qui la saluèrent, au moment où s'écroulaient, au milieu d'une gerbe de flammeroles, les derniers restes de la raggedschool.

VI

LIMERICK

Quelle était cette femme charitable, qui venait d'entrer en scène de cette façon quelque peu mélodramatique? On l'aurait vue se précipitant au milieu des flammes, sacrifiant sa vie pour arracher cette frêle victime à la mort, que personne ne s'en fût étonné, tant elle y mettait de conviction scénique. En vérité, il eût été sien, cet enfant, qu'elle ne l'aurait pas entouré plus étroitement de ses bras, tandis qu'elle l'emportait vers sa voiture. En vain sa femme de chambre avait-elle voulu la décharger de ce précieux fardeau... Jamais... jamais!

» Non, Élisa, laisse-le ! répétait-elle d'une voix vibrante. Il est à moi... Le ciel m'a permis de le retirer des ruines de cette maison en flammes... Merci, merci, mon Dieu!... Ah! le chéri!... le chéri! »

Le chéri était à demi suffoqué, la respiration incomplète, la bouche haletante, les yeux fermés. Il lui aurait fallu de l'air, le grand air, et, après avoir été presque étouffé par les fumées de l'incendie, il risquait de l'être par les tourbillons de tendresse dont l'enveloppait sa libératrice.

« A la gare, dit-elle au cocher, lorsqu'elle eut rejoint sa voiture, à la gare !... Une guinée... si nous ne manquons pas le train de neuf heures quarante-sept! »

Le cocher ne pouvait être insensible à cette promesse, — en Irlande, le pourboire n'étant rien de moins qu'une institution sociale. Aussi mit-il au trot le cheval de son « growler », appellation qui s'applique à ces antiques et inconfortables véhicules.

Mais enfin quelle était cette providentielle voyageuse? Par une extraordinaire bonne chance, P'tit-Bonhomme était-il tombé entre des mains qui ne l'abandonneraient plus?

Miss Anna Waston, premier grand rôle de drame du théâtre de Drury-Lane, une sorte de Sarah Bernhardt en tournée, qui donnait actuellement des représentations au théâtre de Limerick, comté de Limerick, province de Munster. Elle venait d'achever un voyage d'agrément de quelques jours à travers le comté de Galway, accompagnée de sa femme de chambre, — autant dire une amie aussi grognonne que dévouée, la sèche Élisa Corbett.

Excellente fille, cette comédienne, très goûtée du public des mélodrames, toujours en scène même après le baisser du rideau, toujours prête à s'emballer dans les questions de sentiment, ayant le cœur sur la main, la main ouverte comme le cœur, néanmoins très sérieuse en ce qui concernait son art, intraitable dans les cas où une maladresse pouvait le compromettre, et à cheval sur les questions de cachets et de vedette.

Miss Anna Waston, fort connue dans tous les comtés du Royaume-Uni, n'attendait que l'occasion d'aller se faire applaudir en Amérique, aux Indes, en Australie, c'est-à-dire partout où la langue anglaise est parlée, car elle avait trop de fierté pour s'abaisser à n'être qu'une poupée de pantomime sur des théâtres où elle n'aurait pu être comprise.

Depuis trois jours, désireuse de se remettre des incessantes fatigues que lui imposait le drame moderne dans lequel elle ne cessait de mourir au dernier acte, elle était venue respirer l'air pur et fortifiant de la baie de Galway. Son voyage achevé, elle se dirigeait, ce soir-là, vers la gare pour prendre le train de Limerick, où elle devait jouer le lendemain, lorsque des cris de détresse, une intense réverbération de flammes, avaient attiré son attention. C'était la ragged-school qui brûlait.

Un incendie?... Comment résister au désir de voir un de ces incendies « nature », qui ressemblent si peu à ces incendies de théâtre au lycopode? Sur son ordre et malgré les observations d'Élisa, la voiture s'était arrêtée à l'extrémité de la rue, et miss Anna Waston avait assisté aux diverses péripéties de ce spectacle, bien supérieur à ceux que les pompiers de service regardent d'un œil attentif et souriant. Cette fois, les praticables s'effondraient en se tordant, les dessous flambaient pour tout de bon. En outre, cela n'avait pas manqué d'intérêt. La situation s'était corsée comme dans une pièce bien conduite. Deux créatures humaines sont enfermées au fond d'un galetas, dont l'escalier est dévoré par les flammes, et qui n'a plus d'issues... Deux garçons, un grand et un petit... Peut-être une fillette eût-elle mieux valu?... Et alors, les cris poussés par miss Anna Waston... Elle se serait élancée à leur secours, n'eût été son cache-poussière qui aurait pu donner un nouvel aliment à l'incendie... D'ailleurs, la toiture vient de se crever autour de la lucarne... Les deux malheureux ont apparu au milieu des vapeurs, le grand portant le

Grip tenant toujours P'tit-Bonhomme. (Page 60.)

petit... Ah! le grand, quel héros, et comme il se pose en artiste!... Quelle science du geste, quelle vérité d'expression!... Pauvre Grip! il ne se doute guère qu'il a produit tant d'effet... Quant à l'autre, « le nice boy!... le nice boy! » le gentil! répète miss Anna Waston, c'est un ange qui traverse les flammes d'un enfer!... Vrai, P'tit-Bonhomme, c'est bien la première fois que tu auras été comparé à un chérubin, ou à tout autre échantillon de la bambinerie céleste!

Miss Waston s'aperçut que son protégé la regardait. (Page 68.)

Oui ! cette mise en scène, miss Anna Waston en avait saisi les moindres détails. Comme au théâtre, elle s'était écriée : « Mon or, mes bijoux, et tout ce que je possède à qui les sauvera ! » Mais personne n'avait pu s'élancer le long des murs chancelants, sur la toiture croûlante... Enfin le chérubin avait été recueilli entre des bras ouverts à point pour le recevoir... puis, de ces bras, il avait passé dans ceux de miss Anna Waston... Et, à présent, P'tit-Bonhomme possédait une mère, et même la foule assurait que ce devait être une grande dame qui venait de reconnaître son fils au milieu de l'incendie de la ragged-school.

Après avoir salué, en s'inclinant, le public qui l'applaudissait, miss Anna Waston avait disparu, emportant son trésor, malgré tout ce que lui disait sa femme de chambre. Que voulez-vous? Il ne faut pas demander à une comédienne, âgée de vingt-neuf ans, à la chevelure ardente, à la coloration chaude, aux regards dramatiques, — et tant soit peu écervelée, — de maîtriser ses sentiments, de se maintenir en une juste mesure, comme le faisait Élisa Corbett, à l'âge de trente-sept ans, une blonde, froide et fade, depuis plusieurs années au service de sa fantasque maîtresse. Il est vrai, la caractéristique de l'actrice était de se croire toujours en représentation sur un théâtre, aux prises avec les péripéties de son répertoire. Pour elle, les circonstances les plus ordinaires de la vie étaient des « situations », et lorsque la situation est là...

Il va sans dire que la voiture étant arrivée à temps à la gare, le cocher reçut la guinée promise. Et maintenant, miss Anna Waston, seule avec Élisa, au fond d'un compartiment de première classe, pouvait s'abandonner à toutes ces effusions dont le cœur d'une véritable mère eût été rempli.

« C'est mon enfant!... mon sang... ma vie! répétait-elle. On ne me l'arrachera pas! »

Entre nous, qui eût pu songer à lui arracher ce petit abandonné, sans famille?

Et Élisa de se dire :

« Nous verrons ce que cela durera! »

Le train roulait alors à petite vitesse vers Artheury-jonction, en traversant le comté de Galway qu'il met en communication avec la capitale de l'Irlande. Pendant cette première partie du trajet — une douzaine de milles — P'tit-Bonhomme n'avait point repris connaissance, malgré les soins assidus et les phrases traditionnelles de la comédienne.

Miss Anna Waston s'était d'abord occupée de le déshabiller. L'ayant débarrassé de ses loques souillées de fumée, à l'exception du tricot de laine qui était en assez bon état, elle lui avait fait une chemise d'une de ses camisoles tirée du sac de voyage, une veste d'un corsage de drap, une couverture de son châle. Mais l'enfant ne semblait pas s'apercevoir qu'il fût enveloppé de vêtements bien chauds, et pressé sur un cœur encore plus chaud que n'étaient les vêtements.

Enfin, à la jonction, une partie du train fut détachée, et dirigée sur Kilkree qui est à la limite du comté de Galway, où il y eut une halte d'une demi-heure. Pendant ce temps-là P'tit-Bonhomme n'avait pas encore repris ses sens.

« Élisa... Élisa... s'écria miss Anna Waston, il faut voir s'il n'y a pas un médecin dans le train ! »

Élisa s'informa, bien qu'elle assurât sa maîtresse que ça n'en valait pas la peine.

Il n'y avait pas de médecin.

« Ah ! ces monstres... répondit miss Anna Waston, ils ne sont jamais où ils devraient être !

— Voyons, madame, il n'a rien, ce gamin !... Il finira par revenir à lui, si vous ne l'étouffez pas...

— Tu crois, Élisa ?... Le cher bébé !... Que veux-tu ?.. Je ne sais pas, moi !.. Je n'ai jamais eu d'enfant !... Ah ! si j'avais pu le nourrir de mon lait ! »

Cela était impossible, et d'ailleurs, P'tit-Bonhomme était d'un âge où l'on éprouve le besoin d'une alimentation plus substantielle. Miss Anna Waston en fut donc pour ses regrets d'insuffisance maternelle.

Le train traversa le comté de Clare, — cette presqu'île jetée entre la baie de Galway au nord et le long estuaire du Shannon au sud — un comté dont on ferait une île en creusant un canal d'une trentaine de milles à la base des monts Slièpe-Sughty. La nuit était sombre, l'atmosphère tumultueuse, balayée par les rafales de l'ouest. N'était-ce pas le ciel de la situation ?...

« Il ne revient pas à lui, cet ange ? ne cessait de s'écrier miss Anna Waston.

— Voulez-vous que je vous dise, madame?...

— Dis, Élisa, dis, de grâce!...

— Eh bien... je crois qu'il dort! »

Et c'était vrai.

On traversa Dromor, Ennis qui est la capitale du comté, où le train arriva vers minuit, puis Clare, puis New-Market, puis Six-Miles, la frontière enfin, et, à cinq heures du matin, le train entrait en gare de Limerick.

Non seulement P'tit-Bonhomme avait dormi pendant tout le trajet, mais miss Anna Waston avait fini par succomber au sommeil, et, lorsqu'elle se réveilla, elle s'aperçut que son protégé la regardait en ouvrant de grands yeux.

Et, alors, de l'embrasser en répétant :

« Il vit!... il vit!... Dieu, qui me l'a donné, n'aurait pas eu la cruauté de me le reprendre ! »

Élisa voulut bien convenir que Dieu n'aurait pu être cruel à ce point, et voilà comment il advint que notre petit garçon passa presque sans transition du galetas de la ragged-school au bel appartement que mis Anna Waston, en représentation au théâtre de Limerick, occupait à *Royal-George-Hôtel*.

Un comté qui a vaillamment marqué dans l'histoire de l'Irlande, ce comté de Limerick où s'organisa la résistance des catholiques contre l'Angleterre protestante. Sa capitale, fidèle à la dynastie jacobite, tint tête au redoutable Cromwel, subit un siège mémorable, puis, abattue par la famine et les maladies, noyée dans le sang des exécutions, finit par succomber. Là fut signé le traité qui porte son nom, lequel assurait aux catholiques irlandais l'égalité des droits civils et le libre exercice de leur culte. Il est vrai, ces dispositions furent outrageusement violées par Guillaume d'Orange. Il fallut reprendre les armes, après de longues et cruelles exactions ; mais, malgré leur valeur, et bien que la Révolution française eût envoyé

Hoche à leur secours, les Irlandais, qui se battaient « la corde au cou », comme ils disaient, furent vaincus à Ballinamach.

En 1829, les droits des catholiques se virent enfin reconnus, grâce au grand O'Connell, qui prit en main le drapeau de l'indépendance et obtint ou plutôt imposa le bill d'émancipation au gouvernement de la Grande-Bretagne.

Et, puisque ce roman a choisi l'Irlande pour théâtre, qu'il nous soit permis de rappeler ces quelques phrases inoubliables, jetées alors à la face des hommes d'État de l'Angleterre. Que l'on veuille bien ne point les considérer comme un hors-d'œuvre; elles sont gravées au cœur des Irlandais, et on en sentira l'influence en quelques épisodes de cette histoire.

« Jamais ministère ne fut plus indigne! s'est écrié un jour O'Connell. Stanley est un whig renégat; sir James Graham, quelque chose de pire encore; sir Robert Peel, un drapeau bariolé de cinq cents couleurs, et pas bon teint, aujourd'hui orange, demain vert, le surlendemain ni l'une ni l'autre de ces couleurs, mais il faut prendre garde que ce drapeau soit jamais teint de sang!... Quant à ce pauvre diable de Wellington, rien de plus absurde que d'avoir édifié cet homme-là en Angleterre. L'historien Alison n'a-t-il pas démontré qu'il avait été surpris à Waterloo? Heureusement pour lui, il avait alors des troupes déterminées, il avait des soldats irlandais! Les Irlandais ont été dévoués à la maison de Brunswick, lorsqu'elle était leur ennemie, fidèles à Georges III qui les trahissait, fidèles à Georges IV qui poussait des cris de rage en accordant l'émancipation, fidèles au vieux Guillaume, à qui le ministère prêtait un discours intolérable et sanguinaire contre l'Irlande, fidèles à la reine enfin! Aussi, aux Anglais l'Angleterre, aux Écossais l'Écosse, — aux Irlandais l'Irlande! » Nobles paroles!... On verra bientôt comment s'est réalisé le vœu d'O'Connell, et si le sol de l'Irlande est aux Irlandais.

Limerick est encore l'une des principales cités de l'Ile-Émeraude, bien qu'elle soit descendue du troisième au quatrième rang, depuis que Tralee lui a pris une partie de son commerce. Elle possède une population de trente mille habitants. Ses rues sont régulières, larges, droites, tracées à l'américaine ; ses boutiques, ses magasins, ses hôtels, ses édifices publics, s'élèvent sur des places spacieuses. Mais vient-on à franchir le pont de Thomond, quand on a salué la pierre sur laquelle fut signé le traité d'émancipation, on trouve la partie de la ville restée obstinément irlandaise, avec ses misères et les ruines du siège, les remparts effondrés, l'emplacement de cette « batterie noire » que les intrépides femmes, comme autant de Jeanne Hachette, défendirent jusqu'à la mort contre les orangistes. Rien de plus attristant, de plus lamentable que ce contraste!

Évidemment, Limerick est située de manière à devenir un important centre industriel et commercial. Le Shannon, le « fleuve d'azur », lui offre un de ces chemins qui marchent comme la Clyde, la Tamise ou la Mersey. Par malheur, si Londres, Glasgow et Liverpool utilisent leur fleuve, Limerick laisse le sien à peu près sans emploi. A peine quelques barques animent-elles ces eaux paresseuses, qui se contentent de baigner les beaux quartiers de la ville et d'arroser les gras pâturages de leur vallée. Les émigrants irlandais devraient bien emporter le Shannon en Amérique. Soyez sûr que les Américains sauraient en faire bon usage.

Si toute l'industrie de Limerick se borne à fabriquer des jambons, ce n'en est pas moins une agréable cité, où la partie féminine de la population est remarquablement belle, — et il était facile de le constater pendant les représentations de miss Anna Waston.

Avouons-le, ce ne sont pas ces comédiennes d'une personnalité si bruyante qui réclament un mur pour la vie privée. Non! elles feront plutôt monter le loyer des maisons de verre, le jour où les architectes sauront en construire. Après tout, miss Anna Waston n'avait point à cacher ce qui s'était passé à Galway. Dès le lendemain de son arrivée, on ne cessait de parler, dans les salons de Limerick, de la ragged-school. Le bruit courut que l'héroïne de tant de drames s'était jetée au milieu des flammes pour sauver un petit être, et elle ne le démentit pas trop. Peut-être le croyait-elle, comme ces hâbleurs qui finissent par ajouter foi à leurs hâbleries. Ce qui était certain, c'est qu'elle avait ramené un enfant à *Royal-George-Hôtel,* un enfant qu'elle voulait adopter, un orphelin auquel elle donnerait son nom, puisqu'il n'en avait pas, — non! pas même un nom de baptême.

« P'tit-Bonhomme! » avait-il répondu, lorsqu'elle lui avait demandé comment il s'appelait.

Eh bien, P'tit-Bonhomme lui allait. Elle n'aurait pas mieux trouvé. Cela valait bien Édouard, Arthur ou Mortimer. Et, d'ailleurs, elle lui prodiguerait les « baby », les « bebery », les « babiskly », et autres équivalents maternels usités en Angleterre.

Nous conviendrons que notre héros ne comprenait rien à tout cela. Il se laissait faire, n'étant point habitué aux caresses, et on le caressait, ni aux baisers, et on l'embrassait, ni aux beaux habits, et il fut habillé à la mode, ni aux chaussures, et on lui mit des bottines neuves, ni aux frisures, et ses cheveux furent disposés en boucles, ni à la bonne nourriture, et on le nourrissait royalement, ni aux friandises, et on l'en accablait.

Il va de soi que les amis et amies de la comédienne affluèrent à l'appartement de *Royal-George-Hôtel.* Ce qu'elle reçut de compliments, et avec quelle bonne grâce elle les acceptait! On reprenait l'histoire de la ragged-school. Après vingt minutes de récit, il était rare que le feu n'eût pas dévoré la ville de Galway tout entière. On ne pouvait comparer à ce sinistre que le fameux incendie qui détruisit une grande partie de la capitale du Royaume-Uni et dont témoigne le « Fire-Monument » élevé à quelques pas de London-Bridge.

On l'imagine sans peine, l'enfant n'était pas oublié pendant ces visites, et miss Anna Waston en jouait d'une façon supérieure. Pourtant, il se souvenait, il se rappelait que, s'il n'avait jamais été autant choyé, on l'avait aimé du moins. Aussi un jour demanda-t-il :

« Où donc est Grip?...

— Qu'est-ce que Grip, mon babish? » répondit miss Anna Waston.

Après vingt minutes de récit. (Page 71.)

Elle sut alors ce qu'était Grip. Certainement, sans lui, P'tit-Bonhomme eût péri dans les flammes... Si Grip ne se fût dévoué pour le sauver au risque de sa propre vie, c'est un cadavre d'enfant qu'on eût retrouvé sous les décombres de l'école. Cela était bien... très bien de la part de Grip. Cependant, son héroïsme — on acceptait ce mot, — ne pouvait diminuer en rien la part qui revenait à miss Anna Waston dans le sauvetage... Admettez que cette admirable femme ne

Les magnifiques falaises, sur la côte de Clare. (Page 74.)

se fût pas providentiellement trouvée sur le théâtre de l'incendie, où serait aujourd'hui P'tit-Bonhomme?... Qui l'aurait recueilli?... En quel bouge l'eût-on renfermé avec les autres déguenillés de la ragged-school?

La vérité est que personne ne s'était informé de Grip. On ne savait rien à son sujet, et on ne tenait guère à en savoir davantage ; P'tit-Bonhomme finirait par l'oublier, il n'en parlerait plus. On se trompait, et l'image de celui qui l'avait nourri et protégé ne s'effacerait jamais de son cœur.

Et pourtant, que de distractions l'enfant adoptif de la comédienne rencontrait dans sa nouvelle existence! Il accompagnait miss Anna Waston pendant ses promenades, assis près d'elle, sur le coussin de sa voiture, au milieu des beaux quartiers de Limerick, à l'heure où le monde élégant pouvait la voir passer. Jamais bébé n'avait été plus attifé, plus enrubanné, plus décoratif, si l'on veut permettre cette expression. Et que de costumes variés, qui lui eussent fait une riche garde-robe d'acteur! Tantôt, c'était un Écossais, avec plaid, toque et philabegg, tantôt un page avec maillot gris et justaucorps écarlate, ou bien un mousse de fantaisie avec vareuse bouffante et béret rejeté en arrière. Au vrai, il avait remplacé le carlin de sa maîtresse, une bête hargneuse et mordante, et, s'il eût été plus petit, peut-être l'aurait-elle fourré dans son manchon, en ne laissant passer que sa tête toute frisottée. Et, en outre des promenades à travers la ville, ces excursions jusqu'aux stations balnéaires des environs de Kilkree, avec ses magnifiques falaises sur la côte de Clare, Miltow-Malbay, citée pour ses redoutables roches qui déchiquetèrent jadis une partie de l'invincible *Armada!*... Là, P'tit-Bonhomme était exhibé comme un phénomène sous cette désignation : « l'ange sauvé des flammes! »

Une ou deux fois, on le conduisit au théâtre. Il fallait le voir en baby du grand monde, ganté de frais — des gants à ce garçonnet! — trônant au premier rang d'une loge sous l'œil sévère d'Élisa, osant à peine remuer, et luttant contre le sommeil jusqu'à la fin de la représentation. S'il ne comprenait pas grand'chose aux pièces, il croyait cependant que tout ce qu'il voyait était réel, non imaginaire. Aussi, lorsque miss Anna Waston apparaissait en costume de reine, avec diadème et manteau royal, puis en femme du peuple, portant cornette et tablier, ou même en pauvresse, vêtue de haillons à volants et coiffée du chapeau à fleurs des mendiantes anglaises, il ne pouvait croire que ce fût elle qu'il retrouvait à *Royal-George-Hôtel*.

De là, le profond trouble de son imagination enfantine. Il ne savait plus que penser. Il en rêvait la nuit, comme si le sombre drame eût continué, et alors c'étaient des cauchemars effrayants, auxquels se mêlaient le montreur de marionnettes, ce gueux de Carker, les autres mauvais garnements de l'école! Il se réveillait, trempé de sueur, et n'osait appeler...

On sait combien les Irlandais sont passionnés pour les exercices de sport, et en particulier pour les courses de chevaux. Ces jours-là, il y a un envahissement de Limerick, de ses places, de ses rues, de ses hôtels, par la « gentry » des environs, et les fermiers qui désertent leurs fermes, et les misérables de toute espèce qui sont parvenus à économiser un shilling ou un demi-shilling pour le mettre sur un cheval.

Or, quinze jours après son arrivée, P'tit-Bonhomme eut l'occasion d'être exhibé au milieu d'un concours de ce genre. Quelle toilette il portait! On eût juré un bouquet plutôt qu'un bébé, tant il était fleuri de la tête aux pieds, — un bouquet que miss Anna Waston faisait admirer, on pourrait même dire respirer à ses amis et connaissances!

Enfin, il faut bien prendre cette créature pour ce qu'elle est, un peu extravagante, un peu détraquée, mais bonne et compatissante, quand elle trouvait le moyen de l'être avec quelque apparat. Si les attentions dont elle comblait l'enfant étaient visiblement théâtrales, si ses baisers ressemblaient aux baisers conventionnels de la scène qui ne viennent que des lèvres, ce n'était pas P'tit-Bonhomme qui eût été capable d'en saisir la différence. Et pourtant, il ne se sentait pas aimé comme il l'aurait voulu, et peut-être se disait-il, sans en avoir conscience, ce que ne cessait de répéter Élisa :

« Nous verrons bien ce que cela durera... en admettant que cela dure ! »

VII

SITUATION COMPROMISE

Six semaines s'écoulèrent dans ces conditions, et on ne saurait être étonné que P'tit-Bonhomme eût pris l'habitude de cette vie agréable. Puisqu'on se plie à la misère, il ne doit pas être très difficile de s'accoutumer à l'aisance. Miss Anna Waston, toute de premier élan, ne se blaserait-elle pas bientôt par l'exagération et l'abus de ses tendresses? Il en est des sentiments comme des corps : ils sont soumis à la loi de l'inertie. Que l'on cesse d'entretenir la force acquise, et le mouvement finit par s'arrêter. Or, si le cœur a un ressort, miss Anna Waston n'oublierait-elle pas un jour de le remonter, elle qui oubliait neuf fois sur dix de remonter sa montre ? Pour employer une locution de son monde, elle avait éprouvé « une toquade » des plus vives à l'exemple de la plupart des toquées de théâtre. L'enfant n'avait-il été pour elle qu'un passe-temps... un joujou... une réclame ?... Non, car elle était réellement bonne fille. Cependant, si ses soins ne devaient pas manquer, ses caresses étaient déjà moins continues, ses attentions moins fréquentes. D'ailleurs, une comédienne est tellement occupée, absorbée par les choses de son art, — rôles à apprendre, répétitions à suivre, représentations qui ne laissent pas une soirée libre... Et les fatigues du métier !... Dans les premiers jours, on lui apportait le chérubin sur son lit. Elle jouait avec lui, elle faisait la « petite mère ». Puis, cela interrompant son sommeil qu'elle avait l'habitude de prolonger fort tard, elle ne le demandait plus qu'au déjeuner. Ah! quelle joie de le voir assis sur une haute chaise qu'on avait achetée exprès, et manger de si bel appétit.

« Hein!... c'est bon ? disait-elle.

— Oh! oui, madame, répondit-il un jour, c'est bon comme ce qu'on mange à l'hospice, quand on est malade. »

Une observation : bien que P'tit-Bonhomme n'eût jamais reçu ce qu'on appelle des leçons de belles manières, — et ce n'étaient ni Thornpipe ni même M. O'Bodkins qui auraient pu les lui enseigner, — il était d'une nature réservée et discrète, d'un caractère doux et affectueux, qui avaient toujours contrasté avec les turbulences et les polissonneries des déguenillés de la ragged-school. Cet enfant se montrait supérieur à sa condition, ainsi qu'il était supérieur à son âge, par les façons et les sentiments. Si étourdie, si linotte qu'elle fût, miss Anna Waston n'avait point été sans en faire la remarque. De son histoire, elle ne connaissait que ce qu'il avait pu lui en raconter depuis l'époque où il avait été recueilli par le montreur de marionnettes. C'était donc bien et dûment un enfant trouvé. Pourtant, étant donné ce qu'elle appelait sa « distinction naturelle », miss Anna Waston voulut voir en lui le fils de quelque grande dame, d'après la poétique du drame courant, un fils que, pour une raison inconnue, sa position sociale l'avait contrainte d'abandonner. Et là-dessus, de s'emballer suivant son habitude, brodant tout un roman qui ne brillait guère par la nouveauté. Elle imaginait des situations que l'on pourrait adapter au théâtre... On en tirerait une pièce à grands effets de larmes... Elle la jouerait, cette pièce... Ce serait le plus magnifique succès de sa carrière dramatique... Elle s'y montrerait renversante, et pourquoi pas sublime... etc., etc. Et, lorsqu'elle était montée à ce diapason, elle saisissait son ange, elle l'étreignait comme si elle eût été en scène, et il lui semblait entendre les bravos de toute une salle...

Un jour, P'tit-Bonhomme, troublé par ces démonstrations, lui dit :

« Madame Anna ?...

— Que veux-tu, chéri ?

— Je voudrais vous demander quelque chose.

— Demande, mon cœur, demande.

— Vous ne me gronderez pas?...

— Te gronder!...

— Tout le monde a eu une maman, n'est-ce pas?...

— Oui, mon ange, tout le monde a eu une maman.

— Alors pourquoi que je ne connais pas la mienne?...

— Pourquoi?... Parce que... répondit miss Anna Waston, assez embarrassée, parce que... il y a des raisons... Mais... un jour... tu la verras... oui!... j'ai l'idée que tu la verras...

— Je vous ai entendu dire, pas vrai, que ce devait être une belle dame?...

— Oui, certes!... une belle dame!

— Et pourquoi une belle dame?...

— Parce que... ton air... ta figure!... Est-il drôle, cet amour, avec ses questions! Puis... la situation... la situation dans la pièce exige que ce soit une belle dame... une grande dame... Tu ne peux pas comprendre...

— Non... je ne comprends pas! répondit P'tit-Bonhomme d'un ton bien triste. Il me vient quelquefois la pensée que ma maman est morte...

— Morte?... Oh non!... Ne pense pas à ces choses-là!... Si elle était morte, il n'y aurait plus de pièce...

— Quelle pièce?... »

Miss Anna Waston l'embrassa, ce qui était encore la meilleure manière de lui répondre.

« Mais si elle n'est pas morte, reprit P'tit-Bonhomme avec la logique ténacité de son âge, si c'est une belle dame, pourquoi qu'elle m'a abandonné?...

— Elle y aura été forcée, mon babery!... oh! bien malgré elle!... D'ailleurs, au dénouement...

— Madame Anna?...

— Que veux-tu encore?...

— Ma maman?...

— Eh bien?...

— Ce n'est pas vous?...

— Qui... moi... ta maman?...

— Puisque vous m'appelez votre enfant!...

— Cela se dit, mon chérubin, cela se dit toujours aux bébés de ton âge!... Pauvre petit, il a pu croire!... Non! je ne suis pas ta maman!... Si tu avais été mon fils, ce n'est pas moi qui t'aurais délaissé... qui t'aurais voué à la misère!... Oh non! »

Et miss Anna Waston, infiniment émue, termina la conversation en embrassant de nouveau P'tit-Bonhomme, qui s'en alla tout chagrin.

Pauvre enfant! Qu'il appartienne à une famille riche ou à une famille misérable, il est à craindre qu'il ne parvienne jamais à le savoir, pas plus que tant d'autres, ramassés au coin des rues!

En le prenant avec elle, miss Anna Waston n'avait pas autrement réfléchi à la charge que sa bonne action lui imposait dans l'avenir. Elle n'avait guère songé que ce bébé grandirait, et qu'il y aurait lieu de pourvoir à son instruction, à son éducation. C'est bien de combler un petit être de caresses, c'est mieux de lui donner les enseignements que son esprit réclame. Adopter un enfant crée le devoir d'en faire un homme. La comédienne avait vaguement entrevu ce devoir. Il est vrai, P'tit-Bonhomme avait à peine cinq ans et demi. Mais, à cet âge, l'intelligence commence à se développer. Que deviendrait-il? Il ne pourrait la suivre pendant ses tournées de ville en ville, de théâtre en théâtre... surtout lorsqu'elle irait à l'étranger... Elle serait forcée de le mettre en pension... oh! dans une bonne pension!... Ce qui était certain, c'est qu'elle ne l'abandonnerait jamais.

Et un jour, elle dit à Élisa :

« Il se montre de plus en plus gentil, ne remarques-tu pas? Quelle affectueuse nature! Ah! son amour me paiera de ce que j'aurais fait pour lui!... Et puis... précoce... voulant savoir les choses... Je trouve même qu'il est plus réfléchi qu'on ne doit l'être si jeune... Et il a pu croire qu'il était mon fils !... Le pauvre petit !... Je ne dois guère ressembler à la mère qu'il a eue, j'imagine ?... Ce devait être une femme sérieuse... grave... Dis donc, Élisa, il faudra bien y penser, pourtant...

— A quoi, madame ?

— A ce que nous en ferons.

— Ce que nous en ferons... maintenant ?..

— Non, pas maintenant, ma fille... Maintenant, il n'y a qu'à le laisser pousser comme un arbuste !... Non... plus tard... plus tard... quand il aura sept ou huit ans... N'est-ce pas à cet âge-là que les enfants vont en pension ?... »

Élisa allait représenter que le gamin devait être déjà habitué au régime des pensions, et l'on sait à quel régime il avait été soumis — celui de la ragged-school. Suivant elle, le mieux serait de le renvoyer dans un établissement — plus convenable, s'entend. Miss Anna Waston ne lui donna pas le loisir de répondre.

« Dis-moi, Élisa ?...

— Madame ?

— Crois-tu que notre chérubin puisse avoir du goût pour le théâtre ?...

— Lui ?...

— Oui... Regarde-le bien !... Il aura une belle figure... des yeux magnifiques... une superbe prestance !... Cela se voit déjà, et je suis certaine qu'il ferait un adorable jeune premier...

— Ta... ta... ta... madame ! Vous voilà encore partie !...

— Hein !... je lui apprendrais à jouer la comédie... L'élève de miss Anna Waston !... Vois-tu l'effet ?...

— Dans quinze ans...

— Dans quinze ans, Élisa, soit ! Mais, je te le répète, dans quinze ans, ce sera le plus charmant cavalier que l'on puisse rêver !... Toutes les femmes en seront...

— Jalouses ! répliqua Élisa. Je connais ce refrain. — Tenez, madame, voulez-vous que je vous dise ma pensée ?...

Tandis que le régisseur lui tenait la main. (Page 88.)

— Dis, ma fille.

— Eh bien... cet enfant... ne consentira jamais à devenir comédien...

— Et pourquoi?...

— Parce qu'il est trop sérieux.

— C'est peut-être vrai! répondit miss Anna Waston. Pourtant... nous verrons...

« — Et nous avons le temps, madame! »

Rien de plus juste, on avait le temps, et si P'tit-Bonhomme, quoi qu'en eût dit Élisa, montrait des dispositions pour le théâtre, tout irait à merveille.

En attendant, il vint à miss Waston une fameuse idée, — une de ces idées wastoniennes dont elle semblait avoir le secret. C'était de faire prochainement débuter l'enfant sur la scène de Limerick.

Le faire débuter?... s'écriera-t-on. Mais c'est plus qu'une écervelée, cette étoile du drame moderne, c'est une folle à mettre à Bedlam!

Folle?... Non, pas au sens propre du mot. D'ailleurs, « et pour cette fois seulement », comme disent les affiches, son idée n'était pas une mauvaise idée.

Miss Anna Waston répétait alors une « machine » à gros effets, une de ces pièces de résistance qui ne sont point rares dans le répertoire anglais. Ce drame ou plutôt ce mélodrame, intitulé *Les Remords d'une Mère*, avait déjà extrait des yeux de toute une génération assez de larmes pour alimenter les fleuves du Royaume-Uni.

Or, dans cette œuvre du dramaturge Furpill, il y avait, c'était de règle, un rôle d'enfant, — l'enfant que la mère ne pouvait garder, qu'elle avait dû abandonner un an après sa naissance, qu'elle retrouvait misérable, qu'on voulait lui ravir, etc.

Il va de soi que ce rôle était un rôle muet. Le petit figurant qui le jouerait n'aurait qu'à se laisser faire, c'est-à-dire se laisser embrasser, caresser, presser sur un sein maternel, tirer d'un côté, tirer de l'autre, sans jamais prononcer une parole.

Est-ce que notre héros n'était pas tout indiqué pour remplir ce rôle? Il avait l'âge, il avait la taille, il montrait une figure pâle encore et des yeux qui avaient souvent pleuré. Quel effet, lorsqu'on le verrait sur les planches et précisément auprès de sa mère adoptive! Avec quel emportement, quel feu, celle-ci enlèverait la scène V^e du troisième acte, la grande scène, lorsqu'elle défend son fils au moment où l'on veut l'arracher de ses bras! Est-ce que la situation imaginaire ne serait pas doublée d'une situation réelle? Est-ce que ce ne seraient pas de véritables cris de mère qui s'échapperaient des entrailles de l'artiste? Est-ce que ce ne seraient pas de vraies larmes qui couleraient de ses yeux? Il y eut là un nouvel emballement de miss Anna Waston, et même l'un des plus réussis de sa carrière dramatique.

On se mit à la besogne, et P'tit-Bonhomme fut conduit aux dernières répétitions.

La première fois, il éprouva un extrême étonnement de tout ce qu'il voyait, de tout ce qu'il entendait. Miss Anna Waston l'appelait bien: « mon enfant » en récitant son rôle, mais il lui semblait qu'elle ne le serrait pas éperdûment entre ses bras, qu'elle ne pleurait pas en l'attirant sur son cœur. Et, en effet, de pleurer à des répétitions ç'eût été à tout le moins inutile. A quoi bon s'user les yeux? C'est assez de verser des larmes en présence du public.

Notre petit garçon se sentait d'ailleurs très impressionné. Les châssis de ces coulisses sombres, cet air mélangé d'un relent humide, cette salle spacieuse et déserte, dont les lucarnes, au dernier amphithéâtre, ne laissaient filtrer qu'un jour grisâtre, c'était d'un aspect lugubre, comme une maison dans laquelle il y aurait eu un mort. Cependant, Sib — il s'appelait Sib dans la pièce — fit ce qu'on lui demandait, et miss Anna Waston n'hésita pas à prophétiser qu'il obtiendrait un grand succès, — elle aussi.

Peut-être, il est vrai, cette confiance n'était-elle pas généralement partagée? La comédienne ne manquait pas d'un certain nombre d'envieux, surtout d'envieuses parmi ses bonnes camarades. Elle les avait souvent blessées par sa personnalité encombrante, avec ses caprices d'artiste en vedette, sans s'en apercevoir — comment s'en serait-elle aperçue?... et sans le savoir — comment se fût-on hasardé à l'en avertir? Et maintenant, grâce à l'exagération habituelle de son tempérament, voici qu'elle répétait à qui voulait l'entendre que, sous sa direction, ce petit, haut comme une botte, enfoncerait un jour les Kean, les Macready, et n'importe quel autre premier grand rôle du théâtre moderne!... En vérité, cela dépassait la mesure.

Enfin, le jour de la première représentation arriva.

C'était le 19 octobre, un jeudi. Il va de soi que miss Anna Waston devait se trouver alors dans un état d'énervement très excusable. Tantôt elle saisissait Sib, l'embrassait, le secouait avec une violence nerveuse, tantôt sa présence l'agaçait, elle le renvoyait, et il n'y comprenait rien.

On ne saurait s'étonner qu'il y eût ce soir-là grande affluence au théâtre de Limerick, où le public s'était porté en foule.

Et, du reste, l'affiche avait produit un effet d'extrême attraction

Pour les représentations

de

Miss Anna Waston.

LES REMORDS D'UNE MÈRE

POIGNANT DRAME DU

CÉLÈBRE FURPILL,

ETC., ETC.

Miss Anna Waston remplira le rôle de la duchesse de Kendalle.
Le rôle de Sib sera tenu par P'tit-Bonhomme,
âgé de cinq ans et neuf mois... etc., etc.

Aurait-il été fier, notre garçonnet, s'il se fût arrêté devant cette affiche. Il savait lire, et c'était sur fond blanc, s'il vous plaît, que son nom ressortait en grosses lettres.

Par malheur, sa fierté eut bientôt à souffrir : un réel chagrin l'attendait dans la loge de miss Anna Waston.

Jusqu'à ce soir-là, il n'avait point « répété en costume », comme on dit, et vraiment cela n'en valait pas la peine. Il était donc venu au théâtre avec ses beaux habits. Or, dans cette loge où se préparait la riche toilette de la duchesse de Kendalle, voici qu'Élisa lui apporte des haillons qu'elle se dispose à lui mettre. De sordides loques, propres en dessous certainement, mais en dessus, sales, rapiécées, déchirées. En effet, dans ce drame émouvant, Sib est un enfant abandonné que sa mère retrouve avec son accoutrement de petit pauvre, — sa mère, une duchesse, une belle dame toute en soie, en dentelles et en velours !

Quand il vit ces guenilles, P'tit-Bonhomme eut d'abord l'idée qu'on allait le renvoyer à la ragged-school.

« Madame Anna... madame Anna ! s'écria-t-il.

— Eh qu'as-tu ? répondit miss Waston.

— Ne me renvoyez pas !...

— Te renvoyer ?... Et pourquoi ?...

— Ces vilains habits...

— Quoi !... il s'imagine...

— Eh non, petit bêta !... Tiens-toi un peu ! répliqua Élisa, en le ballotant d'une main assez rude.

— Ah ! l'amour de chérubin ! » s'écria miss Anna Waston, qui se sentit prise d'attendrissement.

Et elle se faisait de légers sourcils bien arqués avec l'extrémité d'un pinceau.

« Le cher ange... si l'on savait cela dans la salle ! »

Et elle se mettait du rouge sur les pommettes.

« Mais on le saura, Élisa... Ce sera demain dans les journaux... Il a pu croire... »

Et elle passait la houppe blanche sur ses épaules de grand premier rôle.

« Mais non... mais non... invraisemblable babish !... Ces vilains habits, c'est pour rire...

— Pour rire, madame Anna ?...

— Oui, et il ne faut pas pleurer ! »

Et volontiers elle aurait versé des larmes, si elle n'eût craint d'endommager ses couleurs artificielles.

Aussi Élisa de lui répéter en secouant la tête :

« Vous voyez, madame, que nous ne pourrons jamais en faire un comédien ! »

Cependant P'tit-Bonhomme, de plus en plus troublé, le cœur

gros, les yeux humides, pendant qu'on lui enlevait ses beaux habits, se laissa mettre les haillons de Sib.

C'est alors que la pensée vint à miss Anna Waston de lui donner une belle guinée toute neuve. Ce serait son cachet d'artiste en représentation, « ses feux! » répéta-t-elle. Et, ma foi, l'enfant, vite consolé, prit la pièce d'or avec une évidente satisfaction et la fourra dans sa poche, après l'avoir bien regardée.

Cela fait, miss Anna Waston lui donna une dernière caresse, et descendit sur la scène, en recommandant à Élisa de le garder dans la loge, puisqu'il ne paraissait qu'au troisième acte.

Ce soir-là, le beau monde et le populaire remplissaient le théâtre depuis les derniers rangs de l'orchestre jusqu'aux cintres, bien que cette pièce n'eût plus l'attrait de la nouveauté. Elle avait déjà vu le feu de la rampe pendant douze à treize cents représentations sur les divers théâtres du Royaume-Uni, — ainsi que cela arrive souvent pour des œuvres du cru, même quand elles sont médiocres.

Le premier acte marcha d'une façon convenable. Miss Anna Waston fut chaleureusement applaudie, et elle le méritait par la passion de son jeu, par l'éclat de son talent, dont les spectateurs subissaient la très visible impression.

Après le premier acte, la duchesse de Kendalle remonta dans sa loge, et, à la grande surprise de Sib, voici qu'elle enlève ses ajustements de soie et de velours pour revêtir le costume de simple servante, — changement nécessité par des combinaisons de dramaturge aussi compliquées que peu nouvelles, et sur lesquelles il est inutile d'insister.

P'tit-Bonhomme contemplait cette femme de velours qui devenait une femme de bure, et il se sentait de plus en plus inquiet, abasourdi, comme si quelque fée venait d'opérer devant lui cette fantastique transformation.

Puis la voix de l'avertisseur parvint jusqu'à la loge, — une grosse voix de stentor qui le fit tressaillir, et la « servante » lui fit un signe de la main, en disant :

« Attends, bébé !... Ce sera bientôt ton tour. »

Et elle descendit sur la scène.

Deuxième acte : la servante y obtint un succès égal à celui que la duchesse avait obtenu au premier, et le rideau dut être relevé au milieu d'une triple salve d'applaudissements.

Décidément, l'occasion ne se présentait pas aux bonnes amies et à leurs tenants d'être désagréables à miss Anna Waston.

Elle regagna sa loge et se laissa tomber sur un canapé, un peu fatiguée, bien qu'elle eût réservé pour l'acte suivant son plus grand effort dramatique.

Cette fois encore, nouveau changement de costume. Ce n'est plus une servante, c'est une dame, — une dame en toilette de deuil, un peu moins jeune, car cinq ans se sont passés entre le deuxième et le troisième acte.

P'tit-Bonhomme ouvrait de grands yeux, immobile en son coin, n'osant ni remuer ni parler. Miss Anna Waston, assez énervée, ne lui prêtait aucune attention.

Cependant, dès qu'elle fut habillée :

« Petit, dit-elle, ça va être à toi.

— A moi, madame Anna?...

— Et rappelle-toi que tu te nommes Sib.

— Sib?... oui !

— Élisa, répète-lui bien qu'il se nomme Sib jusqu'au moment où tu descendras avec lui sur la scène pour le conduire au régisseur près de la porte.

— Oui, madame.

— Et, surtout, qu'il ne manque pas son entrée ! »

Non ! il ne la manquerait pas, dût-on l'y aider d'une bonne tape, le petit Sib... Sib... Sib...

« Tu sais, d'ailleurs, ajouta miss Anna Waston en montrant le doigt à l'enfant, on te reprendrait ta guinée... Ainsi, gare à l'amende...

— Et à la prison ! » ajouta Élisa en faisant ces gros yeux qu'il connaissait bien.

Ledit Sib s'assura que la guinée était toujours au fond de sa poche, bien décidé à ne point se la laisser reprendre.

Le moment était venu. Élisa saisit Sib par la main, descendit sur la scène.

Sib fut d'abord ébloui par les traînées d'en bas, les herses d'en haut, les portants flamboyants de gaz. Il se sentait éperdu au milieu du va-et-vient des figurants et des artistes, qui le regardaient en riant.

C'est qu'il était véritablement honteux avec ses vilains habits de petit pauvre!

Enfin les trois coups retentirent.

Sib tressaillit comme s'il les eût reçus dans le dos.

Le rideau se leva.

La duchesse de Kendalle était seule en scène, monologuant au milieu d'un décor de chaumière. Tout à l'heure, la porte du fond s'ouvrirait, un enfant entrerait, s'avancerait vers elle en lui tendant la main, et cet enfant serait le sien.

Il faut noter qu'aux répétitions, P'tit-Bonhomme avait été très chagriné, lorsqu'il s'était vu réduit à l'obligation de demander l'aumône. On se rappelle sa fierté native, sa répugnance quand on voulait le contraindre à mendier au profit de la ragged-school. Miss Anna Waston lui avait bien dit que ce n'était point « pour de bon ». N'importe, cela ne lui allait pas du tout... Dans sa naïveté, il prenait les choses au sérieux et finissait par croire qu'il était véritablement l'infortuné petit Sib.

En attendant son entrée, et tandis que le régisseur lui tenait la main, il regardait à travers l'entrebâillement de la porte. Avec quel ébahissement ses yeux parcouraient cette vaste salle pleine de monde, inondée de lumière, les girandoles des avant-scènes, l'énorme lustre, comme un ballon de feu suspendu en l'air. C'était si différent de ce qu'il avait vu, lorsqu'il assistait aux représentations sur le devant d'une loge.

A ce moment le régisseur lui dit :

« Attention, Sib!

— Oui, monsieur.

— Tu sais... va droit devant toi jusqu'à ta maman, et prends garde de tomber !

— Oui, monsieur.

— Et tends bien la main...

— Oui, monsieur... comme ça ? »

Et c'était une main fermée qu'il montrait.

« Non, nigaud !... C'est un poing, cela !... Tends donc une main ouverte, puisque tu demandes l'aumône...

— Oui, monsieur.

— Et surtout ne prononce pas un mot... pas un seul !

— Oui, monsieur. »

La porte de la chaumière s'ouvrit, et le régisseur le poussa juste à la réplique.

P'tit-Bonhomme venait de faire son début dans la carrière dramatique. Ah ! que le cœur lui battait fort !

Un murmure arriva de tous les coins de la salle, un touchant murmure de sympathie, tandis que Sib, la main tremblante, les yeux baissés, le pas incertain, s'avançait vers la dame en deuil. Comme on voyait bien qu'il avait l'habitude des haillons et qu'il n'était point gêné sous ses loques !

On lui fit un succès, — ce qui le troubla davantage.

Soudain, la duchesse se lève, elle regarde, elle se rejette en arrière, puis elle ouvre ses bras...

Quel cri lui échappe, — un de ces cris conformes aux traditions, qui déchirent la poitrine !

« C'est lui !... C'est lui !... Je le reconnais !... C'est Sib... c'est mon enfant ! »

Et elle l'attire à elle, elle le serre contre son cœur, elle le couvre de baisers, et il se laisse faire... Elle pleure, — de vraies larmes, cette fois, — et s'écrie :

« Mon enfant... c'est mon enfant, ce petit malheureux... qui me demande l'aumône ! »

Cela l'émeut, le pauvre Sib, et bien qu'on lui ait recommandé de ne pas parler :

— Votre enfant... madame? dit-il.

— Tais-toi ! » murmure tout bas miss Anna Waston.

Puis elle continue :

« Le ciel me l'avait pris pour me punir, et il me le ramène aujourd'hui... »

Et, entre ces phrases hachées par des sanglots, elle dévore Sib de baisers, elle l'inonde de larmes. Jamais, non jamais, P'tit-Bonhomme n'a été si caressé, si pressé sur un cœur palpitant ! Jamais il ne s'est senti si maternellement aimé !

La duchesse s'est levée comme si elle surprenait quelque bruit au dehors.

» Sib... s'écrie-t-elle, tu ne me quitteras plus!...

— Non, madame Anna!

— Mais tais-toi donc! » répète-t-elle au risque d'être entendue de la salle.

La porte de la chaumière s'est ouverte brusquement. Deux hommes ont paru sur le seuil.

L'un est le mari, l'autre le magistrat qui l'accompagne pour l'enquête.

« Saisissez cet enfant... Il m'appartient !...

— Non ! ce n'est pas votre fils ! répond la duchesse, en entraînant Sib.

— Vous n'êtes pas mon papa!... » s'écrie P'tit-Bonhomme.

Les doigts de miss Anna Waston lui ont pressé si vivement le bras qu'il n'a pu retenir un cri. Après tout, ce cri est dans la situation, il ne la compromet pas. Maintenant, c'est une mère qui le tient contre elle... On ne le lui arrachera pas... La lionne défend son lionceau...

Et, de fait, le lionceau récalcitrant, qui prend la scène au sérieux, saura bien résister. Le duc est parvenu à s'emparer de lui... Il s'échappe, et courant vers la duchesse :

« Ah! madame Anna, s'écrie-t-il, pourquoi m'avez-vous dit que vous n'étiez pas maman...

— Te tairas-tu, petit malheureux!... Veux-tu te taire! murmure-t-elle, tandis que le duc et le magistrat restent déconcertés devant ces répliques non prévues.

— Si... si... répond Sib, vous êtes maman... Je vous l'avais bien dit, madame Anna... ma vraie maman! »

La salle commence à comprendre que cela « ce n'est pas dans la pièce ». On chuchotte, on plaisante. Quelques spectateurs applaudissent par raillerie. En vérité, ils auraient dû pleurer, car c'était attendrissant, ce pauvre enfant qui croyait avoir retrouvé sa mère dans la duchesse de Kendalle!

Mais la situation n'en était pas moins compromise. Que, pour une raison ou pour une autre, le rire éclate là où les larmes devraient couler, et c'en est fait d'une scène.

Miss Anna Waston sentit tout le ridicule de cette situation. Des paroles ironiques, lancées par ses excellentes camarades, lui arrivent de la coulisse.

Éperdue, énervée, elle fut prise d'un mouvement de rage... Ce petit sot, qui était la cause de tout le mal, elle aurait voulu l'anéantir!... Alors les forces l'abandonnèrent, elle tomba évanouie sur la scène, et le rideau fut baissé pendant que la salle s'abandonnait à un fou rire...

La nuit même, miss Anna Waston, qui avait été transportée à *Royal-George-Hôtel*, quitta la ville en compagnie d'Élisa Corbett. Elle renonçait à donner les représentations annoncées pour la semaine. Elle paierait son dédit... Jamais elle ne reparaîtrait sur le théâtre de Limerick.

Quant à P'tit-Bonhomme, elle ne s'en était même pas inquiétée. Elle s'en débarrassait comme d'un objet ayant cessé de plaire et dont la vue seule lui eût été odieuse. Il n'y a pas d'affection qui tienne devant les froissements de l'amour-propre.

. . . .

P'tit-Bonhomme, resté seul, ne devinant rien, mais sentant qu'il avait dû causer un grand malheur, s'était sauvé sans qu'on l'eût aperçu. Il erra toute la nuit à travers les rues de Limerick, à l'aventure, et finit par se réfugier au fond d'une sorte de vaste jardin, avec des maisonnettes éparses çà et là, des tables de pierre surmontées de croix. Au milieu se dressait une énorme bâtisse, très sombre du côté qui n'était pas éclairé par la lumière de la lune.

Ce jardin était le cimetière de Limerick, — un de ces cimetières anglais avec ombrages, bosquets verdoyants, allées sablées, pelouses et pièces d'eau, qui sont en même temps des lieux de promenade très fréquentés. Ces tables de pierre étaient des tombes, ces maisonnettes, des monuments funéraires, cette bâtisse, la cathédrale gothique de Sainte-Marie.

C'est là que l'enfant avait trouvé un asile, là qu'il passa la nuit, couché sur une dalle à l'ombre de l'église, tremblant au moindre bruit, se demandant si ce vilain homme... le duc de Kendalle, n'allait pas venir le chercher... Et madame Anna qui ne serait plus là pour le défendre!... On l'emporterait loin... bien loin... dans un pays « où il y aurait des bêtes »... Il ne reverrait plus sa maman... et de grosses larmes noyaient ses yeux...

Lorsque le jour parut, P'tit-Bonhomme entendit une voix qui l'appelait.

Un homme et une femme étaient là, un fermier et une fermière. En traversant la route, ils l'avaient aperçu. Tous deux se rendaient au bureau de la voiture publique, qui allait partir pour le sud du comté.

« Que fais-tu là, gamin? » dit le fermier.

P'tit-Bonhomme sanglotait au point de ne pouvoir parler.

« Voyons, que fais-tu là? » répéta la fermière d'une voix plus douce.

P'tit-Bonhomme se taisait toujours.

« Ton papa?... demanda-t-elle alors.

— Je n'ai pas de papa! répondit-il enfin.

— Et ta maman?...
— Je n'en ai plus! »

Et il tendait ses bras vers la fermière.

« C'est un enfant abandonné, » dit l'homme.

Si P'tit-Bonhomme avait porté ses beaux habits, le fermier en eût inféré que c'était un enfant égaré, et il aurait fait le nécessaire pour le ramener à sa famille. Mais avec les haillons de Sib, ce ne devait être qu'un de ces petits misérables qui n'appartiennent à personne...

« Viens donc », conclut le fermier.

Et, l'enlevant, il le mit entre les bras de sa femme, disant d'une voix rassurante :

« Un mioche de plus à la ferme, il n'y paraîtra guère, n'est-ce pas, Martine?

— Non, Martin! »

Et Martine essuya d'un bon baiser les grosses larmes de P'tit-Bonhomme.

VIII

LA FERME DE KERWAN

Que P'tit-Bonhomme n'eût pas vécu heureux dans la province de l'Ulster, cela ne paraissait que trop vraisemblable, bien que personne ne sût comment s'était passée sa première enfance en quelque village du comté de Donegal.

La province du Connaught ne lui avait pas été plus clémente, ni lorsqu'il courait les routes du comté de Mayo sous le fouet du montreur de marionnettes, ni dans le comté de Galway, durant ses deux ans de ragged-school.

En cette province de Munster, grâce au caprice d'une comédienne, peut-être aurait-on pu espérer qu'il en avait au moins fini avec la misère ! Non !... il venait d'être délaissé, et, maintenant, les hasards de son existence allaient le rejeter au fond du Kerry, à l'extrémité sud-ouest de l'Irlande. Cette fois, de braves gens ont eu pitié de lui... Puisse-t-il ne les quitter jamais !

C'est dans un des districts au nord-est du comté de Kerry, près de la rivière de Cashen, qu'est située la ferme de Kerwan. A une douzaine de milles se trouve Tralee, le chef-lieu d'où, à en croire les traditions, Saint-Brandon partit au VI° siècle pour aller découvrir l'Amérique avant Colomb. Là se raccordent les diverses voies ferrées de l'Irlande méridionale.

Ce territoire, très accidenté, possède les plus hautes montagnes de l'île, tels les monts Clanaraderry et les monts Stacks. De nombreux cours d'eau y forment les affluents de la Cashen et concourent, avec les marécages, à rendre assez irrégulier le tracé des routes. A une trentaine de milles vers l'ouest se développe le littoral profondément découpé, où s'échancrent l'estuaire du Shannon et la longue baie de Kerry, dont les roches capricieuses se rongent à l'acide carbonique des eaux marines.

On n'a pas oublié ces paroles d'O'Connell que nous avons citées : « Aux Irlandais, l'Irlande ! » Or, voici comment l'Irlande est aux Irlandais.

Il existe trois cent mille fermes qui appartiennent à des propriétaires étrangers. Dans ce nombre, cinquante mille comprennent plus de vingt-quatre acres, soit environ douze hectares, et huit mille n'en ont que de huit à douze. Le reste est au-dessous de ce chiffre. Toutefois, il ne faudrait pas en conclure que la propriété y soit morcelée. Bien au contraire. Trois de ces domaines dépassent cent mille acres, entre autres celui de M. Richard Barridge, qui s'étend sur cent soixante mille.

Et que sont ces propriétés foncières auprès de celles des landlords de l'Écosse, un comte de Breadalbane, riche de quatre cent trente-cinq mille acres, M. J. Matheson, riche de quatre cent six mille acres, le duc de Sutherland, riche de douze cent mille acres, — la superficie d'un comté tout entier ?

Ce qui est vrai, c'est que, depuis la conquête par les Anglo-Normands en 1100, « l'Ile Sœur » a été traitée féodalement, et son sol est resté féodal.

Le duc de Rockingham était, à cette époque, un des grands landlords du comté de Kerry. Son domaine, d'une surface de cent cinquante mille acres, comprenait des terres cultivables, des prairies, des bois, des étangs, desservis par quinze cents fermes. C'était un étranger, un de ceux que les Irlandais accusent avec raison d'absentéisme. Or, la conséquence de cet absentéisme est que l'argent produit par le travail irlandais est envoyé au dehors et ne profite pas à l'Irlande.

La Verte Erin, il ne faut point l'oublier, ne fait pas partie de la Grande-Bretagne, — dénomination uniquement applicable à l'Écosse et à l'Angleterre. Le duc de Rockingham était un lord écossais. A l'exemple de tant d'autres qui possèdent les neuf dixièmes de l'île, il n'avait jamais fait l'effort de venir visiter ses terres, et ses tenanciers ne le connaissaient pas. Sous condition d'une somme annuelle, il en abandonnait l'exploitation à ces traitants, ces « middlemen », qui en bénéficiaient en les louant par parcelles aux cultivateurs. C'est ainsi que la ferme de Kerwan dépendait, avec quelques autres, d'un certain John Eldon, agent du duc de Rockingham.

Cette ferme était de moyenne importance, puisqu'elle ne comptait qu'une centaine d'acres. Il est vrai, c'est un pays rude à la culture, celui qu'arrose le cours supérieur de la Cashen, et ce n'est pas sans un excessif labeur que le paysan parvient à lui arracher de quoi payer son fermage, surtout lorsque l'acre lui est loué au prix excessif d'une livre par an.

Tel était le cas de la ferme de Kerwan, dirigée par le fermier Mac Carthy.

C'est là que l'enfant passa la nuit. (Page 92.)

Il y a de bons maîtres en Irlande, sans doute; mais les tenanciers n'ont le plus souvent affaire qu'à ces middlemen, presque tous hommes durs et impitoyables. Il convient d'observer toutefois que l'aristocratie, qui est assez libérale en Angleterre et en Écosse, se montre plutôt oppressive en Irlande. Au lieu de rendre la main, elle tire sur les rênes. Une catastrophe est à craindre. Qui sème la haine récolte la rébellion.

Grand'mère n'avait d'autre occupation. (Page 98.)

Martin Mac Carthy, dans toute la force de l'âge, — il avait cinquante-deux ans — était l'un des meilleurs fermiers du domaine. Laborieux, intelligent, entendu en matière de culture, bien secondé par des enfants sévèrement élevés, il avait pu mettre quelque argent de côté, malgré tant de taxes et redevances qui obèrent le budget d'un paysan irlandais.

Sa femme s'appelait Martine, de même qu'il s'appelait Martin

Cette vaillante créature possédait toutes les qualités d'une ménagère. Elle travaillait encore à cinquante ans comme si elle n'en avait eu que vingt. L'hiver, tandis que chômaient les manutentions agricoles, la quenouille coiffée, le fuseau garni de filasse, on entendait le ronflement de son rouet devant l'âtre, quand les exigences du ménage ne réclamaient pas ses soins.

La famille Mac Carthy, vivant en bon air, rompue aux fatigues des champs, jouissait d'une excellente santé, ne se ruinait ni en médecine ni en médecins. Elle tenait de cette race vigoureuse de cultivateurs irlandais, qui s'acclimate aussi aisément au milieu des prairies du Far-West américain que sur les territoires de l'Australie et de la Nouvelle-Zélande. Espérons, pour ces braves gens, du reste, qu'ils ne seront jamais contraints d'émigrer au delà des mers. Fasse le ciel que leur île ne les rejette pas loin d'elle comme nombre de ses enfants!

En tête de la famille, chérie et respectée, venait la mère de Martin, une vieille de soixante-quinze ans, dont le mari dirigeait autrefois la ferme. Grand'mère, — on ne la désignait pas différemment — n'avait d'autre occupation que de filer en compagnie de sa belle-fille, désireuse, autant qu'il était en elle, de n'être que le moins possible à la charge de ses enfants.

L'aîné des garçons, Murdock — vingt-sept ans, — plus instruit que son père, s'intéressait ardemment à ces questions qui ont toujours passionné l'Irlande, et l'on craignait sans cesse qu'il ne vînt à se jeter en quelque mauvaise affaire. Il était de ceux qui ne songent qu'aux revendications du *home rule*, c'est-à-dire à la conquête de l'autonomie, sans se douter que le *home rule* vise les réformes plutôt politiques que sociales. Et pourtant, ce sont ces dernières dont l'Irlande a surtout besoin, puisqu'elle est encore livrée aux dures exactions du régime féodal.

Murdock, vigoureux gars, assez taciturne, peu communicatif, s'était récemment marié avec la fille d'un fermier du voisinage. Cette excellente jeune femme, aimée de toute la famille Mac Carthy, pos sédait la beauté régulière, fière et calme, l'attitude noble et distinguée qui se rencontre fréquemment chez les Irlandaises des classes inférieures. Sa figure était animée de grands yeux bleus, et sa chevelure blonde bouclait sous les rubans de sa coiffure. Kitty aimait beaucoup son mari, et Murdock, qui ne souriait guère d'habitude, se laissait aller parfois à sourire, lorsqu'il la regardait, car il éprouvait pour elle une profonde affection. Aussi employait-elle son influence à le modérer, à le contenir, chaque fois que quelque émissaire des nationalistes venait faire de la propagande à travers le pays et proclamer que nulle conciliation n'était possible entre les landlords et les tenanciers.

Il va sans dire que les Mac Carthy étant de bons catholiques, on ne s'étonnera pas s'ils considéraient les protestants comme des ennemis [1].

Murdock courait les meetings, et combien Kitty sentait son cœur se serrer, quand elle le voyait partir pour Tralee ou telle autre bourgade du voisinage. Dans ces assemblées il parlait avec l'éloquence naturelle aux Irlandais, et, au retour, lorsque Kitty lisait sur sa figure les passions qui l'agitaient, lorsqu'elle l'entendait frapper du pied en murmurant un appel à la révolution agraire, sur un signe de Martine, elle s'appliquait à le calmer.

« Mon bon Murdock, lui disait-elle, il faut de la patience... et de la résignation...

— De la patience, répondait-il, quand les années marchent et que rien n'aboutit! De la résignation, lorsqu'on voit des créatures courageuses comme Grand'mère rester misérables après une longue existence de travail! A force d'être patients et résignés, ma pauvre Kitty, on arrive à tout accepter, à perdre le sentiment de ses droits, à se courber sous le joug, et cela, je ne le ferai jamais... jamais! » répétait-il en relevant fièrement la tête.

---

[1]. Opinion commune aux Irlandais, qui, cependant, firent exception pour M. Parnell, quand ce « roi non couronné de l'Irlande », comme on disait, dirigea, quelques années plus tard (1879) la célèbre « National Land League », fondée pour la réforme agraire.

Martin Mac Carthy avait deux autres garçons, Pat ou Patrick, Sim ou Siméon, âgés de vingt-cinq et de dix-neuf ans.

Pat naviguait actuellement au commerce en qualité de matelot, sur un des navires de l'honorable maison Marcuart, de Liverpool. Quant à Sim, de même que Murdock, il n'avait jamais quitté la ferme, et leur père trouvait en eux de précieux auxiliaires pour les travaux des champs, l'entretien des bestiaux. Sim obéissait sans jalousie à son frère aîné dont il reconnaissait la supériorité. Il lui témoignait autant de respect que s'il eût été le chef de la famille. Étant le dernier fils, et en cette qualité, celui qui avait été le plus choyé, il était enclin à cette jovialité qui forme le fond du caractère irlandais. Il aimait à plaisanter, à rire, égayant par sa présence et ses réparties l'intérieur un peu sévère de cette maison patriarcale. Très pétulant, il contrastait avec le tempérament plus rassis, l'esprit plus sérieux de son frère Murdock.

Telle était cette laborieuse famille dans l'intérieur de laquelle P'tit-Bonhomme allait être transporté. Quelle différence entre le milieu dégradant de la ragged-school et ce milieu sain et fortifiant d'une ferme irlandaise!... Sa précoce imagination n'en serait-elle pas vivement frappée?... A cela, nul doute. Il est vrai, notre héros venait de passer quelques semaines dans un certain bien-être chez la capricieuse miss Anna Waston; mais il n'y avait point trouvé ces réelles tendresses que la vie de théâtre rend si peu sûres, si éphémères, si fugitives.

L'ensemble des bâtiments, servant à loger les Mac Carthy, ne comprenait que le strict nécessaire. Nombre d'établissements des riches comtés du Royaume-Uni sont installés dans des conditions autrement luxueuses. Après tout, c'est le fermier qui fait la ferme, et peu importe qu'elle soit peu considérable par l'étendue si elle est intelligemment dirigée. Observons cependant que Martin Mac Carthy n'appartenait pas à cette catégorie plus favorisée des « yeomen », qui sont de petits propriétaires terriens. Il n'était que l'un des nombreux tenanciers du duc de Rockingham, on pourrait dire l'une des centaines de machines agricoles mises en mouvement sur le vaste domaine de ce landlord.

La maison principale, moitié pierre, moitié paillis, ne renferme qu'un rez-de-chaussée, où Grand'mère, Martin et Martine Mac Carthy, Murdock et sa femme, occupent des chambres séparées d'une salle commune à large cheminée, dans laquelle on se réunit en famille pour les repas. Au-dessus, contiguë aux greniers, une mansarde éclairée de deux lucarnes, sert de logement à Sim — et aussi à Pat dans l'intervalle de ses voyages.

En retour, d'un côté, se développent les aires, les granges, les appentis sous lesquels s'abritent le matériel de culture et les instruments de labourage ; de l'autre, la vacherie, la bergerie, la laiterie, la porcherie et la basse-cour.

Toutefois, faute de réparations faites à propos, ces bâtisses présentent un aspect assez inconfortable. Çà et là, des planches de diverse provenance, des vantaux de portes, des volets hors d'usage, quelques bordages arrachés à la carcasse de vieux navires, des poutrelles de démolition, des plaques de zinc, cachent la brèche des murs, et les toits de chaume sont chargés de gros galets en vue de résister à la violence des rafales.

Entre ces trois corps de bâtiments s'étend une cour, avec porte cochère fixée à deux montants. Une haie vive forme clôture, toute agrémentée de ces éclatants fuchsias, si abondants dans la campagne irlandaise. A l'intérieur de la cour verdoie un gazon d'herbes folles, où viennent picorer les volailles. Au centre, une mare miroite, bordée de corbeilles d'azalées, de marguerites d'un jaune d'or, et d'asphodèles, retournées à l'état sauvage.

Il est à propos d'ajouter que le chaume des toits, autour des larges pierres, est non moins fleuri que les gazons et les haies de la grande cour. Il y pousse toutes sortes de plantes qui charment les yeux, et, particulièrement d'innombrables touffes de ces fuchsias aux clochettes sans cesse secouées par les brises de la vallée. Quant aux murs, ne vous chagrinez pas de ce que loques et morceaux y apparaissent comme le rapiéçage d'un vêtement de pauvre. Est-ce qu'ils ne sont pas doublés de ces lierres à triple armure, vigoureux et puissants, qui soutiendraient la bâtisse, quand même les fondations viendraient à lui manquer.

Entre les terres arables proprement dites et le corps de la ferme, s'étend un potager où M. Martin cultive les légumes nécessaires au ménage, surtout les navets, les choux, les pommes de terre. Cette réserve est entourée d'un rideau d'arbres et d'arbustes, abandonnés aux caprices de la végétation si fantaisiste en ce pays d'Irlande.

Ici, sont des houx robustes avec leurs feuilles piquantes d'un vert ardent, qui ressemblent à des coquillages d'une contexture bizarre. Là, se dressent des ifs, de poussée libre, auxquels un ciseau imbécile n'a jamais donné la forme d'une bouteille ou d'un lampadaire. A une portée de fusil, sur la gauche, se masse un bois de frênes, — et le frêne est un des plus beaux arbres de ces campagnes. Puis s'entremêlent des hêtres verdoyants, mélangés parfois de couleurs pourpres, des arbousiers de haute taille, des sorbiers pareils de loin à un vignoble dont les ceps seraient chargés de grappes de corail. Il ne faudrait pas aller à trois milles de cet endroit pour sentir le sol se renfler sous les premières ramifications de la chaîne des Clanaraderry, où se développent ces forêts de sapins, dont les pommes paraissent être suspendues au réseau des chèvrefeuilles, qui se faufilent à travers leur ramure.

L'exploitation de la ferme de Kerwan comprend une culture assez variée — d'un rendement médiocre, en somme. Le peu de blé, dont on fait ordinairement de la farine de gruau, que les Mac Carthy y récoltent, n'est recommandable ni par la longueur des épis ni par la lourdeur des grains. Les avoines sont maigres et chétives, — circonstance d'autant plus regrettable que la farine d'avoine est d'un emploi constant, le blé réussissant assez mal sur ces terrains de qualité secondaire. On se trouve mieux d'y semer l'orge, le seigle surtout qui concourt dans une proportion notable à la fabrication du pain. Et encore telle est la rudesse de ce climat, que ces moissons ne peuvent être coupées qu'en octobre et en novembre.

Parmi les légumes cultivés en grand, tels que navets et choux de fortes dimensions, la pomme de terre doit être mise au premier rang. On sait qu'elle est la base de la nourriture en Irlande, principalement au milieu des districts déshérités de la nature. Et c'est à se demander de quoi vivaient ces populations campagnardes avant que Parmentier eût fait connaître et adopter son précieux tubercule. Peut-être même a-t-il rendu le cultivateur imprévoyant, en l'habituant à compter sur ce produit qui peut le sauver de la disette, lorsque la malchance ne s'en mêle pas.

Si la terre nourrit les animaux, les animaux contribuent à nourrir la terre. Aucune exploitation n'est possible sans eux. Les uns servent aux travaux des champs, aux charrois, aux labours; les autres donnent les produits naturels, œufs, viande, lait. De tous vient l'engrais nécessaire à la culture. Aussi comptait-on six chevaux à la ferme de Kerwan, et à peine suffisaient-ils, quand, accouplés à deux ou à trois, ils creusaient à la charrue ces terres rocailleuses. Bêtes courageuses et patientes, comme leurs maîtres, et qui, pour ne pas être inscrites dans le « stud-book », le livre d'or de la race chevaline, n'en rendaient pas moins de réels services, se contentant de sèches bruyères, lorsque le fourrage venait à manquer. Un âne leur tenait compagnie, et ce n'est pas le chardon qui lui aurait fait défaut, car tous les arrêtés d'échardonnage ne parviendraient point à détruire cet envahissant parasite sur les terres irlandaises.

A mentionner parmi les bêtes d'étable, une demi-douzaine de vaches laitières, assez belles sous leur robe roussâtre, et une centaine de moutons à face noire, très blancs de laine, d'un entretien difficile pendant ces longs mois d'hiver, où le sol est recouvert de plusieurs pieds de neige. Il y avait moins à s'inquiéter des chèvres, dont Martin Mac Carthy possédait une vingtaine, puisqu'on peut les laisser pourvoir à leur nourriture. S'il n'y a plus d'herbes, elles

Au centre, une mare miroite. (Page 101.)

trouvent toujours des feuilles qui résistent aux plus âpres froidures de la période glaciale.

Quant aux cochons, il va sans dire qu'une douzaine de ces animaux possédaient leur étable particulière sous les annexes de droite, et on ne les engraissait que pour les besoins de l'alimentation ménagère. En effet, il n'entrait pas dans les vues du fermier de se livrer à l'élevage des porcs, bien qu'il existe à Limerick un important com-

Après avoir déposé le fermier et la fermière. (Page 108.)

merce de jambons, — lesquels valent ceux d'York et se débitent régulièrement sous cette marque.

Poules, oies, canards, sont en nombre suffisant pour fournir des œufs au marché de Tralee. Mais de dindons et même de pigeons domestiques, point. Ces volatiles ne se rencontrent que peu ou pas dans la basse-cour des fermes de l'Irlande.

Il convient encore de citer un chien, un griffon d'Écosse, préposé à la garde du troupeau de moutons. Pas de chien de chasse, bien que le gibier soit assez abondant sur ces territoires, grouses, coqs de bruyères, bécasses, bécassines, outardes, daims et chèvres sauvages. A quoi bon? La chasse est un plaisir de landlords. Le coût du permis, extrêmement élevé, profite au fisc britannique, et, d'ailleurs, pour avoir le droit de posséder un chien de chasse, on doit justifier d'une propriété foncière valant mille livres au moins.

Telle était la ferme de Kerwan, presque isolée au fond d'un coude que fait la Cashen, à cinq milles de la paroisse de Silton. Certainement, il existe des terres plus mauvaises dans le comté, de ces terres légères et siliceuses qui ne gardent pas l'engrais, de ces terres dont le loyer n'atteint pas même une couronne, c'est-à-dire environ six francs l'acre. Mais, tout compte fait, la culture de Martin Mac Carthy n'était que de qualité moyenne.

Au delà de la portion exploitée s'étendaient d'arides plaines marécageuses, sillonnées de bouquets d'ajoncs, hérissées de touffes de roseaux, recouvertes de l'inévitable et envahissante bruyère. Au-dessus planaient d'immenses bandes de ces corbeaux avides du grain semé, et de ces moineaux gros-becs qui dévorent le grain formé. Grand dommage pour les fermes.

Puis, au loin, s'étageaient d'épaisses forêts de bouleaux et de mélèzes, accrochées à ces escarènes, qui sont les rudes pentes des montagnes. Et Dieu sait si ces arbres sont secoués pendant la mauvaise saison par les rafales dont s'emplit l'étroite vallée de la Cashen!

En somme, un curieux pays, digne d'attirer les touristes, ce comté de Kerry, avec ses magnifiques amphithéâtres de hauteurs boisées, ses lointains superbes, adoucis par le flottement des brumes hyperboréennes.

Il est vrai, pays dur à ceux qui l'habitent, terre trop souven marâtre à ceux qui la cultivent.

Et le ciel veuille que la récolte de la pomme de terre, ce véritable pain de l'île, ne vienne à manquer ni dans le Kerry, ni ailleurs. Quand elle fait défaut sur le million d'acres consacrés à sa culture, c'est la famine dans toute son horreur [1].

Aussi, après avoir chanté le *God save the Queen*, pieux Irlandais, complétez votre prière en disant :

« *God save the potatoes!* »

IX

LA FERME DE KERWAN (*Suite*)

Le lendemain, 20 octobre, vers trois heures de l'après-midi, des cris joyeux retentirent sur la route à l'entrée de la ferme de Kerwan.

« Voilà le père !

— Voilà la mère !

— Les voilà tous les deux ! »

C'étaient Kitty et Sim, qui saluaient de loin Martin et Martine Mac Carthy.

« Bonjour les enfants ! dit Martin.

— Bonjour, mes fils ! » dit Martine.

Et, dans sa bouche, ce « mes » possessif était empreint de fierté maternelle.

Le fermier et sa femme avaient quitté Limerick ce matin-là de bonne heure. Une trentaine de milles à faire, lorsque les brises de l'automne sont déjà fraîches, il y a de quoi être transis surtout dans un « jaunting-car ».

Le car est appelé « car », parce que c'est un véhicule, et l'on y

---

[1]. Telle fut la famine de 1740-1741, qui causa la mort de 400 000 Irlandais ; telle celle de 1817, qui en fit périr un demi-million, et contraignit un nombre égal d'habitants à émigrer au Nouveau-Monde.

ajoute le qualificatif « jaunting », parce que les voyageurs y sont placés dos à dos sur deux banquettes disposées suivant l'axe des brancards. Imaginez l'un de ces bancs doubles qui meublent les boulevards des villes, ajustez-le au-dessus d'une paire de roues, complétez l'ensemble par une planchette sur laquelle les pieds des voyageurs prendront leur point d'appui, s'adossant aux bagages placés derrière eux, et vous aurez la voiture ordinairement employée en Irlande. Si ce n'est la plus commode puisqu'elle ne permet de voir qu'un seul côté du paysage, ni la plus confortable puisqu'elle est découverte, c'est du moins la plus rapide, et son conducteur déploie autant d'adresse que de célérité.

On ne s'étonnera donc pas que Martin et Martine Mac Cathy, partis vers sept heures de Limerick, fussent arrivés à trois heures en vue de la ferme. Ils n'étaient pas seuls, d'ailleurs, à occuper ce jaunting-car, qui pouvait contenir jusqu'à dix voyageurs. Aussi, après avoir déposé le fermier et la fermière, le rapide véhicule continua-t-il sa route vers le chef-lieu du comté de Kerry.

Murdock sortit à l'instant même de son logement, situé dans l'angle de la cour, à l'endroit où les annexes de droite se raccordent aux bâtiments du fond.

« Vous avez fait un bon voyage, mon père ? demanda la jeune femme que Martine venait d'embrasser.

— Très bon, Kitty.

— Avez-vous trouvé des plants de choux au marché de Limerick ? dit Murdock.

— Oui, fils, et on nous les expédiera demain.

— Et de la graine de navets ?...

— Oui... de la meilleure sorte.

— Bien, mon père.

— Et aussi une autre espèce de graine...

— Laquelle ?...

— De la graine de bébé, Murdock, et qui me paraît être d'excellente qualité. »

Et comme Murdock et son frère ouvraient de grands yeux en regardant l'enfant que Martine tenait dans ses bras :

« Voilà un garçon, dit-elle, en attendant que Kitty nous donne le pareil.

— Mais il est glacé, ce petit ! répondit la jeune femme.

— Je l'ai pourtant bien enveloppé de mon tartan pendant le voyage, répliqua la fermière.

— Vite, vite, ajouta M. Martin, allons le réchauffer devant le bon feu de l'âtre, et commençons par embrasser Grand'mère, qui doit en avoir besoin. »

Kitty reçut P'tit-Bonhomme des mains de Martine, et toute la famille fut bientôt réunie dans la salle, où l'aïeule occupait un vieux fauteuil à coussins.

On lui présenta l'enfant. Elle le prit entre ses bras et l'assit sur ses genoux.

Lui se laissait faire. Ses yeux allaient de l'un à l'autre. Il ne comprenait rien à ce qui se passait. Il n'était pas habitué. Pour sûr, aujourd'hui ne ressemblait pas à hier. Était-ce une sorte de rêve ? Il voyait de bonnes figures autour de lui, des vieilles et des jeunes. Depuis son réveil, il n'avait entendu que d'affectueuses paroles. Le voyage l'avait distrait dans cette voiture, qui allait grand train à travers la campagne. Du bon air, avec l'émanation matinale des arbustes et des fleurs, emplissait sa poitrine. Une soupe bien chaude l'avait réconforté avant le départ, et, durant la route, tout en grignotant quelques gâteaux que contenait le sac de Martine, il avait raconté de son mieux ce qu'il savait de sa vie — son existence dans la ragged-school incendiée, les bons soins de Grip, dont le nom revint souvent dans son récit ; puis madame Anna qui l'avait appelé son fils et qui n'était pas sa maman ; puis un monsieur en colère qu'on appelait le duc... un duc dont il avait oublié le nom et qui voulait l'entraîner ; enfin son abandon, et comment il s'était trouvé tout seul dans le cimetière de Limerick. Martin Mac Carthy et sa femme n'avaient pas compris grand'chose à son histoire, si ce n'est qu'il n'avait ni parents ni famille, et que c'était un être abandonné dont la Providence leur avait confié la charge.

Grand'mère, très émue, l'embrassa. Les autres, non moins attendris, l'embrassèrent à leur tour.

« Et comment s'appelle-t-il? demanda Grand'mère.

— Il n'a pas pu nous donner d'autre nom que P'tit-Bonhomme, répondit Martine.

— Il n'a pas besoin d'en avoir un autre, dit M. Martin, et nous continuerons de l'appeler comme on l'a toujours appelé.

— Et quand il sera grand?... fit observer Sim.

— Ce sera P'tit-Bonhomme tout de même!... » répliqua la vieille femme, qui baptisa l'enfant d'un bon baiser.

Voilà quel fut l'accueil que notre héros reçut à son arrivée à la ferme. On lui enleva les haillons qu'il avait endossés pour son rôle de Sib. Ils furent remplacés par les derniers vêtements que Sim avait portés à son âge, — pas très neufs, mais propres et chauds. Mentionnons qu'on lui conserva son tricot de laine, qui commençait à devenir étroit, mais auquel il paraissait tenir.

Et alors il soupa avec la famille, à la table de ces braves gens, assis sur une chaise haute, se demandant si tout cela n'allait pas disparaître. Non! Elle ne disparut pas, la bonne soupe d'avoine dont il eut une pleine assiettée. Il ne disparut pas, le morceau de lard aux choux dont on lui donna sa suffisance. Il ne disparut pas, le gâteau aux œufs et à la farine de gruau, qui fut distribué en parts égales entre les convives, le tout arrosé d'un broc de cet excellent « potheen » que le fermier tirait de l'orge récoltée sur les terres de Kerwan.

Quel repas, sans compter que le garçonnet ne voyait que des visages souriants, — sauf peut-être celui du frère aîné, toujours sérieux et même un peu triste. Et voici que ses yeux se mouillent, et que des larmes glissent le long de ses joues.

« Qu'as-tu, P'tit-Bonhomme?... lui demanda Kitty.

— Il ne faut pas pleurer, ajouta Grand'mère. On t'aimera bien ici!

— Et je te ferai des joujoux, lui dit Sim.

— Je ne pleure pas... répondit-il. C'est pas des larmes, ça ! »

Non ! en vérité, et c'était plutôt son cœur qui débordait, à cette pauvre créature.

« Allons... allons, dit M. Martin, d'un ton qui n'était point méchant, c'est bon pour une fois, mon garçon, mais je te préviens qu'il est défendu de pleurer ici !

— Je ne pleurerai plus, monsieur », répondit-il en se laissant aller dans les bras que lui tendait Grand'mère.

Martin et Martine avaient besoin de repos. D'ailleurs, on se couchait de bonne heure à la ferme, car l'habitude était de se lever de grand matin.

« Où va-t-on le mettre, cet enfant ? demanda le fermier.

— Dans ma chambre, répondit Sim, et je lui donnerai la moitié de mon lit, comme à un petit frère !

— Non, mes enfants, répondit Grand'mère. Laissez-le coucher près de moi, il ne me gênera pas, je le regarderai dormir et cela me fera plaisir. »

Un désir de l'aïeule n'avait jamais rencontré l'ombre d'une résistance. Il suit de là qu'un lit ayant été installé près du sien, ainsi qu'elle l'avait demandé, P'tit-Bonhomme y fut immédiatement transporté.

Des draps blancs, une bonne couverture, il avait déjà connu cette jouissance durant les quelques semaines passées à *Royal-George-Hôtel* de Limerick, dans l'appartement de miss Anna Waston. Mais les caresses de la comédienne ne pouvaient valoir celles de cette honnête famille ! Peut-être s'aperçut-il qu'il y avait une différence, surtout lorsque Grand'mère, en le bordant, lui donna un gros baiser.

« Ah ! merci... merci !... » murmura-t-il.

Ce fut toute sa prière, ce soir-là, et, sans doute, il n'en savait pas d'autre.

On était au début de la saison froide. La moisson venait d'être terminée. Rien à faire ou peu de chose, en dehors de la ferme. Sur ces rudes territoires, les semailles de blé, d'orge, d'avoine, n'ont pas lieu au commencement de l'hiver dont la longueur et la rigueur pourraient les compromettre. C'est affaire d'expérience. Aussi Martin Mac Carthy avait-il l'habitude d'attendre mars et même avril pour semer ses céréales, en choisissant les espèces convenables. Il s'en était bien trouvé jusqu'alors. Creuser le sillon à travers un sol qui gèle à plusieurs pieds de profondeur, c'eût été un travail non moins dur qu'inutile. Autant eût valu jeter sa semence au sable des grèves, aux roches du littoral.

Il ne faudrait pas cependant croire que l'on fût inoccupé à la ferme. D'abord il y avait à battre le stock d'orge et d'avoine. Et puis, au cours de ces longs mois de la période hivernale, on ne manquait pas d'ouvrage. P'tit-Bonhomme put le constater le lendemain, car, dès le premier jour, il chercha à se rendre utile. Levé à l'aube, il se rendit du côté des étables. Il avait comme un pressentiment qu'on pourrait l'employer là. Que diable! il aurait six ans à la fin de l'année, et, à six ans, on est capable de garder des oies, des vaches, même des moutons, quand on est aidé d'un bon chien.

Donc, au déjeuner du matin, devant sa tasse de lait chaud, il en fit la proposition.

« Bien, mon garçon, répondit M. Martin, tu veux travailler, et tu as raison. Il faut savoir gagner sa vie...

— Et je la gagnerai, monsieur Martin, répondit-il.

— Il est si jeune! fit observer la vieille femme.

— Ça ne fait rien, madame...

— Appelle-moi Grand'mère...

— Eh bien... ça ne fait rien, Grand'mère! Je serais si content de travailler...

— Et tu travailleras, dit Murdock, assez surpris de ce caractère ferme et résolu chez un enfant qui n'avait connu jusqu'alors que les misères de la vie.

— Merci, monsieur.

— Je t'apprendrai à soigner les chevaux, reprit Murdock, et à monter dessus, si tu n'as pas peur...

P'tit-Bonhomme était en relation plus intime avec le baudet. (Page 117.)

— Je veux bien, répondit P'tit-Bonhomme.

— Et moi je t'habituerai à soigner les vaches, dit Martine, et à les traire, si tu ne crains pas un coup de corne...

— Je veux bien, madame Martine.

— Et moi, s'écria Sim, je te montrerai comment on garde les moutons dans les champs...

— Je veux bien.

— Sais-tu lire, petit?... demanda le fermier.

— Un peu, et écrire en grosses lettres...

— Et compter?...

— Oh! oui... jusqu'à cent, monsieur...

— Bon! dit Kitty en souriant, je t'apprendrai à compter jusqu'à mille, et à écrire en petites lettres.

— Je veux bien, madame. »

Et réellement, il voulait bien tout ce qu'on lui proposait, cet enfant. On voyait qu'il était décidé à reconnaître ce que ces braves gens allaient faire pour lui. Être le petit domestique de la ferme, c'est à cela que se bornait son ambition. Mais, ce qui était de nature à témoigner du sérieux de son esprit, c'est sa réponse au fermier, lorsque celui-ci lui eut dit en riant :

« Eh! P'tit-Bonhomme, tu vas devenir un garçon précieux chez nous... Les chevaux, les vaches, les moutons... si tu t'occupes de tout, il ne restera plus de besogne pour nous... Ah çà! combien me demanderas-tu de gages?...

— Des gages?...

— Oui!... Tu ne songes pas à travailler pour rien, je suppose?...

— Oh! non, monsieur Martin!

— Comment, s'écria Martine, assez surprise, comment, en dehors de sa nourriture, de son logement, de son habillement, il a la prétention d'être payé...

— Oui, madame. »

On le regardait, cet enfant, et il semblait qu'il eût dit là une énormité.

Murdock, qui l'observait, se contenta d'ajouter :

« Laissez-le donc s'expliquer !

— Oui, reprit Grand'mère, dis-nous ce que tu veux gagner... Est-ce de l'argent?... »

P'tit-Bonhomme secoua la tête.

« Voyons... une couronne par jour?... dit Kitty.

— Oh! madame...

— Par mois?... dit la fermière.

— Madame Martine...

— Par an, peut-être? répliqua Sim en éclatant de rire. Une couronne par an...

— Enfin que veux-tu, mon garçon? dit Murdock. Je comprends que tu aies l'idée de gagner ta vie, comme nous l'avons tous... Si peu que ce soit qu'on reçoive, cela vous apprend à compter... Que veux-tu?... Un penny... un copper par jour?...

— Non, monsieur Murdock.

— Alors explique-toi donc!

— Eh bien... chaque soir, monsieur Martin, vous me donnerez un caillou...

— Un caillou?... s'écria Sim. Est-ce avec des cailloux que tu amasseras une fortune?...

— Non... mais ça me fera plaisir tout de même, et, plus tard, dans quelques années, quand je serai grand, si vous avez toujours été contents de moi...

— C'est entendu, P'tit-Bonhomme, répondit M. Martin, nous changerons tes cailloux en pence ou en shillings!»

Ce fut à qui complimenterait P'tit-Bonhomme de son excellente idée, et, dès le soir même, Martin Mac Carthy lui remit un caillou qui venait du lit de la Cashen — il y en avait encore des millions de millions. P'tit-Bonhomme le glissa soigneusement dans un vieux pot de grès que Grand'mère lui donna et dont il fit sa tirelire.

« Singulier enfant! » dit Murdock à son père.

Oui, et sa bonne nature n'avait pu être altérée ni par les mauvais traitements de Thornpipe, ni par les mauvais conseils de la ragged-school. La famille, en l'observant de près, à mesure que les semaines s'écoulèrent, dut reconnaître ses qualités naturelles. Il ne manquait même pas de cette gaité qui est le fond du tempérament national, et que l'on retrouve même chez les plus pauvres de la pauvre Irlande. Et, pourtant, il n'était pas de ces gamins qui musent du matin au soir, dont les regards vont de ci de là, distraits par une mouche ou un papillon. On le voyait réfléchi à tout, attentif au pourquoi des choses, interrogeant l'un ou l'autre, aimant à s'instruire. Ses yeux étaient fureteurs. Il ne laissait pas traîner un objet, fût-il de valeur infime. Il ramassait une épingle comme il eût ramassé un shilling. Ses habits, il les soignait, tenant à être propre. Ses ustensiles de toilette, il les rangeait avec soin. L'ordre était inné en lui. Il répondait poliment quand on lui parlait, et n'hésitait pas à insister sur les réponses qui lui étaient posées, quand il ne les avait pas comprises. En même temps, on vit qu'il ferait de rapides progrès en écriture. Le calcul surtout semblait lui être facile, non qu'il y eût en lui l'étoffe de ces Mondeux et de ces Inaudi, qui, après avoir été de petits prodiges, n'ont réussi à rien dans un âge plus avancé ; mais il combinait aisément quelques opérations de tête, là où d'autres enfants auraient certainement dû prendre la plume. Ce que Murdock put constater, non sans en éprouver une réelle surprise, c'est que c'était le raisonnement qui semblait diriger toutes ses actions.

Il convient de noter aussi que, grâce aux leçons de Grand'mère, il montra du zèle à se conformer aux commandements de Dieu, tels que les a formulés la religion catholique, si profondément enracinée au cœur de l'Irlande. Chaque jour, il faisait avec ferveur sa prière du matin et du soir.

L'hiver s'écoulait — un hiver très froid, harcelé de grands vents, plein d'impétueuses rafales déchaînées comme des trombes à travers la vallée de la Cashen. Que de fois, on trembla à la ferme pour les toitures qui risquaient d'être emportées, pour certaines portions de murs en paillis, qui menaçaient ruine ! Quant à demander des réparations au middleman John Eldon, c'eût été inutile. Aussi Martin Mac Carthy et ses enfants en étaient-ils réduits à s'en charger eux-mêmes. En dehors du battage des grains, cela devenait la grosse occupation : ici un chaume à reprendre, là une brèche à boucher, et, en maint endroit, les clôtures à consolider.

Pendant ce temps, les femmes travaillaient diversement, — Grand'mère filant au coin du foyer, Martine et Kitty veillant aux étables et à la basse-cour. P'tit-Bonhomme, sans cesse avec elles, les aidait de son mieux. Il tenait état de tout ce qui regardait le train de la maison. Trop jeune pour soigner les chevaux, il était entré en relation plus intime avec le baudet, une bonne bête, opiniâtre au travail, qu'il avait prise en amitié et qui le lui rendait. Il voulait que son âne fût aussi propre que lui-même, ce qui lui valait les compliments de Martine. Pour les porcs, il est vrai, c'eût été peine perdue, et il dut y renoncer. Quant aux moutons, après les avoir comptés et recomptés, il avait inscrit leur nombre — cent trois — sur un vieux carnet, présent de Kitty. Son goût pour cette comptabilité se développait graduellement, et c'était à croire qu'il avait reçu les leçons de M. O'Bodkins à la ragged-school.

D'ailleurs, cette vocation ne parut-elle pas nettement établie, le jour où Martine alla chercher des œufs conservés pour la saison d'hiver?

La fermière venait d'en prendre une douzaine au hasard, lorsque P'tit-Bonhomme s'écria :

« Pas ceux-là, madame Martine.

— Pas ceux-là?... Et pourquoi?...

— Parce que ce n'est pas dans l'ordre.

— Quel ordre?... Est-ce que ces œufs de poule ne sont pas tous pareils?...

— Bien sûr non, madame Martine. Vous venez de prendre le quarante-huitième, tandis que c'est par le trente-septième qu'il faut commencer... Regardez bien! »

Et Martine regarda. Ne voilà-t-il pas que chaque œuf portait un numéro sur sa coque, un numéro que P'tit-Bonhomme y avait inscrit à l'encre? Puisque la fermière avait besoin de douze œufs, il fallait qu'elle les prît suivant leur numérotage — de trente-sept à quarante-huit, et non de quarante-huit à cinquante-neuf. C'est ce qu'elle fit, après avoir adressé ses félicitations au garçonnet.

Lorsqu'elle raconta la chose au déjeuner, les compliments redoublèrent, et Murdock se prit à dire :

« P'tit-Bonhomme, as-tu au moins compté les poules et les poussins du poulailler?

— Certainement. »

Et tirant son carnet :

« Il y a quarante-trois poules et soixante-neuf poussins ! »

Là-dessus, Sim d'ajouter :

« Tu devrais aussi compter les grains d'avoine que contient chaque sac...

— Ne le plaisantez pas, mes fils ! répliqua Martin Mac Carthy. Cela prouve qu'il a de l'ordre, et l'ordre dans les petites choses, c'est la régularité dans les grandes et dans l'existence.

Puis, s'adressant à l'enfant :

« Et tes cailloux... lui demanda-t-il, les cailloux que je te remets chaque soir...

— Ils sont serrés dans mon pot, monsieur Martin, répondit P'tit-Bonhomme, et j'en ai déjà cinquante-sept. »

En effet, il y avait cinquante-sept jours qu'il était arrivé à la ferme de Kerwan.

« Eh! fit Grand'mère, ça lui ferait déjà cinquante-sept pence à un penny le caillou...

— Hein, P'tit-Bonhomme, reprit Sim, que de gâteaux tu pourrais acheter avec cet argent-là !

— Des gâteaux ?... Non, Sim... De beaux cahiers pour écrire, j'aimerais mieux cela ! »

La fin de l'année approchait. Aux bourrasques du mois de novembre avaient succédé de grands froids. Une épaisse couche de neige durcie recouvrait le sol. C'était un spectacle qui ravissait notre petit garçon, de voir les arbres tout blancs de givre avec leurs pendeloques de glace. Et sur les vitres des fenêtres, l'humidité condensée en cristallisations capricieuses, qui formaient de si jolis dessins !... Et la rivière prise d'un bord à l'autre, avec des glaçons qui s'amassaient pour former une énorme embâcle !... Certes, ils n'étaient pas nouveaux pour lui, ces phénomènes de l'hiver, et il les avait souvent observés, quand il courait à travers les rues de Galway jusqu'au Claddagh. Mais, à cette misérable époque de sa vie, il était à peine vêtu. Il allait pieds nus dans la neige. La bise pénétrait à travers ses loques. Ses yeux pleuraient, ses mains étaient crevassées d'engelures. Et, quand il rentrait à la ragged-school, il n'y avait pas de place pour lui devant le foyer...

Qu'il se sentait heureux à présent! Quel contentement de vivre au milieu de gens qui l'aimaient! Il semblait que leur affection le réchauffait plus encore que les vêtements qui le garantissaient de la bise, la saine nourriture servie sur la table, les belles flammes de fagot pétillant au fond de la cheminée. Et, ce qui lui paraissait meilleur encore, maintenant qu'il commençait à se rendre utile, c'est qu'il sentait de bons cœurs autour de lui. Il était vraiment de la maison. Il avait une grand'mère, une mère, des frères, des parents... Et ce serait parmi eux, sans jamais les quitter, pensait-il, que se passerait son existence... Ce serait là qu'il gagnerait sa vie... Gagner sa vie, comme le lui avait dit un jour Murdock, c'est à cela que sa pensée le ramenait sans cesse.

Quelle joie il ressentit, quand, pour la première fois, il put prendre part à l'une des fêtes qui est peut-être la plus sanctifiée de l'année irlandaise.

On était au 25 décembre, la Noël, le Christmas. P'tit-Bonhomme avait appris à quel événement historique répond la solennité que les chrétiens célèbrent en ce jour. Mais il ignorait que ce fût aussi une intime fête de famille dans le Royaume-Uni. Ce devait donc être une surprise pour lui. Il comprit cependant qu'il se faisait quelques préparatifs dans la matinée. Toutefois, comme Grand'mère, Martine et Kitty semblaient y mettre une complète discrétion, il se garda bien de les interroger.

Ce qui est positif, c'est qu'il fut invité à revêtir ses beaux habits, que Martin Mac Carthy et ses fils, Grand'mère, sa fille et Kitty mirent les leurs dès le matin pour aller en carriole à l'église de Silton, et qu'ils les gardèrent toute la journée. Ce qui est avéré, c'est que le dîner dut être reculé de deux heures, et qu'il faisait presque nuit, lorsque la table fut dressée au milieu de la grande salle avec un luxe de luminaire qui la rendait éblouissante. Ce qui est certain, c'est que de très bonnes choses furent servies à ce repas somptueux, — trois ou quatre plats de plus que d'habitude — avec des brocs d'une bière réjouissante, et un gâteau monstre que Martine et Kitty avaient confectionné d'après une recette dont le secret venait d'une bisaïeule très entendue en science culinaire.

Si l'on mangea gaiement, si l'on but de même, nous le laissons à imaginer. Tous étaient en joie. Murdock lui-même s'abandonnait plus qu'il ne le faisait d'ordinaire. Alors que les autres riaient aux éclats, il souriait, et un sourire de lui, c'était comme un rayon de soleil au milieu des frimas.

Quant à P'tit-Bonhomme, ce qui l'enchanta particulièrement, ce fut un arbre de Noël planté au centre de la table, — un arbre enrubanné, avec des étoiles de lumières, toutes scintillantes entre ses branches.

Et voilà Grand'mère qui lui dit :

« Regarde bien sous les feuilles, mon enfant... Je crois qu'il doit y avoir quelque chose pour toi ! »

P'tit-Bonhomme ne se fit pas prier, et quel bonheur il éprouva, quelle rougeur de plaisir lui monta au visage, lorsqu'il eut « cueilli » un joli couteau irlandais avec sa gaîne rattachée à une ceinture de cuir !

C'était le premier cadeau de nouvelle année qu'il recevait, et combien il fut fier, lorsque Sim l'eut aidé à boucler la ceinture sur sa veste !

« Merci... Grand'mère... merci, tout le monde ! » s'écria-t-il en allant de l'un à l'autre.

AUSSI LA PETITE VILLE EST-ELLE LARGEMENT ÉVENTÉE. (Page 122.)

X

CE QUI S'EST PASSÉ AU DONEGAL

Le moment est venu de mentionner que le fermier Mac Carthy avait eu l'idée de faire quelques recherches relatives à l'état civil de son enfant adoptif. On connaissait son histoire depuis le jour où de charitables habitants de Westport l'avaient arraché aux mauvais traitements du montreur de marionnettes. Mais, antérieurement, quelle avait été l'existence de ce pauvre être? P'tit-Bonhomme, on le sait, conservait une vague idée d'avoir demeuré chez une méchante femme, avec une et même avec deux fillettes, au fond d'un hameau du Donegal. Aussi fut-ce de ce côté que M. Martin dut porter les investigations.

Ces recherches ne donnèrent d'autres renseignements que ceux-ci: à la maison de charité de Donegal, on retrouva la trace d'un enfant de dix-huit mois, recueilli sous le nom de P'tit-Bonhomme, puis envoyé dans un hameau du comté chez une de ces femmes qui font le métier d'éleveuses.

Qu'il nous soit donc permis de compléter ces renseignements par ceux que nous a révélés une enquête plus approfondie. Ce ne sera, d'ailleurs, que la commune histoire de ces petits misérables abandonnés à la merci de l'assistance publique.

Le Donegal, avec sa population de deux cent mille âmes, est peut-être le plus indigent des comtés de la province d'Ulster, et même de toute l'Irlande. Il y a quelques années, on y trouvait à peine deux matelas et huit paillasses par quatre mille habitants. Sur ces arides territoires du Nord, ce ne sont pas les bras qui manquent à la culture, c'est le sol cultivable. Le plus opiniâtre des travailleurs s'y épuise en vain. A l'intérieur, on ne voit que ravins stériles, gorges ingrates, terrains tourmentés, noyaux pierreux, dunes sablonneuses, tourbières béantes comme des écorchures malsaines, landes marécageuses, chevauchées de montagnes, les Glendowan, les Derryveagh, en un mot, un « pays rompu », disent les Anglais. Sur le littoral, baies et fiords, anses et criques, dessinent autant d'entonnoirs caverneux où s'engouffrent les vents du large, gigantesque orgue granitique que l'Océan remplit à pleins poumons de ses tempêtes. Le Donegal est au premier rang des régions offertes à l'assaut des tourmentes venues d'Amérique, gonflées sur un parcours de trois mille milles, du cortège des bourrasques qu'elles attirent à leur passage. Il ne faut pas moins qu'une côte de fer pour résister à ces formidables galernes du nord-ouest.

Et, précisément, la baie de Donegal sur laquelle s'ouvre le port de pêche de ce nom, découpée en mâchoire de requin, doit aspirer ces courants atmosphériques, saturés de l'embrun des lames. Aussi, la petite ville, située au fond, est-elle largement éventée en toute saison. Ce n'est pas son écran de collines qui peut arrêter les ouragans du large. Ils n'ont donc rien perdu de leur véhémence, quand ils attaquent le hameau de Rindok, à sept milles au delà de Donegal.

Un hameau?... Non. Neuf à dix huttes éparses aux abords d'une étroite gorge, ravinée par un cours d'eau, simple filet l'été, gros torrent l'hiver. De Donegal à Rindok, nul chemin tracé. Quelques sentes seulement à peine praticables aux charrettes du pays, attelées de ces chevaux irlandais, prudents d'allure, sûrs de pied, et parfois à des « jaunting-cars ». Si divers railways desservent déjà l'Irlande, le jour semble assez éloigné où leurs trains parcourront régulièrement les comtés de l'Ulster. A quoi bon, d'ailleurs? Les bourgades et les villages sont rares. Les étapes du voyageur aboutissent plutôt à des fermes qu'à des paroisses.

Cependant çà et là apparaissent quelques châteaux, environnés de verdure, qui charment le regard par leur fantaisiste ornementation d'architecture anglo-saxonne. Entre autres, plus au nord-ouest, du côté de Milford, se dresse l'habitation seigneuriale de Carrikhart, au milieu d'un vaste domaine de quatre-vingt-dix mille acres, propriété du comte de Leitrim.

Les cabanes ou huttes du hameau de Rindok, — ce qu'on appelle vulgairement des « cabins » — n'ont de la chaumière que le chaume, toiture insuffisante contre les pluies hivernales, égayée par la capricieuse floraison des giroflées et des joubarbes. Ce chaume recouvre une hutte en boue séchée, renforcée d'un mauvais cailloutis, étoilée de lézardes, qui ne vaut point l'ajoupa des sauvages ou l'isba des Kamtchadales. C'est moins que la bicoque, moins que la masure. On n'imaginerait même pas que pareil taudis pût servir de logement à des créatures humaines, n'était le filet de fumée qui s'échappe du faîte émaillé de fleurs. Ce ne sont ni le bois, ni la houille qui produisent cette fumée, c'est la tourbe, extraite du marais voisin, « le bog » à teintes roussâtres, aux flaques d'eau sombre, tout enverdi de bruyères, et dans lequel les pauvres gens de Rindok taillent à même leurs morceaux de combustible [1].

On ne risque donc pas de mourir de froid au sein de ces âpres comtés, mais on risque d'y mourir de faim. A peine le sol fait-il l'aumône de quelques légumes et de quelques fruits. Tout y languit, à l'exception de la pomme de terre.

A ce légume, que peut ajouter le paysan du Donegal? Parfois, l'oie et le canard, plutôt sauvages que domestiques. Quant au gibier, lièvres et grouses, il n'appartient qu'au landlord. Il y a aussi, éparses à travers les ravins, quelques chèvres, donnant un peu de lait, puis des cochons aux soies noires, qui trouvent à s'engraisser en fouillant de leur grouin les maigres détritus. Le cochon est le

---

1. Les tourbières en Irlande, bogs rouges ou bogs noirs, occupent plus de douze mille kilomètres carrés, soit le septième de l'île, et, sur une épaisseur moyenne de huit mètres, comprennent quatre-vingt-seize millions de mètres cubes.

véritable ami, le familier de la maison, comme l'est le chien en de moins misérables pays. C'est le « gentleman qui paie la rente », suivant la juste expression recueillie par Mlle de Bovet.

Voici ce qu'était à l'intérieur l'une des plus lamentables huttes de ce hameau de Rindok : une chambre unique, close d'une porte vermoulue à vantaux déjetés ; deux trous, à droite et à gauche, laissant filtrer le jour à travers une cloison de paille sèche, et l'air aussi ; sur le sol, un tapis de boue ; aux chevrons, des pendeloques de toiles d'araignée ; un âtre au fond, avec cheminée montant jusqu'au chaume ; un grabat dans un coin, une litière dans l'autre. En fait de meubles, un escabeau boiteux, une table estropiée, un baquet zébré de moisissures verdâtres, un rouet à manivelle criarde. Comme ustensiles, une marmite, un poêlon, quelques écuelles, jamais lavées, essuyées à peine, sans compter deux ou trois bouteilles que l'on remplissait au ruisseau, après les avoir vidées du wiskey ou du gin qu'elles contenaient. Çà et là, pendues ou traînant, des loques, des guenilles, n'ayant plus forme de vêtements, des linges sordides trempant dans le baquet ou séchant au bout d'une perche au dehors. Sur la table, en permanence, un faisceau de verges, effilochées par l'usage.

C'était la misère dans toute son abomination, — la misère telle qu'elle s'étale et croupit au milieu des pauvres quartiers de Dublin ou de Londres, à Clerkenwell, à Saint-Giles, à Marylebone, à Whitechapel, la misère irlandaise, la plus épouvantable de toutes, renfermée dans ces ghettos au fond de l'East-End de la capitale ! Il est vrai, l'air n'est pas empesté entre ces gorges du Donegal ; on y respire la vivifiante atmosphère exhalée des montagnes ; les poumons ne s'y empoisonnent pas de miasmes délétères, sueur morbide des grandes cités.

Il va sans dire que, dans ce bouge, le grabat était réservé à la Hard, et la litière aux enfants, — les verges aussi.

La Hard! oui, c'est ainsi qu'on la désignait, la « dure », et elle méritait ce nom. C'était bien la plus odieuse mégère que l'on pût imaginer, quarante à cinquante ans d'âge, longue, grande, maigre tignasse ébouriffée de harpie, yeux bridés sous la broussaille rousse des sourcils, dents en crocs, nez en bec, mains décharnées et osseuses, plutôt des pattes que des mains, avec des doigts en griffes, haleine saturée d'émanations alcooliques, vêtue d'une chemise rapiéciée et d'une jupe en lambeaux, les pieds nus et d'un cuir si épais qu'ils ne s'écorchaient point aux cailloux.

Le métier de ce dragon femelle était de filer le lin, ainsi qu'on le fait d'ordinaire dans les villages de l'Irlande, et plus spécialement chez les paysannes de l'Ulster. Cette culture linière est assez fructueuse, bien qu'elle n'arrive pas à compenser ce qu'un meilleur sol devrait produire en céréales.

Mais, à ce travail qui lui rapportait quelques pence par jour, la Hard adjoignait d'autres fonctions qu'elle était inapte à remplir. Elle faisait métier d'élever les enfants en bas âge que lui confiait le « baby-farming. »

Lorsque la maison de charité des villes est trop pleine, ou quand la santé des petits malheureux exige l'air de la campagne, on les envoie à ces matrones, qui vendent des soins maternels comme elles vendraient n'importe quelle marchandise, au prix annuel de deux ou trois livres. Puis, dès que l'enfant atteint l'âge de cinq ou six ans, il est rendu à la maison de charité. D'ailleurs, l'affermeuse ne peut guère gagner sur lui, tant la somme allouée pour son entretien est infime. Aussi, par malheur, quand le baby tombe entre les mains d'une créature sans entrailles — et le cas n'est que trop fréquent — n'est-il pas rare qu'il succombe à d'odieux traitements et au manque de nourriture. Et combien de ces larves humaines ne rentrent pas à la maison de charité!... C'était ainsi, du moins, avant la loi de 1889, loi de protection de l'enfance, qui, grâce à de sévères inspections chez les exploiteuses du « baby-farming », a notablement diminué la mortalité des enfants élevés hors des villes.

Observons qu'à cette époque, la surveillance ne s'exerçait que peu ou pas. Au hameau de Rindok, la Hard n'avait à redouter ni la visite d'un inspecteur, ni même la plainte de ses voisins, endurcis dans leur propre misère.

Trois enfants lui avaient été confiés par la maison de charité de Donegal, deux petites filles de quatre et six ans et demi, et un petit garçon de deux ans et neuf mois.

Des enfants abandonnés, cela va sans dire, peut-être même des orphelins recueillis sur la voie publique. Dans tous les cas, on ne connaissait point leurs parents, on ne les connaîtrait jamais sans doute. S'ils revenaient à Donegal, c'était le travail au work-house qui les attendait, lorsqu'ils auraient l'âge, — ce work-house, dont sont pourvus non seulement les villes, mais les bourgades et parfois les villages de la Grande-Bretagne.

Quel était le nom de ces enfants, ou plutôt lequel leur avait-on donné à la maison de charité? Le premier venu. Du reste, peu importe le nom de la plus petite des deux fillettes, car elle va bientôt mourir. Quant à la plus grande, elle s'appelait Sissy, abréviation de Cécily. Jolie enfant, aux cheveux blonds, qu'un peu de soins eût rendus doux et soyeux, grands yeux bleus, intelligents et bons, dont la limpidité était déjà altérée par les larmes; mais les traits hâves et tirés, le teint décoloré, les membres amaigris, la poitrine creuse, les côtes saillant sous ses haillons comme celles d'un écorché. Voilà à quel état l'avaient réduite les mauvais traitements! Et cependant, douée d'une nature patiente et résignée, elle acceptait la vie qu'on lui faisait sans se figurer « que cela eût pu être autrement ». Et où aurait-elle appris qu'il y a des enfants choyés de leur mère, entourés d'attentions, enveloppés de caresses, auxquels ne manquent ni les baisers, ni les bons vêtements, ni la bonne nourriture? Ce n'était pas dans la maison de charité, où ses pareilles n'étaient pas mieux traitées que des petits d'animaux.

Si l'on demande le nom du garçon, la réponse sera qu'il n'en a même pas. Il avait été trouvé au coin d'une rue de Donegal, à l'âge de six mois, enroulé d'un morceau de grosse toile, la figure bleuie, n'ayant plus que le souffle. Transporté à l'hospice, on l'avait mis avec les autres bébés, et personne ne s'était occupé de lui donner un nom. Que voulez-vous, un oubli! D'habitude, on l'appelait « Little-Boy »,

P'tit-Bonhomme, et, nous l'avons vu, c'est ce qualificatif qui lui est resté.

Il était très probable, d'ailleurs, quoique Grip d'une part, miss Anna Waston de l'autre, dussent penser de lui, qu'il n'appartenait point à une famille riche, à laquelle on l'aurait volé. C'est bon pour les romans, cela !

Des trois produits de cette portée, — n'est-ce pas le mot? — remise à la garde de la mégère, P'tit-Bonhomme était le plus jeune, — deux ans et neuf mois seulement, — brun, avec des yeux brillants qui promettaient d'être énergiques un jour, si la mort ne les fermait pas prématurément, une constitution qui deviendrait robuste, si l'air méphitique de ce taudis, l'insuffisance de nourriture, ne frappaient pas son développement d'un rachitisme précoce. Toutefois, ce qu'il convient d'observer, c'est que ce petit, possédant une grande force de résistance vitale, devait opposer une endurance peu ordinaire à tant de causes de dépérissement. Toujours affamé, il ne pesait que la moitié de ce qu'il aurait dû peser à son âge. Toujours grelottant durant les longs hivers de l'Irlande, il ne portait, par-dessus sa chemise en lambeaux, qu'un vieux morceau de velours à côtes, auquel on avait fait deux trous pour ses bras. Mais ses pieds nus s'appuyaient carrément sur le sol, et il était solide des jambes. Les soins les plus élémentaires eussent vite donné sa valeur à cette délicate machine humaine, qui l'eût rendue plus tard en intelligence et en travail. Ces soins, il est vrai, à moins d'un concours inespéré de circonstances, où les aurait-il trouvés, et de quelle main pouvait-il les attendre ?...

Un seul mot sur la plus jeune des fillettes. Une fièvre lente la consumait. La vie se retirait d'elle comme l'eau d'un vase fêlé. Il lui eût fallu des remèdes, et les remèdes sont coûteux. Il lui eût fallu un médecin, et un médecin viendrait-il de Donegal pour une pauvre marmotte, née on ne sait où dans ce lamentable pays des enfants abandonnés? Aussi la Hard ne pensait-elle pas qu'il y eût lieu de se déranger. Cette petite, une fois morte, la maison de charité lui en fournirait une autre, et elle ne perdrait rien des quelques shillings qu'elle s'essayait à gagner sur ces enfants.

La Hard! ainsi qu'on la désignait. (Page 124.)

Il est vrai, puisque le gin, le wiskey, le porter, ne coulent pas dans le lit des ruisseaux de Rindok, il s'ensuit que la satisfaction de ses penchants d'ivrognesse absorbait le plus clair de l'allocation versée entre ses mains. Et, en ce moment, des cinquante shillings reçus en janvier par tête d'enfant pour l'année entière, il n'en restait que dix à douze. Que ferait la Hard pour subvenir aux besoins de ses pensionnaires? Si elle ne risquait pas de mourir de soif, étant donné un certain

Saisissant un bâton, elle frappa à tour de bras. (Page 132.)

nombre de bouteilles cachées au fond d'une encoignure du cabin, les petits mourraient d'inanition.

Telle était la situation, et c'est à cela que réfléchissait la Hard. autant du moins que le permettait son cerveau noyé d'alcoolisme. Demander un supplément d'allocation à la maison de charité ?... Inutile. On refuserait. Il y avait d'autres enfants, nombreux et sans famille, auxquels l'assistance publique suffisait à peine. Serait-elle donc forcée de rendre les siens?... Alors elle y perdait son gagne-pain — il serait plus juste de dire son « gagne-gin ». C'est bien là ce qui lui saignait le cœur, et non la pensée que cette pauvre nichée n'avait pas mangé depuis la veille.

Résultat de ces réflexions, la Hard se remettait à boire. Et, comme les deux fillettes et le petit garçon ne parvenaient pas à retenir leurs gémissements, elle les frappait. A une demande de pain, elle répondait par une poussée violente qui renversait la victime; à une supplication, elle ripostait par des coups. Cela ne pouvait durer. Les quelques shillings qui sautillaient au fond de sa poche, il faudrait les dépenser afin d'acheter si peu que ce fût de nourriture, car on ne lui aurait fait crédit nulle part...

« Non... non!... non!... répétait-elle. Qu'ils crèvent plutôt, les gueux! »

On était au mois d'octobre. Il faisait froid à l'intérieur de cette masure à peine close, criblée de pluie à travers son toit chauve par places comme la tête d'un vieillard. Le vent aboyait entre les ais disjoints de la charpente. Ce n'était pas le maigre feu de tourbe qui aurait pu maintenir une température supportable. Sissy et P'tit-Bonhomme se serraient étroitement l'un contre l'autre, sans parvenir à se réchauffer.

Tandis que la petite malade suait la fièvre sur la bottée de paille, la mégère allait de ci de là d'un pas mal assuré, se raccrochant aux murs, évitée du petit garçon qu'elle eût envoyé rouler en quelque coin. Sissy venait de s'agenouiller près de la malade, dont elle humectait les lèvres d'eau froide. De temps en temps, elle regardait l'âtre où les tourbes menaçaient de s'éteindre. La marmite n'était pas sur le trépied, et d'ailleurs il n'y aurait rien eu à mettre dedans.

La Hard grommelait à part:

« Cinquante shillings!... Nourrissez donc un enfant avec cinquante shillings!... Et si je leur demandais un supplément à ces sans cœur de la maison de charité, ils m'enverraient au diable! »

C'était probable, c'était même certain, et lui eût-on accordé ce supplément, que les trois pauvres êtres n'en auraient pas obtenu un morceau de plus.

La veille, on avait achevé ce qui restait du « stirabout », grossière bouillie de farine d'avoine, cuite à l'eau comme les grous de la Bretagne, et, depuis, personne n'avait mangé dans la hutte — pas plus la Hard que les enfants. Elle se soutenait de gin et entendait bien ne point dépenser en nourriture un seul penny de ce qu'elle avait en réserve. Elle en serait donc réduite à ramasser au coin de la route quelques pelures de pommes de terre pour le souper...

En ce moment, des grognements retentirent au dehors. La porte fut repoussée. Un cochon, qui errait à travers les rues boueuses, pénétra dans le cabin.

Cette bête affamée se mit à fureter dans les coins, reniflant à grands coups. La Hard, après avoir refermé la porte, ne chercha même pas à le chasser. Elle regardait l'animal de cet œil de l'ivrogne qui ne se fixe nulle part.

Sissy et P'tit-Bonhomme se relevèrent afin de se garer du pourceau. Tandis que l'animal fouillait du groin les ordures du sol, son instinct lui fit découvrir derrière le foyer éteint, sous la tourbe grisâtre, une grosse pomme de terre qui avait roulé en cet endroit. Il s'en empara, et, après un nouveau grognement, il la saisit entre ses mâchoires.

P'tit-Bonhomme l'aperçut. Cette grosse pomme, il la lui fallait. D'un bond s'élançant sur le porc, il la lui arracha au risque de se faire piétiner et mordre. Alors, appelant Sissy, elle et lui la dévorèrent à belles dents.

L'animal était demeuré immobile ; puis, la rage le prenant, il bondit sur l'enfant.

P'tit-Bonhomme essaya de s'enfuir avec le morceau de pomme de terre qu'il tenait à la main ; mais sans l'intervention de la Hard, ayant été renversé par l'animal, il n'aurait pas échappé à de cruelles morsures, bien que Sissy fût venue à son secours.

L'ivrognesse hébêtée, qui regardait, parut comprendre enfin.

Saisissant un bâton, elle frappa à tour de bras le pourceau qui semblait décidé à ne pas lâcher prise. Ces coups mal assurés risquaient de briser la tête de P'tit-Bonhomme, et on ne sait trop comment cette scène aurait fini, lorsqu'un léger bruit se produisit à la porte.

XI

PRIME A GAGNER.

La Hard resta interdite. Jamais on ne cherchait à entrer dans son taudis. Personne ne devait avoir cette pensée. D'ailleurs, pourquoi frapper? Il n'y avait qu'à lever le loquet.

Les enfants s'étaient réfugiés dans un coin, où ils achevaient de dévorer la pomme de terre, gloutonnement, les joues grossies par des bouchées énormes.

On frappa de nouveau, un peu plus fort. Ce coup n'indiquait point le visiteur impérieux ou pressé qui s'impatiente. Était-ce un misérable, un mendiant de grande route, venant demander la charité?... La charité dans ce bouge!... Et, cependant, il semblait que c'était là un coup de pauvre.

La Hard se redressa, s'affermit sur ses jambes, fit un geste de menace aux enfants. Il se pouvait que ce fût un inspecteur de Donegal, et il ne fallait pas que P'tit-Bonhomme et sa compagne allassent crier la faim.

La porte s'ouvrit, et le pourceau s'esquiva en jetant un grognement féroce.

Un homme, arrêté sur le seuil, faillit être renversé. Il se remit d'aplomb, et, au lieu de se fâcher, parut plutôt disposé à demander excuse de son importunité. Son salut eut l'air de s'adresser autant à l'immonde animal qu'à la non moins immonde matrone du cabin. Et, en vérité, pourquoi aurait-il été surpris de voir un cochon sortir de cette soue ?

« Que voulez-vous... et qui êtes-vous ? demanda brusquement la Hard, en barrant l'entrée.

— Je suis un agent, bonne dame, » répondit l'homme.

Un agent ?... Ce mot la fit reculer. Cet agent appartenait-il au baby-farming, bien que les visites fussent si rares que jamais un inspecteur ne s'était encore montré au hameau de Rindok ? Venait-il de la maison de charité de Donegal pour un rapport sur les enfants envoyés à la campagne ? Quoi qu'il en soit, dès qu'il eut pénétré dans le taudis, la Hard se mit à l'étourdir de sa volubilité.

« Excuse, monsieur, excuse !... Vous arrivez quand je suis en train de nettoyer... Ces chers petits, voyez comme ils se portent !... Ils viennent d'avaler leur bonne pinte de soupe au gruau... La fillette et le garçon, s'entend... car l'autre est malade... oui... une fièvre qu'on ne peut pas arrêter... J'allais partir pour Donegal chercher un médecin... Pauvres cœurs, je les aime tant ! »

Et, avec sa physionomie sauvage, son œil farouche, la Hard avait l'air d'une tigresse qui s'efforcerait de se faire chatte.

« Monsieur l'inspecteur, reprit-elle, si la maison de charité m'accordait quelque argent afin d'acheter des remèdes... Nous n'avons que juste pour la nourriture...

— Je ne suis point un inspecteur, bonne dame, répondit l'homme d'un ton doucereux.

— Qui êtes-vous donc ?... demanda-t-elle assez durement.

— Un agent d'assurances. »

C'était un de ces courtiers qui fourmillent à travers les campagnes irlandaises comme les chardons sur les mauvaises terres. Ils courent les villages cherchant à assurer la vie des enfants, et, dans ces conditions, autant dire que c'est leur assurer la mort. Pour quelques pence à payer par mois, des père ou mère — cela est horrible à penser ! — des parents ou tuteurs, d'abominables créatures du genre de la Hard, ont la certitude de toucher une prime de trois ou quatre livres au décès de ces petits êtres. C'est donc là un encouragement au crime, et un mobile si puissant que, par l'accroissement dans une énorme proportion de la mortalité infantile, il a pu devenir un danger national. Aussi, ces abominables officines qui les produisent, M. Day, président des Assises du Wiltshire, a-t-il pu justement les traiter de fléaux, d'écoles d'ignominie et d'assassinat.

Depuis lors, il est vrai, une notable amélioration du système a été produite par la loi de 1889, et l'on ne s'étonnera pas que la création de la « Société Nationale pour la répression des actes de cruauté envers les enfants » donne actuellement quelques bons résultats.

Et qui ne sera surpris, qui ne s'affligera, qui ne rougira de ce que, vers la fin du XIXe siècle, une telle loi ait été nécessaire chez une nation civilisée, une loi qui oblige les parents à « nourrir les êtres dont ils ont la charge, qui, alors même qu'ils n'en sont que les tuteurs ou les gardiens, les astreint à se conformer aux obligations envers les mineurs vivant sous leur toit » — et cela sous des peines dont le maximum peut s'élever jusqu'à deux ans de travaux forcés ?

Oui ! une loi, là où les seuls instincts naturels auraient toujours dû suffire !

Mais, à l'époque où débute cette histoire, la protection ne s'exerçait pas au profit des enfants confiés par les maisons de charité à des affermeuses de la campagne.

L'agent qui venait de se présenter chez la Hard était un homme de quarante-cinq à cinquante ans, l'air en dessous, la mine hypocrite, les manières persuasives, la parole insinuante. Type de courtier qui ne songe qu'au courtage, et auquel tous les moyens sont bons pour l'obtenir. Amadouer cette mégère, affecter de ne rien voir de l'état honteux dans lequel croupissaient ses victimes, la féliciter, au contraire, de l'affection qu'elle leur témoignait, c'est par ces procédés qu'il comptait « enlever l'affaire ».

« Bonne dame, reprit-il, si ce n'est pas trop vous déranger, vous conviendrait-il de sortir un instant ?...

— Vous avez à me parler ? demanda la Hard, toujours soupçonneuse.

— Oui, bonne dame, j'ai à vous parler de ces jeunes enfants... et je me reprocherais de traiter devant eux un sujet... qui pourrait leur causer de la peine... »

Tous deux étant sortis s'éloignèrent de quelques pas, après avoir refermé la porte.

« Nous disons, bonne dame, reprit l'agent d'assurances, que vous avez trois enfants..

— Oui.

— A vous ?...

— Non.

— Êtes-vous leur parente ?...

— Non.

— Alors... ils vous ont été envoyés par la maison de charité de Donegal ?...

— Oui.

— A mon avis, bonne dame, ils ne pouvaient être placés en de meilleures mains... Et pourtant, malgré les soins les plus assidus, il arrive quelquefois que ces petits êtres tombent malades... C'est si fragile la vie d'un enfant, et j'ai cru voir que l'une de vos fillettes...

— Je fais ce que je peux, monsieur, répondit la Hard, qui parvint à tirer une larme de ses yeux de louve. Je veille nuit et jour sur ces enfants... Je me prive souvent de nourriture afin qu'ils ne manquent de rien... Ce que la maison de charité nous donne pour leur entretien est si peu de chose... A peine trois livres, monsieur... trois livres par an...

— En effet, c'est insuffisant, bonne dame, et il faut un véritable dévouement de votre part pour subvenir aux besoins de ces chères créatures... Nous disons que vous avez actuellement deux fillettes et un garçonnet?...

« Nous disons, bonne dame, que vous avez trois enfants. » (Page 135.)

— Oui.

— Des orphelins, sans doute?...

— C'est probable.

— L'habitude que j'ai de rendre visite aux enfants me permet d'estimer à quatre et six ans l'âge des deux petites filles, et à deux ans et demi celui du garçon...

— Pourquoi toutes ces questions?

« Vions... vions!... dit-il une dernière fois. » (Page 143.)

— Pourquoi?... Bonne dame, vous allez le savoir. »
La Hard lui jeta un regard louche.
« Certainement, reprit-il, l'air est pur dans ce comté de Donegal... Les conditions hygiéniques y sont excellentes..... Et pourtant, ces babys sont si frêles que, malgré vos bonnes tendresses, il pourrait vous arriver, — pardonnez-moi de déchirer votre cœur, — il pourrait vous arriver de perdre l'un ou l'autre de ces petits... Vous devriez les assurer...

— Les assurer ?...

— Oui, bonne dame, les assurer... à votre profit...

— A mon profit ! s'écria la Hard dont le regard s'anima de convoitise.

— Vous le comprendrez sans peine... En payant à ma Compagnie quelques pence par mois, vous toucheriez une prime de deux à trois livres, s'ils venaient à mourir...

— Deux à trois livres !... » répéta la Hard.

Et l'agent put se dire que sa proposition avait chance d'être agréée.

« Cela se fait généralement, bonne dame, reprit-il d'un ton mielleux. Nous avons déjà plusieurs centaines d'enfants assurés dans les fermes du Donegal, et, si rien ne peut consoler de la mort d'un pauvre être qu'on a entouré de dévouement, c'est toujours du moins... une... compensation, oh ! bien légère, je l'avoue !... de toucher quelques guinées en bon or d'Angleterre que notre Compagnie est heureuse d'offrir... »

La Hard saisit la main du courtier.

« Et on touche... sans difficultés ?... demanda-t-elle d'une voix rauque, en regardant autour d'elle.

— Sans difficultés, bonne dame. Dès que le médecin a constaté la mort de l'enfant, il n'y a plus qu'à passer chez le représentant de la Compagnie à Donegal. »

Puis, tirant un papier de sa poche :

« J'ai des polices toutes préparées, dit-il, et si vous consentiez à mettre votre signature au bas, vous seriez moins inquiète de l'avenir. Et j'ajoute, en cas que l'un de vos enfants viendrait à mourir — hélas ! cela ne se voit que trop ! — la prime pourrait vous aider à l'entretien des autres... C'est vraiment si peu, ce que donne la maison de charité... »

— Et cela me coûterait ?... demanda la Hard.

— Trois pence par mois et par enfant, soit neuf pence...

— Vous assureriez même la petite ?...

— Certainement, bonne dame, et quoiqu'elle m'ait paru bien malade! Si vos soins ne parvenaient pas à la sauver, ce serait deux livres — vous entendez, deux livres!... Et remarquez-le, ce que fait notre Compagnie, dont l'œuvre est si morale, c'est pour le bien des chers babys... Nous avons intérêt à ce qu'ils vivent, puisque leur existence nous rapporte!... Nous sommes désolés, lorsque l'un d'eux succombe! »

Non! Ils n'étaient point désolés, ces honnêtes assureurs, du moment que la mortalité ne dépassait pas une certaine moyenne. Et en offrant de prendre la petite mourante, l'agent avait la certitude de conclure une bonne affaire, ainsi que le démontre cette réponse d'un directeur qui s'y connaissait :

« Au lendemain de l'enterrement d'un enfant assuré, nous contractons plus d'assurances que jamais! »

C'était la vérité, comme il était également vrai que quelques misérables ne reculaient pas devant un crime pour toucher la prime, — infime minorité, hâtons-nous de le dire.

La conclusion est que ces Compagnies et leur clientèle doivent être surveillées de très près. Mais, au fond d'un pareil hameau, on était en dehors de tout contrôle. Aussi l'agent n'avait-il pas craint d'entrer en relation avec cette odieuse Hard, bien qu'il ne pût douter de quels actes elle était capable.

« Allons, bonne dame, reprit-il d'un ton encore plus insinuant, ne comprenez-vous pas votre intérêt?... »

Cependant elle hésitait à donner les neuf pence, même avec la perspective de toucher bientôt la prime de la petite morte.

« Et cela coûterait?... redemanda-t-elle, comme si elle eût espéré une réduction.

— Trois pence par mois et par enfant, je vous le répète, soit neuf pence.

— Neuf pence! »

Elle voulut marchander.

« C'est inutile, répliqua l'agent. Songez, bonne dame, que, malgré vos soins, cette enfant peut mourir demain... aujourd'hui... et que la

Compagnie aura deux livres à vous payer... Voyons... signez... croyez-moi... signez... »

Il avait sur lui plume et encre. Une signature au bas de la police, c'était réglé.

Cette signature fut mise, et, sur les dix shillings enfouis au fond de sa poche, la Hard tira neuf pence qu'elle versa entre les mains du courtier.

Puis, au moment de prendre congé, tout confit en mines hypocrites, celui-ci ajouta :

« Maintenant, bonne dame, bien que je n'aie pas besoin de vous recommander ces chers enfants, je le fais cependant au nom de notre Compagnie qui est leur Providence. Nous sommes les représentants de Dieu sur la terre, Dieu qui rend au centuple l'aumône faite aux malheureux... Bonjour, bonne dame, bonjour !... Le mois prochain, je reviendrai toucher la petite somme, et j'espère trouver vos trois pensionnaires en parfaite santé, — même cette fillette que votre dévouement finira par guérir. N'oubliez pas que, dans notre vieille Angleterre, la vie humaine a une grande valeur, et que chaque mort est une perte subie par le capital social... Au revoir, bonne dame, au revoir ! »

En effet, dans le Royaume-Uni, on sait exactement ce que vaut une existence anglaise : c'est à cent cinquante-cinq livres — soit trois mille huit cent soixante-quinze francs, — qu'est estimé tout juste ce type où se mélange le sang des Saxons, des Normands, des Cambriens et des Pictes.

La Hard, immobile, laissa l'agent s'éloigner du cabin, dont les enfants n'avaient pas osé sortir. Jusqu'alors, elle ne considérait que les quelques guinées que lui valait chaque année de leur existence, et voilà que leur mort allait lui en rapporter autant ! Ces neuf pence, payés une première fois, ne dépendait-il pas d'elle de ne pas les payer une seconde fois ?

Aussi, en rentrant, quel regard la Hard jeta sur ces malheureux, le regard d'un épervier à l'oiseau blotti sous les herbes. Il semblait que P'tit-Bonhomme et Sissy l'eussent compris. Par instinct, ils reculèrent, comme si les mains de ce monstre fussent prêtes à les étrangler.

Toutefois, il convenait d'agir avec prudence. Trois enfants morts, il y aurait eu de quoi éveiller les soupçons. Des huit ou neuf shillings qui restaient, la Hard en emploierait une petite part à les nourrir pendant quelque temps. Trois ou quatre semaines encore... oh! pas davantage... L'agent, quand il reviendrait, recevrait les neuf pence, et la prime d'assurances paierait dix fois ces frais indispensables. Elle ne songeait plus maintenant à rendre les enfants à la maison de charité.

Cinq jours après la visite de l'agent, la petite fille mourut, sans qu'un médecin eût été appelé près d'elle.

C'était dans la matinée du 6 octobre. La Hard, étant allée boire au dehors, avait abandonné les enfants dans son taudis, dont elle avait eu soin de refermer la porte.

La malade râlait. Un peu d'eau pour humecter ses lèvres, on ne pouvait lui donner autre chose. Des remèdes, il eût fallu les aller chercher à Donegal et les payer... La Hard avait un meilleur emploi de son temps et de son argent. La petite victime n'avait plus la force de remuer. Elle grelottait au milieu des sueurs de la fièvre qui trempaient sa litière. Ses yeux se tenaient grands ouverts pour voir une dernière fois, et il semblait qu'elle se dît :

« Pourquoi suis-je née... pourquoi?... »

Sissy, accroupie, lui baignait doucement les tempes.

P'tit-Bonhomme, dans un coin, regardait, comme il eût regardé une cage qui va s'ouvrir et laisser s'échapper un oiseau...

A un gémissement plus plaintif, qui contracta la bouche de l'enfant :

« Est-ce qu'elle va mourir? demanda-t-il, sans peut-être se rendre compte de ce mot.

— Oui... répondit Sissy, et elle ira au ciel!

— On ne peut donc pas aller au ciel sans mourir?...

— Non... on ne peut pas! »

Quelques instants après, un mouvement convulsif agita cette frêle créature dont la vie ne tenait plus qu'à un souffle. Ses yeux se tournèrent, et son âme d'enfant s'exhala dans un dernier soupir.

Sissy tomba à genoux, effarée. P'tit-Bonhomme, imitant sa compagne, s'agenouilla devant ce corps chétif qui ne remuait plus.

Lorsque la Hard rentra, une heure plus tard, elle se mit à jeter des cris. Puis, ressortant :

« Morte... morte ! » hurla-t-elle en parcourant le hameau qu'elle voulait prendre à témoin de sa douleur.

A peine quelques voisins firent-ils mine de s'en apercevoir. Que leur importait, à ces misérables, qu'il y eût un malheureux de moins ! N'y en avait-il pas assez d'autres sur la terre ?... Et il en pousserait encore !... Ce n'est pas cette graine-là qui manquera jamais !

En jouant ce rôle, la Hard ne songeait qu'à ses intérêts, entendait ne pas compromettre sa prime.

Et, d'abord, il fallait courir à Donegal réclamer l'assistance du médecin de la Compagnie. Si on ne l'avait pas appelé pour soigner l'enfant, on lui demanderait de venir constater son décès. Formalité indispensable au paiement de l'assurance.

La Hard partit donc le jour même, confiant la petite morte à la garde des deux enfants. Elle quitta Rindok vers deux heures de l'après-midi, et, comme il y avait six milles pour aller et six milles pour revenir, elle ne serait pas de retour avant huit ou neuf heures du soir.

Sissy et P'tit-Bonhomme restèrent dans le cabin, où ils avaient été enfermés. Le garçon, immobile près de l'âtre, osait à peine bouger. Sissy donnait à la fillette plus de soins que la pauvre enfant n'en avait peut-être jamais reçu en toute sa vie. Elle lui lava la figure, elle lui arrangea les cheveux, elle lui enleva sa chemise en loques et la remplaça par une serviette qui séchait à un clou. Ce petit cadavre n'aurait pas d'autre suaire, comme il n'aurait pour tombeau que le trou dans lequel on le jetterait...

Cette besogne achevée, Sissy embrassa la fillette sur les joues. P'tit-Bonhomme voulut en faire autant... Il fut saisi d'épouvante.

« Viens... viens!... dit-il à Sissy.
— Où?...
— Dehors!... Viens... viens! »

Sissy refusa. Elle ne voulait pas abandonner ce corps dans la hutte. D'ailleurs la porte était fermée.

« Viens... viens! répéta l'enfant.
— Non... non!... Il faut rester!..
— Elle est toute froide... et moi aussi... j'ai froid... j'ai froid!... Viens, Sissy, viens. Elle voudrait nous emmener avec elle... là-bas... où elle est... »

L'enfant était pris de terreur... Il avait le sentiment qu'il mourrait aussi, s'il ne s'ensauvait pas... Le soir commençait à tomber...

Sissy alluma un bout de chandelle, fiché dans la fente d'un morceau de bois, et le plaça près de la litière.

P'tit-Bonhomme se sentit plus effrayé encore, lorsque cette lumière fit tremblotter les objets autour de lui. Il aimait bien Sissy... il l'aimait comme une sœur aînée... Les uniques caresses qu'il eût jamais goûtées lui étaient venues d'elle... Mais il ne pouvait pas rester... il ne le pouvait pas...

Et, alors, de ses mains, en s'écorchant, en se brisant les ongles, il parvint à creuser la terre au coin de la porte, à déplacer les cailloux qui en supportaient le montant, à faire un trou assez large pour lui livrer passage.

« Viens... viens!... dit-il une dernière fois.
— Non... répondit Sissy, je ne veux pas... Elle serait seule... Je ne veux pas!... »

P'tit-Bonhomme se jeta à son cou, l'étreignit, l'embrassa... Puis, se faufilant à travers le trou, il disparut, laissant Sissy près de la petite morte.

Quelques jours après, l'enfant, rencontré dans la campagne, tombait entre les mains du montreur de marionnettes, et l'on sait ce qu'il en advint.

XII

LE RETOUR

Actuellement, P'tit-Bonhomme était heureux et n'imaginait pas qu'il fût possible de l'être davantage — tout au présent, sans songer à l'avenir. Mais l'avenir, est-ce autre chose qu'un présent qui se renouvelle de lendemains en lendemains?

Sa mémoire, il est vrai, lui ramenait parfois des images du passé. Il songeait souvent à cette fillette qui vivait avec lui chez la méchante femme. Sissy aurait aujourd'hui près de onze ans. Qu'était-elle devenue?... La mort ne l'avait-elle pas délivrée comme l'autre petite?... Il se disait qu'il la retrouverait un jour. Il lui devait tant de reconnaissance pour ses soins affectueux, et, dans son besoin de se rattacher à tous ceux qui l'avaient aimé, c'était une sœur qu'il voulait voir en elle.

Puis, il y avait Grip, — le brave Grip qu'il confondait avec Sissy dans le même sentiment de gratitude. Six mois s'étaient écoulés depuis l'incendie de la ragged-school à Galway, six mois durant lesquels P'tit-Bonhomme avait été le jouet de hasards si divers! Qu'était devenu Grip?... Lui, non plus, ne pouvait être mort... De si bons cœurs, « ça ne cesse pas de battre comme ça!... » Ce serait plutôt aux Hards, aux Thornpipes, de s'en aller, et personne ne les regretterait... Ces bêtes-là ont la vie dure!

Ainsi raisonnait P'tit-Bonhomme, et, on s'en doute bien, il n'avait pas été sans parler à la ferme de ses amis d'autrefois. Aussi la ferme s'était-elle intéressée à leur sort.

LE RETOUR.

P'tit-Bonhomme regardait à travers la campagne. (Page 150.)

Martin Mac Carthy avait donc fait une enquête; mais — on ne l'a pas oublié, — il n'en était rien résulté à l'égard de Sissy, la fillette ayant disparu du hameau de Rindok.

Pour ce qui est de Grip, on avait reçu une réponse de Galway. Le pauvre garçon, à peine remis de sa blessure, n'ayant plus d'emploi, avait quitté la ville, et, sans doute, il errait d'une bourgade à l'autre afin de se procurer de l'ouvrage. Gros chagrin pour P'tit-

Bonhomme, de se sentir si heureux, tandis que Grip ne l'était probablement pas! M. Martin se fût intéressé à Grip, et n'aurait pas mieux demandé que de l'occuper à la ferme, où il aurait fait de bon travail. Mais on ignorait ce qu'il était devenu... Les deux pensionnaires de l'école des déguenillés se reverraient-ils un jour?... Pourquoi ne pas en garder l'espoir?...

A Kerwan, la famille Mac Carthy menait une existence laborieuse et régulière. Les fermes les plus rapprochées en étaient distantes de deux ou trois milles. On ne voisine guère entre tenanciers au milieu de ces districts peu fréquentés de la basse Irlande. Tralee, le chef-lieu du comté, se trouvait à une douzaine de milles, et M. Martin ou Murdock n'y allaient que si leurs affaires les y obligeaient, les jours de marché.

La ferme dépendait de la paroisse de Silton, située à cinq milles de là, — un village d'une quarantaine de maisons, avec une centaine d'habitants réunis autour de leur clocher. Le dimanche, on attelait la carriole pour conduire les femmes à la messe, et les hommes suivaient à pied. Le plus souvent, Grand'mère restait au logis par dispense du curé, eu égard à son âge, à moins qu'il ne s'agît des fêtes de Noël, de Pâques ou de l'Assomption.

Et dans quelle tenue P'tit-Bonhomme se présentait à l'église de Silton! Ce n'était plus l'enfant en haillons qui se glissait sous le porche de la cathédrale de Galway et se dissimulait derrière les piliers. Il ne craignait plus d'être chassé, il ne tremblait pas devant cette redingote sévère, ce gilet montant, cette longue canne, dont l'ensemble constitue l'important bedeau de paroisse. Non! il avait sa place au banc, près de Martine et de Kitty, il écoutait les chants sacrés, il y répondait d'une voix douce, il suivait l'office dans un livre à images, dont Grand'mère lui avait fait cadeau. C'était un garçon que l'on pouvait montrer avec quelque fierté, vêtu de son tweed de bonne étoffe, toujours propre et dont il prenait grand soin.

La messe achevée, on remontait dans la carriole, on revenait à Kerwan. Cet hiver-là, par exemple, il neigeait à gros tourbillons, des fois, et la bise piquait ferme. Tous avaient les yeux rougis par le froid, la face gercée. A la barbe de M. Martin et de ses fils pendaient de petits cristaux de glace, ce qui leur faisait comme des têtes de plâtre.

Il est vrai, un bon feu de racines et de tourbe que Grand'mère avait entretenu, flambait au fond de l'âtre. On s'y réchauffait, on s'asseyait devant la table, sur laquelle fumait quelque morceau de lard aux choux à forte odeur, entre un plat de pommes de terre brûlantes sous leur enveloppe rougeâtre, et une omelette dont les œufs avaient été soigneusement choisis selon leur ordre numérique.

Puis, la journée s'écoulait en lectures, en causeries, lorsque le temps ne permettait pas de sortir. P'tit-Bonhomme, sérieux et attentif, tirait profit de ce qu'il entendait.

La saison s'avançait. Février fut très froid, et mars très pluvieux. L'époque approchait où les labours allaient recommencer. En somme, l'hiver, n'ayant pas été d'une extrême rigueur, ne semblait pas devoir se prolonger. Les ensemencements se feraient en de bonnes conditions. Les tenanciers seraient en mesure de répondre aux exigences des propriétaires pour les fermages de la prochaine Noël, sans être exposés à ces funestes évictions dont tant de districts sont le théâtre, lorsque la récolte a manqué, et qui dépeuplent des paroisses entières [1].

Cependant, ainsi que l'on dit, il y avait un point noir à l'horizon de la ferme.

Deux ans auparavant, le second fils, Pat, était parti sur le navire de commerce *Guardian*, appartenant à la maison Marcuard de Liverpool. Deux lettres de lui étaient arrivées, après son passage à travers les mers du Sud; la dernière remontait à neuf ou dix mois, et, depuis lors, les nouvelles faisaient absolument défaut. M. Martin avait écrit à Liverpool, cela va sans dire. Or, la réponse n'avait point été satisfaisante. On n'avait rien appris ni par les courriers ni par

[1] C'est depuis 1870, que les fermiers ne peuvent plus être expulsés sans recevoir une indemnité pour les améliorations qu'ils ont faites au sol.

les correspondances maritimes, et MM. Marcuard ne cachaient pas leurs inquiétudes sur le sort du *Guardian*.

Il s'en suit donc que Pat était principalement l'objet des conversations à la ferme, et P'tit-Bonhomme comprenait quel chagrin ce manque de nouvelles devait causer à la famillle.

Aussi ne s'étonnera-t-on pas de l'impatience avec laquelle on attendait chaque matin le mail-coach du post-office. Notre petit garçon le guettait sur la route, qui met cette partie du comté en communication avec le chef-lieu. Du plus loin qu'il apercevait la voiture, reconnaissable à sa couleur de sang de bœuf, il courait à toutes jambes, non plus comme ces gamins en quête de quelques coppers, mais afin de savoir s'il n'y avait pas une lettre à l'adresse de Martin Mac Carthy.

Le service des postes est remarquablement établi jusque dans les parties les plus reculées des comtés de l'Irlande. Le mail s'arrête à toutes les portes pour distribuer ou recevoir les lettres. A un pan de mur, à une borne, on trouve des boîtes signalées par une plaque en fonte rouge, même des sacs, suspendus aux branches d'arbres, que le courrier lève en passant.

Par malheur, aucune lettre de la main de Pat n'arrivait à la ferme de Kerwan, aucune envoyée par la maison Marcuard. Depuis la dernière fois que le *Guardian* avait été vu au large de l'Australie, on n'avait pas eu de ses nouvelles.

Grand'mère était très affectée. Pat avait toujours été son enfant de prédilection. Elle en parlait sans cesse. Déjà très vieille, ne le reverrait-elle pas avant de mourir ?... P'tit-Bonhomme essayait de la rassurer.

« Il reviendra, disait-il. Je ne connais pas, et il faut que je le connaisse... puisqu'il est de la famille.

— Et il t'aimera comme nous t'aimons tous, répondit-elle.

— C'est pourtant beau, d'être marin, Grand'mère ! Quel dommage qu'il faille se quitter et pour si longtemps ! On ne pourrait donc pas aller en mer, toute une famille ?...

« — Non, mon enfant, non, et, quand s'en est allé Pat, cela m'a fait beaucoup de peine... Qu'ils sont heureux ceux qui peuvent ne se séparer jamais!... Notre garçon aurait pu rester à la ferme... il aurait eu sa part de travail, et nous ne serions pas dévorés d'inquiétude!... Il ne l'a pas voulu... Dieu nous le ramène!... N'oublie pas de prier pour lui !

— Non, Grand'mère, je ne l'oublie pas... pour lui et pour vous tous ! »

Les labours furent repris dès les premiers jours d'avril. Grosse besogne, car la terre est encore dure, que de la retourner à la charrue, de la fouler au rouleau pour l'égaliser, de la passer à la herse. Il fallut faire venir quelques manouvriers du dehors. M. Martin et ses deux fils n'auraient pu y suffire. En effet, les moments sont précieux, quand on a dû attendre le printemps pour semer. Et puis, il y avait aussi les légumes, et en ce qui concerne les pommes de terre, à choisir ceux de ces tubercules dont les « œils » peuvent assurer une forte récolte.

En même temps, les bestiaux allaient sortir de l'étable. Les porcs, on les laissait vaguer à travers la cour et sur la route. Les vaches, que l'on mettait au piquet dans les prairies, n'exigeaient pas grande surveillance. On les menait le matin, on les ramenait le soir. La traite était l'ouvrage des femmes. Mais il y avait à garder les moutons, qui s'étaient nourris de paille, de choux et de navets pendant l'hiver, à les conduire au pacage, tantôt sur un champ, tantôt sur un autre. Il semblait bien que P'tit-Bonhomme était tout désigné pour être le berger de ce troupeau.

Martin Mac Carthy ne possédait, on le sait, qu'une centaine de moutons, de cette bonne race écossaise à longue laine plutôt grisâtre que blanche, avec le museau noir et les pattes de même couleur. Aussi, la première fois que P'tit-Bonhomme les dirigea vers la pâture, à un demi-mille de la ferme, éprouva-t-il une certaine fierté d'exercer ces nouvelles fonctions. Cette troupe bêlante qui défilait sous ses ordres, son chien Birk qui faisait ranger les retardataires, les quelques béliers qui marchaient en tête, les agneaux qui se pressaient près de leurs mères... quelle responsabilité! Si l'un d'eux venait à s'égarer!... Si les loups rôdaient aux environs!... Non! Avec Birk, et son couteau passé à la ceinture, le jeune berger n'avait pas peur des loups.

Il partait tout au matin, une grosse miche, un œuf dur, un morceau de lard au fond de son bissac, de quoi dîner à midi en attendant le repas du soir. Les moutons, il les comptait au sortir de l'étable, et il les comptait au retour. De même les chèvres qu'il surveillait également et que les chiens laissent libres d'aller et venir.

Pendant les premiers jours, le soleil était à peine levé, lorsque P'tit-Bonhomme remontait la route derrière son troupeau. Quelques étoiles brillaient encore vers le couchant. Il les voyait s'éteindre peu à peu, comme si le vent eût soufflé dessus. Alors les rayons solaires, frissonnant à travers l'aube, se glissaient jusqu'à lui, en piquant d'une gemme étincelante les cailloux et les gerbes. Il regardait à travers la campagne. Le plus souvent, sur un champ voisin, M. Martin et Murdock poussaient la charrue, qui laissait un sillon droit et noirâtre derrière elle. Dans un autre, Sim lançait d'un geste régulier la semence que la herse allait bientôt recouvrir d'une légère couche de terre.

Il faut retenir que P'tit-Bonhomme, quoiqu'il ne fût qu'au début de la vie, était plus porté à saisir le côté pratique que le côté curieux des choses. Il ne se demandait pas comment d'un simple grain il pouvait sortir un épi, mais combien l'épi rendrait de grains de blé, d'orge ou d'avoine. Et, la moisson venue, il se promettait de les compter, comme il comptait les œufs de la basse-cour, et d'inscrire le résultat de ses calculs. C'était sa nature. Il eût plutôt compté les étoiles qu'il ne les eût admirées.

Par exemple, il accueillait avec joie l'apparition du soleil, moins encore pour la lumière que pour la chaleur qu'il venait répandre sur le monde. On dit que les éléphants de l'Inde saluent l'astre du jour, quand il se lève à l'horizon, et P'tit-Bonhomme les imitait, s'étonnant que ses moutons ne fissent pas entendre un long bêlement de reconnaissance. N'est-ce pas lui qui fond les neiges dont le sol est recouvert? Pourquoi donc, en plein midi, au lieu de le regarder en face, ces animaux se serraient-ils les uns contre les autres, la tête basse, de telle façon qu'on ne leur voyait plus que le dos, faisant ce qu'on appelle leur « prangelle ». Décidément, les moutons sont des ingrats !

Il était rare que P'tit-Bonhomme ne fût pas seul sur les pâtures pendant la plus grande partie de la journée. Quelquefois, cependant, Murdock ou Sim s'arrêtaient sur la route, non pour surveiller le berger, car on pouvait se fier à lui, mais par goût d'échanger quelques propos familiers.

« Eh ! lui disaient-ils, le troupeau va-t-il bien, et l'herbe est-elle épaisse ?...

— Très épaisse, monsieur Murdock.

— Et tes moutons sont sages ?...

— Très sages, Sim... Demande à Birk... Il n'est jamais obligé de les mordre ! »

Birk, pas beau, mais très intelligent, très courageux, était devenu le fidèle compagnon de P'tit-Bonhomme. Il est positif que tous deux causaient ensemble, des heures durant. Ils se disaient des choses qui les intéressaient. Lorsque le jeune garçon le regardait dans les yeux en lui parlant, Birk, dont le long nez tremblottait au bout de sa narine brune, semblait humer ses paroles. Il remuait bavardement sa queue, — cette queue qu'on a justement appelée un « sémaphore portatif ». Deux bons amis, à peu près du même âge, et qui s'entendaient bien.

Avec le mois de mai, la campagne devint verdoyante. Les fourrages faisaient déjà une chevelure touffue de sainfoin, de trèfle et de luzerne aux pâturages. Il est vrai, les champs, ensemencés de grains, n'avaient jusqu'ici que de menues pousses, pâles comme ces premiers cheveux qui apparaissent sur la tête d'un bébé. P'tit-Bonhomme éprouvait l'envie d'aller les tirer pour les faire grandir. Et, un jour que M. Martin était venu le rejoindre, il lui communiqua sa fameuse idée.

« Eh, mon garçon, répondit le fermier, est-ce que si l'on te tirait les cheveux, tu t'imagines qu'ils en pousseraient plus vite ?... Non ! on te ferait mal, voilà tout.

— Alors, il ne faut pas ?...

— Non, il ne faut jamais faire de mal à personne, pas même aux plantes. Laisse venir l'été, laisse agir la nature, et tous ces brins verts formeront de beaux épis, et on les coupera pour avoir leur grain et leur paille !

— Vous pensez, monsieur Martin, que la moisson sera belle cette année ?

— Oui ! cela s'annonce bien. L'hiver n'a pas été trop rude, et, depuis le printemps, nous avons eu plus de jours de soleil que de jours de pluie. Dieu veuille que cela continue pendant trois mois, et la récolte paiera amplement les taxes et les fermages... »

Cependant, il y avait des ennemis avec lesquels il fallait compter. C'étaient les oiseaux pillards et voraces, qui pullulent à la surface de la campagne irlandaise. Passe pour ces hirondelles, qui ne vivent que d'insectes durant leur séjour de quelques mois ! Mais les moineaux effrontés et gourmands, véritables souris de l'air, qui s'attaquent aux graines, et surtout, ces corbeaux, dont les ravages sont intolérables, que de mal ils causent aux récoltes !

Ah ! les abominables volatiles, comme ils faisaient enrager P'tit-Bonhomme ! Comme ils avaient bien l'air de se moquer ! Lorsqu'il conduisait ses moutons à travers les pâturages, il en faisait lever des bandes noirâtres, qui jetaient des croassements aigus et s'envolaient, les pattes pendantes. C'étaient des bêtes d'une énorme envergure, que leurs puissantes ailes entraînaient rapidement. P'tit-Bonhomme se mettait à leur poursuite, il excitait Birk qui s'époumonnait en aboyant. Que faire contre des oiseaux qu'on ne peut approcher ? ils vous narguent même à dix pas. Puis : « Krrroa... krrroa !... » et la nuée déguerpit !

P'TIT-BONHOMME VIT LES CORBEAUX SE POSER. (Page 153.)

Ce qui dépitait P'tit-Bonhomme, c'est que les épouvantails, placés au milieu des pièces de blé ou d'avoine, ne servaient à rien. Sim avait fabriqué des mannequins d'aspect terrible, les bras étendus, le corps vêtu de loques qui s'agitaient au vent. Des enfants en auraient eu peur, certainement ; les corbeaux, pas le moins du monde. Peut-être convenait-il d'imaginer quelque machine plus effrayante et moins taciturne. C'est une idée qui vint à notre héros après de longues méditations. Le mannequin remue ses bras, sans doute, lorsque la brise est forte, mais il ne parle pas, il ne crie pas : il fallait le faire crier.

Excellente idée, on l'avouera, et, pour la mettre à exécution, Sim n'eut qu'à fixer sur la tête de l'appareil une crécelle que le vent faisait tourner avec bruit.

Bah! si messieurs les corbeaux se montrèrent, sinon inquiets, du moins étonnés les deux premiers jours, le troisième, ils n'y prirent plus garde, et P'tit-Bonhomme les vit se poser tranquillement sur le mannequin, dont la crécelle ne pouvait lutter avec leurs croassements.

« Décidément, pensa-t-il, tout n'est pas parfait en ce bas monde ! »

A part ces quelques ennuis, les choses marchaient à la ferme. P'tit-Bonhomme y était aussi heureux que possible. Pendant les longues soirées de cet hiver il avait fait des progrès sérieux en écriture et en calcul. Et, maintenant, lorsqu'il rentrait à la fin du jour, il mettait en ordre sa comptabilité. Elle comprenait, avec les œufs des poules, les poussins du poulailler inscrits à la date de leur naissance et numérotés suivant leur espèce. Il en était de même des porcelets et des lapins, qui forment des familles nombreuses en Irlande comme ailleurs. Ce n'était pas là une mince besogne pour le jeune comptable. Aussi lui en savait-on gré. Il témoignait d'un esprit si ordonné qu'on l'y encourageait. Et, chaque soir, M. Martin lui remettait le caillou convenu qu'il glissait dans son pot de grès. Ces cailloux-là avaient à ses yeux autant de valeur que des shillings. Après tout, la monnaie, ce n'est qu'une affaire de convention. En outre, le pot contenait aussi la belle guinée d'or que lui avait valu son début au théâtre de Limerick, et dont, par on ne sait quelle réserve, il n'avait point parlé à la ferme. Au surplus, faute d'en avoir l'emploi puisqu'il ne manquait de rien, il lui attribuait un moindre prix qu'à ses petites pierres, lesquelles attestaient son zèle et sa parfaite conduite.

La saison ayant été favorable, on fit les préparatifs pour les travaux de fenaison dès la dernière semaine de juillet. Bonne apparence de récolte. Tout le personnel de la ferme dut être mis en réquisition. Une cinquantaine d'acres à faucher, ce fut l'ouvrage de Murdock, de Sim et de deux manouvriers du dehors. Les femmes leur venaient en aide pour étendre le fourrage frais afin de le faire sécher, avant de le mettre en « moffles » — puis de le rentrer à l'intérieur des granges. Sous un climat aussi pluvieux, on comprend qu'il n'y ait pas une journée à perdre, et, si le temps est au beau, que l'on se hâte d'en profiter. Peut-être P'tit-Bonhomme négligea-t-il son troupeau pendant une semaine, désireux de seconder Martine et Kitty. De quelle ardeur il massait les herbes avec son râteau, et comme il s'entendait à édifier ses moffles !

Ainsi s'écoula cette année, — l'une des plus heureuses de M. Martin à la ferme de Kerwan. Elle n'aurait laissé aucun regret, si on avait eu des nouvelles de Pat. C'était à croire que la présence de P'tit-Bonhomme portait bonheur. Lorsque le collecteur des taxes et le receveur des redevances se présentèrent, ils furent payés intégralement. A l'hiver qui suivit, exempt de grands froids et très humide, succéda un printemps précoce, lequel justifia les espérances que les cultivateurs avaient conçues.

On retourna à la vie des champs. P'tit-Bonhomme reprit les longues journées avec Birk et ses moutons. Il vit les herbages reverdir, il entendit le bruit menu que font le blé, le seigle, l'avoine, lorsque l'épi commence à se former. Il s'amusa du vent qui effleurait les panaches soyeux des orges. Et puis, on parlait d'une autre récolte impatiemment attendue, une chose qui faisait sourire Grand'-mère... Oui! trois mois ne s'écouleraient pas sans que la famille Mac Carthy se fût accrue d'un nouveau membre, dont Kitty se préparait à lui faire cadeau.

Pendant la fenaison en août, voici que précisément au plus fort de la besogne, un des ouvriers fut pris de fièvre et ne put continuer son travail. Pour le remplacer, il fallait s'adresser à quelque faucheur en chômage, s'il s'en trouvait encore. L'ennui était que M. Martin dût perdre une demi-journée à courir jusqu'à la paroisse de Silton. Aussi accepta-t-il volontiers, lorsque P'tit-Bonhomme offrit de s'y rendre.

On pouvait se fier à lui pour porter un mot et le remettre au destinataire. Cinq milles sur une route qu'il connaissait, puisqu'il la parcourait chaque dimanche, ce n'était pas chose à l'embarrasser. Et même, il se proposait d'aller à pied, les chevaux et l'âne étant occupés au charroi des fourrages. En quittant la ferme de grand matin, il promettait d'être de retour avant midi.

Petit-Bonhomme partit dès l'aube, d'un pas délibéré, ayant dans sa poche la lettre du fermier qu'il devait remettre à l'aubergiste de Silton, et, dans son bissac, de quoi manger en route.

Le temps était beau, rafraîchi par une légère brise de l'est, et les trois premiers milles furent allègrement enlevés.

Personne ni sur le chemin ni à l'intérieur des maisons isolées. Tout le monde était pris par les travaux des champs. A perte de vue, la campagne se montrait couverte de milliers de moffles, qui ne tarderaient pas à être rentrées.

En un certain endroit, la route rencontre un bois épais qu'elle contourne en s'allongeant d'un mille au moins. P'tit-Bonhomme jugea que mieux valait traverser ce bois afin de gagner du temps. Il y pénétra donc, non sans éprouver cette crainte toute naturelle que la forêt inspire aux enfants, — la forêt où il y a des voleurs, la forêt où il y a des loups, la forêt où se passent toutes les histoires que l'on raconte pendant les veillées. Il est vrai, en ce qui concerne le loup, Paddy prie volontiers les saints pour qu'ils le maintiennent en bonne santé et il l'appelle « son parrain ».

P'tit-Bonhomme avait à peine fait une centaine de pas le long d'une étroite allée, qu'il s'arrêta à la vue d'un homme étendu au pied d'un arbre.

Était-ce un voyageur qui était tombé à cette place, ou tout simplement un passant qui se reposait avant de se remettre en chemin ?

P'tit-Bonhomme regardait, immobile, et, l'homme ne remuant pas, il s'avança.

L'homme dormait d'un profond sommeil, ses bras croisés, son chapeau rabattu sur ses yeux. Il paraissait jeune, vingt-cinq ans au plus. A ses bottes terreuses, à ses vêtements poussiéreux, nul doute qu'il ne vînt de fournir une longue étape, en remontant la route de Tralee.

Mais ce qui attira surtout l'attention de P'tit-Bonhomme, c'est que ce voyageur devait être un marin... oui ! à voir son costume et son bagage contenu dans un sac de grosse toile goudronnée. Sur ce sac, il y avait une adresse que notre garçonnet put lire, dès qu'il se fut approché.

« Pat... s'écria-t-il, c'est Pat! »

Oui ! Pat, et on l'eût reconnu rien qu'à sa ressemblance avec ses frères, Pat dont on n'avait plus de nouvelles depuis si longtemps, Pat dont on attendait le retour avec tant d'impatience !

Et alors P'tit-Bonhomme fut sur le point de l'appeler, de le réveiller... Il se retint. La réflexion lui fit comprendre que si Pat reparaissait à la ferme, sans que l'on fût préparé à le revoir, sa mère et sa grand'mère surtout, éprouveraient un tel saisissement qu'elles pourraient en être malades. Non! mieux valait prévenir M. Martin... Il arrangerait les choses en douceur... Il préparerait les femmes à l'arrivée de leur fils et petit-fils... Quant à la commission pour l'aubergiste de Silton, eh bien ! on la ferait demain... Et puis, Pat, n'était-ce pas un travailleur tout indiqué, un enfant de la ferme, qui en vaudrait bien un autre?... D'ailleurs, le jeune marin était fatigué, et, en effet, il avait quitté Tralee au milieu de la nuit, après y être venu par le railway. Dès qu'il serait sur pied, il aurait vite fait d'atteindre la ferme. L'essentiel, c'était de l'y précéder, afin que son père et ses frères, avertis à temps, pussent venir au-devant de lui.

Inutile, pas vrai, de lui laisser ce paquet pendant les trois derniers milles? Pourquoi P'tit-Bonhomme ne s'en chargerait-il pas? N'était-il pas assez fort pour le porter sur ses épaules?... En outre, cela lui ferait tant de plaisir de se charger d'un sac de matelot... un sac qui avait navigué... Songez donc!...

Il prit le sac par la boucle de corde qui le fermait, et, l'ayant assujetti sur son dos, il s'élança du côté de la ferme.

Une fois sorti du bois, il n'y avait plus qu'à suivre la grande route, qui filait droit pendant un demi-mille.

P'tit-Bonhomme n'avait pas fait cinq cents pas dans cette direction, qu'il entendit des cris retentir en arrière. Ma foi, il ne voulut ni s'arrêter ni ralentir sa marche, et chercha au contraire à gagner de l'avant.

Mais, en même temps qu'on criait, on courait aussi.

C'était Pat.

En se réveillant, il n'avait plus trouvé son sac. Furieux, il s'était jeté hors du bois, il avait aperçu l'enfant au tournant de la route.

« Eh! voleur... t'arrêteras-tu?... »

On imagine bien que P'tit-Bonhomme n'entendait pas de cette oreille-là. Il courait de son mieux. Mais, avec ce sac sur le dos, il ne pouvait manquer d'être rattrapé par le jeune marin, qui devait avoir des jambes de gabier.

« Ah! voleur... voleur... tu ne m'échapperas pas... et ton affaire est claire! »

Alors, sentant que Pat n'était plus qu'à deux cents pas derrière lui, P'tit-Bonhomme laissa tomber le sac et se mit à détaler de plus belle.

Pat ramassa le sac et continua sa poursuite.

Bref, la ferme apparut au moment où Pat, étant parvenu à rejoindre l'enfant, le tenait par le collet de sa veste.

M. Martin et ses fils étaient dans la cour, occupés à décharger des bottes de fourrage. Quel cri leur échappa, sans qu'ils eussent pris garde de le retenir.

« Pat... mon fils !...

— Frère... Frère !... »

Et voilà Martine et Kitty, et voilà Grand'mère, qui accourent pour serrer Pat entre leurs bras...

P'tit-Bonhomme restait là, les yeux rayonnants de joie, se demandant s'il n'y aurait pas une caresse pour lui...

« Ah... mon voleur ! » s'écria Pat.

Tout s'expliqua en quelques mots, et P'tit-Bonhomme, s'élançant vers Pat, lui grimpa au cou, comme s'il se fût hissé à la hune d'un navire.

XIII

DOUBLE BAPTÊME.

Quelle joie chez les Mac Carthy ! Pat de retour, le jeune marin à la ferme de Kerwan, la famille au grand complet, les trois frères réunis à la même table, Grand'mère avec son petit-fils, Martin et Martine avec tous leurs enfants !

Et puis, l'année s'annonçait bien. La récolte de fourrage était abondante, la moisson ne le serait pas moins. Et les pommes de terre, les saintes pommes de terre, qui gonflaient le sillon de leurs tubercules jaunâtres ou rougeâtres ! C'est là du pain tout fait ; il n'y a plus qu'à le cuire, et un peu de cendre chaude y peut suffire dans les plus modestes foyers.

Et d'abord, Martine demanda à Pat :

« Est-ce pour une année toute entière que tu nous es revenu, mon enfant ?

— Non, mère, pour six semaines seulement. Je ne songe pas à abandonner mon métier qui est un bon métier... Dans six semaines, il faut que je sois de retour à Liverpool, où j'embarquerai de nouveau sur le *Guardian*...

— Dans six semaines ! murmura Grand'mère.

— Oui, mais en qualité de maître d'équipage, cette fois, et un maître d'équipage à bord d'un grand navire, c'est quelqu'un...

— Bien, Pat, bien ! dit Murdock, en serrant affectueusement la main de son frère.

— Jusqu'au jour de mon départ, reprit le jeune marin, si vous avez besoin de deux bras solides à la ferme, les miens sont à votre service.

— Ce n'est pas à refuser, » répondit M. Martin.

Ce jour-là, Pat venait de faire connaissance avec sa belle-sœur Kitty, dont le mariage avait été postérieur à son dernier embarquement. Il fut enchanté de trouver en elle une si excellente femme, digne de Murdock, et crut même devoir la remercier de ce qu'elle lui donnerait un neveu, — à moins que ce ne fût une nièce, — avant qu'il eût rejoint son bord. Il se faisait une joie de devenir oncle, et il embrassait Kitty comme une sœur qui lui était survenue pendant son absence.

On le croira volontiers, P'tit-Bonhomme n'était pas resté insensible devant ces épanchements. Il s'y associait du fond du cœur, tout en se tenant dans un coin de la salle. Mais son tour vint de s'approcher. Au surplus, est-ce qu'il n'était pas de la famille ? On avait raconté son histoire à Pat. Le brave garçon en parut très touché. De cet instant, tous les deux furent grands amis.

Sur ce sac, il y avait une adresse. (Page 156.)

« Et moi, répétait le jeune marin, moi qui l'avais pris pour un voleur, en le voyant s'ensauver mon sac à la main ! Vraiment, il a risqué d'attraper quelques taloches...

— Oh ! vos taloches, répondit P'tit-Bonhomme, elles ne m'auraient pas fait de mal, puisque je ne vous avais rien volé. »

Et, en parlant ainsi, il regardait ce vigoureux gars, bien planté, bien découplé, avec son allure résolue, ses manières franches, sa

DOUBLE BAPTÊME.

Pat avait narré son histoire. (Page 161.)

figure hâlée par le soleil et la brise. Un marin, cela lui paraissait être quelque personnage considérable... un être à part... un monsieur qui allait sur l'eau. Comme il comprenait que Pat fût le préféré de Grand'mère, qui le tenait par la main comme pour l'empêcher de les quitter trop tôt!...

Pendant la première heure, il va sans dire que Pat avait narré son histoire, expliqué pourquoi il avait été si longtemps sans donner de ses nouvelles, — si longtemps qu'on l'avait cru perdu. Et il s'en était fallu de peu qu'il ne revînt jamais au pays. Le *Guardian* avait fait côte sur un des îlots de la mer des Indes, dans les parages du sud. Là, treize mois durant, les naufragés n'eurent pour lieu de refuge qu'une île déserte, située en dehors des routes maritimes, sans aucune communication avec le reste du monde. Enfin, à force de travail, on était parvenu à renflouer le *Guardian*. Tout avait été sauvé, navire et cargaison. Et Pat s'était si remarquablement distingué par son zèle et son courage, que, sur la proposition du capitaine, la maison Marcuard de Liverpool venait de le rembarquer en qualité de maître d'équipage pour une prochaine navigation à travers le Pacifique. Les choses étaient donc au mieux.

Dès le lendemain, le personnel de Kerwan se remit à la besogne, et il fut démontré que le manouvrier malade allait être remplacé par un rude travailleur.

Septembre arrivé, la moisson battit son plein. Si, comme à l'habitude, le rendement du blé resta assez médiocre, du moins, les seigles, les orges et les avoines produisirent-ils une abondante récolte. Cette année 1878 était incontestablement une année fructueuse. Le receveur des fermages pourrait se présenter même avant Noël, s'il était pressé. On le paierait en bel et bon argent, et les approvisionnements en réserve seraient pour l'hiver. Il est vrai, Martin Mac Carthy ne parvenait guère à grossir son épargne ; il vivait de son travail qui assurait le présent, mais non l'avenir. Ah ! l'avenir des tenanciers de l'Irlande, toujours à la merci des caprices climatériques ! C'était l'incessante préoccupation de Murdock. Aussi sa haine ne cessait-elle de s'accroître contre un tel état social, qui ne finirait qu'avec l'abolition du landlordisme et la rétrocession du sol aux cultivateurs par voie de paiements échelonnés.

« Il faut avoir confiance ! » lui répétait Kitty.

Et Murdock la regardait sans répondre.

Ce fut ce mois-là, le 9, que l'événement si impatiemment attendu mit en fête la ferme de Kerwan. Kitty, qui s'était à peine alitée, donna le jour à une petite fille. Quelle joie pour tout le monde! Ce bébé, on le reçut comme un ange qui serait entré par la fenêtre de la grande salle en battant de l'aile. Grand'mère et Martine se l'arrachaient. Murdock eut un sourire de bonheur en embrassant son enfant. Ses deux frères demeuraient en adoration devant leur nièce. N'était-ce pas le premier fruit que donnait cette maitresse branche de l'arbre de la famille, la branche Kitty-Murdock, en attendant que les deux autres voulussent bien en produire autant? Et si la jeune mère fut félicitée, choyée, entourée de soins! Et si des larmes d'attendrissement coulèrent!... On eût dit que le logis était vide avant la naissance de ce petit être!

Quant à notre garçonnet, jamais il n'avait été aussi ému que lorsqu'il lui fut permis de donner un baiser au nouveau-né.

Que cette naissance dût être une occasion de fête, cela ne faisait doute pour personne aussitôt que Kitty pourrait y prendre part. Et c'est ce qui ne tarderait guère. Du reste, le programme en serait très simple. Après la cérémonie du baptême à l'église de Silton, le curé et quelques amis de M. Martin, une demi-douzaine de tenanciers du voisinage qui ne regarderaient pas à venir de deux ou trois milles, se réuniraient à la ferme. Un copieux et succulent déjeuner les y attendrait. Ces braves gens seraient charmés de s'associer aux joies de cette honnête famille dans un cordial banquet. Ce qui la rendait heureuse plus particulièrement, c'est que Pat était de la fête, puisque son départ pour Liverpool ne devait s'effectuer que vers les derniers jours de septembre. Décidément, la déesse Lucine, qui préside aux naissances, avait convenablement arrangé les choses, et on lui aurait fait brûler un beau cierge, si elle n'eût été abominablement païenne d'origine.

Il y eut d'abord une question à décider : quel nom donnerait-on à l'enfant?

Grand'mère proposa le nom de Jenny, et, là-dessus, il n'y eu aucune difficulté, pas plus d'ailleurs que pour le choix d'une marraine. On était tellement assuré de lui faire plaisir en le lui proposant que tous furent d'accord à ce sujet. Quatre générations, il est vrai, séparaient la bisaïeule de l'arrière-petite-fille, et mieux vaut sans doute qu'une filleule puisse compter sur sa marraine, au moins pendant son enfance. Mais, dans l'espèce, il y avait une question de sentiment qui devait primer toutes les autres : c'était comme une maternité qu'allait retrouver cette vieille femme, et des larmes d'attendrissement coulèrent de ses yeux, lorsque l'offre lui fut adressée avec une certaine solennité.

Et le parrain ?... Ah! voilà! Cela ne marcha pas si vite. Un étranger ?... Il n'y fallait point songer, puisqu'il y avait au logis deux frères, c'est-à-dire deux oncles, Pat et Sim, qui réclamaient l'honneur de ce parrainage. Toutefois, désigner l'un serait mécontenter l'autre. Sans doute, Pat, l'aîné de Sim, pouvait se prévaloir de cette situation. Mais c'était un marin, destiné à passer la plus grande partie de son existence en mer. Veiller sur sa filleule, comment cela lui serait-il possible ?... Il le comprit, quelque chagrin qu'il en eût, et le choix se réduisit à Sim.

Or, voici que Grand'mère eut une idée qui ne laissa pas de surprendre au premier abord. Quoi qu'il en fût, elle avait le droit d'indiquer un compère à son gré. Eh bien! ce fut P'tit-Bonhomme qu'elle désigna.

Quoi! cet enfant trouvé, cet orphelin dont on n'avait jamais connu la famille ?...

Était-ce admissible ?... Sans doute, on le savait intelligent, laborieux, dévoué... Il était aimé, estimé, apprécié de tous à la ferme... Mais enfin... P'tit-Bonhomme!... Et puis, il n'avait encore que sept ans et demi, ce qui est un peu jeune pour un parrain.

« Qu'importe, dit Grand'mère, il a en moins ce que j'ai en trop... Cela se compensera. »

En effet, si le parrain n'avait pas huit ans, la marraine était dans sa soixante-seizième année — soit quatre-vingt-quatre ans pour les deux... Et Grand'mère affirma que cela ne faisait que quarante-deux ans pour chacun...

« La force de l'âge », ajouta-t-elle.

Comme on le pense, quelque désir que chacun eût de lui être agréable, sa proposition demandait à être réfléchie. La jeune mère, consultée, n'y vit aucun inconvénient, car elle avait voué à P'tit-Bonhomme une affection quasi maternelle. Mais M. Martin et Martine se montrèrent assez indécis, n'ayant rien pu recueillir sur l'état civil de l'enfant ramassé dans le cimetière de Limerick et qui n'avait jamais connu ses parents.

Sur ces entrefaites, Murdock intervint et trancha la question. L'intelligence de P'tit-Bonhomme très supérieure à son âge, son esprit sérieux, son application en toutes choses, ce qui se lisait visiblement sur son front, c'est-à-dire qu'il se ferait sa place un jour, ces raisons le décidèrent.

« Veux-tu?... lui demanda-t-il.

— Oui, monsieur Murdock, » fit P'tit-Bonhomme.

Et il répondit d'un ton si ferme que chacun en fut frappé. Il avait, à n'en point douter, le sentiment de la responsabilité qu'il assumait pour l'avenir de sa filleule.

Le 26 septembre, dès l'aube, chacun fut prêt pour la cérémonie. Tous revêtus de leurs habits du dimanche, les femmes en carriole, les hommes à pied, se rendirent gaiement à la paroisse de Silton.

Mais, dès qu'ils furent entrés dans l'église, il surgit une complication, une difficulté à laquelle personne n'avait songé. Ce fut le curé de la paroisse qui la souleva.

Lorsqu'il eut demandé quel était le parrain choisi pour le nouveau-né :

« P'tit Bonhomme, répondit Murdock.

— Et quel âge a-t-il?...

— Sept ans et demi.

— Sept ans et demi?... C'est un peu jeune... Pourtant, il n'y a pas d'empêchement. Dites-moi, il a un autre nom que P'tit-Bonhomme, je suppose?...

— Monsieur le curé, nous ne lui en connaissons pas d'autre, répondit Grand'mère.

— Pas d'autre? » répliqua le curé.

Et, s'adressant au petit garçon :

« Tu dois avoir un nom de baptême, lui demanda-t-il.

— Je n'en ai pas, monsieur le curé.

— Ah çà ! mon enfant, est-ce que, par hasard, tu n'aurais jamais été baptisé?... »

Que c'eût été par hasard ou autrement, il est certain que P'tit-Bonhomme était dans l'impossibilité de fournir aucun renseignement à ce sujet. Rien, dans sa mémoire, ne lui revenait à propos de cette cérémonie du baptême. On pouvait même s'étonner que la famille des Mac Carthy, si religieuse, si pratiquante, ne se fût pas encore préoccupée de cette question. La vérité est que cela n'était venu à l'idée de personne.

P'tit-Bonhomme, s'imaginant qu'il y avait là un obstacle insurmontable à ce qu'il devînt le parrain de Jenny, restait tout interdit, tout confus. Mais alors Murdock de s'écrier :

« Eh ! s'il n'est pas baptisé, monsieur le curé, qu'on le baptise !

— Mais s'il l'est !... fit observer Grand'mère.

— Eh bien, il en sera deux fois plus chrétien ! s'écria Sim. Baptisez-le avant la petite...

— Au fait, pourquoi pas ? répondit le curé.

— Alors il pourra être parrain ?...

— Parfaitement.

— Et rien ne s'oppose à ce que les deux baptêmes se fassent l'un après l'autre?... demanda Kitty.

— Je n'y vois aucune difficulté, répondit le curé, si P'tit-Bonhomme trouve un parrain et une marraine pour son compte.

— Ce sera moi, dit M. Martin...

— Et moi, » dit Martine.

Ah ! si P'tit-Bonhomme fut heureux en songeant qu'il allait être lié plus étroitement à sa famille d'adoption.

« Merci... merci !... » répétait-il en embrassant les mains de Grand'mère, de Kitty, de Martine.

Et comme il lui fallait un nom de baptême, on prit le nom d'Edit, que le calendrier marquait ce jour-là.

Edit, soit! Mais, ce qui paraissait très vraisemblable, c'est qu'il continuerait à s'appeler P'tit-Bonhomme... Ce nom lui allait si bien, et on en avait une telle habitude!

Le jeune parrain fut donc baptisé d'abord ; puis, cette cérémonie terminée, Grand'mère et lui tinrent sur les fonts baptismaux l'enfant qui fut régulièrement et chrétiennement dénommée Jenny, suivant le désir de sa marraine.

Aussitôt la cloche de verser ses plus joyeux tintements sur la paroisse, les pétards d'éclater au sortir de l'église, les coppers de pleuvoir sur les gamins de l'endroit... Et ce qu'il y en avait devant le porche! C'était à croire que tous les pauvres du comté s'étaient donné rendez-vous à la place de Silton.

Cher P'tit-Bonhomme, aurais-tu jamais pu prévoir qu'un jour viendrait où tu figurerais au premier rang dans une circonstance si solennelle!

Le retour à la ferme se fit d'un pas joyeux, le curé en tête, avec les invités, une quinzaine de voisins et voisines. Tous prirent place devant la table servie dans la grande salle sous la direction d'une excellente cuisinière que M. Martin avait mandée de Tralee.

Il va sans dire que les mets, choisis pour ce festin mémorable, avaient été fournis par les réserves de la ferme. Rien ne venait du dehors, ni les gigots d'agneaux que trempait un jus fortement épicé, ni les poulets baignés d'une sauce blanche aux fines herbes, ni les jambons dont la graisse savoureuse débordait les assiettes, ni les lapins en gibelotte, ni même les saumons et les brochets, puisqu'ils avaient été pêchés dans les vives eaux de la Cashen.

Inutile d'ajouter que le carnet de P'tit-Bonhomme portait exactement toutes ces plantureuses choses sur la colonne de sortie et que sa comptabilité était en règle. Il pouvait donc manger en conscience, boire aussi. D'ailleurs, il y avait là de solides gaillards qui prêchaient d'exemple, de ces estomacs vigoureux que la provenance des mets

Ce qu'il y avait de gamins devant le porche. (Page 167.)

n'inquiète guère, pourvu qu'ils soient abondants. Non! rien ne resta de ce déjeuner dînatoire, ni des trois services, ni du dessert, bien que le plum-pudding au riz fût énorme, et qu'il y eût une tarte aux groseilles par personne avec des bottes de céleris crus.

Et le vin de gingembre, et le stout, et le porter, et le soda, et l'usquebaugh qui est une sorte de wiskey, et le brandy, et le gin, et le grog préparé suivant la fameuse recette : *hot, strong and plenty*, « chaud,

Son poignet sur la barre. (Page 172.)

fort et beaucoup ». Il y avait de quoi faire rouler sous la table les plus endurcis buveurs de la province. Aussi, vers la fin du repas qui dura trois heures, les yeux étaient-ils allumés comme des braises, les pommettes rouges comme des charbons ardents. Sans doute, on était sobre dans la famille Mac Carthy... On n'y fréquentait pas les « cabarets d'éther » réservés aux catholiques, par dédain des « cabarets d'alcool » réservés aux protestants. D'ailleurs, n'y a-t-il pas des indulgences un jour de baptême, et le curé n'était-il pas là pour absoudre les pécheurs?

Cependant M. Martin ne laissait pas de surveiller ses convives, et il trouva un auxiliaire assez inattendu dans son second fils Pat qui s'était modéré, tandis que son frère Sim était un peu parti pour le pays des têtes à l'envers.

Et, comme un gros fermier des environs s'étonnait qu'un matelot fût aussi réservé sur la boisson :

« C'est que je connais l'histoire de John Playne! répondit le jeune marin.

— L'histoire de John Playne?... s'écria-t-on.

— L'histoire ou la ballade, comme vous voudrez.

— Eh bien, chante-la-nous, Pat, dit le curé, qui ne fut pas fâché de cette diversion.

— C'est qu'elle est triste... et qu'elle n'en finit pas!

— Va toujours, mon garçon... Nous avons le loisir de l'écouter jusqu'au bout. »

Alors Pat entonna la complainte d'une voix si vibrante que P'tit-Bonhomme croyait entendre tout l'océan chanter par sa bouche

COMPLAINTE DE JOHN PLAYNE

I.

John Playne, on peut m'en croire,
Est gris complètement.
Il n'a cessé de boire
Jusqu'au dernier moment.

Eh! deux heures de stage
Au fond d'un cabaret,
En faut-il davantage
Pour dépenser son prêt?

Bah! dans une marée
Il le rattrapera,
Et, brute invétérée,
Il recommencera!...

> D'ailleurs, c'est l'habitude
> Des pêcheurs de Kromer.
> Ils font un métier rude...
> Allons, John Playne, en mer!

« Bon! le voilà hors du cabaret! s'écria Sim.
— Ce qui est dur pour un buveur! ajouta le gros fermier.
— Il a déjà assez bu! fit observer M. Martin.
— Trop! » dit le curé.

Pat reprit :

II.

> Le bateau de John Playne,
> Très pointu de l'avant,
> Porte foc et misaine :
> Il a nom le *Cavan*.
>
> Mais que John se dépêche
> De retourner à bord.
> Les chaloupes de pêche
> Sont déjà loin du port.
>
> C'est que la mer est prompte
> A descendre à présent.
> A peine si l'on compte
> Deux heures de jusant.
>
> Donc, si John ne se hâte
> De partir au plus tôt,
> Et si le temps se gâte,
> C'est fait de son bateau.

« Bien certainement, il va lui arriver malheur par sa faute! dit Grand'mère.
— Tant pis pour lui! » répliqua le curé.

Pat continua :

III.

> Ciel mauvais et nuit sombre!
> Déjà le vent s'abat
> Comme un vautour dans l'ombre...
> John, de ses yeux de chat,

Regarde et puis s'approche...
Qu'est-ce donc qu'il entend ?
Un choc contre la roche...
Et gare, s'il attend !

C'est son bateau qui roule
Au risque de remplir,
Et qu'un gros coup de houle
Pourrait bien démolir.

Aussi John Playne grogne
Et jure entre ses dents.
C'est toute une besogne
Que d'embarquer dedans.

Cependant il s'équipe,
Non sans quelque hoquet,
Il allume sa pipe
Au feu de son briquet.

Puis ensuite il se grée,
Car le temps sera froid,
Sa capote cirée,
Ses bottes, son suroît.

Cela fait, il redresse
Le mât, non sans effort.
Mais John a de l'adresse,
Et John Playne est très fort.

Puis, il pèse la drisse
Pour installer son foc,
Et d'un bon coup il hisse
La lourde voile à bloc.

Enfin, larguant l'amarre
Qu'il ramène à l'avant,
Son poignet sur la barre,
Il s'abandonne au vent.

Mais, devant le Calvaire,
Quand il passe, je crois
Que l'ivrogne a dû faire
Le signe de la Croix.

« Un Irlandais doit toujours se signer, fit observer gravement Murdock.

— Même quand il a bu, répondit Martine

— Dieu le garde! » ajouta le curé

Pat reprit la complainte :

IV.

La baie a deux bons milles
Jusques au pied des bancs,
Des passes difficiles,
De sinueux rubans.

C'est comme un labyrinthe
Où, même en plein midi,
On ne va pas sans crainte,
Eût-on le cœur hardi.

John est à son affaire.
Bras vigoureux, œil sûr,
Il sait ce qu'il faut faire
Et se dirige sur

Le cap que l'on voit poindre
Au bas du vieux fanal.
Là, le courant est moindre
Qu'à travers le chenal.

John largue sa voilure
Qu'il desserre d'un cran,
Et puis, sous cette allure,
Laisse porter en grand.

Bon! Le feu de marée
Vient de s'effacer... C'est
Que John est à l'entrée
Des passes du Nord-Est.

Endroit reconnaissable,
Car il est au tournant
De la pointe de sable,
A gauche. — Et, maintenant,

> Assurant son écoute
> Sur le taquet de fer,
> John est en bonne route...
> John Playne en pleine mer.

« La pleine mer! pensa P'tit-Bonhomme. Que cela doit être beau, quand on est dessus! »

V.

> En avant, c'est le vide,
> Vide farouche et noir!
> Et sans l'éclair livide,
> On n'y pourrait rien voir.
>
> Le vent là-haut fait rage,
> Il ne tardera pas,
> Sous le poids de l'orage,
> A retomber plus bas.
>
> En effet, la rafale
> Se déchaîne dans l'air,
> Se rabaisse et s'affale
> Presque au ras de la mer.

Pat venait de suspendre son chant. Aucune observation ne fut faite, cette fois. Chacun prêtait l'oreille, comme si l'orage de la complainte eût grondé au-dessus de la ferme de Kerwan, devenue le bateau de John Playne.

VI.

> Mais John a son idée,
> C'est de gagner au vent,
> Rien que d'une bordée
> Comme il l'a fait souvent.
>
> Il a toute sa toile,
> Bien qu'il souffle grand frais.
> Il a bordé sa voile
> Et s'élève au plus près,

Et, bien que la tempête
Soit redoutable alors,
Au travail il s'entête...
Son chalut est dehors.

Maintenant que sa chaîne
Est raidie, et qu'il a
Son filet à la traîne, —
Tout marin sait cela,

Un bateau qui travaille
Va seul, sans embarder,
Et même sans qu'il faille
De la barre l'aider...

Aussi, la tête lourde,
L'œil à demi louchant,
John saisit-il sa gourde,
Et puis, la débouchant,

Il la porte à sa bouche,
Il la presse, il la tord,
Et, sur le banc, se couche
A l'arrière et s'endort.

Il dort, la panse pleine
De gin et de brandvin...
Ce n'est plus le John Playne...
Hélas! c'est le John plein!

« L'imprudent! s'écria M. Martin.

— On dit qu'il y a un Dieu pour les ivrognes, fit naturellement observer Sim.

— Comme il doit être occupé! répartit Martine.

— Nous verrons bien! répliqua le curé. Continue, Pat. »

VII.

A peine quelques nues
Dans le ciel du matin.
Fuyantes et ténues!
Le soleil a bon teint.

Et comme l'on oublie
Le danger qui n'est plus,
Chacun gaiment rallie
La baie avec le flux.

Chaque bateau se hâte.
Les voilà bord à bord.
C'est comme une régate
A l'arrivée au port

« Et John Playne ? demanda P'tit-Bonhomme, très inquiet pour l'ivrogne qui s'est endormi en traînant son chalut.

— Patience, répondit M. Martin.

— J'ai peur pour lui ! » ajouta Grand'mère.

VIII.

Tiens ! Qu'est-ce qui se passe ?
Le bateau de l'avant
Soudain fait volte-face
Pour revenir au vent.

Les autres en arrière
Manœuvrent à leur tour
De la même manière,
Sans songer au retour.

Est-ce que dans l'orage
Quelque bateau surpris
La nuit a fait naufrage ?
Oui !... voilà des débris ?..

On se presse, on arrive...
Un bateau sur la mer
Est là, seul, en dérive,
Chaviré, quille en l'air !

« Chaviré ! s'écria P'tit-Bonhomme.

On vit P'tit-Bonhomme lancer la semence. (Page 183.)

— Chaviré! » répéta Grand'mère.

IX.

Vite! que l'on travaille!
Il faut hisser d'abord
Le chalut maille à maille
Et le rentrer à bord.

On le hisse, on le croche
A l'aide de palans,
Il remonte, il approche...
Un cadavre est dedans!

Et cette épave humaine
Arrachée à la mer,
C'est bien lui, c'est John **Playne**,
Le pêcheur de Kromer

X.

Son bateau, sans nul doute,
A lui-même livré,
Pris de travers en route,
Sous voile a chaviré.

Ce qui fera comprendre
Comment, le fou qu'il est,
L'ivrogne s'est fait prendre
Dans son propre filet !

Ah ! quelle horrible vue,
Lorsqu'il est mis à bord !
Oui ! malgré tant d'eau bue,
Il semble être ivre encor !

« Le malheureux ! dit Martine.
— Nous prierons pour lui ! » dit Grand'mère.

XI

Achevons la besogne!
Pêcheurs, il faut rentrer
Ce misérable ivrogne,
Afin de l'enterrer.

Si vous voulez m'en croire,
Tachez de le mettre où
Il ne puisse plus boire,
Et creusez bien le trou.

> Ainsi finit John Playne,
> John Playne de Kromer.
> Mais la marée est pleine...
> Allons, pêcheurs, en mer!

La voix de Pat sonnait comme un clairon en jetant ce dernier vers de la triste complainte. Et l'impression fut telle parmi les convives, qu'ils se contentèrent de boire un seul coup à la santé de chacun de leurs hôtes, — ce qui fit un supplément de dix bonnes rasades... Et l'on se sépara avec promesse de ne jamais imiter John Playne — pas même à terre.

XIV

ET IL N'AVAIT PAS ENCORE NEUF ANS.

Ce grand jour écoulé, la ferme se remit aux travaux des champs. On en abattit, de la besogne. A coup sûr, Pat ne s'aperçut guère qu'il était venu en congé de repos. De quelle ardeur il aidait son père et ses frères. Ces marins sont véritablement de rudes travailleurs, même en dehors de la marine. Pat était arrivé au plus fort de la moisson qui fut suivie de la récolte des légumes. Il est permis de dire s'il se « pomoya » comme un gabier de misaine — expression dont il se servit, et qu'il fallut expliquer à P'tit-Bonhomme. On n'était jamais quitte avec lui tant qu'on ne lui avait pas donné le pourquoi des choses. Il ne s'éloignait guère de Pat, qui l'avait pris en amitié, — une amitié de matelot pour son mousse. Dès que la journée était finie, lorsque tout le monde était rassemblé à la table du souper, quelle joie P'tit-Bonhomme éprouvait à entendre le jeune marin raconter ses voyages, les incidents auxquels il avait pris part, les tempêtes qu'avait essuyées le *Guardian*, les belles et rapides traversées des navires! Ce qui l'intéressait surtout, c'étaient les riches cargaisons rapportées pour le compte de la maison Marcuard, l'embarquement des marchandises dont le trois-mâts était chargé à destination de l'Europe. Sans aucun doute, ces choses du négoce frappaient d'un trait plus vif son esprit pratique. A son idée, l'armateur passait avant le capitaine.

« Alors, demandait-il à Pat, c'est bien cela qu'on appelle le commerce?...

— Oui, on embarque les produits qui se fabriquent dans un pays, et on va les vendre dans un pays où on ne les fabrique pas...

— Plus cher qu'on ne les a achetés?...

— Bien entendu... pour gagner dessus. Puis, on importe les produits des autres contrées pour les revendre...

— Toujours plus cher, Pat?

— Toujours plus cher... quand on le peut! »

Et si Pat fut cent fois questionné de cette façon pendant son séjour à la ferme de Kerwan, c'est à ne point le croire. Par malheur, au grand chagrin de tous, le moment arriva où il dut quitter la ferme et retourner à Liverpool.

Le 30 septembre fut le jour des adieux. Pat allait se séparer de tous ceux qu'il aimait. Combien de temps serait-on sans le voir? On ne savait. Mais il promit d'écrire, et d'écrire souvent. Avec quelle émotion ce brave garçon fut embrassé de tous! Grand-mère était là, pleurant. La retrouverait-il au retour, devant l'âtre, filant sa quenouille, au milieu de ses enfants, la pauvre vieille femme si âgée? Du moins la laissait-il en bon état de santé, comme tous ceux de sa famille. Puis, l'année avait été favorable aux cultivateurs du comté. Il n'y avait rien à craindre pour l'hiver qui se faisait déjà sentir. Aussi Pat dit-il à son frère aîné :

« Je voudrais te savoir moins soucieux, Murdock. On se tire d'affaire avec du courage et de la volonté...

— Oui... Pat... si la chance est avec soi; mais on ne commande pas à la chance. Vois-tu, frère, sans cesse travailler sur une terre qui n'est pas à vous, qui ne deviendra jamais la vôtre, et, par surcroît, être à la merci d'une mauvaise récolte, ni le courage ni la volonté n'y peuvent rien ! »

Pat n'aurait su que répondre à son aîné, et, cependant, lorsqu'il lui donna une dernière poignée de main :

« Aie confiance! » murmura-t-il.

Le jeune marin fut reconduit en carriole jusqu'à Tralee. Il était accompagné de son père, de ses frères et de P'tit-Bonhomme qui eut sa bonne part des adieux... Le train l'emporta vers Dublin, d'où le paquebot devait le transporter à Liverpool.

Il y eut encore grande besogne à la ferme pendant les semaines qui suivirent. La moisson engrangée, vint le moment de battre, et cela fait, M. Martin dut courir les marchés — afin de vendre ses produits, en ne conservant que les grains de semailles.

Ces ventes intéressaient notre petit garçon au plus haut point. Aussi le fermier l'emmenait-il avec lui. Qu'on n'accuse pas cet enfant de huit ans de se montrer âpre au gain. Non! il était ainsi, et son instinct le poussait au commerce. Du reste, il se contentait du caillou que Martin Mac Carthy lui remettait chaque soir, suivant les conventions, et il se félicitait de voir grossir son trésor. Nous ferons observer, d'ailleurs, que le désir du lucre est inné chez la race irlandaise. Ils aiment à gagner de l'argent, les habitants de la Verte Erin, à la condition toutefois de l'avoir honnêtement acquis. Et, lorsque le fermier avait conclu une bonne affaire au marché de Tralee ou dans les bourgades voisines, P'tit-Bonhomme s'en montrait aussi heureux que si elle eût été faite à son profit.

Octobre, novembre, décembre, s'écoulèrent en d'assez bonnes conditions. Les travaux étaient depuis longtemps achevés, lorsque le receveur des fermages vint, la veille de Noël, se présenter à Kerwan. L'argent était prêt; mais, une fois échangé contre un reçu en règle, il n'en restait plus guère à la ferme. Aussi, ne voulant point voir partir cet argent si péniblement arraché du sol d'autrui, Murdock s'était-il hâté de sortir, dès qu'on avait aperçu le receveur. C'était toujours là l'inquiétude de l'avenir. Heureusement l'hiver était assuré, et les réserves permettraient de recommencer les labours au printemps sans dépense supplémentaire.

Avec la nouvelle année survinrent des froids excessifs. On ne quittait plus guère la ferme. Il est vrai, le travail ne manquait pas à l'intérieur. Ne fallait-il pas pourvoir à la nourriture et à l'entretien des animaux? P'tit-Bonhomme était chargé spécialement de la basse-cour, et l'on pouvait s'en rapporter à lui. Les poules et les poussins étaient aussi soigneusement traités qu'enregistrés. Entre temps, il n'oubliait pas qu'il avait une filleule. Quelle joie il éprouvait à tenir Jenny sur ses bras, à provoquer son sourire en lui souriant, à lui chanter des chansons, à la bercer pour l'endormir, lorsque sa mère était occupée de quelque besogne! C'est qu'il avait pris ses fonctions au sérieux. Un parrain, c'est presque un père, et il regardait la petite fille comme son enfant. À son sujet, il formait des projets d'avenir très ambitieux. Elle n'aurait pas d'autre maître que lui... Il lui apprendrait à parler d'abord, puis à lire, à écrire, enfin « à tenir sa maison » plus tard...

Observons ici que P'tit-Bonhomme avait profité des leçons de M. Martin et de ses fils, surtout de celles que lui donnait Murdock. À cet égard, il n'en était plus où l'avait laissé Grip, — ce pauvre Grip, qui occupait toujours sa pensée, et dont le souvenir ne devait jamais s'effacer...

Le printemps reparut sans trop de retard, à la suite d'un hiver qui avait été assez rude. Le jeune berger, accompagné de son ami Birk, reprit sa tâche habituelle. Sous sa garde, les moutons et les chèvres retournèrent à travers les pâtures dans un rayon d'un mille autour de la ferme. Combien il lui tardait que son âge lui permît de prendre part aux travaux de labour, exigeant une vigueur dont il était encore dépourvu, à son vif chagrin. Quelquefois, il en parlait à Grand'mère, qui lui répondait en hochant la tête :

« Patience... cela viendra...

— Mais, en attendant, est-ce que je ne pourrais pas semer un bout de champ?...

— Cela te rendrait-il heureux?...

— Oui, Grand'mère. Lorsque je vois Murdock ou Sim lancer les grains sur le sillon, balançant leurs bras, et marchant d'un pas régulier, j'ai bonne envie de les imiter. C'est un si beau travail, et il est si intéressant de penser que ce grain va germer dans les sillons de cette terre, et qu'il en sortira des épis longs... longs... Comment cela se peut-il faire?...

— Je n'en sais rien, mon enfant, mais Dieu le sait, ce qui doit nous suffire. »

Il résulta de cette conversation que l'on vit, quelques jours après, P'tit-Bonhomme arpenter une pièce préparée à la charrue et au rouleau, et lancer la semence d'avoine avec une adresse parfaite — ce qui lui valut les compliments de Martin Mac Carthy.

Aussi, lorsque les fines pointes vertes commencèrent à sortir, quelle obstination il mit à défendre sa future moisson contre les corbeaux pillards, se levant à la pointe du jour pour les poursuivre à coups de pierre! N'oublions pas de mentionner, en outre, qu'à la naissance de Jenny, il avait planté un petit sapin au milieu de la grande cour, avec cette pensée qu'ils grandiraient tous les deux ensemble, l'arbuste et le bébé. Et ce frêle arbuste, ce n'était pas sans peine qu'il s'ingéniait à le protéger contre les oiseaux malfaisants. Décidément, P'tit-Bonhomme et les représentants de cette gent dévastatrice ne seraient jamais bons amis.

Cet été de 1880, on travailla dur dans les campagnes de l'Ouest-Irlande. Par malheur, les circonstances climatériques se montrèrent peu favorables au rendement du sol. En la plupart des comtés, il fut très inférieur à celui de l'année précédente. Néanmoins, la famine n'était point à craindre, puisque la récolte des pommes de terre promettait d'être abondante, quoique tardive, ce dont il fallait se louer, car les emblavures ne réussirent point, et du blé, il y en eut à peine. Quant aux seigles, aux orges, aux avoines, on dut reconnaître que ces diverses céréales allaient être insuffisantes pour les besoins du pays. Sans doute, cela amènerait une hausse des prix. Mais en quoi les cultivateurs profiteraient-ils de cette hausse, puisqu'ils n'auraient rien à vendre, étant forcés de conserver le peu qu'ils récolteraient pour les semailles de la prochaine année? Aussi ceux qui avaient pu faire quelques économies devaient-ils s'attendre à les sacrifier d'abord pour le paiement des diverses taxes; puis, tout l'argent disparaîtrait jusqu'au dernier shilling lors du règlement des fermages.

La conséquence de cet état de choses fut que le mouvement nationaliste tendit à s'accentuer dans les comtés. C'est ce qui arrive toutes les fois qu'un nuage de misère se lève à l'horizon des campagnes irlandaises. En maint endroit retentirent les récriminations mêlées aux cris désespérés des partisans de la ligue agraire. De terribles menaces furent proférées contre les propriétaires du sol, qu'ils fussent ou non étrangers, et on n'a pas oublié que les landlords écossais ou anglais étaient considérés comme tels.

Cette année-là, en juin, à Westport, les gens, ameutés par la faim, venaient de s'écrier : « Accrochez-vous d'une poigne solide à vos fermes! » et le mot d'ordre qui courait à travers les campagnes, c'était : « la terre aux paysans! »

Quelques scènes de désordre éclatèrent sur les territoires du Donegal, du Sligo, du Galway. Le Kerry n'en fut point exempt. Très effrayées, Grand'mère, Martine et Kitty virent trop souvent Murdock quitter la ferme, à la nuit close, et n'y reparaître que le lendemain, fatigué par de longues étapes, et plus sombre, plus ulcéré que jamais. Il revenait de ces meetings organisés dans les principales bourgades, où l'on prêchait la révolte, le soulèvement contre les lords, le boycottage général, qui obligerait les propriétaires à laisser leurs terres en friche.

Et, ce qui accroissait les craintes de la famille au sujet de Murdock, c'est que le lord lieutenant pour l'Irlande, décidé aux plus énergi-

IL FALLUT RENTRER LES ANIMAUX A L'ÉTABLE. (Page 186.)

ques mesures, faisait surveiller de très près les nationalistes par ses brigades de police.

M. Martin et Sim, éprouvant les mêmes sentiments que Murdock, ne disaient rien quand celui-ci était de retour, après une absence prolongée. Mais les femmes, elles, le suppliaient d'être prudent, de prendre garde à ses actes, à ses paroles. Elles voulaient lui arracher la promesse de ne pas s'associer aux rébellions en faveur du *home rule*, qui ne pouvaient amener qu'une catastrophe.

Murdock éclatait alors, et la grande salle retentissait de ses colères. Il parlait, il s'emportait, comme s'il eût été dans le feu de quelque meeting.

« La misère, après toute une vie de travail, la misère sans fin! » répétait-il.

Et, tandis que Martine et Kitty tremblaient à la pensée que Murdock aurait pu être entendu du dehors, en cas que quelque agent eût rôdé autour de la ferme, M. Martin et Sim, assis à l'écart, courbaient la tête.

P'tit-Bonhomme assistait à ces tristes scènes, très ému. Après avoir subi tant d'épreuves, n'était-il donc pas arrivé au terme de ses misères le jour où il avait été recueilli à Kerwan? L'avenir lui en réservait-il de plus dures encore?

Il avait alors huit ans et demi. Fortement constitué pour son âge, ayant eu la chance d'échapper aux maladies de l'enfance, ni les souffrances, ni les mauvais traitements, ni le manque de soins, n'avaient pu affaiblir son organisme. On dit des chaudières à vapeur qu'elles ont été éprouvées à « tant » d'atmosphères, quand on les a soumises aux pressions correspondantes. Eh bien, P'tit-Bonhomme avait été éprouvé — c'est le mot — éprouvé jusqu'à son maximum de résistance, et il était capable d'une surprenante endurance physique et morale. Cela se voyait à ses épaules développées, à sa poitrine déjà large, à ses membres grêles mais nerveux et bien musclés. Sa chevelure tendait à brunir, et il la portait courte au lieu de ces boucles que miss Anna Waston faisait frisotter sur son front. Ses yeux, d'un iris bleu foncé, allumés d'une prunelle étincelante, témoignaient d'une extraordinaire vivacité. Sa bouche légèrement serrée des lèvres, son menton un peu fort, indiquaient l'énergie et la décision de son caractère. C'est ce qui avait plus particulièrement attiré l'attention de sa nouvelle famille. Ces gens de culture, sérieux et réfléchis, sont d'assez bons observateurs. Il n'avait pu leur échapper que ce garçonnet était un enfant remarquable par ses instincts d'ordre, d'application, et, certainement, il s'élèverait, s'il trouvait jamais l'occasion d'exercer ses aptitudes naturelles.

Les périodes affectées aux travaux de la fenaison et de la moisson présentèrent des conditions moins favorables que l'année précédente. Il y eut un déficit assez considérable, tel qu'on l'avait prévu, en ce qui concernait les grains. Le personnel de la ferme suffit aisément à la besogne, sans qu'il eût été besoin de recourir aux bras du dehors. Cependant la récolte des pommes de terre fut belle. C'était la nourriture en partie assurée pour la mauvaise saison. Mais, cette fois, comment se procurerait-on l'argent nécessaire au paiement des fermages et des redevances?

L'hiver revint, très précoce. Dès le commencement de septembre, on reçut le premier coup des grands froids. Puis d'abondantes neiges tombèrent. Il fallut de bonne heure rentrer les animaux à l'étable. La couche blanche était si épaisse, si persistante, que ni les moutons ni les chèvres n'auraient pu atteindre l'herbe du sol. De là, cette crainte très fondée que les fourrages fussent insuffisants jusqu'au retour du printemps. Les plus prudents ou du moins ceux qui en avaient les moyens, — et Martin Mac Carthy fut du nombre, — durent se précautionner par des achats. Il est vrai, ils ne parvinrent à les réaliser qu'à des prix très élevés, vu la rareté de la marchandise, et peut-être eût-il mieux valu se défaire des animaux, dont l'entretien serait compromis par une longue hibernation.

C'est une circonstance très fâcheuse, en tous pays, que ces froids qui gèlent la terre à plusieurs pieds de profondeur, surtout lorsque, légère et siliceuse comme en Irlande, elle a mal retenu le peu d'engrais qu'il est possible d'y mettre. Quand l'hiver se poursuit avec une ténacité devant laquelle le cultivateur est désarmé, il est à craindre que la congélation se prolonge au delà des limites normales. Et que peut le soc de la charrue, alors que l'humus a conservé la dureté du silex? Et si les semailles n'ont pas été faites à temps, quelle misère en perspective! Mais il n'est pas donné à l'homme de modifier les hasards climatériques d'une saison. Il en est donc réduit à se croiser les bras, tandis que ses réserves s'épuisent de jour en jour. Et les bras croisés ne sont pas des bras qui travaillent!

Avec la fin de novembre, cet état de choses empira. Aux tourmentes de neige succéda une température des plus rigoureuses. Maintes fois, la colonne thermométrique s'abaissa à dix-neuf degrés au dessous du zéro centigrade.

La ferme, recouverte d'une carapace durcie, ressemblait à ces huttes groënlandaises, perdues dans l'immensité des paysages polaires. A la vérité, cette épaisse couche de neige conservait à l'intérieur la chaleur des foyers, et on ne souffrait pas trop de cet excès de froidure. Par exemple, au dehors, au milieu de cette atmosphère calme dont les molécules semblaient être gelées, il était impossible de s'aventurer sans prendre certaines précautions.

Ce fut à cette époque que Martin Mac Carthy et Murdock, en prévision des fermages qu'ils auraient à payer dans quelques semaines, se virent contraints de vendre une partie de leur bétail, entre autres, un fort lot de moutons. Il importait de ne pas s'attarder pour toucher de l'argent chez les marchands de Tralee.

On était au 15 décembre. Comme la carriole n'aurait pu que très difficilement rouler à la surface de la couche glacée, le fermier et son fils prirent la résolution d'entreprendre le voyage à pied. Par vingt degrés de froid, vingt-quatre milles à parcourir en ces conditions, cela ne laissait pas d'être très pénible. Très probablement leur absence durerait deux ou trois jours.

On ne les vit pas sans inquiétude quitter la ferme, dès les premières lueurs de l'aube. Bien que le temps fût très sec, de lourdes vapeurs qui s'épaississaient vers l'ouest, menaçaient de le modifier prochainement.

M. Martin et Murdock étant partis le 15, on ne devait pas les attendre avant le soir du 17.

Jusqu'au soir, l'état atmosphérique ne changea pas d'une manière sensible. Il se produisit encore un abaissement du thermomètre d'un ou deux degrés. La brise se leva dans l'après-midi, et ce fut un autre sujet d'anxiété, car la vallée de la Cashen se trouble avec une extraordinaire violence, lorsque les vents de mer s'y engouffrent au cours de la période hivernale.

Pendant la nuit du 16 au 17, la tempête se déchaîna furieusement, accompagnée d'épais tourbillons de neige. A dix pas de la ferme, on ne l'aurait pas aperçue sous son manteau blanc. Le fracas des glaçons entrechoqués sur la rivière était épouvantable. A cette heure, M. Martin et Murdock s'étaient-ils déjà remis en route, après avoir terminé leurs affaires à Tralee? On ne savait. Ce qui est certain, c'est que le 18 au soir, ils n'étaient pas de retour.

La nuit se passa au milieu du tumulte des rafales. On imaginera sans peine quelles durent être les angoisses de Grand'mère, de Martine, de Kitty, de Sim et de P'tit-Bonhomme. Peut-être le fermier et son fils étaient-ils alors perdus dans les remous du chasse-neige?... Peut-être étaient-ils tombés à quelques milles de la ferme, épuisés, mourant de faim et de froid?...

Le lendemain, vers dix heures du matin, il se fit une éclaircie à l'horizon, et les assauts de la bourrasque diminuèrent. Par suite d'une saute de vent vers le nord, les neiges accumulées se solidifièrent en un instant. Sim déclara qu'il allait se porter au devant de son père et de son frère, en emmenant Birk. Sa résolution fut approuvée, à la condition qu'il permettrait à Martine et à Kitty de l'accompagner.

Il en résulta donc que P'tit-Bonhomme, malgré son désir, dut rester à la maison avec Grand'mère et le bébé.

Il fut bien convenu, d'ailleurs, que les recherches se borneraient à l'exploration de la route sur deux ou trois milles, et que, pour le cas où Sim jugerait à propos de les poursuivre au delà, Martine et Kitty rentreraient avant la nuit.

Un quart d'heure après, Grand'mère et P'tit-Bonhomme étaient seuls. Jenny dormait dans la chambre à côté de la salle — la chambre de Murdock et de Kitty. Une sorte de corbeille, suspendue par deux cordes à l'une des poutres du plafond, selon la mode irlandaise, servait de berceau à l'enfant.

Le fauteuil de Grand'mère était placé devant l'âtre, où P'tit-Bonhomme entretenait un bon feu de tourbe et de bois. De temps en temps, il se levait, il allait voir si sa filleule ne s'éveillait point, s'inquiétant du moindre mouvement qu'elle faisait, prêt à lui donner un peu de lait tiède, ou même à la rendormir en balançant doucement son berceau.

Grand'mère, tourmentée par l'inquiétude, prêtait l'oreille à tous les bruits du dehors, grésillement des neiges qui se durcissaient sur le chaume, gémissement des ais qui craquaient sous les piqûres du froid.

« Tu n'entends rien, P'tit-Bonhomme? disait-elle.

— Non, Grand'mère! »

Et, après avoir égratigné les vitres zébrées de givre, il essayait de jeter un regard à travers la fenêtre qui donnait sur la cour toute blanche.

Vers midi et demi, la petite fille poussa un léger cri. P'tit-Bonhomme se rendit près d'elle. Comme elle n'avait pas ouvert les yeux, il se contenta de la bercer pendant quelques instants, et le sommeil la reprit.

Il se disposait à retourner près de la vieille femme qu'il ne voulait pas laisser seule, lorsqu'un bruissement se fit entendre à l'extérieur. Il écouta avec plus d'attention. Ce n'était qu'une sorte de grattement qui lui parut venir de l'étable contiguë à la chambre de Murdock. Toutefois, celle-ci en étant séparée par un mur plein, il ne se préoccupa pas autrement de ce bruit. Quelques rats, sans doute, qui couraient entre les bottes de litière. Quant à la fenêtre, elle était fermée, et il n'y avait rien à craindre.

P'tit-Bonhomme, ayant eu soin de repousser la porte qui séparait les deux chambres, s'empressa de rentrer.

« Et Jenny? demanda Grand'mère.

— Elle s'est rendormie.

— Alors, reste près de moi, mon enfant...

— Oui, Grand'mère. »

Tous deux, courbés devant l'âtre flambant, reparlèrent de Martin et de Murdock, puis de Martine, de Kitty, de Sim, qui étaient allés à leur rencontre.

Pourvu qu'il ne leur fût pas arrivé malheur! Au milieu de ces tempêtes de neige, il se produit parfois de si terribles catastrophes! Bah! des hommes énergiques et vigoureux savent se tirer d'affaire... Dès qu'ils rentreraient, ils trouveraient un bon feu dans le foyer, un grog brûlant sur la table... P'tit-Bonhomme n'aurait qu'à jeter une brassée de fagots au fond de l'âtre.

Depuis deux heures déjà, Martine et les autres étaient partis, et rien n'annonçait leur prochain retour.

« Voulez-vous que j'aille jusqu'à la porte de la cour, Grand'mère? proposa P'tit-Bonhomme. De là, je m'avancerai sur la route afin de voir plus loin...

— Non!... non!... Il ne faut pas que la maison reste seule, répondit Grand'mère, et elle est seule lorsqu'il n'y a que moi à la garder! »

Ils se remirent à causer. Mais bientôt, — ce qui arrivait quelquefois, — la fatigue et l'inquiétude aidant, la vieille femme ne tarda pas à s'assoupir.

P'tit-Bonhomme, suivant son habitude, lui glissa un oreiller derrière la tête, se promettant d'éviter tout bruit qui pourrait la réveiller, et il vint se poster près de la fenêtre.

Après en avoir déglacé une des vitres, il regarda.

Tout était blanc au dehors, tout était silencieux comme dans un enclos de cimetière.

Puisque Grand'mère dormait, puisque Jenny reposait dans la chambre à côté, quel inconvénient y aurait-il à se porter jusqu'à la route. Cette curiosité, ou plutôt ce désir de voir si personne ne venait, était très excusable.

P'tit-Bonhomme ouvrit donc la porte de la salle et la referma doucement. Et s'enfonçant à mi-jambe dans la couche de neige, il gagna la barrière à l'entrée de la cour.

Sur la route, blanche à perte de vue, personne. Nul bruit de pas dans la direction de l'ouest. Martine, Kitty et Sim n'étaient point à proximité, car les aboiements de Birk se fussent fait entendre de loin par ces froids vifs qui portent la voix à de grandes distances.

P'tit-Bonhomme s'avança jusqu'au milieu de la chaussée.

En ce moment, un nouveau grattement attira son attention, non sur la route, mais dans la cour, à droite des bâtiments du côté des étables. On eût dit que ce grattement était accompagné d'un hurlement étouffé.

P'tit-Bonhomme, immobile, écoutait. Le cœur lui battait fort. Mais, bravement, il se dirigea vers le mur des étables, et ayant tourné l'angle de ce côté, il se glissa à pas sourds par précaution.

Le bruit se faisait toujours entendre à l'intérieur, derrière l'angle occupé par la chambre de Murdock et de Kitty.

P'tit-Bonhomme, dans le pressentiment de quelque malheur, vint en rampant le long de la muraille.

A peine eut-il dépassé l'angle, qu'un cri lui échappa.

En cet endroit, le paillis avait été désagrégé. Au milieu du mortier, effrité par le temps, se découpait un assez large trou, qui s'ouvrait sur la chambre où dormait Jenny.

Qui avait fait cette brèche?... Était-ce un homme?... Était-ce un animal?...

Sans hésiter, P'tit-Bonhomme s'élança d'un bond et pénétra dans la chambre...

Juste à ce moment, un animal de forte taille s'en échappait, et, en s'enfuyant, renversa le jeune garçon.

Le loup se sauvait en traînant le berceau. (Page 192.)

C'était un loup, — un de ces loups vigoureux, à museau pointu en forme de coin, qui rôdent par bandes à travers les campagnes irlandaises pendant les longs hivers.

Après avoir déchiré le paillis et s'être introduit dans la chambre, il avait arraché le berceau de Jenny, dont les cordes s'étaient rompues, et se sauvait en le traînant sur la neige.

La petite fille jetait des cris...

ET IL N'AVAIT PAS ENCORE NEUF ANS. 193

P'tit-Bonhomme l'attendait de pied ferme (Page 194.)

Se mettre à la poursuite du loup, son couteau à la main, P'tit-Bonhomme n'hésita pas à le faire, appelant au secours d'une voix désespérée. Mais qui aurait pu l'entendre, qui aurait pu lui venir en aide? Et si le féroce animal se retournait contre lui?... Est-ce qu'il songeait à cela?... Est-ce qu'il se disait qu'il risquait sa vie?... Non! il ne voyait que l'enfant emporté par cette énorme bête...

Le loup détalait rapidement, tant ce berceau, qu'il tirait par une des cordes, lui pesait peu. P'tit-Bonhomme dut courir pendant une centaine de pas avant de l'atteindre. Après avoir contourné les murs de la ferme, le loup s'était élancé sur la grande route, et il la remontait vers Tralee, lorsqu'il fut rejoint par P'tit-Bonhomme.

Le loup s'arrêta, et, lâchant le berceau, se précipita sur le jeune garçon.

Celui-ci l'attendit de pied ferme, la main tendue, et au moment où l'animal lui sautait à la gorge, il lui enfonça son couteau dans le flanc. Mais ce ne fut pas sans que le loup l'eût mordu au bras, et cette morsure fut si douloureuse qu'il tomba inanimé sur la neige.

Par bonne chance, avant qu'il eût perdu connaissance, des aboiements se firent entendre...

C'était Birk. Il accourait, il se jeta sur le loup, qui se hâta de prendre la fuite.

Presque aussitôt apparaissaient Martin Mac Carthy et Murdock, que Sim, Martine et Kitty venaient de rencontrer enfin à deux milles de là.

La petite Jenny était sauvée, et sa mère la rapportait entre ses bras.

Quant à P'tit-Bonhomme, dont Murdock avait étanché la blessure, il fut ramené à la ferme, et déposé sur son lit dans la chambre de Grand'mère.

Quand il eut repris ses sens :

« Et Jenny?... demanda-t-il.

— Elle est là, répondit Kitty, là... vivante... et grâce à toi... mon brave enfant!

— Je voudrais bien l'embrasser... »

Et, dès qu'il eut vu la petite sourire à son baiser, ses yeux se refermèrent.

XV

MAUVAISE ANNÉE.

La blessure de P'tit-Bonhomme n'était pas grave, bien que son sang eût abondamment coulé. Mais, s'ils fussent arrivés quelques instants plus tard, Murdock n'aurait relevé qu'un cadavre, et jamais Kitty n'eût revu son enfant.

Dire que P'tit-Bonhomme fut entouré de soins affectueux pendant les quelques jours que nécessita son rétablissement, ce serait superflu. Plus qu'à aucun moment il sentit qu'il avait une famille, lui, ce pauvre orphelin d'on ne savait qui! Avec quelle effusion son cœur s'ouvrait à toutes ces tendresses, lorsqu'il songeait à tant de jours heureux passés à la ferme de Kerwan. Et pour en savoir le nombre, ne lui suffisait-il pas de compter les cailloux que M. Martin lui remettait chaque soir? Celui qu'il lui donna après l'affaire du loup, quelle joie il eut à le glisser dans son vieux pot de grès!

L'année achevée, la rigueur de l'hiver s'accentua au delà du nouvel an. Il fallut prendre certaines précautions. De redoutables bandes de loups avaient été signalées aux alentours de la ferme, et le paillis des murs n'aurait pu résister à la dent de ces carnassiers. M. Martin et ses fils eurent plusieurs fois à faire le coup de fusil contre ces dangereux fauves. Il en fut de même dans tout le comté, dont les plaines, pendant ces interminables nuits, retentissaient de lugubres hurlements.

Oui! ce fut un de ces lamentables hivers, qui semblent souffler sur l'Europe septentrionale toutes les bises âpres et pénétrantes des contrées polaires. Les vents du nord prédominaient, et l'on sait de quelles froidures hyperboréennes ils se chargent. Par malheur, il était à craindre que cette période se continuât outre mesure, comme se prolonge la période algide chez les malades dévorés de la fièvre. Et, quand la malade, c'est la terre, qui se pétrifie sous l'action des frimas, qui se gerce à la façon des lèvres d'un moribond, on est porté à croire que ses facultés productives vont pour jamais s'éteindre, ainsi qu'il en est de ces astres morts gravitant à travers l'espace.

Les inquiétudes du fermier et de sa famille ne furent donc que trop justifiées par les rigueurs anormales de cette saison. Cependant, grâce au produit de la vente des moutons, M. Martin avait pu faire face au paiement des taxes et des loyers. Aussi, lorsque l'agent du middleman s'était présenté à Noël, avait-il reçu ses fermages intégralement, — ce dont il parut quelque peu surpris, car, moins favorisé dans la plupart des fermes, il avait dû procéder par voie de justice à l'éviction des tenanciers. Mais comment Martin Mac Carthy ferait-il face aux échéances de l'année suivante, si l'excessive durée de l'hiver empêchait les prochaines semailles?

D'ailleurs, il survint d'autres malheurs. Par suite de l'abaissement de la température, qui tomba à trente degrés au-dessous de zéro, quatre des chevaux et cinq vaches périrent de froid dans l'écurie et l'étable. Il avait été impossible de clore suffisamment ces bâtiments, en mauvais état, qui cédèrent en partie sous l'impétuosité des bourrasques. La basse-cour même, malgré tout ce que l'on put imaginer, subit des pertes très sensibles. Chaque jour, la colonne du déficit s'allongeait sur le carnet de P'tit-Bonhomme. En outre, ce qu'il y avait à craindre, — et ce qui eût réduit la famille à une situation des plus critiques, — c'était que la maison d'habitation ne pût résister à tant de causes destructives. Sans cesse, M. Martin, Murdock et Sim travaillaient à la réparer, à la consolider extérieurement. Mais ces murs en paillis, ces chaumes que le vent déchire, il est toujours à redouter qu'ils ne s'affaissent au milieu du tourbillon des rafales.

Il y eut des journées entières, pendant lesquelles personne ne put mettre le pied au dehors. La route n'était plus praticable, et l'amas de neiges y dépassait la hauteur d'un homme. Au milieu de la cour, le petit sapin, planté à la naissance de Jenny, ne laissait plus voir que sa tête blanche de givre. Rien que pour permettre l'accès aux étables, il fallut ménager une tranchée qu'il était nécessaire de désobstruer deux fois par vingt-quatre heures. Le transport des fourrages d'un bâtiment à l'autre ne s'opérait qu'au prix d'excessives difficultés.

Ce qui passait toute croyance, c'est que le froid ne perdait rien de son intensité, quoique la neige ne cessât de tomber en abondance. Il est vrai, ce n'était point une chute de légers flocons étoilés, mais une véritable averse de minces glaçons, projetés par les remous giratoires de la bourrasque. De là, un dépouillement complet de la frondaison des arbrisseaux et des arbres à feuilles persistantes.

Entre les rives de la Cashen un embâcle se forma, qui atteignit des proportions énormes. On eût dit d'un véritable ice-berg, et c'était à se demander si les crues ne produiraient pas de nouveaux sinistres, lorsque cette masse se liquéfierait aux premières chaleurs du printemps. Et, dans ce cas, comment M. Martin et ses fils parviendraient-ils à préserver les corps de bâtiments, si la rivière débordait jusqu'à la ferme?

Quoi qu'il en soit, ils avaient à présent d'autres soins à prendre, — des précautions aussi pour l'entretien et la conservation du bétail. En effet, sous le fouet de l'ouragan, les chaumes des étables furent arrachés, et il y eut à les réparer d'urgence. Ce qui restait du troupeau de moutons, des vaches et des chevaux demeura sans abri à la rigueur de la température durant plusieurs jours, et quelques-uns de ces animaux périrent par le froid. On dut travailler à refaire les toitures, tant bien que mal, et cela au plus fort de la tourmente. Encore fallut-il sacrifier la partie antérieure des étables du côté de la route et les dépouiller de leur chaume afin d'en recouvrir l'autre portion.

La maison d'habitation où logeait la famille Mac Carthy ne fut pas davantage épargnée. Une nuit, l'étage mansardé s'effondra, et Sim, qui l'occupait, dut abandonner le grenier pour s'installer dans la salle du rez-de-chaussée. Et alors, le plafond menaçant de s'écrouler à son tour, il fut nécessaire de placer des madriers de champ, afin de l'étayer, tant le poids des neiges fatiguait les solives.

L'hiver s'avançait, et pourtant sans rien perdre de sa rigueur. Février fut aussi dur que janvier. La moyenne de la température se tint à vingt degrés centigrades au-dessous de zéro. On était dans la ferme comme des naufragés abandonnés sur un rivage polaire, qui ne peuvent prévoir la fin de l'hivernage. Et, par surcroît, la débâcle menaçait-elle de provoquer des catastrophes plus redoutables encore par le débordement de la Cashen.

Disons toutefois, qu'au point de vue de la nourriture, il n'y avait pas lieu d'être inquiet. Viande et légumes n'étaient pas près de manquer. D'ailleurs, les bêtes abattues par le froid, vaches et moutons, faciles à conserver dans la glace, constituaient une abondante réserve. Puis, si la basse-cour était décimée, les porcs supportaient cette température sans en trop souffrir, et, rien que par eux, l'alimentation eût été assurée pour une longue période. Quant au chauffage, il suffirait chaque jour d'aller chercher sous la neige les branches brisées par les rafales afin d'économiser la tourbe qui commençait à s'épuiser.

Du reste, robustes et bien portants, endurcis de longue main, le père et les fils étaient faits aux épreuves de ces rudes climats. Pour ce qui est de notre jeune garçon, il montrait une vigueur extraordinaire. Jusqu'alors, les femmes, Martine et Kitty, tout en prenant leur part du travail commun, avaient résisté. La petite Jenny, toujours tenue dans une chambre hermétiquement close, poussait comme une plante en serre chaude. Seule, Grand'mère était visiblement atteinte, malgré les soins dont on l'entourait. Et, en outre, ses souffrances physiques se doublaient de souffrances morales, à voir l'avenir des siens si compromis. C'était plus qu'elle ne pouvait supporter. Il y avait là un grave sujet d'inquiétude pour toute la famille.

En avril, la température normale reprit peu à peu son cours, en se relevant au-dessus de zéro. Néanmoins, le sol dut attendre les chaleurs de mai pour se dégager de sa couche de glace. Il était déjà tard, très tard en ce qui concernait les semailles. Peut-être les fourrages réussiraient-ils? Quant aux grains, ils n'arriveraient certainement pas à maturité. Aussi, pensait-on, mieux valait ne point risquer inutilement les semences, et porter tous ses efforts sur la culture des légumes, dont la récolte pourrait avoir lieu à la fin d'octobre, et, plus spécialement celle des pommes de terre, — ce qui sauverait les campagnes des horreurs de la famine.

Mais, après la fusion des neiges, dans quel état trouverait-on le sol? Gelé sans doute à cinq ou six pieds de profondeur. Ce ne serait plus une terre friable, ce serait un humus dur comme le granit, et comment le soc de la charrue parviendrait-il à l'entamer?

Il fallut remettre aux derniers jours de mai le commencement des labours. Il semblait que le soleil fût dépourvu de chaleur, tant la fonte des neiges s'opérait lentement, et encore fut-elle retardée jusqu'en juin dans la partie montagneuse du comté.

La détermination de se borner à la culture des pommes de terre et de renoncer aux grains fut générale chez les cultivateurs. Ce qui allait se faire à la ferme de Kerwan se ferait aussi dans les autres fermes du domaine de Rockingham. La mesure s'étendit même, non seulement au comté de Kerry, mais à ceux de l'Ouest-Irlande, dans le Munster comme dans le Connaught et dans l'Ulster. Il n'y eut que la province de Leinster, dont le sol s'était plus rapidement débarrassé des glaces, où l'ensemencement put être tenté avec quelque espoir de succès.

Ce qui en résulta, c'est que les tenanciers, si péniblement éprouvés, durent se résigner à de prodigieux efforts pour préparer les champs dans des conditions favorables à la production des légumes. A la ferme de Kerwan, M. Martin et ses fils s'attelèrent à cette besogne

Un seul cheval et l'âne accouplés. (Page 200.)

d'autant plus rude que les animaux leur manquaient. Un seul cheval et l'âne accouplés, c'était tout ce dont ils pouvaient disposer pour la charrue, le rouleau ou la herse. Enfin, à force de travail pendant des journées de douze heures, ils parvinrent à planter une trentaine d'acres en pommes de terre, tout en craignant que ce travail ne fût compromis par la précocité du prochain hiver.

Alors apparut un autre désastre commun à toutes les contrées

Les escouades de la « mounted constabulary » parcouraient les campagnes. (Page 204.)

montagneuses de l'Irlande. A la fin de juin, le soleil répandit une ardeur excessive, et la fusion des neiges s'opéra par grandes masses sur les pentes. Peut-être la province du Munster, à cause des ramifications multiples de ses cours d'eau, fut-elle plus éprouvée que les autres. En ce qui concerne le comté de Kerry, cela prit les proportions d'un cataclysme. Les nombreuses rivières subirent des crues anormales qui provoquèrent d'immenses dégâts. Le pays fut largement inondé. Quantité de maisons, emportées par les torrents, laissèrent leurs habitants sans abri. Surpris par la soudaineté des crues, ces pauvres gens attendirent vainement des secours. Presque tout le bétail périt, et, en même temps, les récoltes, préparées avec tant de peines, furent irrémédiablement perdues!

Dans le comté de Kerry, une partie du domaine de Rockingham disparut sous les eaux de la Cashen. Quinze jours durant, sur un rayon de deux à trois milles, les abords de la ferme se transformèrent en une sorte de lac, — lac traversé de courants furieux, qui entraînaient les arbres déracinés, les débris de cabanes, les toitures arrachées aux maisons voisines, toutes les épaves d'une vaste démolition, et aussi les cadavres d'animaux dont les paysans perdirent plusieurs centaines.

La crue s'étendit jusqu'aux hangars et aux étables de la ferme, ce qui amena leur destruction à peu près totale. Malgré les plus énergiques efforts, il fut impossible de sauver le reste des bestiaux, sauf quelques porcs. Si la maison d'habitation n'avait pas été surélevée, le flot l'eût atteinte aussi, car la crue ne s'arrêta qu'au niveau du rez-de-chaussée, qui, pendant une nuit, se trouva menacé par ces eaux tumultueuses.

Enfin, ce qui frappa le pays d'un dernier coup, le plus terrible, le plus désastreux, la récolte des pommes de terre fut entièrement anéantie au milieu de ces champs ravinés par les courants.

Jamais la famille Mac Carthy n'avait vu apparaître sur son seuil un si effrayant cortège de misères. Jamais l'avenir ne s'était présenté sous un aspect si lugubre pour le fermier irlandais. Faire face aux nécessités de la situation devenait impossible. L'existence de ces malheureux allait être remise en question. Quand on demanderait à M. Martin de s'acquitter envers l'État, envers les propriétaires du sol, que répondrait-il?

En effet, elles sont lourdes, ces charges du tenancier. Qu'il reçoive la visite du collecteur des taxes ou la visite du régisseur des landlords, c'est toujours le plus clair de son bénéfice qui passe dans leur poche. Si les propriétaires fonciers ont à payer trois cent mille livres pour la propriété foncière et six cent mille livres pour la taxe des pauvres, les paysans sont encore plus écrasés par les impôts qui leur incombent personnellement, c'est-à-dire les redevances pour les routes; les ponts, la police, la justice, les prisons, les travaux publics, — total qui s'élève au taux énorme d'un million de livres sterling, rien que pour l'Irlande.

Satisfaire à toutes ces exigences fiscales, lorsque la récolte a été bonne, lorsque l'année a laissé quelques économies, en un mot, quand les circonstances ont été favorables, cela est déjà très onéreux au fermier, puisqu'il lui reste encore à payer les fermages. Mais, lorsque le sol a été frappé de stérilité, quand la rudesse de l'hiver et les inondations ont achevé de ruiner un pays, alors que les spectres de l'éviction et de la famine se lèvent à son horizon, que faire? Cela n'empêche pas le collecteur de se présenter à son heure, et, après sa visite, les dernières épargnes ont disparu... Ainsi arriva-t-il à Martin Mac Carthy.

Où étaient les heures de joie et de fête que P'tit-Bonhomme avait connues pendant les premiers temps de son séjour? On ne travaillait plus, maintenant que le travail manquait, et, durant ces longues journées, la famille, désespérée, chômait autour de Grand'mère, qui dépérissait à vue d'œil.

Du reste, cette avalanche de désastres avait écrasé la plupart des districts du comté. Aussi, dès le début de l'hiver de 1881, avaient éclaté partout les menaces de « boycottage », c'est-à-dire la violence mise au service des grèves agraires, afin d'empêcher la location des terres ou leur mise en culture, — procédés inefficaces qui ruinent à la fois le fermier et le propriétaire. Ce n'est pas avec ces moyens que l'Irlande peut échapper aux exactions du régime féodal, ni amener la rétrocession du sol aux tenanciers dans une mesure équitable, ni abolir les funestes pratiques du landlordisme!

Néanmoins, l'agitation redoubla au milieu des paroisses frappées par tant de misères Au premier rang, le comté de Kerry se signala par le retentissement de ses meetings et l'audace des agents de l'autonomie qui le parcoururent en déployant le drapeau de la landleague. L'année précédente, M. Parnell avait été nommé par trois circonscriptions.

Au profond effroi de sa femme et de sa mère, Murdock n'hésita pas à se lancer à corps perdu dans ce mouvement. Bravant le froid et la faim, rien ne put l'arrêter. Il courut de bourgade en bourgade afin de provoquer une entente générale au sujet du refus des fermages et pour empêcher la location des terres après l'éviction des fermiers. M. Martin et Sim auraient en vain essayé de le retenir. Et, d'ailleurs, eux-mêmes ne l'approuvaient-ils pas, étant donné que leurs efforts n'avaient abouti qu'au dernier dénuement, et qu'ils se voyaient à la veille d'être chassés de la ferme de Kerwan, depuis si longtemps dans leur famille?

Cependant l'administration, sachant que les cultivateurs seraient faciles à soulever après une année si ruineuse, avait pris ses précautions. Le lord lieutenant s'était hâté de donner des ordres en prévision d'une rébellion probable des nationalistes. Déjà les escouades de la « mounted constabulary » parcouraient les campagnes, avec mission de prêter main-forte aux huissiers et recors. Elles devaient également, si besoin était, dissiper les meetings par la force, et mettre en état d'arrestation les plus ardents de ces fanatiques signalés à la police irlandaise. Évidemment, Murdock serait bientôt de ceux-là, s'il ne l'était à cette heure. Que peuvent faire les Irlandais contre un système qui repose sur trente mille soldats campés — c'est le mot — en Irlande?

Que l'on se figure les transes dans lesquelles vivait la famille Mac Carthy! Lorsque des pas résonnaient sur la route, Martine et Kitty devenaient toutes pâles. Grand'mère relevait la tête, puis, un instant après, la laissait retomber sur sa poitrine. Étaient-ce des gens de police qui se dirigeaient vers la ferme pour arrêter Murdock, et peut-être aussi son père et frère?...

Plus d'une fois, Martine avait supplié son fils aîné de se soustraire aux mesures dont les principaux membres de la ligue agraire étaient menacés. Il y avait eu des arrestations dans les villes : il y en aurait dans les campagnes. Mais où Murdock aurait-il pu se cacher? Demander asile aux cavernes du littoral, chercher refuge sous le couvert des bois pendant ces hivers de l'Irlande, il n'y faut pas songer. D'ailleurs, Murdock ne voulait se séparer ni de sa femme ni de son enfant, et, en admettant qu'il fût parvenu à trouver quelque sécurité au milieu des comtés du nord, moins soumis à la surveillance de la police, les ressources lui auraient manqué pour y emmener Kitty, pour subvenir aux nécessités de l'existence. La caisse nationaliste, bien que ses revenus s'élevassent à deux millions, ne pouvait suffire au soulèvement contre le landlordisme.

Murdock demeurait donc à la ferme, quitte à s'enfuir, si les constables arrivaient pour y perquisitionner. Aussi surveillait-on les allées et venues sur la route. P'tit-Bonhomme et Birk rôdaient aux alentours. Personne n'aurait pu s'approcher d'un demi-mille, sans être aussitôt signalé.

En outre, ce qui inquiétait bien autrement Murdock, c'était la prochaine visite du régisseur, chargé de toucher les fermages à l'échéance de Noël.

Jusqu'alors, Martin Mac Carthy avait toujours été en mesure de s'acquitter au moyen des produits de la ferme et des quelques économies réalisées sur les années précédentes. Une ou deux fois seulement, il avait demandé et obtenu, non sans peine, de courts délais afin de parfaire le montant des redevances. Mais, aujourd'hui, comment se fût-il procuré de l'argent, et qu'aurait-il cherché à vendre, puisqu'il ne lui restait plus rien, ni des bestiaux qui avaient péri, ni de son épargne que les taxes avaient dévorée?

On n'a point oublié que le propriétaire du domaine de Rockingham était un lord d'origine anglaise, qui n'était jamais venu en Irlande. En admettant que ce lord eût été animé de bonnes intentions envers ses tenanciers, il ne les connaissait pas, il ne pouvait s'intéresser à eux, eux ne pouvaient recourir à lui. Dans l'espèce, le middleman,

John Eldon, qui avait pris à son compte l'exploitation du domaine, habitait Dublin. Ses rapports avec les fermiers étaient peu fréquents, et il laissait à son régisseur le soin de faire les rentrées aux époques d'usage.

Ce régisseur, qui se présentait une fois l'an chez le fermier Mac Carthy, se nommait Harbert. Apre et dur, trop habitué au spectacle des misères du paysan pour s'en émouvoir, c'était une sorte d'huissier, d'homme-saisie, d'homme-protêt, qu'aucune supplication n'avait jamais pu attendrir. On le savait impitoyable dans l'exercice de son métier. En parcourant les fermes du comté, il avait déjà donné la mesure de ce dont il était capable, — familles chassées sans merci de leurs froides demeures, délais refusés alors même qu'ils auraient permis de sauvegarder une situation. Porteur d'ordres formels, on eût dit que cet homme prenait plaisir à les appliquer dans toute leur rigueur. Hélas! l'Irlande n'est-elle pas toujours ce pays, où l'on a osé proclamer autrefois cette abominable déclaration : « Ce n'est pas violer la loi que de tuer un Irlandais! »

Aussi l'inquiétude était-elle extrême à Kerwan. La visite d'Harbert ne devait plus tarder. Cette dernière semaine de décembre, il l'employait d'habitude à parcourir le domaine de Rockingham.

Le matin du 29 décembre, P'tit-Bonhomme, qui avait été le premier à l'apercevoir, accourut en toute hâte prévenir la famille réunie dans la salle du rez-de-chaussée.

Tous étaient là, le père, la mère, les fils, la bisaïeule et son arrière-petite-fille que Kitty tenait sur ses genoux.

Le régisseur repoussa la barrière, traversa la cour d'un pas déterminé, — le pas du maître, — ouvrit la porte de la salle, et, sans même ôter son chapeau, sans saluer d'un mot de bonjour, en homme qui se sent plus chez lui que ceux dont il envahit le domicile, il s'assit sur une chaise devant la table, tira quelques papiers de sa sacoche de cuir et dit d'un ton rude :

« C'est cent livres que j'ai à toucher pour l'année écoulée, Mac Carthy. Nous sommes d'accord, je suppose?...

— Oui, monsieur Harbert, répondit le fermier dont la voix tremblait légèrement. C'est bien cent livres... Mais je vous demanderai un délai... Vous m'avez quelquefois accordé...

— Un délai... des délais! s'écria Harbert. Qu'est-ce que cela signifie?... Je n'entends que ce refrain dans toutes les fermes!... Est-ce avec des délais que M. Eldon pourra s'acquitter envers lord Rockingham?...

— L'année a été mauvaise pour tous, monsieur Harbert, et vous pouvez croire que notre ferme n'a pas été épargnée...

— Cela ne me regarde pas, Mac Carthy, et je ne puis vous accorder de délai. »

P'tit-Bonhomme, blotti dans un coin sombre, les bras croisés, l'œil grand ouvert, écoutait.

« Voyons, monsieur Harbert, reprit le fermier, soyez pitoyable au pauvre monde... Il ne s'agit que de nous donner un peu de temps... Voici la moitié de l'hiver qui est passée, et elle n'a pas été trop rigoureuse... Nous nous rattraperons à la saison prochaine...

— Voulez-vous payer oui ou non, Mac Carthy?

— Nous le voudrions, monsieur Harbert... écoutez-moi... je vous assure que cela nous est impossible...

— Impossible! s'écria le régisseur. Eh bien, procurez-vous de l'argent en vendant...

— Nous l'avons fait, et ce qui nous restait a été détruit par l'inondation... On n'aurait pas cent shillings du mobilier...

— Et maintenant que vous ne serez même pas en état de commencer vos labours, s'écria le régisseur, vous comptez sur la prochaine récolte pour vous acquitter?... Allons donc! Est-ce que vous vous moquez de moi, Mac Carthy?

— Non, monsieur Harbert, Dieu m'en préserve, mais, par pitié, ne nous ôtez pas ce dernier espoir! »

Murdock et son frère, immobiles et muets, ne contenaient pas sans peine leur indignation, à voir le père se courber humblement devant cet homme.

En ce moment, Grand'mère, s'étant redressée à demi sur son fauteuil, dit d'une voix grave :

« Monsieur Harbert, j'ai soixante-dix-sept ans, et depuis soixante-dix-sept ans je suis dans cette ferme, que mon père dirigeait avant mon mari et mon fils. Jusqu'à ce jour, nous avons toujours payé nos fermages, et, pour la première fois que nous lui demandons une année de répit, je ne croirai jamais que lord Rockingham veuille nous en chasser...

— Il ne s'agit pas de lord Rockingham ! répondit brutalement Harbert. Il ne vous connaît même pas, lord Rockingham ! Mais M. John Eldon vous connaît... Il m'a donné des ordres formels, et si vous ne me payez pas, vous quitterez Kerwan...

— Quitter Kerwan ! s'écria Martine, pâle comme une morte.

— Dans les huit jours !

— Et où trouverons-nous un abri ?...

— Où vous voudrez ! »

P'tit-Bonhomme avait vu de bien tristes choses déjà, il avait subi lui-même d'affreuses misères... et pourtant, il lui semblait qu'il n'avait jamais assisté à rien de pareil. Ce n'était pas une scène de pleurs ni de cris, et elle n'en était que plus effrayante.

Cependant Harbert s'était levé, et, avant de remettre les papiers dans la sacoche :

« Encore une fois, voulez-vous payer ? demanda-t-il.

— Et avec quoi ?... »

C'était Murdock qui venait d'intervenir en jetant ces mots d'une voix éclatante.

« Oui !... avec quoi ?... » répéta-t-il, et il s'avança lentement vers le régisseur.

Harbert connaissait Murdock de longue date. Il n'ignorait pas qu'il était l'un des plus actifs partisans de la ligue contre le landlordisme, et, sans doute, la pensée lui vint que l'occasion était bonne d'en purger le pays. Aussi, ne croyant pas devoir le ménager, répondit-il ironiquement avec un haussement d'épaules :

« Avec quoi payer, demandez-vous ?... Ce n'est pas en allant courir

« Est-ce que ces mains-là n'ont pas travaillé? » (Page 209.)

les meetings, en se mêlant aux rebelles, en boycottant les propriétaires du sol… C'est en travaillant…

— En travaillant! dit Murdock, qui tendait ses mains durcies aux labours. Est-ce que ces mains-là n'ont pas travaillé?… Est-ce que mon père, mes frères, ma mère, se sont croisé les bras depuis tant d'années dans cette ferme?… Monsieur Harbert, ne dites pas ces choses-là, car je ne suis pas capable de les entendre… »

Murdock acheva sa phrase par un geste qui fit reculer le régisseur. Et alors, laissant sortir de son cœur tout ce que l'injustice sociale y avait amassé de colères, il le fit avec l'énergie que comporte la langue irlandaise, — cette langue dont on a pu dire : « Quand vous plaidez pour votre vie, plaidez en irlandais ! » Et, c'était bien pour sa vie, pour la vie de tous les siens, qu'il se laissait entraîner à de si terribles récriminations.

Puis, son cœur soulagé, il alla s'asseoir à l'écart.

Sim sentait l'indignation bouillonner en lui comme le feu dans une fournaise.

Martin Mac Carthy, la tête baissée, n'osait pas interrompre le silence accablant qui avait suivi les violentes paroles de Murdock.

D'autre part, Harbert ne cessait de regarder ces gens avec autant de mépris que d'arrogance.

Martine se leva, et s'adressant au régisseur :

« Monsieur, lui dit-elle, c'est moi qui viens vous implorer... vous demander un délai... Cela nous permettra de vous payer... quelques mois seulement... et à force de travail... quand nous devrions mourir à la peine !... Monsieur, je vous supplie... je vous prie à genoux... par pitié !... »

Et la malheureuse femme s'abaissait devant cet homme impitoyable, qui l'insultait rien que par son attitude.

« Assez, ma mère !... Trop... trop d'humiliation ! dit Murdock, qui obligea Martine à se relever. Ce n'est pas par des prières que l'on répond à de tels misérables...

— Non, répliqua Harbert, et je n'ai que faire de tant de paroles ! De l'argent... de l'argent à l'instant même, ou, avant huit jours, vous serez chassés...

— Avant huit jours, soit ! s'écria Murdock. Mais c'est vous, d'abord, que je vais jeter à la porte de cette maison, où nous sommes encore les maîtres... »

Et, se précipitant sur le régisseur, il le prit à bras-le-corps, il le poussa dans la cour.

« Qu'as-tu fait, mon fils... qu'as-tu fait? dit Martine, tandis que les autres courbaient la tête.

— J'ai fait ce que tout Irlandais devrait faire, répondit Murdock, chasser les lords de l'Irlande, comme j'ai chassé leur agent de cette ferme! »

XVI

ÉVICTION

Telle était la situation de la famille Mac Carthy au début de 1882. P'tit-Bonhomme venait d'accomplir sa dixième année. Vie courte, sans doute, si on ne l'évalue que par le temps écoulé, mais longue déjà par les épreuves. Il n'y comptait en tout que trois ans de bonheur, — ces trois ans qui avaient suivi son arrivée à la ferme.

Ainsi, la misère qu'il avait connue autrefois, venait de s'abattre sur les êtres qu'il chérissait le plus au monde, sur cette famille devenue la sienne. Le malheur allait brutalement rompre les liens qui rattachaient le frère, la mère, les enfants. Ils seraient contraints de se séparer, de se disperser, peut-être de quitter l'Irlande, puisqu'ils ne pouvaient plus vivre sur leur île natale. Durant ces dernières années, n'a-t-on pas procédé à l'éviction de trois millions et demi de fermiers, et ce qui était arrivé à tant d'autres ne leur arriverait-il pas?

Dieu prenne pitié de ce pays! La famine, c'est comme une épidémie, comme une guerre qui le ravage. Mêmes fléaux, mêmes conséquences.

On se souvient toujours de l'hiver 1740-41, où tant d'affamés succombèrent, et de cette année 1847, plus terrible encore, « l'année noire », qui fit décroître le nombre des habitants de près de cinq cent mille.

Lorsque les récoltes manquent, des villages entiers sont abandonnés. On peut entrer dans les fermes par la porte restée ouverte : il n'y a plus personne. Les tenanciers ont été chassés impitoyablement. L'industrie agricole est frappée au cœur. Si cela provenait de ce que les blés, les seigles, les avoines, n'ont pas réussi, il serait peut-être possible d'attendre une année meilleure. Mais, lorsqu'un hiver excessif et prolongé a tué la pomme de terre, l'habitant des campagnes n'a plus qu'à fuir vers la ville, à se réfugier dans les « work-houses », à moins qu'il ne préfère prendre le chemin des émigrants. Cette année-ci, nombre de cultivateurs allaient s'y résoudre. Beaucoup s'y étaient résignés déjà. C'est à la suite de pareils désastres qu'en certains comtés, la population a été réduite dans une proportion considérable. Autrefois, l'Irlande a compté, paraît-il, douze millions d'habitants, et, maintenant, il y a, rien qu'aux États-Unis d'Amérique, six à sept millions de colons d'origine irlandaise.

Émigrer, n'était-ce pas le sort auquel se verrait condamnée la famille de Martin Mac Carthy? Oui, et à bref délai. Ni les récriminations de la ligue agraire, ni les meetings auxquels Murdock prenait part, ne pouvaient modifier cet état de choses. Les ressources du « poor-board » seraient insuffisantes en présence de tant de victimes à secourir. La caisse, alimentée par les associations des *home-rulers*, ne tarderait pas à être vide. Quant à un soulèvement contre les propriétaires du sol, aux pillages qui en eussent été la conséquence, le lord lieutenant était décidé à les réprimer par la force. On le voyait à la présence de nombreux agents répandus à travers les comtés suspects, autant dire les plus misérables.

Aussi eût-il été prudent que Murdock prît de sérieuses précautions, mais il s'y refusait. Brûlé de rage, fou de désespoir, il ne se possédait plus, il s'emportait en menaces, il poussait les paysans à la révolte. Son père et son frère, entraînés par son exemple, se compromettaient avec lui. Rien n'était capable de les retenir. P'tit-Bonhomme, craignant de voir apparaître la police, passait ses journées à veiller aux environs de la ferme.

Entre temps, on vivait sur les dernières ressources. Quelques meubles avaient été vendus afin de se procurer un peu d'argent. Et l'hiver qui devait durer encore plusieurs mois!... Comment subsister jusqu'au retour de la belle saison, et qu'attendre d'une année qui semblait être irrémédiablement compromise?...

A ces inquiétudes pour le présent et pour l'avenir, s'adjoignait le chagrin causé par l'état de Grand'mère. La pauvre vieille femme s'affaiblissait de jour en jour. Usée par les à-coups de la vie, sa triste existence ne tarderait pas à finir. Elle ne quittait plus sa chambre, ni même son lit. Le plus souvent P'tit-Bonhomme restait près d'elle. Elle aimait qu'il fût là, ayant entre les bras Jenny âgée de deux ans et demi, et qui lui souriait. Parfois, elle prenait l'enfant, répondait à son sourire... Et quelles désolantes pensées lui venaient en songeant à ce que serait l'avenir de cette fillette. Alors elle disait à P'tit-Bonhomme :

« Tu l'aimes bien, n'est-ce pas?...

— Oui, Grand'mère.

— Tu ne l'abandonneras jamais?...

— Jamais... jamais!

— Dieu fasse qu'elle soit plus heureuse que nous ne l'aurons été!... C'est ta filleule, ne l'oublie pas!... Tu seras un grand garçon, lorsqu'elle ne sera qu'une petite fille encore!... Un parrain, c'est comme un père... Si ses parents venaient à lui manquer...

— Non, Grand'mère, répondait P'tit-Bonhomme, n'ayez pas de ces idées-là!... On ne sera pas toujours dans le malheur... C'est quelques mois à passer... Votre santé se rétablira, et nous vous reverrons dans votre grand fauteuil, comme autrefois, pendant que Jenny jouera près de vous... »

Et, tandis que P'tit-Bonhomme parlait de la sorte, il sentait son cœur se gonfler, les larmes mouiller ses yeux, car il savait que

Grand'mère était malade, bien malade. Pourtant, il avait la force de se contenir — devant elle du moins. S'il pleurait, c'était dehors, alors que personne ne pouvait le voir. Et puis, il craignait toujours de se trouver en présence du régisseur Harbert, venant avec les recors chasser la famille de son unique abri.

Durant la première semaine de janvier, il y eut aggravation de son état chez la vieille femme. Quelques syncopes se produisirent coup sur coup, et l'une d'elles fut assez prolongée pour que l'on pût croire que c'était la fin.

Un médecin était venu, — le 6 — un D. M. de Tralee, un de ces praticiens charitables, qui ne refusent pas leurs services aux pauvres gens, bien qu'ils n'en puissent tirer aucun profit. Il faisait alors une tournée à travers ces désolées campagnes, à cheval, à la façon du vieux temps. Comme il passait sur la route, P'tit-Bonhomme, qui le connaissait pour l'avoir déjà rencontré au chef-lieu du comté, le pria d'entrer à la ferme. Là, le médecin constata que les privations, jointes à l'âge et au chagrin qui dévorait la moribonde, rendaient une catastrophe imminente.

Cette situation, il n'était guère possible de la cacher à la famille. Ce n'étaient plus des mois que Grand'mère avait à vivre, pas même des semaines : c'étaient quelques jours seulement. Elle possédait toute sa raison, elle la conserverait jusqu'à la fin. Et une telle vitalité emplissait cette enveloppe de paysanne, elle avait tant d'endurance au mal, tant de résistance à la destruction, que la lutte contre la mort serait accompagnée sans doute d'une cruelle agonie. Enfin la défaillance surviendrait, la respiration s'arrêterait, le cœur cesserait de battre...

Avant de quitter la ferme, le médecin écrivit l'ordonnance d'une potion qui pourrait adoucir les derniers instants de Grand'mère. Puis il partit, laissant le désespoir dans cette maison où la charité l'avait conduit.

Aller à Tralee, faire préparer cette potion, la rapporter à la ferme, cela pouvait être l'affaire de vingt-quatre heures... Mais comment en payer le prix?... Après l'argent épuisé pour acquitter les taxes, la famille ne vivait plus que des quelques légumes de la ferme, sans rien acheter. Il n'y avait pas un shilling dans les tiroirs. Plus rien à vendre, ni en meubles ni en vêtements... C'était la misère à sa plus noire limite.

P'tit-Bonhomme se souvint alors. Il lui restait toujours cette guinée que miss Anna Waston lui avait donnée au théâtre de Limerick. Pure plaisanterie de la comédienne; mais lui qui avait pris au sérieux son rôle de Sib, regardait cet argent comme bien gagné. Aussi avait-il soigneusement renfermé ladite guinée dans sa caisse, nous voulons dire le pot de grès où il déposait ses cailloux... Et, à cette heure, pouvait-il espérer qu'ils seraient jamais transformés en pence ou en shillings?

Personne à la ferme ne savait que P'tit-Bonhomme eût cette pièce d'or, et l'idée lui vint de l'employer à acheter la potion ordonnée pour Grand'mère. Ce serait un adoucissement apporté à ses souffrances, peut-être une prolongation de sa vie, et qui sait?... une amélioration dans son état... P'tit-Bonhomme voulait toujours espérer, bien qu'il n'y eût plus d'espoir.

Décidé à exécuter son projet, il s'abstint d'en rien dire. C'était son droit incontestable d'employer cet argent à l'usage qui lui convenait. Toutefois, il n'y avait pas de temps à perdre. Aussi, afin de ne pas être vu, comptait-il partir dans la nuit. Une douzaine de milles pour se rendre à Tralee, une douzaine pour en revenir, cela ne laisse pas d'être un long trajet pour un enfant, il n'y songea même pas. Quant à son absence, qui durerait au moins une journée, s'en apercevrait-on, puisqu'il avait l'habitude de se tenir dehors tout le temps qu'il ne consacrait pas à Grand'mère, surveillant les environs, observant la route sur un mille ou deux, guettant l'arrivée du régisseur accompagné de ses recors pour expulser la famille, ou du constable flanqué de ses agents pour arrêter Murdock?

Le lendemain, 7 janvier, à deux heures du matin, P'tit-Bonhomme quitta la chambre, non sans avoir embrassé la vieille femme assoupie, que son baiser ne réveilla pas. Puis, sortant de la salle, il poussa la porte sans bruit, caressa Birk qui vint à sa rencontre et semblait dire : « Tu ne m'emmènes pas ? » Non ! il voulait le laisser à la ferme. Pendant son absence, le fidèle animal pourrait prévenir de toute approche suspecte. La cour traversée, la barrière ouverte, il se trouva seul sur le chemin de Tralee.

L'obscurité était profonde encore. Aux premiers jours de janvier, trois semaines après le solstice, par cette latitude comprise entre le cinquante-deuxième et le cinquante-troisième parallèle, le soleil ne se lève que très tard sur l'horizon du sud-ouest. A sept heures du matin, c'est à peine si les montagnes se colorent des naissantes lueurs de l'aube. P'tit-Bonhomme aurait donc la moitié du trajet à faire en pleine nuit ; il ne s'en effrayait pas.

Le temps était très clair, le froid très vif, bien qu'un thermomètre n'eût accusé qu'une douzaine de degrés au-dessous de zéro. Des milliers d'astres étoilaient le firmament. La route, toute blanche, filait à perte de vue comme éclairée par le rayonnement neigeux Les pas y résonnaient avec une netteté sèche.

P'tit-Bonhomme, parti à deux heures du matin, espérait être de retour avant la nuit. D'après le calcul noté sur son carnet, il devait atteindre Tralee vers huit heures. Douze milles à faire en six heures. ce n'était pas pour embarrasser un garçon rompu à la fatigue et qui possédait de bonnes jambes. A Tralee, il se reposerait deux heures, pendant lesquelles il mangerait un morceau de pain et de fromage et boirait une pinte de bière dans quelque cabaret, pour le prix de deux ou trois pence. Puis, muni de la potion, il se remettrait en route vers dix heures, de manière à être de retour dans l'après-midi.

Ce programme, bien combiné, serait suivi rigoureusement, s'il ne survenait aucun imprévu. Le chemin était facile, le temps favorable à une marche rapide. Il était heureux que le froid eût amené l'apaiment des troubles atmosphériques.

En effet, avec les rafales de l'ouest, sous les coups de lanière

CE BÉLIER ENFONCE TOUT. (Page 221.)

d'un chasse-neige, P'tit-Bonhomme n'aurait pu remonter contre le vent. Les circonstances le favorisaient donc, et il en remercia la Providence.

Il est vrai, peut-être avait-il à redouter quelques mauvaises rencontres, — une bande de loups entre autres? C'était là le vrai danger. Quoique l'hiver n'eût pas été extrêmement rigoureux, ces animaux emplissaient de leurs lugubres hurlements les forêts et les plaines du comté. P'tit-Bonhomme n'était pas sans y avoir songé. Aussi son cœur battait-il, lorsqu'il se trouva seul, en rase campagne, sur cet interminable chemin, où grimaçaient le squelette des arbres festonnés de givre.

Ce fut d'un bon pas, quoiqu'il n'eût pris aucun temps de repos, que notre jeune garçon enleva en deux heures les six premiers milles du parcours.

Il était alors quatre heures du matin. L'obscurité, très profonde cependant vers l'ouest, se piquait déjà de légères colorations, et les tardives étoiles commençaient à pâlir. Il s'en fallait de trois heures encore que le soleil eût débordé l'horizon.

P'tit-Bonhomme sentit alors le besoin de faire une halte d'une dizaine de minutes. Il vint s'asseoir sur une racine d'arbre, et, tirant de sa poche une grosse pomme de terre cuite sous la cendre, il la mangea avidement. Cela devait lui permettre d'attendre l'arrivée à Tralee. A quatre heures et quart, il reprit sa route.

Inutile de dire que P'tit-Bonhomme n'avait pas à craindre de s'égarer. Ce chemin de Kerwan au chef-lieu du comté, il le connaissait pour l'avoir souvent parcouru en carriole, lorsque Martin Mac Carthy l'emmenait au marché. C'était le bon temps alors, le temps où l'on était heureux... si loin maintenant!

La route était toujours déserte. Pas un piéton, — ce dont P'tit-Bonhomme n'avait cure, — mais pas une charrette allant vers Tralee et dans laquelle on n'eût pas refusé de lui donner place, ce qui lui aurait épargné de la fatigue. Il ne devait donc compter que sur ses petites jambes, — petites, oui! solides pourtant.

Enfin quatre milles furent encore franchis, peut-être un peu moins rapidement que les six premiers, et il n'en restait plus que deux à enlever.

Il était alors sept heures et demie. Les dernières étoiles venaient de s'éteindre à l'horizon de l'ouest. L'aube mélancolique de ces hautes latitudes éclairait vaguement l'espace, en attendant que le soleil eût percé les brumes laineuses des basses zones. La vue commençait à s'étendre sur un large secteur.

En ce moment, un groupe d'hommes parut au sommet de la route, venant de Tralee.

La première pensée de P'tit-Bonhomme fut de ne pas se laisser apercevoir, et cependant qu'aurait-on pu dire à cet enfant? Aussi, instinctivement, sans y réfléchir plus qu'il ne convenait, il courut se blottir derrière un buisson, de manière à pouvoir observer les gens qui se montraient.

C'étaient des agents de la police, au nombre d'une douzaine, accompagnés d'un constable. Depuis que le pays avait été mis en surveillance, il n'était pas rare de rencontrer ces escouades organisées par les ordres du lord lieutenant.

P'tit-Bonhomme n'aurait donc pas eu lieu d'être surpris de cette rencontre. Mais un cri faillit lui échapper, quand il reconnut au milieu du groupe le régisseur Harbert, suivi de deux ou trois de ces recors qui sont d'habitude employés aux expulsions.

Quel pressentiment lui serra le cœur! Était-ce à la ferme que le régisseur se rendait avec ses hommes? Et cette escouade d'agents, allait-elle procéder à l'arrestation de Murdock?

P'tit-Bonhomme ne voulut pas rester sur cette pensée. Dès que le groupe eut disparu, il sauta sur la route, courut tant que cela lui fut possible, et, vers huit heures et demie, il atteignait les premières maisons de Tralee.

Son soin fut d'abord de se rendre chez un pharmacien, où il attendit que la potion eût été composée selon l'ordonnance. Puis, pour en payer le prix, il présenta sa pièce d'or — toute sa fortune. Le pharmacien lui changea cette guinée, et comme c'était très cher, cette potion, il ne revint à l'acheteur qu'une quinzaine de shillings. Ce n'était pas le cas de marchander, n'est-ce pas?...

Mais si P'tit-Bonhomme n'y songea point, puisqu'il s'agissait de Grand'mère, il se promit d'économiser sur son déjeuner. Au lieu de fromage et de bière, il se contenta d'une grosse tranche de pain qu'il dévora à belles dents, et d'un morceau de glace qu'il fit fondre entre ses lèvres. Un peu après dix heures, il avait quitté Tralee et repris le chemin de Kerwan.

En toute autre circonstance, à ce moment de la journée, la campagne eût présenté quelque animation. Les routes auraient été parcourues par des charrettes ou des jauntings-cars, transportant gens ou marchandises aux diverses bourgades du comté. On aurait senti palpiter la vie commerciale ou agricole. Hélas! à la suite des désastres de l'année, la famine et la misère effroyable qu'elle engendre avaient dépeuplé la province. Combien de paysans s'étaient décidés à quitter le pays où ils ne pouvaient plus vivre! Même en temps ordinaire, n'évalue-t-on pas à cent mille par an les Irlandais qui s'en vont dans le Nouveau-Monde, en Australie ou dans l'Afrique méridionale, chercher un coin de terre, où ils aient lieu d'espérer de ne pas être tués par la faim? Et n'existe-t-il pas des compagnies d'émigration qui, au prix de deux livres sterling, transportent les émigrants jusque sur les rivages du Sud-Amérique?

Or, cette année-ci, c'était dans une proportion plus considérable que les contrées de l'Irlande occidentale avaient été abandonnées, et il semblait que ces routes, autrefois si vivantes, ne desservaient plus qu'un désert, ou, ce qui est plus désolant encore, un pays déserté...

P'tit-Bonhomme allait toujours d'un pas rapide. Il ne voulait pas s'apercevoir de la fatigue, et déployait une extraordinaire énergie. Il va sans dire qu'il lui avait été impossible de rejoindre l'escouade qui le devançait de deux ou trois heures. Toutefois, les traces de pas laissées sur la neige indiquaient que le constable et ses hommes,

Harbert et ses recors, suivaient la route qui conduit à la ferme. Raison de plus pour que notre jeune garçon voulût se hâter d'y arriver, bien que ses jambes fussent raidies par une si longue traite. Il se refusa même une halte de quelques minutes, ainsi qu'il se l'était permise à l'aller. Il marcha, il marcha sans s'arrêter. Vers deux heures après midi, il ne se trouvait plus qu'à deux milles de Kerwan. Une demi-heure après, se montrait l'ensemble des bâtiments au milieu de la vaste plaine où tout se confondait dans une immense blancheur.

Ce qui surprit tout d'abord P'tit-Bonhomme, ce fut de ne distinguer aucune fumée en l'air, et, pourtant, le foyer de la grande salle ne devait pas manquer de combustible.

De plus, un inexprimable sentiment de solitude et d'abandon semblait se dégager de cet endroit.

P'tit-Bonhomme pressa le pas, il fit un nouvel effort, il se mit à courir. Tombant et se relevant, il arriva devant la barrière qui fermait la cour...

Quel spectacle! La barrière était brisée. La cour était piétinée en tous sens. Des bâtiments, des étables, des hangars, il ne restait que les quatre murs décoiffés de leur toiture. Le chaume avait été arraché. Il n'y avait plus une porte, plus un châssis aux fenêtres. Avait-on voulu rendre la maison inhabitable afin d'empêcher la famille d'y conserver un abri?... Était-ce la ruine volontaire faite par la main de l'homme?...

P'tit-Bonhomme demeura immobile. Ce qu'il éprouvait, c'était de l'épouvante. Il n'osait franchir la barrière de la cour... Il n'osait s'approcher de la maison...

Il s'y décida pourtant. Si le fermier ou l'un de ses enfants étaient encore là, il fallait le savoir...

P'tit-Bonhomme s'avança jusqu'à la porte. Il appela...

Personne ne lui répondit.

Alors il s'assit sur le seuil et se mit à pleurer.

Voici ce qui s'était passé pendant son absence.

ÉVICTION.

Elles ne sont pas rares, dans les comtés de l'Irlande, ces abominables scènes d'éviction, à la suite desquelles, non seulement des fermes, des villages entiers ont été abandonnés de leurs habitants. Mais ces pauvres gens, chassés du logis où ils sont nés, où ils ont vécu, où ils espéraient mourir, peut-être voudraient-ils y revenir, en forcer les portes, y chercher un refuge qu'ils ne sauraient trouver autre part?...

Eh bien! le moyen de les en empêcher est très simple. Il faut rendre la maison inhabitable. On dresse un « battering-ram ». C'est une poutre qui se balance au bout d'une chaine entre trois montants. Ce bélier enfonce tout. La maison est dépouillée de son toit, la cheminée est abattue, l'âtre démoli. On brise les portes, on descelle les fenêtres. Il ne reste plus que les murs... Et du moment que cette ruine est ouverte à toutes les rafales, que la pluie l'inonde, que la neige s'y entasse, que le landlord et ses agents soient rassurés : la famille ne pourra plus s'y blottir.

Après de telles exécutions si fréquentes, qui vont jusqu'à la férocité, comment s'étonner qu'il se soit amassé tant de haines dans le cœur du paysan irlandais!

Et ici, à Kerwan, l'éviction avait été accompagnée de scènes plus effroyables encore.

En effet, la vengeance avait eu sa part dans cette œuvre d'inhumanité. Harbert, voulant faire payer à Murdock ses violences, ne s'était pas contenté de venir opérer avec les recors pour le compte du middleman ; mais, sachant le fermier sous le coup de poursuites, il l'avait dénoncé, et les constables avaient reçu ordre de mettre la main sur lui.

Et d'abord, M. Martin, sa femme et ses enfants furent jetés dehors, pendant que les recors ravageaient l'intérieur du logis. On n'avait pas même respecté la vieille grand'mère. Arrachée de son lit, traînée au milieu de la cour, elle avait pu se relever cependant pour maudire dans ses assassins les assassins de l'Irlande, et elle était retombée morte.

A ce moment, Murdock, qui aurait eu le temps de s'enfuir, s'était jeté sur ces misérables. Fou de colère, il brandissait une hache... Son père et son frère avaient voulu, comme lui, défendre leur famille... Les recors et les constables étaient en nombre, et force resta à la loi, si l'on peut couvrir de ce nom un pareil attentat contre tout ce qui est juste et humain.

La rébellion envers les agents de la police avait été manifeste, si bien que non seulement Murdock, mais M. Martin et Sim furent mis en état d'arrestation. Aussi, quoique depuis 1870, aucune éviction ne pût s'effectuer sans un dédommagement pour les fermiers expulsés, avaient-ils perdu le bénéfice de cette loi.

Ce n'était pas à la ferme qu'une sépulture chrétienne pouvait être donnée à l'aïeule. Il fallait la conduire vers un cimetière. On vit donc ses deux petits-fils la déposer sur un brancard et l'emporter, suivis de M. Martin, de Martine, de Kitty qui tenait son enfant entre ses bras, au milieu des constables et des recors.

Le funèbre cortège prit le chemin de Limerick. Imaginerait-on quelque chose de plus attristant, de plus lamentable, que ce cortège de toute une famille prisonnière, accompagnant le cadavre d'une pauvre vieille femme?...

P'tit-Bonhomme, qui était parvenu à surmonter son épouvante, parcourait alors les chambres dévastées, où gisaient des débris de meubles, appelant toujours... et personne... personne !

Voilà donc en quel état il retrouvait cette maison où s'étaient passées les seules années heureuses de sa vie... cette maison à laquelle il s'était attaché par tant de liens, et qu'une suprême catastrophe venait d'anéantir!...

Il songea alors à son trésor, à ces cailloux qui marquaient le nombre de jours écoulés depuis son arrivée à Kerwan. Il chercha le pot de grès, où il les avait serrés. Il le retrouva dans un coin, intact.

Ah ! ces cailloux! P'tit-Bonhomme, assis sur la marche de la porte, voulut les compter : il y en avait quinze cent quarante.

Cela représentait les quatre ans et quatre-vingts jours — du 20 octobre 1877 au 7 janvier 1882 — vécus à la ferme.

Et, à présent, il fallait la quitter, il fallait essayer de rejoindre la famille qui avait été sienne.

Avant de partir, P'tit-Bonhomme alla faire un paquet de son linge qu'il retrouva au fond d'un tiroir à demi brisé. Étant revenu au milieu de la cour, il creusa un trou au pied du sapin planté à la naissance de sa filleule, il y déposa le pot de grès qui contenait ses cailloux...

Puis, après avoir jeté un dernier adieu à la maison en ruines, il s'élança sur la route noire déjà des ombres du crépuscule.

FIN DE LA PREMIÈRE PARTIE

P'TIT-BONHOMME

DERNIÈRES ÉTAPES

I

LEURS SEIGNEURIES

Lord Piborne, sans rien perdre de la correction de ses manières, souleva les divers papiers déposés sur la table de son cabinet, dérangea les journaux épars çà et là, tâta les poches de sa robe de chambre en peluche jaune d'or, fouilla celles d'un pardessus gris de fer, étendu au dos d'un fauteuil, puis, se retournant, accentua son regard d'un imperceptible mouvement de sourcil.

C'est de cette façon aristocratique, sans aucune autre contraction des traits du visage, que Sa Seigneurie manifestait ordinairement ses contrariétés les plus vives.

Une légère inclinaison du buste indiqua qu'il était sur le point de se baisser, afin de jeter un coup d'œil sous la table, recouverte jusqu'aux pieds d'un tapis à grosses franges ; mais, se ravisant, il daigna pousser le bouton d'une sonnette à l'angle de la cheminée.

Presque aussitôt John, le valet de chambre, parut sur le seuil de la porte et s'y tint immobile.

« Voyez si mon portefeuille n'est pas tombé sous cette table, » dit lord Piborne.

John se courba, souleva l'épais tapis, se releva les mains vides.

Le portefeuille de Sa Seigneurie ne se trouvait point en cet endroit.

Second froncement du sourcil de lord Piborne.

« Où est lady Piborne ? demanda-t-il.

— Dans ses appartements, répondit le valet de chambre.

— Et le comte Ashton ?

— Il se promène dans le parc.

— Présentez mes compliments à Sa Seigneurie lady Piborne, en lui disant que je désirerais avoir l'honneur de lui parler le plus tôt possible. »

John tourna tout d'une pièce sur lui-même, — un domestique bien stylé n'a point à s'incliner dans le service, — et il sortit du cabinet, d'un pas mécanique, afin d'exécuter les ordres de son maître.

Sa Seigneurie lord Piborne est âgé de cinquante ans — cinquante ans à joindre aux quelques siècles que compte sa noble famille, vierge de toute dérogeance ou forlignage. Membre considérable de la Chambre haute, c'est de bonne foi qu'il regrette les antiques privilèges de la féodalité, le temps des fiefs, rentes, alleux et domaines, les pratiques des hauts justiciers, ses ancêtres, les hommages que leur rendait sans restriction chaque homme lige. Rien de ce qui n'est pas d'une extraction égale à la sienne, rien de ce qui ne peut se recommander d'une telle ancienneté de race, ne se distingue, pour lui, des manants, roturiers, serfs et vilains. Il est marquis, son fils est comte. Baronnets, chevaliers ou autres d'ordre inférieur, c'est à peine, à son avis, s'ils ont droit de figurer dans les antichambres de la véritable noblesse. Grand, maigre, la face glabre, les yeux éteints tant ils se sont habitués à être dédaigneux, la parole rare et sèche, lord Piborne représente le type de ces hautains gentilshommes, moulés dans l'enveloppe de leurs vieux parchemins, et qui tendent à disparaître, — heureusement, — même de cet aristocratique royaume de Grande-Bretagne et d'Irlande.

Il convient d'observer que le marquis est d'origine anglaise, et qu'il ne s'est point mésallié en s'unissant à la marquise, laquelle est d'origine écossaise. Leurs Seigneuries étaient faites l'une pour l'autre, bien résolues à ne jamais descendre du haut de leur perchoir, et destinées vraisemblablement à laisser une lignée d'espèce supérieure. Que voulez-vous? Cela tient à la qualité du limon d'où les premiers types de ces grandes races ont été tirés au début des temps historiques. Ils se figurent, sans doute, que Dieu met des gants pour les recevoir en son saint paradis!

La porte s'ouvrit, et, comme s'il se fût agi de l'entrée d'une haute dame dans les salons de réception, le valet de chambre annonça :

« Sa Seigneurie lady Piborne. »

La marquise, — quarante ans avoués, — grande, maigre, anguleuse, les cheveux plaqués en longs bandeaux, les lèvres pincées, le nez d'un aquilin très aristocratique, la taille plate, les épaules fuyantes, — n'avait jamais dû être belle; mais, en ce qui touche à la distinction du port et des manières, à l'entente des traditions et privilèges, lord Piborne n'aurait jamais pu se mieux assortir.

John avança un fauteuil armorié sur lequel s'assit la marquise, et il se retira.

Le noble époux s'exprima en ces termes :

« Vous m'excuserez, marquise, si j'ai dû vous prier de vouloir bien quitter vos appartements afin de m'accorder la faveur d'un entretien dans mon cabinet. »

Il ne faut pas s'étonner si Leurs Seigneuries échangent des phrases de cette sorte, même au cours des conversations privées. C'est de bon ton, d'ailleurs. Et puis, ils ont été élevés à l'école « poudre et perruque » de la gentry d'autrefois. Jamais ils ne consentiraient à s'abaisser aux familiarités de ce babil courant que Dickens a si plaisamment appelé « le perrucobalivernage ».

« Je suis à vos ordres, marquis, répondit lady Piborne. Quelle question désirez-vous m'adresser ?

— Celle-ci, marquise, en vous sollicitant de faire appel à vos souvenirs.

— Je vous écoute.

— Marquise, ne sommes-nous pas partis du château hier, vers trois heures de l'après-midi, pour nous rendre à Newmarket chez M. Laird, notre attorney ? »

L'attorney, c'est l'avoué qui fonctionne près les tribunaux civils du Royaume-Uni.

« En effet... hier... dans l'après-midi, répondit lady Piborne.

— Si j'ai bonne mémoire, le comte Ashton, notre fils, nous accompagnait dans la calèche ?

— Il nous accompagnait, marquis, et il occupait une place sur le devant.

— Les deux valets de pied ne se tenaient-ils pas derrière ?

— Oui, comme il convient.

— Cela dit, marquise, répliqua lord Piborne en approuvant d'un léger mouvement de tête, vous vous rappelez, sans doute, que j'avais emporté un portefeuille qui contenait les papiers relatifs au procès dont nous sommes menacés par la paroisse...

— Procès injuste qu'elle a l'audace et l'insolence de nous intenter! ajouta lady Piborne, en soulignant cette phrase d'une intonation très significative.

— Ce portefeuille, reprit lord Piborne, renfermait non seulement des papiers importants, mais une somme de cent livres en banknotes destinée à notre attorney.

— Vos souvenirs sont exacts, marquis.

— Vous savez, marquise, la façon dont les choses se sont passées. Nous sommes arrivés à Newmarket sans avoir quitté la calèche. M. Laird nous a reçus sur le seuil de sa maison. Je lui ai montré les papiers, j'ai offert de déposer l'argent entre ses mains. Il nous a répondu qu'il n'avait pour l'instant besoin ni des uns ni de l'autre, ajoutant qu'il se proposait de se transporter au château, lorsque le temps serait venu de s'opposer aux prétentions de la paroisse...

— Prétentions odieuses, qui, autrefois, eussent été considérées comme attentatoires aux droits seigneuriaux... »

Et, en employant ces termes si précis, la marquise ne faisait que répéter une phrase dont lord Piborne s'était maintes fois servi en sa présence.

« Il s'ensuit donc, reprit le marquis, que j'ai conservé mon portefeuille, que nous sommes remontés en voiture, et que nous avons réintégré le château vers les sept heures, au moment où la nuit commençait à tomber. »

La soirée était obscure ; on n'était encore que dans la dernière semaine d'avril.

« Or, reprit le marquis, ce portefeuille que j'avais remis, je puis vassurer, dans la poche gauche de ma pelisse, il m'est impossible de le retrouver.

— Peut-être l'avez-vous déposé en rentrant sur la table de votre cabinet?

— Je le croyais, marquise, et j'ai vainement cherché parmi mes papiers...

— Personne n'est venu ici depuis hier?...

— Si, John... le valet de chambre, dont il n'y a pas lieu de suspecter...

— Il est toujours prudent de tenir les gens en suspicion, répondit lady Piborne, quitte à reconnaître son erreur.

— Il serait possible, après tout, répartit le marquis, que ce portefeuille eût glissé sur une des banquettes de la calèche...

— Le valet de pied s'en fût aperçu, et à moins qu'il n'ait cru devoir s'approprier cette somme de cent livres...

— Les cent livres, dit lord Piborne, j'en ferais à la rigueur le sacrifice; mais ces papiers de famille qui constituaient nos droits vis-à-vis de la paroisse...

— La paroisse! » répéta lady Piborne.

Et l'on sentait que c'était le château qui parlait par sa bouche, en reléguant la paroisse au rang infime d'une vassale dont les revendications étaient aussi déplorables qu'irrespectueuses.

« Ainsi, reprit-elle, si nous venions à perdre ce procès... contre toute justice...

— Et nous le perdrions, sans aucun doute, affirma lord Piborne, faute de pouvoir produire ces actes...

— La paroisse entrerait en possession de ces mille acres de bois, qui confinent au parc et font partie du domaine des Piborne depuis les Plantagenet?...

— Oui, marquise.

— Ce serait abominable!...

— Abominable, comme tout ce qui menace la propriété féodale en Irlande, ces revendications des *home-rulers*, cette rétrocession des terres aux paysans, cette rébellion contre le landlordisme!... Ah! nous vivons à une singulière époque, et, si le lord lieutenant n'y met bon ordre en faisant pendre les principaux chefs de la ligue agraire, je ne sais, ou plutôt je ne sais que trop comment les choses finiront... »

En ce moment, la porte du cabinet s'ouvrit, et un jeune garçon parut sur le seuil.

« Ah ! c'est vous, comte Ashton ? » dit lord Piborne.

Le marquis et la marquise n'eussent jamais négligé de donner ce titre à leur fils, lequel aurait cru manquer à tous les devoirs de sa naissance s'il n'eût répondu :

« Je vous souhaite le bonjour, mylord mon père ! »

Puis il s'avança vers milady sa mère, dont il baisa cérémonieusement la main.

Ce jeune gentleman de quatorze ans avait une figure régulière, d'une insignifiance rare, et une physionomie qui, même avec les années, ne devait gagner ni en vivacité ni en intelligence. C'était bien le produit naturel d'un marquis et d'une marquise arriérés de deux siècles, réfractaires à tous les progrès de la vie moderne, véritables torys d'avant Cromwell, deux types irréductibles. L'instinct de race faisait qu'il se tenait assez convenablement, ce garçon, qu'il restait comte jusqu'au bout des ongles, quoiqu'il eût été gâté par la marquise, et que les serviteurs du château fussent stylés à satisfaire ses moindres caprices. En réalité, il ne possédait aucune des qualités de son âge, ni les bons mouvements de prime-saut, ni les vivacités du cœur, ni l'enthousiasme de la jeunesse.

C'était un petit monsieur élevé à ne voir que des inférieurs parmi ceux qui l'approchaient, peu pitoyable aux pauvres gens, très instruit déjà des choses de sport, équitation, chasse, courses, jeux de crocket ou de tennis, mais d'une ignorance à peu près complète, malgré la demi-douzaine d'instituteurs qui avaient accepté l'inutile tâche de l'instruire.

Le nombre de ces jeunes gentlemen de haute naissance, destinés à être un jour de parfaits imbéciles, d'une parfaite distinction d'ailleurs, montre certainement une tendance à se restreindre. Cependant il en existe encore, et le comte Ashton Piborne était de ceux-là.

La question du portefeuille lui fut exposée. Il se rappelait que mylord son père tenait ledit portefeuille à la main à l'instant où il

John souleva le tapis. (Page 228.)

quittait la maison de l'attorney, et qu'il l'avait placé, non dans la poche de sa pelisse, mais sur un des coussins, derrière lui, au départ de Newmarket.

« Vous êtes sûr de ce que vous dites-là, comte Ashton?... demanda la marquise.

— Oui, milady, et je ne crois pas que le portefeuille ait pu tomber de la voiture.

« Que Sa Seigneurie m'excuse... » (Page 235.)

— Il résulterait de là, dit lord Piborne, qu'il s'y trouvait encore, lorsque nous sommes arrivés au château...

— D'où il faut conclure qu'il a été soustrait par un des domestiques, » ajouta lady Piborne.

Ce fut tout à fait l'avis du comte Ashton. Il n'accordait pas la moindre confiance à ces drôles, qui sont des espions quand ils ne sont pas des voleurs, — les deux le plus souvent, — et que l'on devrait avoir le droit de fustiger comme autrefois les serfs de la Grande-Bretagne. — Où prenait-il que la Grande-Bretagne avait jamais eu des serfs? — Et son vif regret était que le marquis et la marquise n'eussent pas affecté un valet de chambre à son service particulier, ou tout au moins un groom. En voilà un qui pourrait s'attendre à être corrigé de main de maître, etc...

C'était parler, cela, et, pour tenir un semblable langage, reconnaissons qu'il faut avoir du vrai sang des Piborne dans les veines!

Bref, la conclusion de l'entretien fut que le portefeuille avait été volé, que le voleur n'était autre qu'un des domestiques, qu'il convenait d'ouvrir une enquête, et que ceux sur lesquels pèserait le plus mince soupçon seraient sur l'heure livrés au constable, puisque lord Piborne n'avait plus le droit de haute et basse justice.

Là-dessus, le comte Ashton pressa le bouton d'une sonnette, et, quelques instants après, l'intendant se présentait devant leurs Seigneuries.

Un vrai type de chattemite, M. Scarlett, intendant de lord Piborne, un de ces individus papelards et patelins, faisant le bon apôtre et cordialement détesté de toute la domesticité du château. Confit en manières mielleuses, en mines hypocrites, c'est mielleusement et hypocritement qu'il malmenait ses inférieurs, sans colère, sans arrogance, les caressant avec des griffes.

En présence du marquis, de la marquise, du comte Ashton, il avait l'air modeste d'un bedeau paroissial en face de son curé.

On lui narra l'affaire. Le portefeuille, à n'en pas douter, avait été déposé sur les coussins de la voiture, et on aurait dû le retrouver à cette place.

Ce fut l'avis de M. Scarlett, puisque c'était l'avis de lord et de lady Piborne. A l'arrivée de la voiture, lorsqu'il se tenait respectueusement près de la portière, l'obscurité l'avait empêché de voir si le portefeuille était placé à l'endroit indiqué par le marquis.

Peut-être M. Scarlett allait-il suggérer l'idée que ledit portefeuille avait pu glisser sur la route... De quoi il s'abstint. Cela eût impliqué un défaut d'attention de lord Piborne. Se gardant donc de formuler son soupçon, il se contenta de faire observer que le portefeuille devait contenir des papiers d'une haute valeur... Et cela n'allait-il pas de soi, puisqu'il appartenait... puisqu'il avait l'honneur d'appartenir à un personnage aussi important que le châtelain?

« Il est de toute évidence, affirma celui-ci, qu'une soustraction a été commise...

— Nous dirons un vol, si Sa Seigneurie veut bien le permettre, ajouta l'intendant.

— Oui, un vol, monsieur Scarlett, et le vol non seulement d'une somme d'argent assez considérable, mais de papiers constatant les droits de notre famille vis-à-vis de la paroisse! »

Et qui n'a pas vu la physionomie de l'intendant, à la pensée que la paroisse osait exciper de ses droits contre la noble maison des Piborne, — abomination qui n'eût jamais été possible au temps où les privilèges de la naissance étaient universellement respectés, — non! qui n'a pas observé l'attitude indignée de M. Scarlett, le tremblement de ses mains à demi levées vers le ciel, ses yeux baissés vers la terre, ne saurait imaginer à quel degré de perfection un cafard peut atteindre dans l'art des grimaces.

« Mais si le vol a été commis... dit-il enfin.

— Comment... s'il a été commis?... répliqua la marquise d'un ton sec.

— Que Sa Seigneurie m'excuse, se hâta d'ajouter l'intendant, je veux dire... puisqu'il a été commis, il n'a pu l'être...

— Que par quelqu'un de nos gens! répondit le comte Ashton, en brandissant le fouet qu'il tenait à la main d'une façon tout à fait féodale.

— Monsieur Scarlett, reprit le comte Piborne, voudra bien commencer une enquête, afin de découvrir le ou les coupables, et, sur la foi d'un « affidavit »[1], requérir l'intervention de la justice, puisqu'il n'est plus permis de l'exercer sur son propre domaine!

1. Attestation sous la foi du serment ou déposition écrite.

— Et si l'enquête n'aboutit pas, demanda l'intendant, quel parti prendra Sa Seigneurie ?

— Tous les gens du château seront congédiés, monsieur Scarlett, tous ! »

Sur cette réponse, l'intendant se retira, au moment où la marquise regagnait ses appartements, tandis que le comte Ashton allait rejoindre ses chiens dans le parc.

M. Scarlett dut s'occuper aussitôt de la tâche qui lui était imposée. Que le portefeuille fût tombé hors de la voiture pendant le trajet de Newmarket au château, cela ne faisait pas doute pour lui. C'était par trop évident, quoique cela fît ressortir la négligence de lord Piborne. Mais, puisque ses maîtres exigeaient de lui qu'il constatât un vol, il le constaterait... qu'il découvrît un voleur, il le découvrirait... dût-il mettre les noms de tous les domestiques dans son chapeau et rendre responsable du crime le premier sortant.

Donc, valets de pied, valets de chambre, femmes de service, chef de cuisine, cochers, garçons d'écurie, durent comparaître devant l'intendant. Il va sans dire qu'ils protestèrent de leur innocence, et, bien que M. Scarlett eût son opinion faite à ce sujet, il ne leur épargna pas ses insinuations les plus malveillantes, menaçant de les livrer aux constables si le portefeuille ne se retrouvait pas. Non seulement une somme de cent livres avait été volée, mais le ou les voleurs avaient également soustrait un acte authentique, qui établissait les droits de lord Piborne dans le procès pendant... Et pourquoi quelque serviteur n'aurait-il pas trahi son maître au profit de la paroisse ?... Qui prouvait qu'il n'avait pas été soudoyé pour faire le coup ?... Eh bien ! que l'on parvînt à mettre la main sur ce malfaiteur, il serait trop heureux d'en être quitte pour un transport aux pénitenciers de l'île Norfolk... Lord Piborne était puissant, et, de voler un seigneur tel que lui, autant dire que c'eût été voler un membre de la famille royale...

M. Scarlett en conta de cette sorte à tous ceux qui subirent son interrogatoire. Par malheur, nul ne voulut condescendre à s'avouer l'auteur du crime, et, après avoir achevé sa minutieuse enquête, l'intendant s'empressa d'informer lord Piborne qu'elle n'avait donné aucun résultat.

« Ces gens s'entendent, déclara le marquis, et qui sait même s'ils ne se sont pas partagé le produit du vol?...

— Je crois que Sa Seigneurie a raison, répliqua M. Scarlett. A toutes les demandes que j'ai posées il a été fait une réponse identique. Cela démontre d'une manière suffisante qu'il y a entente commune entre ces gens.

— Avez-vous visité leurs chambres, leurs armoires, leurs malles, Scarlett?

— Pas encore. Sa Seigneurie sera d'avis, sans doute, que je ne saurais le faire efficacement sans la présence du constable...

— C'est juste, répondit lord Piborne. Envoyez donc un homme à Kanturk... ou mieux... allez-y vous-même. J'entends que personne ne puisse quitter le château avant la fin de l'enquête.

— Les ordres de Sa Seigneurie seront exécutés.

— Le constable ne négligera pas d'amener quelques agents avec lui, monsieur Scarlett...

— Je lui transmettrai le désir de Sa Seigneurie, et il ne manquera pas d'y satisfaire.

— Vous irez aussi prévenir mon attorney, M. Laird, à Newmarket, que je dois m'entretenir avec lui au sujet de cette affaire, et que je l'attends au château.

— Il sera prévenu aujourd'hui

— Vous partez?...

— A l'instant. Je serai de retour avant ce soir

— Bien! »

Cela se passait le 29 avril, dans la matinée. Sans rien dire à personne de ce qu'il allait faire à Kanturk, M. Scarlett ordonna de lui seller un des meilleurs chevaux de l'écurie, et il se préparait à le monter, lorsque le son d'une cloche retentit à la porte de service, près de l'habitation du concierge.

La porte s'ouvrit, et un enfant d'une dizaine d'années parut sur le seuil.

C'était P'tit-Bonhomme

II

PENDANT QUATRE MOIS

La province de Munster possède le comté de Cork, qui est limitrophe des comtés de Limerick et de Kerry. Il en occupe la partie méridionale entre la baie de Bantry et Youghal-Haven. Il a pour chef-lieu Cork et pour principal port, sur la baie de ce nom, celui de Queenstown, l'un des plus fréquentés de l'Irlande.

Ce comté est desservi par diverses lignes de railways; — l'une d'elles, par Mallow et Killarney, remonte jusqu'à Tralee. Un peu au-dessus, dans la portion de la voie qui longe le lit de la rivière de Blackwater, à six kilomètres au sud de Newmarket, se trouve la bourgade de Kanturk, et, plus loin, à deux kilomètres, le château de Trelingar.

Ce magnifique domaine appartient à l'antique famille des Piborne. Il embrasse cent mille acres d'un même tenant, des meilleures terres qui soient en Irlande, formant cinq à six cents fermes, dont l'importante exploitation vaut au landlord les fermages les plus élevés de la région. Le marquis de Piborne est donc très riche de ce chef, sans parler des autres revenus que lui rapportent les propriétés de la marquise en Écosse. On place sa fortune au rang des plus considérables du pays.

Si lord Rockingham n'était jamais venu visiter ses terres du comté de Kerry, ce n'est pas lord Piborne qui aurait pu être accusé de pratiquer l'absentéisme. Après une résidence de quatre à cinq mois, soit à Édimbourg, soit à Londres, il venait régulièrement s'installer, depuis avril jusqu'à novembre, à Trelingar-castle.

Un domaine de cette étendue comprend nécessairement un grand nombre de tenanciers. La population agricole qui vivait sur les terres du marquis, eût suffi à peupler tout un village. De ce que les paysans de Trelingar-castle n'étaient pas régis par un John Eldon pour le compte d'un duc de Rockingham, et pressurés par un Harbert pour le compte d'un John Eldon, il n'en faudrait pas conclure qu'ils fussent mieux traités. Seulement, on y mettait plus de douceur. Sans doute, l'intendant Scarlett les poursuivait avec rigueur pour cause d'impaiement des fermages, il les chassait de leurs maisons; mais il le faisait à sa manière, les prenant en compassion, les plaignant, s'attristant à la pensée de ce qu'ils allaient devenir, dépourvus d'abri, privés de pain, leur assurant que ces évictions brisaient le cœur de son maître... Les pauvres gens n'en étaient pas moins jetés dehors, et il est improbable qu'ils éprouvassent quelque consolation à penser que cela faisait tant de peine à Leurs Seigneuries.

Le château datait de trois siècles environ, ayant été bâti du temps des Stuarts. Sa construction ne remontait donc pas à l'époque des Plantagenet, si chère aux Piborne. Toutefois, son propriétaire actuel l'avait réparé à l'extérieur, de manière à lui donner un aspect féodal, en établissant des créneaux, des machicoulis, des échauguettes, puis, sur un fossé latéral, un pont-levis qu'on ne relevait pas et une herse qui ne se baissait jamais.

A l'intérieur se développaient de spacieux appartements, plus confortables qu'ils n'eussent été du temps d'Édouard IV ou de Jean-Sans-Terre. C'était là une tache de modernisme, que devaient tolérer des personnages, au fond très soucieux de leurs aises et de leur confort.

Sur les côtés du château s'élevaient les communs et les annexes, écuries, remises, bâtiments de service. Au-devant, s'élargissait une vaste cour d'honneur, plantée de hêtres superbes, flanquée de deux pavillons que séparait une grille monumentale, et dont l'un, à droite, servait de logement au concierge, ou mieux au portier, pour se servir d'un mot plus moyen-âge.

C'était à la porte de ce pavillon que venait de sonner notre héros, au moment où la grille s'ouvrait pour livrer passage à l'intendant Scarlett.

Quatre mois environ se sont écoulés depuis ce jour inoubliable où l'enfant adoptif de la famille Mac Carthy a quitté la ferme de Kerwan. Quelques lignes suffiront à dire ce qu'il était devenu pendant cette période de son existence.

Lorsque P'tit-Bonhomme abandonna la maison en ruines, vers cinq heures du soir, la nuit tombait déjà. N'ayant point rencontré M. Martin ni les siens sur la route qui conduit à Tralee, il eut d'abord la pensée de se diriger vers Limerick, où les constables, sans doute, avaient ordre de conduire leurs prisonniers. Retrouver la famille Mac Carthy, la rejoindre afin de partager son sort quel qu'il fût, cela lui semblait tout indiqué. Que n'était-il assez grand, assez fort, pour gagner un peu d'argent par son travail? Il aurait loué ses bras, il ne se serait pas épargné à la peine... Hélas! à dix ans, que pouvait-il espérer? Eh bien, plus tard, quand il recevrait de bons salaires, ce serait pour ses parents adoptifs, et plus tard encore, sa fortune faite, — car il saurait la faire, — il assurerait leur aisance, il leur rendrait le bien-être dont il avait joui à la ferme de Kerwan.

En attendant, sur cette route déserte, en pleine région dévastée par la misère, abandonnée de ceux qu'elle ne suffisait plus à nourrir, perdu au milieu d'une obscurité glaciale, jamais P'tit-Bonhomme ne s'était senti si seul. A son âge, il est rare que les enfants ne tiennent point par un lien quelconque, sinon à une famille, du moins à un établissement de charité, qui les recueille et les élève. Mais, lui, était-il autre chose qu'une feuille arrachée et roulée sur le chemin? Cette

« SOME LIGHT ». (Page 247.)

feuille, elle va où le vent la pousse, et il en sera ainsi jusqu'au moment où elle ne sera plus que poussière. Non! personne, il n'y a personne qui puisse le prendre en pitié! S'il ne retrouve pas les Mac Carthy, il ne saura que devenir... Et où les aller chercher?... A qui demander ce qu'il est advenu d'eux?... Et s'ils se décident à quitter le pays, en admettant qu'ils n'aient point été emprisonnés, s'ils veulent émigrer, comme tant d'autres de leurs compatriotes, vers le Nouveau-Monde?...

Notre garçonnet se résolut donc à marcher dans la direction de Limerick, — à travers la plaine blanche de neige. La température glaciale n'aurait pas été supportable, s'il eût soufflé quelque âpre bise. Mais l'atmosphère était calme, et le moindre bruit se fût fait entendre de loin. Il alla ainsi pendant deux milles, sans rencontrer âme qui vive, à l'aventure peut-on dire, car il ne s'était jamais risqué sur cette partie du comté, où naissent les premières ramifications des montagnes. En avant, les massifs des sapinières rendaient l'horizon plus obscur.

A cet endroit, P'tit-Bonhomme, déjà très fatigué de son voyage à Tralee, sentit que les forces menaçaient de lui manquer, si endurant qu'il fût. Ses jambes fléchissaient, ses pieds butaient dans les ornières. Et pourtant, il ne voulait pas, non! il ne voulait pas s'arrêter, et, se traînant avec peine, il parvint néanmoins à franchir un demi-mille. Ce dernier effort accompli, il tomba le long d'un talus, planté de grands arbres, dont les branches ployaient sous les festons du givre.

Il y avait là un carrefour, formé par le croisement de deux routes, en sorte que, s'il eût été capable de se relever, P'tit-Bonhomme n'aurait su quelle direction il devait suivre. Étendu sur la neige, les membres gelés, tout ce qu'il put faire, au moment où ses yeux se fermèrent, où le sentiment des choses s'éteignit en lui, ce fut de crier:

« A moi... à moi! »

Presque aussitôt, des aboiements éloignés traversaient l'air sec et froid de la nuit. Puis, ils se rapprochèrent, et un chien se dressa au tournant de la route, le nez en quête, la langue pendante, les yeux étincelants comme des yeux de chat.

En cinq ou six bonds, l'animal fut sur l'enfant... Que l'on se rassure, ce n'était pas pour le dévorer, c'était pour le réchauffer, en se couchant à son côté.

P'tit-Bonhomme ne tarda pas à reprendre ses sens. Il ouvrit les yeux, et sentit qu'une langue chaude et caressante léchait ses mains glacées.

« Birk ! » murmura-t-il.

C'était Birk, son unique ami, son fidèle compagnon à la ferme de Kerwan.

Comme il lui rendit ses caresses, tandis que la chaleur l'enveloppait entre les pattes du bon animal. Cela le ranima. Il se dit qu'il n'était plus seul au monde... Tous deux se mettraient à la recherche de la famille Mac Carthy... Il n'était pas douteux que Birk n'eût voulu l'accompagner après l'éviction... Mais pourquoi était-il revenu ?... Sans doute, les recors et les agents de la police l'avaient chassé à coups de pierres, à coups de bâton ?... En effet, les choses s'étaient ainsi passées, et Birk, brutalement repoussé, avait dû revenir vers la ferme. Maintenant, il saurait retrouver les traces des constables... P'tit-Bonhomme n'aurait qu'à se fier à son instinct pour rejoindre M. Mac Carthy...

Il se mit donc à causer avec Birk, ainsi qu'il le faisait pendant leurs longues heures sur les pâtures de Kerwan. Birk lui répondait à sa manière, poussant de ces petits aboiements qu'il n'était pas difficile de comprendre.

« Allons, mon chien, dit-il, allons ! »

Et Birk, gambadant, s'élança sur une des routes, en précédant son jeune maître.

Mais il arriva ceci : c'est que Birk, se souvenant d'avoir été maltraité par les gens de l'escorte, ne voulut pas prendre le chemin de Limerick. Il suivit celui qui longe la limite du comté de Kerry et conduit à Newmarket, une des bourgades du comté de Cork. Sans le savoir, P'tit-Bonhomme s'éloignait de la famille Mac Carthy, et, lorsque le jour revint, rompu de fatigue, accablé de besoin, il s'arrêta pour demander asile et nourriture dans une auberge, à une douzaine de milles au sud-est de la ferme.

En outre de son paquet de linge, P'tit-Bonhomme avait en poche, on ne l'a pas oublié, ce qui restait de la guinée échangée chez le pharmacien de Tralee. Une grosse somme, n'est-ce pas, cette quinzaine de shillings ! On ne va ni loin ni longtemps avec cela, quand on est deux à se nourrir, même en économisant le plus possible, en ne dépensant quotidiennement que quelques pence. C'est ce que fit notre garçon, et, après vingt-quatre heures dans cette auberge, n'ayant eu qu'un grenier pour chambre, rien que des pommes de terre à ses repas, il se remit en route avec Birk.

Aux questions relatives aux Mac Carthy, l'aubergiste avait répondu négativement, n'ayant jamais entendu parler de cette famille. Et, au vrai, les évictions avaient été trop fréquentes cet hiver, pour que l'attention publique se fût attachée aux scènes si attristantes de la ferme de Kerwan.

P'tit-Bonhomme continua de marcher derrière Birk dans la direction de Newmarket.

Son existence durant cinq semaines, jusqu'à l'arrivée dans cette bourgade, on la devine. Jamais il ne tendit la main, non jamais ! Sa fierté naturelle, le sentiment de sa dignité, n'avaient pas fléchi au milieu de ces nouvelles épreuves. Que parfois de braves gens, émus de voir cet enfant presque sans ressources, lui eussent fait un peu plus forte sa portion de pain, de légumes, de lard, qu'il venait acheter dans les auberges, et qu'il ne payât qu'un penny ce qui en valait deux, ce n'est pas mendier, cela. Il allait ainsi, partageant avec Birk, tous deux couchant dans les granges, se blottissant sous les meules, souffrant de la faim et du froid, épargnant le plus possible sur ce qui restait de la guinée...

Il y eut quelques aubaines. A plusieurs reprises, P'tit-Bonhomme profita d'un peu de travail. Pendant quinze jours, il demeura dans une ferme pour soigner la bergerie en l'absence du berger. On ne le payait pas, mais son chien et lui y gagnaient le logement et la nourriture. Puis, la besogne achevée, il repartit. Quelques commissions qu'il fit d'un village à l'autre lui valurent aussi deux ou trois shillings. Le malheur, c'est qu'il ne trouva pas à se placer d'une façon durable. C'était la mauvaise saison, celle où les bras sont inoccupés, et la misère était si grande cet hiver!

D'ailleurs, P'tit-Bonhomme n'avait pas renoncé à rejoindre la famille Mac-Carthy, bien qu'il se fût vainement enquis de ce qu'elle était devenue. Marchant au hasard, il ne savait guère s'il se rapprochait d'elle ou s'il s'en éloignait. A qui se serait-il adressé et qui aurait pu le renseigner à cet égard? Dans une ville, une vraie ville, il s'informerait.

Son unique crainte était qu'on s'inquiétât de le voir seul, abandonné, sans protecteur, à son âge, et qu'on le ramassât comme vagabond pour l'enfermer dans quelque ragged-school ou quelque workhouse. Non! Toutes les duretés de la vie errante plutôt que de rentrer dans ces honteux asiles!... Et puis, c'eût été le séparer de Birk, et cela, jamais!

« N'est-ce pas, Birk, lui disait-il en attirant la bonne grosse tête du chien sur ses genoux, nous ne pourrions pas vivre l'un sans l'autre? »

Et, certainement, le brave animal lui répondait que cela serait impossible.

Puis, de Birk, sa pensée remontait vers son ancien compagnon de Galway. Il se demandait si Grip n'était pas comme lui, sans feu ni lieu. Ah! s'ils s'étaient rencontrés, à deux, lui semblait-il, ils auraient pu se tirer d'affaire!... A trois même, avec cette bonne Sissy, dont il n'avait plus eu aucune nouvelle depuis qu'il avait quitté le cabin de la Hard!... Ce devait être une grande fille maintenant... Elle avait de quatorze à quinze ans... A cet âge, on est en condition au village ou à la ville, on gagne sa vie rudement, sans doute, mais on la gagne... Lui, quand il aurait cet âge, se disait-il, il ne serait pas embarrassé de trouver une place... Quoi qu'il en fût, Sissy ne pouvait l'avoir oublié... Tous ces souvenirs de sa première enfance lui revenaient avec une surprenante intensité, les mauvais traitements de la mégère, les cruautés de Thornpipe, le montreur de marionnettes... Et alors, par comparaison, seul, libre, il se sentait moins à plaindre qu'il ne l'avait été en ces temps maudits!

Cependant, à courir les routes du comté, les jours s'écoulaient, et la situation ne se modifiait guère. Par bonheur, le mois de février ne fut pas rigoureux cette année-là, et les indigents n'eurent point à souffrir d'un froid excessif. L'hiver s'avançait. Il y avait lieu d'espérer que l'époque des labours et des semailles de printemps ne serait pas retardée. Les travaux des champs pourraient être repris de bonne heure. Les moutons, les vaches seraient envoyés au pacage sur les pâtures... P'tit-Bonhomme obtiendrait peut-être de l'ouvrage dans une ferme?...

Il est vrai, durant cinq ou six semaines, il faudrait vivre, et, des quelques shillings gagnés çà et là, aussi bien que de la guinée qui constituait tout l'avoir de notre garçon, il ne restait plus qu'une demi-douzaine de pence vers le milieu de février. Il avait pourtant économisé sur sa nourriture quotidienne, et encore disons-nous quotidienne, quoiqu'il n'eût ni mangé une seule fois à sa suffisance, ni même mangé tous les jours. Il était très amaigri, la figure pâlie par les privations, le corps affaibli par les fatigues.

Birk, efflanqué, la peau plissée sur ses côtes saillantes, ne paraissait pas être en meilleur état. Réduit aux détritus jetés au abords des villages, est-ce que P'tit-Bonhomme en serait bientôt à les partager avec lui?...

Et pourtant, il ne désespérait pas. Ce n'était pas dans son caractère. Il conservait une telle énergie qu'il se refusait toujours à mendier. Alors, comment ferait-il, lorsque son dernier penny aurait été échangé contre un dernier morceau de pain?...

Bref, P'tit-Bonhomme ne possédait plus que six à sept pence, lorsque, le 13 mars, Birk et lui arrivèrent à Newmarket

Il y avait deux mois et demi que, tous deux, ils suivaient ainsi les chemins du comté, sans avoir pu se fixer nulle part.

Newmarket, située à vingt milles environ de Kerwan, n'est ni très importante ni très peuplée. Ce n'est qu'une de ces bourgades dont l'indolence irlandaise ne parvient jamais à faire une ville, et qui périclitent plutôt qu'elles ne progressent.

Peut-être était-il regrettable que le hasard n'eût pas conduit P'tit-Bonhomme dans la direction de Tralee? On le sait, la pensée de la mer l'avait toujours hanté, — la mer, cette inépuisable nourricière de tous ceux qui ont le courage de chercher à vivre d'elle! Lorsque le travail manque dans les villes ou les campagnes, on ne chôme pas sur l'Océan. Des milliers de navires le parcourent sans cesse. Le marin a moins à redouter la pauvreté que l'ouvrier ou le cultivateur. Pour le constater, ne suffisait-il pas de comparer la situation de Pat, le second fils de Martin Mac Carthy, avec celle de la famille chassée de la ferme de Kerwan? Et, bien que P'tit-Bonhomme se sentît plus séduit par l'attrait du commerce que par le goût de la navigation, il se disait qu'il avait l'âge où l'on peut s'embarquer en qualité de mousse!...

C'est entendu, il ira plus loin que Newmarket; il poussera jusqu'au littoral, du côté de Cork, centre d'un important mouvement maritime, il cherchera un embarquement... En attendant, il fallait vivre, il fallait gagner les quelques shillings nécessaires à la continuation du voyage, et, cinq semaines après être arrivé à Newmarket avec Birk, il s'y trouvait encore.

On doit se le rappeler, ce qui l'inquiétait surtout, c'était la crainte d'être arrêté comme vagabond, de se voir enfermé dans quelque maison de charité. Très heureusement, ses vêtements étaient en bon état, il n'avait point l'apparence d'un petit pauvre. Le peu de linge dont il s'était muni lui suffisait, ses souliers avaient résisté à la fatigue du voyage. Il n'aurait pas à rougir de son accoutrement, quand il se présenterait quelque part. On ne serait pas tenté de l'habiller et, en même temps, de le nourrir aux frais de la paroisse.

Bref, il vécut de ces humbles métiers à la portée des enfants pendant son séjour à Newmarket, commissions faites pour l'un ou pour l'autre, légers bagages à porter, vente de boîtes d'allumettes qu'il put acheter avec une demi-couronne gagnée un certain jour, et dont grâce à son précoce instinct du commerce, il sut tirer un passable bénéfice. Sa physionomie sérieuse le rendait intéressant, et les promeneurs étaient disposés à lui prendre sa marchandise, lorsqu'il criait d'une voix claire :

« Some light, sir... some light [1]. »

En somme, Birk et lui eurent moins à pâtir dans cette bourgade qu'au long de leur pénible parcours à travers le comté. Il semblait même que P'tit-Bonhomme, qui avait su se créer quelques ressources par son intelligence, aurait peut-être dû demeurer à Newmarket, lorsque, dans les derniers jours d'avril, le 29, il prit brusquement la route qui conduit à Cork.

Il va de soi que Birk l'accompagnait, et, en ce moment, il avait tout juste trois shillings et six pence dans sa poche.

Qui l'eût observé depuis la veille, aurait remarqué le changement qui s'était opéré dans sa physionomie. En proie à une certaine anxiété, il regardait autour de lui, comme s'il eût craint d'être espionné. Son pas était rapide, et peu s'en fallait qu'il ne se mît à courir de toute la vitesse de ses jambes.

Neuf heures du matin sonnaient, lorsqu'il dépassa les dernières maisons de Newmarket. Le soleil brillait d'un vif éclat. Avec la fin d'avril, débute le printemps de la Verte Erin. Un peu d'animation régnait dans la campagne. Mais notre jeune garçon paraissait si préoccupé que la charrue promenée sur le sol, les semeurs lançant la graine à large volée, les animaux épars sur les pâtures, rien ne ravivait en lui les souvenirs de Kerwan. Non ! il allait toujours droit devant lui. Birk, à son côté, lui lançait un regard interrogateur, et, cette fois, ce n'était plus le chien qui guidait son jeune maître.

[1]. « De la lumière, monsieur », c'est-à-dire : du feu.

Six à sept milles furent franchis en deux heures, de Newmarket à Kanturk. P'tit-Bonhomme traversa cette bourgade sans prendre le temps de s'y reposer, ayant déjeuné en route d'un morceau de pain dont il avait donné la moitié à son fidèle Birk, et, lorsqu'il s'arrêta, l'horloge marquait midi au donjon de Trelingar-castle

III

A TRELINGAR-CASTLE

Au moment où la porte du pavillon s'ouvrait, l'intendant Scarlett se préparait à franchir la grille de la cour d'honneur pour se rendre à Kanturk, suivant les instructions de lord Piborne. Les chiens du comte Ashton, sentant Birk, qui ne leur plaisait pas, se mirent à aboyer furieusement.

P'tit-Bonhomme, craignant qu'il en résultât quelque bataille dans laquelle Birk n'aurait pas eu l'avantage du nombre, lui fit signe de s'éloigner, et l'obéissant animal alla se poster derrière un buisson de manière à ne pas être vu.

En apercevant ce jeune garçon qui se présentait à la porte du château, M. Scarlett lui cria de s'approcher.

« Que veux-tu? » lui dit-il d'un ton dur.

Car, si l'intendant se montrait doucereux avec les grandes personnes, il affectait d'être brutal envers les enfants, — une aimable nature, n'est-il pas vrai?

Les « grosses voix » n'étaient pas pour intimider notre garçonnet Il en avait entendu bien d'autres chez la Hard, avec Thornpipe, à la

« Que veux-tu ? » (Page 248.)

ragged-school! Mais, comme il convenait, il ôta sa casquette en s'avançant vers M. Scarlett, qu'il ne prit point pour Sa Seigneurie, lord Piborne, châtelain du domaine de Trelingar.

« Diras-tu ce que tu viens faire ici? redemanda M. Scarlett. S'il s'agit de quelque aumône, tu peux décamper!... On ne donne pas aux petits gueux de ton espèce... non! pas même un copper! »

Que de phrases inutiles, au milieu desquelles P'tit-Bonhomme ne parvenait pas à glisser une réponse, tout en se rangeant pour éviter les écarts du cheval. En même temps, les chiens, bondissant à travers la cour, continuaient leur concert de grognements. De là, un tel vacarme qu'on avait un peu de peine à s'entendre.

Aussi, M. Scarlett dût-il hausser la voix en ajoutant :

« Et je te préviens que si tu ne files pas, si je te retrouve aux abords du château, je te conduirai par les oreilles à Kanturk, où l'on te mettra à l'abri dans le workhouse! »

P'tit-Bonhomme ne se troubla ni des menaces qui lui étaient adressées ni du ton dont elles étaient formulées. Mais, profitant d'une accalmie, il put enfin répondre :

« Je ne demande pas l'aumône, monsieur, et jamais je ne l'ai demandée...

— Et tu ne l'accepterais pas?... répliqua ironiquement l'intendant Scarlett.

— Non... de personne.

— Alors que viens-tu faire ici?

— Je désire parler à lord Piborne.

— A Sa Seigneurie?...

— A Sa Seigneurie.

— Et tu t'imagines qu'elle va te recevoir?...

— Oui, car il s'agit de quelque chose de très important.

— De très important?...

— Oui, monsieur.

— Et qu'est-ce donc?

— Je désire n'en parler qu'à lord Piborne.

— Eh bien, hors d'ici!... Le marquis n'est pas au château.

— J'attendrai...

— Pas à cette place du moins!

— Je reviendrai. »

Tout autre que cet odieux Scarlett eût été frappé de la ténacité singulière de cet enfant, du caractère résolu de ses réponses. Il se fût dit que, s'il était venu à Trelingar-castle, c'est qu'un motif sérieux l'y avait conduit, et il lui eût prêté une attention complaisante. Mais, s'en irritant, au contraire, et s'emportant :

« On ne parle pas ainsi à Sa Seigneurie lord Piborne! gronda-t-il. Je suis l'intendant du château! C'est à moi que l'on s'adresse, et si tu ne veux pas m'apprendre ce qui t'amène...

— Je ne puis le dire qu'à lord Piborne, et je vous prie de le prévenir...

— Mauvais garnement, répondit M. Scarlett, en levant sa cravache, déguerpis, ou les chiens vont te happer aux jambes!... Prends garde à toi!... »

Et, surexcités par la voix de l'intendant, les chiens commençaient à se rapprocher.

Toute la crainte de P'tit-Bonhomme était que Birk, s'élançant hors du buisson, ne vînt à son secours, — ce qui eût compliqué les choses.

En ce moment, aux cris des chiens qui aboyaient avec une fureur croissante, le comte Ashton parut au fond de la cour, et, s'avançant vers la grille :

» Qu'y a-t-il donc ? demanda-t-il.

— C'est un garçon qui vient mendier...

— Je ne suis pas un mendiant! répéta P'tit-Bonhomme.

— Un galopin de grande route...

— Sauve-toi, vilain gueux, ou je ne réponds plus de mes chiens! » s'écria le comte Ashton.

Et, en effet, ces animaux, que le jeune Piborne essayait de maîtriser, devenaient très menaçants.

Mais voici que, sur le perron, au seuil de la porte centrale, lord Piborne se montra dans toute sa majesté. S'apercevant alors que M. Scarlett n'était pas encore parti pour Kanturk, il descendit d'un pas mesuré les degrés du perron, traversa la cour d'honneur, s'informa de la cause de ce retard et de ce bruit.

« Que Sa Seigneurie m'excuse, répondit l'intendant, c'est ce polisson qui s'obstine, un mendiant...

— Pour la troisième fois, monsieur, insista Petit-Bonhomme, je vous affirme que je ne suis pas un mendiant!

— Que veut ce garçon? demanda le marquis.

— Parler à Votre Seigneurie. »

Lord Piborne fit un pas, prit une attitude féodale, et, se redressant de toute sa hauteur :

« Vous avez à me parler? » dit-il.

Il ne le tutoya pas, bien que ce ne fût qu'un enfant. Suprême distinction, le marquis n'avait jamais tutoyé personne, ni la marquise, ni le comte Ashton, — ni même, paraît-il, sa propre nourrice, quelque cinquante ans avant.

« Parlez, ajouta-t-il.

— Monsieur le marquis est allé hier à Newmarket?...

— Oui.

— Hier, dans l'après-midi?...

— Oui. »

M. Scarlett n'en revenait pas. C'était ce gamin qui interrogeait, et Sa Seigneurie daignait lui répondre!

« Monsieur le marquis, reprit l'enfant, n'avez-vous pas perdu un portefeuille?...

— En effet, et ce portefeuille?...

— Je l'ai trouvé sur la route de Newmarket, et je vous le rapporte. »

Et il tendit à lord Piborne le portefeuille dont la disparition avait causé tant de troubles, autorisé tant de soupçons, compromis tant d'innocents à Trelingar-castle. Ainsi, dût son amour-propre en souffrir, la faute en revenait à Sa Seigneurie, l'accusation contre les domestiques tombait d'elle-même, et il n'était plus nécessaire, à son vif déplaisir, que l'intendant allât requérir le constable de Kanturk.

Lord Piborne reçut le portefeuille, à l'intérieur duquel était inscrit son nom avec son adresse, et il constata qu'il contenait les papiers et la banknote.

« C'est vous qui avez ramassé ce portefeuille ? demanda-t-il à P'tit-Bonhomme.

— Oui, monsieur le marquis.

— Et vous l'avez ouvert, sans doute ?

— Je l'ai ouvert pour savoir à qui il appartenait.

— Vous avez vu qu'il y avait une banknote... Mais peut-être n'en connaissiez-vous pas la valeur ?

— C'est une banknote de cent livres, répondit P'tit-Bonhomme sans hésiter.

— Cent livres... ce qui vaut ?...

— Deux mille shillings.

— Ah! vous savez cela, et, le sachant, vous n'avez pas eu la pensée de vous approprier ?...

— Je ne suis pas un voleur, monsieur le marquis, répliqua fièrement P'tit-Bonhomme, pas plus que je ne suis un mendiant ! »

Lord Piborne avait refermé le portefeuille, après en avoir retiré la banknote qu'il serra dans sa poche. Quant au jeune garçon, il venait de saluer, et faisait quelques pas en arrière, lorsque Sa Seigneurie lui dit, sans laisser voir d'ailleurs que cet acte d'honnêteté l'eût touché :

« Quelle récompense voulez-vous pour avoir rapporté ce portefeuille ?...

— Bah !... quelques shillings... opina le comte Ashton.

— Ou quelques pence, c'est tout ce que cela vaut ! » se hâta d'ajouter M. Scarlett.

P'tit-Bonhomme fut révolté à la pensée qu'on le marchandait, alors qu'il n'avait rien réclamé, et il répartit :

« Il ne m'est dû pour cela ni pence ni shillings. »

Puis il se dirigea vers la route.

« Attendez, dit lord Piborne. Quel âge avez-vous ?...

— Bientôt dix ans et demi.

— Et votre père... votre mère ?...

— Je n'ai ni père ni mère.

— Votre famille?...

— Je n'ai pas de famille.

— D'où venez-vous?...

— De la ferme de Kerwan, où j'ai demeuré quatre ans, et que j'ai quittée il y a quatre mois.

— Pourquoi?

— Parce que le fermier qui m'avait recueilli en a été chassé par les recors.

— Kerwan?... reprit lord Piborne. C'est, je crois, sur le domaine de Rockingham?...

— Votre Seigneurie ne se trompe pas, répondit l'intendant.

— Et maintenant, qu'allez-vous faire?... demanda le marquis à P'tit-Bonhomme.

— Je vais retourner à Newmarket, où j'ai trouvé jusqu'ici à gagner de quoi vivre.

— Si vous voulez rester au château, on pourra vous y occuper d'une façon ou d'une autre. »

Certainement, c'était là une offre obligeante. Cependant, n'imaginez pas que ce fût le cœur de ce hautain et insensible lord Piborne, qui l'eût inspirée, ni qu'elle eût été accompagnée d'un sourire ou d'une caresse.

P'tit-Bonhomme le comprit, et, au lieu de répondre avec empressement, il se prit à réfléchir. Ce qu'il avait vu du château de Trelingar lui donnait à penser. Il se sentait peu attiré vers Sa Seigneurie et vers son fils Ashton, de physionomie railleuse et méchante, et pas du tout vers l'intendant Scarlett, dont le brutal accueil l'avait tout d'abord indigné. En outre, il y avait Birk. Si l'on voulait de lui, on ne voudrait pas de Birk, et se séparer de son compagnon des bons et des mauvais jours, il n'aurait jamais pu s'y résoudre.

Toutefois, cette proposition, alors qu'il était rien moins assuré que de suffire à ses besoins, comment n'eût-il pas vu là un coup de fortune? Aussi sa raison lui disait-elle qu'il devait l'accepter, qu'il se repentirait peut-être d'être retourné à Newmarket!... Le chien était embarrassant, il est vrai, mais il trouverait l'occasion d'en parler... On consentirait à l'admettre, fût-ce en qualité de chien de garde... Et puis, il ne serait pas employé au château sans quelque profit, et en économisant...

« Eh bien... te décides-tu? grogna l'intendant, qui aurait voulu le voir s'en aller au diable.

— Qu'est-ce que je gagnerai? demanda résolument P'tit-Bonhomme, poussé par son esprit pratique.

— Deux livres par mois, » répondit lord Piborne.

Deux livres par mois!... Cela lui parut énorme, et, en réalité, c'était assez inespéré pour un enfant de son âge.

« Je remercie Sa Seigneurie, dit-il, j'accepte son offre, et je ferai mon possible pour la contenter. »

Et voilà comment P'tit-Bonhomme, admis le jour même parmi les gens du château avec l'agrément de la marquise, se vit élevé, huit jours après, aux éminentes fonctions de groom de l'héritier des Piborne.

Et pendant cette semaine, qu'était devenu Birk? Son maître avait-il osé le présenter à la cour... du château, s'entend?... Non, car il y aurait reçu le plus mauvais accueil.

En effet, le comte Ashton possédait trois chiens qu'il aimait presque autant qu'il s'aimait lui-même. Vivre en leur compagnie, cela suffisait à ses goûts, à l'emploi de son intelligence. C'étaient des animaux de race, dont la lignée remontait à la conquête normande, — à tout le moins, — trois superbes pointers d'Écosse, d'humeur hargneuse. Quand un chien passait devant la grille, il lui fallait détaler vite, s'il ne voulait pas être dévoré par ces méchantes bêtes, que le piqueur poussait volontiers à ce genre de cannibalisme. Aussi Birk s'était-il contenté de rôder le long des annexes, attendant que, la nuit venue, le nouveau groom pût lui apporter un peu de ce qu'il avait réservé sur sa propre nourriture. Il suit de là que tous deux maigrissaient... Bah! des jours plus heureux viendraient, peut-être, où ils engraisseraient de conserve!

256   P'TIT-BONHOMME.

S'accrochant aux courroies de la capote... (Page 259.)

Alors commença pour cet enfant dont nous racontons la douloureuse histoire, une vie très différente de celle qu'il avait menée jusqu'alors. Sans parler des années passées chez la Hard et à la ragged-school, et pour n'établir de comparaison qu'avec son existence à la ferme de Kerwan, quel changement dans sa situation ! Au milieu de la famille Mac Carthy, il était de la maison, et le joug de la domesticité ne s'appesantissait pas sur lui. Mais, ici, au château,

A TRELINGAR-CASTLE.

P'tit-Bonhomme se dirigea vers l'étalage. (Page 264.)

il n'inspirait que la plus complète indifférence. Le marquis le regardait comme un de ces troncs de pauvres dans lequel il mettait deux livres chaque mois, la marquise comme un petit animal d'antichambre, le comte comme un jouet dont on lui avait fait cadeau, omettant même de lui recommander de ne pas le casser. En ce qui le concernait, M. Scarlett s'était bien promis de lui témoigner son antipathie par des molestations incessantes, et les occasions ne manquaient pas. Quant aux domestiques, ils estimaient fort au-dessous d'eux cet enfant trouvé, que lord Piborne avait cru devoir introduire à Trelingar-castle. Que diable! les gens de bonne maison ont leur fierté, l'orgueil d'une position longuement acquise, et il ne leur convient pas de se commettre avec ces rouleurs de rues et de routes. Aussi le lui faisaient-ils sentir dans les multiples détails du service, lors des repas à la salle commune. P'tit-Bonhomme ne laissait pas échapper une plainte, il ne répondait pas, il remplissait sa tâche du mieux possible. Mais avec quelle satisfaction il regagnait la chambrette qu'il occupait à part, dès qu'il avait exécuté les derniers ordres de son maître!

Cependant, au milieu de cette malveillante engeance, il y eut une femme qui prit intérêt à lui. Ce n'était qu'une lessiveuse, nommée Kat, chargée de laver le linge du château. Agée de cinquante ans, elle avait toujours vécu sur le domaine, et y achèverait probablement sa vie, à moins que M. Scarlett ne la mît à la porte, — ce qu'il avait déjà tenté, cette pauvre Kat n'ayant pas l'heur de lui agréer. Un cousin de lord Piborne, sir Edward Kinney, gentleman très spirituel, paraît-il, affirmait qu'elle faisait déjà la lessive au temps de Guillaume-le-Conquérant. Dans tous les cas, le peu charitable esprit de son entourage ne l'avait point pénétrée. C'était un excellent cœur, et P'tit-Bonhomme fut heureux de trouver quelque consolation près d'elle.

Aussi causaient-ils, lorsque le comte Ashton était sorti sans emmener son groom. Et, lorsque celui-ci avait été malmené par l'intendant ou quelque autre de la valetaille:

« De la patience! lui répétait Kat. N'aie cure de ce qu'ils disent! Le meilleur d'entre eux ne vaut pas cher, et je n'en connais pas un seul qui aurait rapporté le portefeuille. »

Peut-être la lessiveuse avait-elle raison, et il est même à croire que ces gens peu scrupuleux regardaient P'tit-Bonhomme comme un niais d'avoir été si honnête!

Il a été dit qu'un groom, c'était une sorte de jouet, dont le marquis et la marquise avaient fait présent au comte Ashton. Un jouet, — le mot est juste. Il s'en amusait en enfant capricieux et fantasque. Il lui donnait des ordres déraisonnables la plupart du temps, puis il les contremandait sans motif. Il le sonnait dix fois par heure, afin qu'il rangeât ceci ou dérangeât cela. Il l'obligeait à revêtir sa grande ou sa petite livrée, aux couleurs multiples, où les boutons bourgeonnaient par centaines comme ceux d'un rosier au printemps. Notre jeune garçon ressemblait à un ara des tropiques. Le faire marcher derrière lui, à vingt pas, les bras tombant raides sur la couture du pantalon, non seulement dans les rues de la bourgade, mais à travers les allées du parc, c'était pour le vaniteux Ashton le comble de la satisfaction. P'tit-Bonhomme se soumettait à toutes ces fantaisies avec une irréprochable ponctualité. Il obéissait comme une machine aux volontés de son régulateur. Si vous l'aviez vu, les reins cambrés, les bras croisés sur la veste qui lui sanglait le torse, debout devant le cheval piaffant du cabriolet, attendant que son maitre y fût monté, puis, lorsque le véhicule était déjà en marche, s'élançant, s'accrochant aux courroies de la capote, au risque de lâcher prise et de se casser le cou ! Et le cabriolet, mené par une main inhabile, roulait à fond de train, sans se soucier des bornes qu'il heurtait, ni des passants qu'il manquait d'écraser !... C'est qu'il était bien connu à Kanturk, l'équipage du comte Ashton !

Enfin, à la condition de se prêter, sans mot dire, à tous les caprices de son maître, P'tit-Bonhomme n'était pas autrement malheureux. Cela allait et irait tant que le joujou n'aurait pas cessé de plaire. Il est vrai, avec ce jeune gentleman si gâté, si quinteux, si personnel, il convenait de s'attendre à des revirements subits. Les enfants finissent toujours par se dégoûter de leurs jouets, et ils les rejettent, à moins qu'ils ne les brisent. Mais, qu'on le sache, P'tit-Bonhomme était bien résolu à ne point se laisser mettre en morceaux.

D'ailleurs, cette situation à Trelingar-castle, il ne la considérait que comme un pis-aller. Faute de mieux, il l'avait acceptée, espérant qu'une meilleure occasion de gagner sa vie lui serait offerte. Son ambition enfantine se haussait au delà de ces fonctions de groom. Sa fierté naturelle en souffrait. Cette annihilation de lui-même devant l'héritier des Piborne, auquel il se sentait supérieur, l'humiliait. Oui! supérieur, bien que le comte Ashton reçût encore des leçons de latin, d'histoire, etc., car des professeurs venaient les lui enseigner, essayant de le remplir comme on remplit d'eau une cruche. En fait, son latin n'était que du « latin de chien », — expression équivalente en Angleterre à celle de « latin de cuisine », — et sa science historique se bornait à ce qu'il lisait dans le *Livre d'or* de la race chevaline.

Si P'tit-Bonhomme ignorait ces belles choses, il savait réfléchir. A dix ans, il savait penser. Il appréciait ce fils de famille à sa juste valeur, et rougissait parfois des fonctions qu'il remplissait près de lui. Ah! ce travail vivifiant et salutaire de la ferme, combien il le regrettait, et aussi son existence au milieu des Mac Carthy, dont il n'avait plus eu de nouvelles! La lessiveuse du château, c'était le seul être auquel il pouvait s'abandonner.

Du reste, l'occasion se présenta bientôt de mettre à l'épreuve l'amitié de la bonne femme.

Il est à propos de mentionner ici que le procès contre la paroisse de Kanturk avait été jugé au profit de la famille Piborne, grâce à la production de l'acte rapporté par P'tit-Bonhomme. Mais ce que celui-ci avait fait là paraissait oublié maintenant, et pourquoi lui en aurait-on su gré?

Mai, juin et juillet s'étaient succédé. D'une part, Birk avait pu être nourri tant bien que mal. Il semblait comprendre la nécessité de montrer une extrême prudence afin de ne point éveiller les soupçons, lorsqu'il rôdait aux environs du parc. De l'autre, P'tit-Bonhomme avait touché trois fois ses deux livres mensuelles, — ce qui lui réalisait la grosse somme de six livres, inscrite sur son agenda où la colonne des dépenses était intacte.

Durant ces trois mois, l'occupation de lord et de lady Piborne avait été uniquement de recevoir et de rendre des visites, politesses échangées entre les châtelains du voisinage. Il va de soi que, pendant ces réceptions, les landlords ne s'entretenaient guère que de la situation des propriétaires irlandais. Et comme ils traitaient les revendications des tenanciers, les prétentions de la ligue agraire, et M. Gladstone, alors âgé de soixante-treize ans, voué de cœur à l'affranchissement de l'Irlande, et M. Parnell, auquel ils souhaitaient charitablement la plus haute potence de l'Ile Emeraude! Une partie de l'été s'écoulait ainsi. D'ordinaire, lord Piborne, lady Piborne et leur fils quittaient le château pour un voyage de quelques semaines, — le plus souvent en Écosse, dans les terres patrimoniales de la marquise. Par exception, cette année, le voyage devait consister en une excursion que les traditions du grand monde imposaient aux seigneurs de Trelingar, et qu'ils n'avaient pas encore accomplie. Il s'agissait de visiter cette admirable région des lacs de Killarney, et, le projet ayant reçu l'approbation de la marquise, lord Piborne fixa le départ au 3 août.

Si P'tit-Bonhomme avait l'espoir que cette excursion lui laisserait quelques semaines de loisir au château, il se trompait. Puisque lady Piborne se ferait accompagner de Marion, sa femme de chambre, puisque lord Piborne serait suivi de John, son valet de chambre, le comte Ashton ne pouvait se priver des services de son groom.

Il y eut alors un grave embarras. Que deviendrait Birk?... Qui s'occuperait de lui?... Qui le nourrirait?

P'tit-Bonhomme se décida donc à informer Kat de cette situation, et Kat ne demanda pas mieux que de se charger de Birk, à l'insu de qui que ce soit.

« N'aie aucune inquiétude, mon garçon, répondit la bonne créature. Ton chien, je l'aime déjà comme je t'aime, et il ne pâtira pas pendant ton absence! »

Là-dessus, P'tit-Bonhomme embrassa Kat sur les deux joues, et, après lui avoir présenté Birk dans la soirée qui précéda le départ, il prit congé du fidèle animal.

IV

LES LACS DE KILLARNEY.

Le départ, ainsi qu'il avait été décidé en haut lieu, s'effectua dans la matinée du 3 août. Les deux domestiques, femme et valet de chambre de la marquise et du marquis, prirent place à l'intérieur de l'omnibus du château, qui transportait les bagages à la gare, distante de trois milles.

P'tit-Bonhomme les accompagnait, afin de surveiller plus spécialement ceux de son jeune maître, conformément aux ordres qu'il avait reçus. D'ailleurs, Marion et John étaient d'accord pour le laisser se tirer d'affaire comme il le pourrait, « cet enfant de rien et de personne », ainsi qu'on l'appelait à l'antichambre ou à l'office.

L'enfant de rien s'en tira très intelligemment, et les bagages du comte Ashton furent enregistrés par ses soins, dès que les tickets eurent été délivrés au guichet des voyageurs.

Vers midi, la calèche arriva, après avoir côtoyé la rivière Allo. Lord et lady Piborne en descendirent. Comme un certain nombre de personnes sortaient de la gare pour regarder ces augustes voyageurs — très respectueusement, cela va sans dire, — le comte Ashton ne pouvait manquer cette occasion de jouer de son groom. Il l'appela du nom de « boy », suivant l'habitude prise, puisqu'on ne lui en connaissait pas d'autre. Le boy s'avança vers la calèche et reçut en pleine poitrine la couverture de voyage. Il faillit s'étaler du coup, ce qui donna fort à rire aux assistants.

Le marquis, la marquise et leur fils se rendirent au compartiment qui leur avait été réservé dans un wagon de première classe. John et Marion s'installèrent sur la banquette d'un wagon de deuxième, sans inviter le groom à y monter avec eux. Celui-ci vint occuper un autre compartiment, qui était vide, n'ayant aucun regret d'être seul pour le début du voyage.

Le train partit aussitôt. On eût dit qu'il n'attendait que la venue des nobles châtelains de Trelingar.

Une fois déjà, P'tit-Bonhomme avait voyagé en chemin de fer entre les bras de miss Anna Waston ; à peine s'en souvenait-il, ayant dormi tout le temps. Quant à ces voitures, accrochées l'une à l'autre, ces convois passant en grande vitesse, il avait vu cela autour de Galway et de Limerick. Aujourd'hui allait véritablement se réaliser son désir d'être traîné par une locomotive, ce puissant cheval d'acier et de cuivre, hennissant et lançant des tourbillons de vapeur. En outre, — ce qui excitait son admiration, — c'était non pas ces wagons pleins de voyageurs, mais ces fourgons bondés de marchandises que l'industrie et le commerce expédiaient d'une contrée à une autre.

P'tit-Bonhomme regardait par la portière, dont la vitre était baissée. Bien que le train ne marchât qu'à médiocre allure, cela lui paraissait quelque chose de tout à fait extraordinaire, ces maisons et ces arbres qui filaient en sens contraire le long de la voie, ces fils télégraphiques tendus d'un poteau à l'autre, et sur lesquels les dépêches courent plus rapidement encore que les objets ne disparaissaient, ces convois que le train croisait et dont il n'entrevoyait que la masse confuse et mugissante. Que d'impressions pour son imagination si sensible, où elles se gravaient ineffaçablement!

Pendant un certain nombre de milles, le train suivit la rive gauche de la rivière Blackwater à travers des sites pittoresques. Vers deux heures, après s'être arrêté à quelques stations intermédiaires, il fit une halte de vingt-cinq minutes à la gare de Millstreet.

La noble famille ne descendit pas de son wagon-salon, où Marion fut appelée pour le service de sa maîtresse. John se tint près de la portière à la disposition de son maître. Le groom reçut du comte

P'tit-Bonhomme dut se tenir à sa disposition. (Page 271.)

Ashton l'ordre de lui acheter quelque « machine amusante », facile à lire pendant une heure ou deux. Il se dirigea donc vers l'étalage de librairie de la gare, et s'il fut embarrassé, on le comprend de reste. Enfin, il est à présumer qu'il consulta plutôt son propre goût que celui du jeune Piborne. Aussi, de quelle rebuffade fut-il accueilli, lorsqu'il rapporta le *Guide du touriste aux lacs de Killarney!* L'héritier de Trelingar-castle s'inquiétait bien d'étudier un itinéraire! Il se souciait,

Les passagers furent durement secoués. (Page 275.)

vraiment, de la région qu'il venait visiter! Il y allait parce qu'on l'y emmenait! Et le guide dut être remplacé par une feuille à caricatures ineptes avec légendes sans esprit, qui parurent faire ses délices.

Le départ de Millstreet eut lieu à deux heures et demie. P'tit-Bonhomme s'était réinstallé à la vitre du wagon. Le train s'engageait alors dans les défilés d'une contrée montagneuse, très variée de points de vue. Le temps était assez clair, avec un soleil pas trop mouillé, —

ce qui est rare en Irlande. Lord Piborne pouvait se féliciter d'avoir une période de sécheresse pour cette excursion. L'ombrelle de la marquise lui serait plus utile que son waterproof. Cependant l'atmosphère n'était pas dépourvue de cette légère brume frissonnante, qui donne plus de charme aux cimes, en adoucissant leurs contours. P'tit-Bonhomme put contempler, vers le sud du railway, les hauts pics de cette partie du comté, le Caherbarnagh et le Pass, dont l'altitude atteint deux mille pieds. C'est aux environs de Killarney, en effet, que les poussées géologiques se sont le plus fortement produites en Irlande.

Le train ne tarda pas à franchir la limite mitoyenne entre les comtés de Cork et de Kerry. P'tit-Bonhomme, qui avait gardé le Guide refusé par son maître, suivait avec intérêt le tracé du chemin de fer. Quels souvenirs rappelait à sa mémoire ce nom de Kerry! A une vingtaine de milles vers le nord, s'étaient écoulées les plus chères années de son enfance, à cette ferme de Kerwan, maintenant abandonnée, d'où l'impitoyable middleman avait chassé la famille Mac Carthy!... Ses yeux se détournèrent du paysage. C'est en lui-même qu'il regardait, et cette douloureuse impression durait encore, lorsque le train s'arrêta en gare de Killarney.

C'est une chance qu'a cette petite bourgade, — chance partagée par quelques villes en Europe, — d'être située sur le bord d'un lac magnifique. Peut-être Killarney doit-elle sa vie heureuse et facile à ce chapelet de nappes liquides qui se déroule à ses pieds. Ce n'est point pour son palais où réside l'évêque catholique du comté, ni pour sa cathédrale, ni pour son asile d'aliénés, ni pour sa maison de religieuses, ni pour son couvent de franciscains, ni pour son workhouse, que les touristes y affluent pendant la belle saison. Non! Si cette bourgade est le rendez-vous des excursionnistes, c'est qu'ils y sont attirés par les splendeurs naturelles de ses lacs. Qu'une commotion géologique vienne à les supprimer, que leurs eaux aillent se perdre dans les entrailles du sol, et Killarney aura vécu, — ce qui serait regrettable, surtout pour la famille des Kenmare, puisque cette cité fait partie de son immense domaine de quatre-vingt-dix mille hectares. Les hôtels n'y manquent point, sans compter ceux qui s'élèvent sur les bords du Lough-Leane, à moins d'un quart de mille.

Lord Piborne avait fait choix de l'un des meilleurs de l'endroit. Par malheur, cet hôtel était alors « boycotté ». Ce néologisme irlandais vient du nom d'un certain capitaine Boycott, lequel avait réclamé l'assistance de la police pour engranger ses récoltes, les manouvriers du pays se refusant à travailler sur son domaine. Être mis en quarantaine, c'est précisément ce que signifie le mot boycotter. Et, si l'hôtel en question subissait la rigueur de cette mise en quarantaine, c'est que son propriétaire avait procédé par éviction contre quelques-uns de ses tenanciers. Il n'y avait donc plus chez lui ni gens de service, ni cuisiniers, et les fournisseurs n'auraient rien osé lui vendre.

Le marquis et la marquise Piborne durent se rendre à un autre hôtel, en remettant au lendemain leur départ pour les lacs. Après s'être occupé des bagages de son maître, le groom reçut ordre de se tenir à sa disposition pendant toute la soirée. De là, interdiction formelle de quitter l'antichambre, tandis que le jeune Piborne faisait le gentleman au milieu des touristes, qui lisaient, causaient ou jouaient dans le grand salon.

Le lendemain, une voiture attendait au bas du perron de l'établissement. C'était un large et confortable landau, pouvant se découvrir, avec siège derrière pour John et Marion, et siège devant, sur lequel le groom prendrait place près du cocher. Dans les coffres, on enferma le linge et les vêtements de rechange, des provisions en quantité suffisante pour parer aux diverses éventualités du voyage, retards possibles, insuffisance des hôtels, car il convenait que les repas de Leurs Seigneuries fussent partout et toujours assurés. Mais Elles n'avaient pas l'intention de monter dans cette voiture au départ de Killarney.

En effet, avec ce bon sens pratique dont lord Piborne se targuait habituellement, — même lors des discussions de la Chambre haute, — il avait divisé son itinéraire en deux parties distinctes : la première comprenait l'exploration des lacs et devait s'exécuter par eau; la seconde comportait l'exploration du comté jusqu'au littoral et devait s'exécuter par terre. Il suit de là que le landau ne serait appelé à transporter les nobles excursionnistes que pendant cette dernière partie du voyage. Aussi, se mit-il en route dès le matin, afin d'aller les attendre à Brandons-cottage, à l'extrémité des lacs Killarney, dont il aurait contourné les rives orientales. Or, comme, dans sa sagesse, lord Piborne avait fixé à trois jours la durée de la traversée des lacs, la femme de chambre, le valet de chambre et le groom ne pouvaient quitter leurs maîtres durant ces trois jours. Que l'on juge s'il fut satisfait, notre jeune garçon, à la pensée qu'il allait naviguer sur ces eaux resplendissantes!

Ce n'était pas la mer, il est vrai, — la mer immense, infinie, qui va d'un continent à l'autre. Il n'y avait là que des lacs, n'offrant au commerce aucun débouché, et dont la surface n'est sillonnée que par les embarcations des touristes. Mais enfin, même en ces conditions, cela était pour réjouir P'tit-Bonhomme. Hier, pour la seconde fois, il était monté en chemin de fer... Aujourd'hui, pour la première fois, il allait monter en bateau.

Pendant que John et Marion, suivis du groom, faisaient à pied le mille qui sépare Killarney de la rive septentrionale des lacs, une calèche y conduisait le marquis, la marquise et leur fils. Au coin d'une place, P'tit-Bonhomme entrevit la cathédrale qu'il n'avait pas eu le temps de visiter. Peu de monde dans les rues, plutôt des flâneurs que des travailleurs. En effet, l'animation de Killarney est limitée aux quelques mois pendant lesquels dix à douze mille excursionnistes y affluent de tous les points du Royaume-Uni. Alors il semble que la population ne soit uniquement composée que de cochers et de bateliers, lesquels s'y disputent, sans trop l'injurier mais en l'exploitant sans vergogne, la clientèle de passage.

A l'appontement, une embarcation avec cinq hommes, quatre aux avirons, un à la barre, attendait Leurs Seigneuries. Des bancs rembourrés, un tendelet pour le cas où le soleil serait trop ardent ou la pluie trop persistante, assuraient le confort des passagers. Lord et lady Piborne s'installèrent sur ces bancs ; le comte Ashton prit place à leur côté ; les domestiques et le groom s'assirent à l'avant; l'amarre fut larguée, les avirons plongèrent simultanément et l'embarcation s'éloigna de la rive.

Les lacs de Killarney recouvrent vingt et un kilomètres superficiels de cette région lacustre. Ils sont au nombre de trois : le lac Supérieur, qui reçoit les eaux de la contrée recueillies par les rivières Grenshorn et Doogary ; le lac Muckross ou Tore, où s'épanchent les eaux de l'Owengariff, après avoir suivi l'étroit canal du Lough-Range ; le lac Inférieur, le Lough-Leane, qui se décharge par la Lawne et autres tributaires entraînés vers la baie Dingle, sur le littoral de l'Atlantique. Il faut observer que le courant des lacs s'établit du sud au nord, — ce qui explique pourquoi le lac Inférieur occupe une position septentrionale par rapport aux autres.

Vu en plan géométral, l'ensemble de ces trois bassins représente assez exactement un gros palmipède, pélican ou autre, ayant pour patte le canal du Lough-Range, pour griffe le lac Supérieur, pour corps le Muckross et le Lough-Leane. Comme l'embarcation s'était détachée de la rive nord du Lough-Leane, l'exploration se poursuivrait de l'aval à l'amont, le lac Inférieur d'abord, le lac Muckross ensuite, puis, en remontant par le canal du Lough-Range, le lac Supérieur. D'après le programme de lord Piborne, une journée devait être consacrée à la visite de chaque lac.

Au sud et à l'ouest de cette région, les plus hauts systèmes orographiques de la Verte Erin chevauchent jusqu'à cette admirable baie de Bantry, taillée dans la côte du comté de Cork. Là est le petit port de pêche Glengariff, dans lequel Hoche et ses quatorze mille hommes débarquèrent, en 1796, lorsque la République française les envoya au secours de ses frères d'Irlande.

Lough-Leane, le plus vaste des trois lacs, mesure cinq milles et demi de longueur et trois de largeur. Ses rives à l'est, dominées par les chaînes du Carn-Tual, sont encadrées de bois verdoyants, qui appartiennent pour la plupart au domaine de Muckross. A sa surface émergent un certain nombre d'îles, Brown, Lamb, Héron, Mouse, entre lesquelles l'île Ross est la plus importante, et Innisfallen la plus belle.

Ce fut vers celle-ci que l'embarcation se dirigea d'abord. Le temps était superbe, le soleil dispensait largement ses rayons dont il est trop souvent avare envers cette province. Une légère brise ridait la surface des eaux. P'tit-Bonhomme s'enivrait de ces salutaires effluves, en même temps que ses regards admiraient les sites enchanteurs qui se diversifiaient avec le déplacement du bateau. Il se fût bien gardé d'exprimer ses sentiments par des interjections intempestives. On l'eût prié de se taire.

Et, en vérité, lord et lady Piborne auraient pu s'étonner qu'un être sans éducation et sans naissance fût sensible à ces beautés naturelles, créées pour le plaisir des yeux aristocratiques. D'ailleurs, Leurs Seigneuries faisaient cette excursion, — on ne l'a pas oublié, — parce qu'il convenait que des gens de leur rang l'eussent faite, et, probablement, il n'en resterait rien dans leur souvenir. Quant au comte Ashton, voilà qui ne le touchait guère ! Il avait emporté quelques lignes et il se promettait bien de pêcher, tandis que ses augustes parents iraient, par devoir, visiter les cottages ou les ruines des environs.

Ce fut là ce qui chagrina surtout P'tit-Bonhomme. En effet, lorsque l'embarcation accosta Innisfallen, le marquis et la marquise débarquèrent, et, à la proposition qu'ils adressèrent à leur fils de les accompagner :

« Merci, répondit ce charmant garçon, j'aime mieux pêcher pendant votre promenade !

— Pourtant, reprit lord Piborne, il y a là les vestiges d'une abbaye célèbre, et mon ami lord Kenmare, à qui appartient cette île, ne me pardonnerait pas...

— Si le comte préfère... dit nonchalamment la marquise.

— Certes... je préfère, répondit le comte Ashton, et mon groom restera pour me préparer mes hameçons. »

Le marquis et la marquise partirent donc, suivis de Marion et de John, et voilà pourquoi, à son vif déplaisir, obligé d'obéir aux caprices du jeune Piborne, P'tit-Bonhomme ne vit rien des curiosités archéologiques d'Innisfallen. Au surplus, le marquis et la marquise n'en rapportèrent aucune impression ni sérieuse ni durable. Que pouvaient dire à leur esprit indifférent ou blasé les beautés de ce monastère dont la fondation remonte au VIe siècle, la disposition des quatre édifices qui le composent, la chapelle romane avec les fines ciselures de son cintre, tout cet ensemble perdu sous une luxuriante verdure, au milieu des groupes de houx, d'ifs, de frênes, d'arbousiers, dont les plus remarquables échantillons semblent appartenir à cette île, « l'île des Saints », que Mlle de Bovet a si justement appelée le joyau de Killarney ?

Mais, si le comte Ashton avait refusé d'accompagner Leurs Seigneuries pendant l'heure qu'ils consacrèrent à explorer Innisfallen, il ne faudrait pas croire qu'il eût perdu son temps. Sans doute, une belle truite lui avait échappé par sa faute, et son dépit s'était traduit par d'interminables reproches aussi peu mérités que grossiers envers son groom. Il est vrai, deux ou trois anguilles, ferrées par son hameçon, lui paraissaient bien préférables à ces ruines imbéciles, dont il ne se souciait en aucune façon.

Et cela lui paraissait à tel point digne d'occuper ses loisirs, qu'il ne voulut même pas parcourir l'île Ross, où l'embarcation s'arrêta une heure plus tard. Il envoya de nouveau sa ligne dans ces eaux limpides, et P'tit-Bonhomme dut se tenir à sa disposition, tandis que lord et lady Piborne promenaient leur majestueuse indifférence sous les magnifiques ombrages de lord Kenmare.

Car elle fait partie du superbe domaine de ce nom, cette île de quatre-vingts hectares, que son propriétaire a réunie par une chaussée à la rive orientale du lac, non loin de son château, vieille forteresse féodale du XIVe siècle. Ce qui choqua peut-être le marquis et la marquise, c'est que l'île Ross et le parc sont libéralement ouverts aux habitants du pays, aux excursionnistes, à quiconque aime les tapis verdoyants, émaillés de menthes et d'asphodèles, entre les touffes arborescentes des azalées et des rhododendrons, sous la ramure d'arbres séculaires.

Après une exploration de deux heures, coupée de haltes fréquentes, Leurs Seigneuries revinrent au petit port où les attendait l'embarcation. Le comte Ashton était en train de morigéner son groom, auquel le marquis et la marquise n'hésitèrent pas à donner tort, sans daigner l'entendre. Et le tort de P'tit-Bonhomme venait de ce que la pêche avait été peu fructueuse, le poisson s'étant gardé de mordre aux hameçons du gentleman. De là, une mauvaise humeur qui devait persister jusqu'au soir.

On se rembarqua, et les bateliers se dirigèrent vers le milieu du lac, afin de visiter la murmurante cascade d'O'Sullivan, sur la rive occidentale, avant de gagner l'embouchure du Lough-Range, près de laquelle se trouvait Dinish-cottage, où lord Piborne comptait passer la nuit.

P'tit-Bonhomme avait repris sa place à l'avant, le cœur gonflé des injustices dont on l'accablait. Mais bientôt il les oublia, laissant son imagination l'entraîner sous ces eaux dormantes. N'avait-il pas lu, dans le Guide, cette curieuse légende relative aux lacs de Killarney? Là, jadis, se développait une heureuse vallée qu'une vanne protégeait contre le trop plein des cours d'eau du voisinage. Un jour, la jeune fille, gardienne de cette vanne, l'ayant baissée par imprudence, les eaux se précipitèrent en torrents. Villages et habitants furent engloutis avec leur chef, le « thanist ». Depuis cette époque, paraît-il, ils vivent au fond du lac, et, en prêtant l'oreille, on peut les entendre fêter leurs dimanches dans ce royaume des anguilles et des truites, sous les nappes immobiles du Lough-Leane.

Il était quatre heures, lorsque Leurs Seigneuries prirent terre à Dinish-cottage, près de la bouche du Lough-Range, sur sa rive gauche, au fond de la baie de Glena. Elles se disposèrent à y coucher dans des conditions assez acceptables. Mais, lorsque P'tit-Bonhomme fut congédié vers neuf heures, il reçut ordre formel de regà-

La brèche de Dunloe. (Page 277.)

gner sa chambre, et n'eut pas même alors quelques heures de liberté.

Le lendemain fut consacré à l'exploration du lac Muckross. Ce lac, long de deux milles et demi, sur une largeur moindre de moitié, n'est à vrai dire qu'un vaste étang, de forme régulière, au milieu d'un domaine que ses propriétaires n'habitent plus, et dont les magnifiques futaies ne perdent rien de leur charme pour être retournées à l'état de nature.

Cette fois, le comte Ashton daigna accompagner le marquis et la marquise. Et si le groom fut de la partie, c'est que son maître l'avait chargé de son fusil et de son carnier. Jadis, ces bois nourrissaient nombre de sangliers et de cochons sauvages. A présent ces animaux ont presque tous disparu, laissant la place à ces grands daims rouges dont la race ne tardera pas à manquer aux forêts du Royaume-Uni.

Donc, le comte Ashton eût à coup sûr accompli quelque prouesse cynégétique, si ces daims, très défiants, eussent bien voulu venir à bonne portée. Grosse déception, et pourtant, deux des bateliers avaient fait le métier de rabatteurs, et P'tit-Bonhomme celui de chien de chasse. Aussi fut-il privé de voir la pittoresque cascade de Torc et une vieille abbaye de franciscains du XIII° siècle, avec église et cloître en ruines, que Leurs Seigneuries eussent été mieux avisées de ne pas visiter.

En effet, ce cloître possède un if d'une venue extraordinaire, puisqu'il mesure quinze pieds de circonférence. Obéissant à je ne sais quelle fantaisie, peut-être pour conserver un souvenir de sa promenade à l'abbaye de Muckross, voici que la marquise eut l'idée de détacher une feuille de cet if. Déjà elle tendait la main vers l'arbre, lorsqu'elle fut arrêtée par un cri du guide :

« Que Votre Seigneurie prenne garde !...

— Prenne garde ?... répéta lord Piborne.

— Sans doute, mylord ! Si madame la marquise avait cueilli une de ces feuilles...

— Est-ce que cela est défendu par le propriétaire de Muckross-castle ? demanda le marquis d'un ton hautain.

— Non, monsieur le marquis, répondit le guide. Mais quiconque cueille une de ces feuilles meurt dans l'année...

— Même une marquise ?...

— Même une marquise ! »

Et, là-dessus, lady Piborne d'être si impressionnée qu'elle faillit se trouver mal. Un instant de plus, et elle avait arraché la feuille fatale. C'est que l'on ajoute foi à ces légendes dans l'Ile Émeraude on y croit comme à l'Évangile chez ces descendants des antiques races non moins superstitieux que les Paddys des villes et des campagnes.

Lady Piborne revint donc toute troublée à Dinish-cottage, songeant au danger qu'elle avait couru. Aussi, bien qu'il ne fût que deux heures après-midi, lord Piborne voulut-il remettre au lendemain l'exploration du lac Supérieur.

Quant au jeune Ashton, il était on ne peut plus dépité de rentrer bredouille. Et, s'il était épuisé de fatigue, à quel point devait l'être son chien, — nous voulons dire son groom, — auquel il n'avait pas accordé un moment de répit. Mais les chiens ne se plaignent pas, et, d'ailleurs, P'tit-Bonhomme était trop fier pour se plaindre.

Le lendemain, après déjeuner, Leurs Seigneuries prirent place dans l'embarcation. Les bateliers durent « souquer dur », comme eût dit Pat Mac Carthy, à la remontée du Lough-Range. L'étranglement de son embouchure forme des tourbillons et des remous. Il a des violences de torrent. Les passagers furent durement secoués, et, si ce fut un plaisir pour notre héros, lord et lady Piborne ne le partagèrent en aucune façon. Le marquis allait même donner l'ordre de revenir en arrière, tant la marquise paraissait épouvantée, et le comte Ashton mal à son aise. Mais quelques bons coups d'avirons permirent de franchir les brisants, et l'embarcation se retrouva sur une eau relativement calme, entre des rives agrémentées de nénuphars. A un mille et demi plus loin se dressait une montagne de dix-huit cents pieds, fréquentée des aigles, appelée Eagle's Nest.

Les bateliers prévinrent Leurs Seigneuries que, si Leurs Seigneuries daignaient adresser la parole à cette montagne, celle-ci s'empresserait de leur répondre. Il y a là, en effet, des phénomènes de répercussion très admirés des touristes. Le marquis et la marquise regardèrent sans doute comme indigne d'eux d'entrer en conversation avec cet écho qui « ne leur avait pas été présenté ». Mais le comte Ashton ne pouvait perdre une si belle occasion de lancer deux ou trois phrases ineptes, d'où il résulta qu'ayant finalement demandé qui il était :

« Un petit sot! » répondit l'Eagle's Nest par la bouche de quelque promeneur, caché derrière d'épais bouquets de genévriers à mi-montagne.

Leurs Seigneuries, très mortifiées, déclarèrent que cet écho mal appris aurait été puni comme il le méritait pour son insolence, aux temps où les châtelains exerçaient haute et basse justice sur les domaines féodaux. Aussitôt les bateliers imprimèrent à l'embarcation une allure plus rapide, et, vers une heure, elle atteignait le lac Supérieur.

L'aire de ce lac est à peu près égale à celle du Muckross. Il affecte une forme plus irrégulière, ce qui en accroît les beautés. Au sud, se dressent les raides talus des Cromaglans. Au nord s'étagent les croupes du Tomie et de la Montagne-Pourpre, tapissée de bruyères incarnates. Sur la rive méridionale, c'est toute une futaie de ces beaux arbres qui ombragent la vallée de Killarney. Mais, quelque enchanteur que fût l'aspect de ce lac, Leurs Seigneuries s'y intéressèrent médiocrement, et, à l'exception de P'tit-Bonhomme, personne ne goûta de plaisir à cette exploration. Aussi lord Piborne donna-t-il l'ordre de se diriger vers l'embouchure de la Geanhmeen en gagnant Brandons-cottage, où l'on devait se reposer avant de visiter la région du littoral.

A la suite de tant de fatigues, il était naturel que Leurs Seigneuries eussent besoin de repos. Pour eux, cette traversée des lacs avait été l'équivalent d'une traversée de l'Océan. Les deux domestiques et le groom durent rester à l'hôtel, et là, si P'tit-Bonhomme ne reçut pas vingt ordres incohérents, c'est que le comte Ashton s'était profondément endormi au dix-neuvième.

Le lendemain, il fallut se lever de bonne heure, car l'itinéraire de lord Piborne comportait une assez longue étape. La marquise se fit prier. Marion lui trouvait le teint un peu pâle, la mine un peu défaite. De là, discussion sur la question de continuer le voyage ou de revenir le jour même à Trelingar-castle. Lady Piborne inclinait vers cette solution ; mais lord Piborne, ayant fait valoir que leurs intimes amis, le duc de Francastar et la duchesse de Wersgalber avaient poussé leur excursion jusqu'à Valentia, il fut décidé, en dernier lieu, que l'itinéraire ne serait pas modifié. Grande satisfaction pour P'tit-Bonhomme, qui ne craignait rien tant que de rentrer au château sans avoir revu la mer.

Le landau était attelé dès neuf heures du matin. Le marquis et la marquise s'assirent au fond, le comte Ashton sur le devant. John et Marion occupaient le siège de derrière, et le groom prit place près du cocher. On laissa le landau découvert, quitte à le refermer en cas de mauvais temps. Enfin, les nobles voyageurs, dès qu'ils eurent reçu les respectueux hommages du personnel de Brandons-cottage, se mirent en route.

Pendant un quart de mille, les deux vigoureux chevaux suivirent la rive gauche du Doogary, l'un des affluents du lac Supérieur, puis ils s'engagèrent le long des rudes rampes de la chaîne des Gillyenddy-Reeks. La voiture ne marchait qu'au pas en s'élevant sur ces croupes abruptes. A chaque détour de ce lacet, de nouveaux sites s'offraient aux regards. P'tit-Bonhomme était probablement seul à les admirer. On traversait alors la partie la plus accidentée du comté de Kerry et même de toute l'Irlande. A neuf milles au sud-est, par delà les Gillyenddy-Reeks, le Carrantuohill effilait sa pointe perdue à trois mille pieds entre les nuages. Au bas des montagnes gisaient nombre de moraines éparses, un chaos de blocs erratiques, accumulés par la poussée lente et continue des glaciers.

Au milieu du jour, laissant les monts Tomie et la Montagne-Pourpre à droite, le landau s'engagea sur la rampe d'une étroite coupée des Gillyenddy-Reeks. C'est une brèche célèbre dans le pays, la brèche de Dunloe, et le valeureux Roland n'a pas fendu d'un coup plus formidable le massif pyrénéen. Çà et là de jolis lacs variaient l'aspect de ces contrées sauvages, et, pour peu que cela eût intéressé Leurs Seigneuries, P'tit-Bonhomme aurait pu raconter les légendes du pays, car il avait eu le soin d'étudier son Guide avant de partir. Mais on n'y eût pris aucun agrément.

Au delà de cette brèche, le landau, d'une allure plus rapide, descendit les pentes du nord-ouest. Dès trois heures, il atteignit la rive droite de la Lawne, dont le lit sert de déversoir au trop plein des lacs de Killarney, en dirigeant leurs eaux sur la baie Dingle. Cette rivière fut côtoyée pendant quatre milles, et il était six heures, lorsque les voyageurs vinrent faire halte à la petite bourgade de Kilgobinet, fatigués par une étape de neuf milles.

Nuit calme dans un hôtel où le confortable, quelque peu insuffisant, fut remplacé par des égards multiples et des attentions respectueuses, reçus avec cette indifférence que donne l'habitude des hautes situations. Puis, à l'extrême inquiétude de P'tit-Bonhomme, nouvelles hésitations relatives à la direction que prendrait le landau au jour levant, soit à droite pour revenir à Killarney, soit à gauche pour gagner l'estuaire de la Valentia. Mais, l'hôtelier ayant affirmé que, deux mois auparavant, le prince et la princesse de Kardigan avaient parcouru cette dernière route, lord Piborne fit comprendre à lady Piborne qu'il convenait de suivre les traces de ces augustes personnages.

Départ de Kilgobinet à neuf heures du matin. Ce jour-là, le temps était pluvieux. Il fallut rabattre la capote du landau. Assis près du cocher, le groom ne pourrait guère s'abriter contre les rafales. Bah ! il en avait reçu bien d'autres.

Notre jeune garçon ne perdit donc rien des sites qui méritaient d'être admirés, les chaînes embrumées de l'est, les longues et profondes déclivités de l'ouest, s'abaissant vers le littoral. Le sentiment des beautés de la nature se développait graduellement en son âme, et il ne devait pas en perdre le souvenir.

Dans l'après-midi, à mesure que les montagnes dominées par le Carrantuohill reculaient dans l'est, les monts Iveragh se levèrent à l'horizon opposé. Au delà, à s'en rapporter au Guide, une route plus facile descendait jusqu'au petit port de Cahersiveen.

Leurs Seigneuries atteignirent le soir la bourgade de Carramore, ayant fourni une étape d'une dizaine de milles. Comme cette région est fréquentée par les excursionnistes, les hôtels, convenablement tenus, n'y font point défaut, et il n'y eut pas lieu d'utiliser les réserves du landau.

Le lendemain, la voiture repartit par un temps pluvieux, un ciel sillonné de nuages rapides, que le vent de mer balayait à grands souffles. De larges trouées laissaient de temps à autre filtrer les rayons du soleil. P'tit-Bonhomme respirait à pleins poumons cet air imprégné de salures marines.

Un peu avant midi, le landau, tournant brusquement un coude, revint en ligne droite vers l'ouest. Après avoir franchi, non sans quelques bons coups de collier, une étroite passe des Iveragh, il n'eut plus qu'à rouler, en se maîtrisant du sabot, jusqu'à l'estuaire de la Valentia. Il n'était pas cinq heures de l'après-midi, lorsqu'il vint s'arrêter au terme du voyage, devant un hôtel de Cahersiveen.

« Qu'est-ce que Leurs Seigneuries ont bien pu voir de toute cette belle nature? » se demandait P'tit-Bonhomme.

Il ignorait que nombre de gens, — et des plus honorables, — ne voyagent que pour dire qu'ils ont voyagé.

La bourgade de Cahersiveen est accroupie sur la rive gauche de la Valentia, laquelle s'évase, en cet endroit, de manière à former un port de relâche, auquel on a donné le nom de Valentia-harbour. Au delà, gît l'île de ce nom, l'un des points de l'Irlande le plus avancé vers l'ouest, au cap de Brag-Head. Quant à cette petite bourgade de Cahersiveen, aucun Irlandais ne pourra jamais oublier qu'elle est la ville natale du grand O'Connell.

Le lendemain, Leurs Seigneuries, s'entêtant à remplir jusqu'au bout leur programme d'excursionnistes, durent consacrer quelques heures à visiter l'île de Valentia. L'envie de tirer des mouettes ayant pris le comte Ashton, il en résulta que P'tit-Bonhomme reçut, à son extrême joie, l'ordre de l'accompagner.

Un ferry-boat fait le service entre Cahersiveen et l'île, située à un mille en avant de l'estuaire. Lord Piborne, lady Piborne et leur suite s'embarquèrent après déjeuner, et le ferry-boat vint les déposer au petit port au fond duquel les bateaux de pêche vont s'abriter contre les violentes houles du large.

Très sauvage, très rude de contours, très âpre d'aspect, cette île n'est pas exempte de richesses minérales, car elle possède des ardoisières renommées. Il s'y trouve un village où se voient certaines maisons dont les murs et le toit sont faits chacun d'une seule ardoise. Les touristes peuvent séjourner dans ce village, s'ils en ont la fantaisie. Une excellente auberge leur assure la nourriture et le coucher. Mais pourquoi séjourneraient-ils? Lorsqu'ils ont visité, ainsi que le firent Leurs Seigneuries, le vieux fort en ruines qui fut construit par Cromwell, lorsqu'ils sont montés au phare qui éclaire les navires venus de la haute mer, quand ils ont admiré ces deux cônes qui émergent à quinze milles de là, ces Skelligs, dont les feux signalent ces redoutables parages, pourquoi s'attarderaient-ils à Valentia? Ce n'est, en somme, qu'une de ces îles comme on en compte par centaines sur la côte ouest de l'Irlande.

Oui, sans doute, mais Valentia jouit d'une triple célébrité personnelle.

Elle a servi de point de départ au travail de triangulation en vue de mesurer cet arc de cercle, qui se décrit à travers l'Europe jusqu'aux monts Ourals.

Elle est actuellement la station météorologique la plus avancée de l'ouest, et crânement placée pour recevoir les premiers coups des tempêtes américaines.

Enfin, il s'y trouve un bâtiment isolé, où furent conduits lord et lady Piborne. Là se rattache le premier câble transatlantique, qui fut immergé entre l'Ancien et le Nouveau Monde. En 1858, le capitaine Anderson le traîna dans le sillage du *Great-Eastern*, et il commença à fonctionner en 1866, — seul alors, en attendant que quatre nouveaux fils eussent relié l'Amérique à l'Europe.

C'est donc là que parvint le premier télégramme échangé d'un continent à l'autre, et adressé par le président des États-Unis Buchanan sous cette forme évangélique :

UN FERRY-BOAT FAIT LE SERVICE. (Page 279.)

« Gloire à Dieu dans le ciel, et paix aux hommes de bonne volonté sur la terre! »

Pauvre Irlande! tu n'as point négligé de glorifier le Très-Haut, mais les hommes de bonne volonté t'assureront-ils jamais la paix sociale en te rendant l'indépendance?

V

CHIEN DE BERGER ET CHIENS DE CHASSE.

Parti de Cahersiveen dès le matin du 11 août, en suivant la route du littoral, contiguë aux premières ramifications des monts Iveragh, après une halte à Kells, modeste bourgade sur la baie Dingle, le landau fit halte le soir au bourg de Killorglin. Le temps avait été mauvais, pluie et vent toute la journée. Il fut exécrable le lendemain. Grains et rafales, pour achever les trente milles qui séparent Valentia de Killarney, où Leurs Seigneuries, d'une humeur non moins exécrable que le temps, durent passer leur dernière nuit de voyage.

Le jour suivant, reprise du railway, et, vers trois heures, rentrée à Trelingar-castle, après une absence de dix jours.

Le marquis et la marquise en avaient fini avec l'excursion traditionnelle aux lacs de Killarney et à travers la région montagneuse du Kerry...

« Cela valait-il la peine de s'exposer à tant de fatigues! dit la marquise.

— Et à tant d'ennuis! » ajouta le marquis.

Quant à P'tit-Bonhomme, il rapportait de là plein sa tête de souvenirs.

Son premier soin fut de demander à Kat des nouvelles de Birk. Birk se portait bien. Kat ne l'avait point oublié. Chaque soir, le chien était revenu à l'endroit où la lessiveuse le guettait d'ordinaire avec ce qu'elle lui avait mis de côté.

Le soir même, avant de remonter dans sa chambre, P'tit-Bonhomme alla du côté des annexes où Birk l'attendait. Il est facile d'imaginer ce que fut l'entrevue des deux amis, quelles caresses échangées de l'un à l'autre ! Certes, Birk était maigre, efflanqué, il n'avait pas tous les jours mangé à sa faim ; mais il n'y paraissait pas trop, et ses yeux brillaient du vif éclat de l'intelligence. Son maître lui promit de venir chaque soir, s'il le pouvait, et lui souhaita une bonne nuit. Birk, comprenant qu'il n'avait pas le droit d'être difficile, n'en exigeait pas davantage. D'ailleurs, il fallait être prudent. La présence de Birk aux abords de Trelingar-castle avait été remarquée, et les chiens avaient plusieurs fois donné l'éveil.

Le château reprit son existence habituelle, — l'existence végétative, qui convenait à des hôtes de si vieille souche. Le séjour devait s'y prolonger jusqu'à la dernière semaine de septembre, — époque à laquelle les Piborne avaient coutume de retourner à leurs quartiers d'hiver d'Édimbourg, puis de Londres, pour la session du Parlement. En attendant, le marquis et la marquise allaient se confiner dans leur fastidieuse grandeur. Les visites de voisinage recommenceraient avec une régularité affadissante. On parlerait du voyage de Killarney. Lord et lady Piborne mêleraient leurs impressions à celles des quelques amis qui avaient déjà fait cette excursion des lacs. Et il y avait lieu de se hâter, car tout cela était déjà confus et lointain dans la mémoire rebelle de la marquise, et elle ne se rappelait plus le nom de l'île, d'où partait le « cordon électrique », que l'Europe tirait pour sonner les États-Unis — comme elle sonnait John et Marion.

Cependant, cette vie monotone ne laissait pas, tant s'en faut, que d'être pénible pour P'tit-Bonhomme. Il était toujours en butte aux mauvais procédés de l'intendant Scarlett, qui voyait en lui son souffre-douleur. D'autre part, les caprices du comte Ashton ne lui donnaient pas une heure de loisir. A chaque instant, c'était un ordre à exécuter, une course à faire, puis des contre-ordres, qui obligeaient le jeune groom à de continuelles allées et venues. Il se sentait aux mains et aux jambes un fil tyrannique, qui le mettait sans cesse en mouvement. Dans l'antichambre comme à l'office, on riait de le voir ainsi appelé, renvoyé, commandé, décommandé. Il en éprouvait une profonde humiliation.

Aussi, le soir, lorsqu'il avait enfin pu regagner sa chambre, il s'abandonnait à réfléchir sur la situation que la misère l'avait contraint d'accepter. Où cela le mènerait-il d'être le groom du comte Ashton Piborne? A rien. Il était fait pour autre chose. N'être qu'un domestique, autant dire une machine à obéir, cela froissait son esprit indépendant, cela entravait cette ambition qu'il sentait en lui. Au moins, lorsqu'il vivait à la ferme, c'était sur le pied d'égalité. On le considérait comme l'enfant de la maison. Où étaient les caresses de Grand'mère, les affections de Martine et de Kitty, les encouragements de M. Martin et de ses fils? En vérité, il prisait plus les cailloux reçus chaque soir et enterrés là-bas sous les ruines, que les guinées dont ces Piborne payaient mensuellement son esclavage. Tandis qu'il vivait à Kerwan, il s'instruisait, il travaillait, il apprenait en vue de se suffire un jour... Ici, rien que cette besogne révoltante et sans avenir, cette soumission aux fantaisies d'un enfant gâté, vaniteux et ignorant. Il était toujours occupé à ranger, non des livres — il n'y en avait pas un seul — mais tout ce qui traînait en désordre dans l'appartement.

Et puis, c'était le cabriolet du jeune gentleman qui faisait son désespoir. Oh! ce cabriolet! P'tit-Bonhomme ne pouvait le regarder sans horreur. Au risque de verser par maladresse en quelque fossé, il semblait que le comte Ashton prît plaisir à se lancer à travers les plus mauvais chemins, afin de mieux secouer son groom accroché aux courroies de la capote. Moins malheureux, lorsque le temps permettait de sortir avec le tilbury ou le dog-car — les autres véhicules du fils Piborne, — le groom était assis et dans un équilibre plus stable. Mais elles s'ouvrent si fréquemment, les cataractes du ciel sur l'Ile Émeraude!

Il était donc rare qu'un jour s'écoulât, sans que le supplice du cabriolet se fût produit, soit pour aller parader à Kanturk, soit pendant de longues promenades aux environs de Trelingar-castle. Le long de ces routes, couraient et gambadaient, pieds nus, écorchés par les cailloux, des bandes de gamins, à peine vêtus de guenilles, et criant d'une voix essoufflée: « coppers... coppers! » P'tit-Bonhomme sentait son cœur se gonfler. Il avait éprouvé ces misères, il y compatissait... Le comte Ashton accueillait ces déguenillés par des quolibets ou des injures, les menaçant de son fouet, lorsqu'ils s'approchaient... L'envie prenait alors à notre jeune garçon de jeter quelque menue pièce de cuivre... Il n'osait par crainte d'exciter la colère de son maître.

Une fois, cependant, la tentation fut trop forte. Une enfant de quatre ans, toute frêle, toute gentille avec ses boucles blondes, le regarda de ses jolis yeux bleus, en lui demandant un copper... Le copper fut lancé à la petite qui le ramassa, en poussant un cri de joie...

Ce cri, le comte Ashton l'entendit. Il saisissait son groom en flagrant délit de charité.

« Que t'es-tu permis là, boy?... demanda-t-il.

— Monsieur le comte... cette fillette... cela lui fait tant de plaisir... rien qu'un copper...

— Comme on t'en jetait, n'est-ce pas, lorsque tu courais les grandes routes?...

— Non... jamais!... s'écria P'tit-Bonhomme, se révoltant toujours quand on l'accusait d'avoir tendu la main.

— Pourquoi as-tu fait l'aumône à cette mendiante?...

— Elle me regardait... je la regardais...

— Je te défends de regarder les enfants qui traînent sur les chemins... Tiens-le-toi pour dit! »

Et P'tit-Bonhomme dut obéir, mais combien exaspéré de cette dureté de cœur.

S'il fut ainsi contraint de renfermer en lui-même la commisération que lui inspiraient ces enfants, s'il ne se risqua plus à les gratifier de quelque copper, une occasion se présenta dans laquelle il ne put rester maître de son premier mouvement.

On était au 3 septembre. Le comte Ashton, ce jour-là, avait commandé son dog-car pour aller à Kanturk. P'tit-Bonhomme l'accompagnait comme d'habitude, dos à dos, cette fois, avec ordre de croiser les bras et de ne pas remuer plus qu'un mannequin.

Le dog-car atteignit la bourgade sans accident. Là, superbes piaffements du cheval à la bouche écumante, et flatteuse admiration des badauds. Le jeune Piborne s'arrêta devant les principaux magasins. Son groom, debout à la tête de l'animal, ne le contenait pas sans peine, à l'ébahissement des gamins, qui enviaient ce jeune domestique si magnifiquement galonné.

Vers trois heures, après s'être offert à la contemplation de la bourgade, le comte Ashton reprit le chemin de Trelingar-castle. Il allait au pas, faisant caracoler son cheval. Sur la route défilait la bande habituelle des petits mendiants, avec les cris accoutumés de « coppers... coppers!... » Encouragés par l'allure modérée du dog-car, ils voulurent le suivre de près. Le cinglement du fouet les tint à distance, et ils finirent par rester en arrière.

Un seul persista. C'était un garçon de sept ans, à mine éveillée, intelligente, empreinte de gaîté, — bien irlandais de ce chef. Quoique la voiture ne marchât pas vite, il était obligé de courir pour se maintenir à côté. Ses petits pieds se meurtrissaient aux cailloux. Il s'entêtait tout de même, bravant les menaces du fouet. Il portait à la main une branche de myrtille, qu'il offrait en échange d'une aumône.

P'tit-Bonhomme, craignant quelque malheur, l'engageait en vain par signes à s'éloigner. L'enfant continuait à suivre le dog-car.

Il va de soi que le comte Ashton lui avait plusieurs fois crié de déguerpir. Loin de là, le gamin tenace restait près des roues, au risque d'être écrasé.

Il eût suffi de rendre la main pour que le cheval prît le trot. Mais le jeune Piborne ne l'entendait pas ainsi. Il lui convenait d'aller au pas, il irait au pas. Aussi, ennuyé de la présence de l'enfant, finit-il par lui lancer un coup de fouet.

La cinglante lanière, mal dirigée, s'accrocha au cou du petit, qui fut traîné pendant quelques secondes, à demi étranglé. Enfin, une dernière secousse le dégagea, et il roula sur le sol.

P'tit-Bonhomme, sautant en bas du dog-car, courut vers l'enfant. Celui-ci, le cou cerclé d'une raie rouge, poussait des cris de douleur. L'indignation était montée au cœur de notre jeune garçon, et quelle féroce envie il éprouva de se jeter sur le comte Ashton, lequel aurait peut-être payé cher sa cruauté, quoique étant plus âgé que son groom...

« Viens ici, boy! lui cria-t-il, après avoir arrêté son cheval.

— Et cet enfant?...

— Viens ici, répéta le jeune Piborne, qui faisait tournoyer son fouet, viens... ou je t'en administre autant! »

Sans doute, il fut bien inspiré de ne pas mettre sa menace à exécution, car on ne sait trop ce qui serait arrivé. Toujours est-il que P'tit-Bonhomme eut assez de puissance sur lui-même pour se maîtriser, et, après avoir fourré quelques pence dans la poche du gamin, il revint derrière le dog-car.

« La première fois que tu te permettras de descendre sans ordre, dit le comte Ashton, je te corrigerai d'importance et je te chasserai ensuite! »

P'tit-Bonhomme ne répondit pas, bien qu'un éclair eût brillé dans ses yeux. Puis, le dog-car s'éloigna rapidement, laissant le petit pauvre sur la route, tout consolé et faisant tintinnabuler les pence dans sa main.

A partir de ce jour, il fut visible que ses mauvais instincts poussaient le comte Ashton à rendre la vie plus dure à son groom. Les vexations redoublèrent sur lui, aucune humiliation ne lui fut épargnée. Ce qu'il avait jadis éprouvé au physique, il l'éprouvait maintenant au moral, et, à tout prendre, il se sentait non moins malheureux qu'autrefois dans le cabin de la Hard ou sous le fouet de Thornpipe! La pensée de quitter Trelingar-castle lui venait souvent. S'en aller... où?... Rejoindre la famille Mac Carthy?... Il n'en avait eu aucune nouvelle, et que pourrait-elle pour lui, n'ayant plus ni feu ni lieu? Cependant il était résolu à ne point rester au service de l'héritier des Piborne.

D'ailleurs, il y avait une certaine éventualité qui ne laissait pas de le préoccuper très sérieusement.

Le moment approchait avec la fin de septembre, où le marquis, la marquise et leur fils avaient l'habitude de quitter le domaine de Trelingar. Le groom, obligé de les suivre en Angleterre et en Écosse, perdrait ainsi tout espoir de retrouver la famille Mac Carthy.

D'autre part, il y avait Birk. Que deviendrait Birk? Jamais il ne consentirait à abandonner Birk!

« Je le garderai, lui dit un jour l'obligeante Kat, et j'en aurai bien soin.

— Oui, car vous avez bon cœur, lui répondit P'tit-Bonhomme, et je pourrais vous le confier... en vous payant ce qu'il faudrait pour sa nourriture...

— Oh! s'écria Kat, je ne l'entends pas ainsi... J'ai de l'amitié pour ce pauvre chien...

— N'importe... il ne doit pas rester à votre charge. Mais, si je pars, je ne le verrai plus de tout l'hiver... et jamais peut-être...

— Pourquoi... mon enfant?... A ton retour...

— Mon retour, Kat?... Suis-je assuré de revenir au château, quand je l'aurai quitté?... Là-bas... où ils vont, qui sait s'ils ne me renverront pas... ou si je ne m'en irai pas... de moi-même...

— T'en aller?...

— Oui... au hasard... devant moi... comme j'ai toujours fait!

— Pauvre boy... pauvre boy!... répétait la bonne femme.

— Et je me demande, Kat, si le mieux ne serait pas de rompre tout de suite... d'abandonner le château avec Birk... de chercher du tra-

Debout à la tête de l'animal. (Page 285.)

vail chez des fermiers... dans un village ou dans une ville... pas trop loin... du côté de la mer...

— Tu n'as pas encore onze ans!

— Non, Kat, pas encore!... Ah! si j'en avais seulement douze ou treize... je serais grand... j'aurais de bons bras... je trouverais de l'occupation... Que les années sont longues à venir, quand on est malheureux...

CHIEN DE BERGER ET CHIENS DE CHASSE.

P'tit-Bonhomme courut vers l'enfant. (Page 286.)

— Et longues à s'écouler! » aurait pu répondre la bonne Kat.

Ainsi réfléchissait P'tit-Bonhomme, et il ne savait à quel parti s'arrêter...

Une circonstance toute fortuite vint mettre un terme à son irrésolution.

Le 13 septembre arrivé, lord et lady Piborne ne devaient plus demeurer qu'une quinzaine de jours à Trelingar-castle. Déjà les préparatifs de départ étaient commencés. En songeant à la proposition de Kat relative à Birk, P'tit-Bonhomme eut lieu de se demander si l'intendant Scarlett demeurerait au château pendant l'hiver. Oui, il y restait comme régisseur du domaine. Or, il n'était pas sans avoir remarqué ce chien qui errait aux alentours, et jamais il n'autoriserait la lessiveuse à le conserver près d'elle. Kat serait donc obligée de nourrir Birk en secret, ainsi qu'elle l'avait fait jusqu'alors. Ah! si M. Scarlett avait su que ce chien appartenait au jeune groom, comme il se fût empressé d'en informer le comte Ashton, et avec quelle satisfaction celui-ci aurait cassé les reins de Birk, en admettant qu'il eût pu l'atteindre d'une balle !

Ce jour-là, Birk était venu rôder près des communs, dans l'après-midi, contrairement à ses habitudes. Le hasard, — fâcheux hasard, — voulut que l'un des chiens du comte Ashton, un pointer hargneux, fût allé vaguer sur la grande route.

Du plus loin qu'ils s'aperçurent, les deux animaux témoignèrent, par un sourd grognement, de leurs dispositions hostiles. Il y avait entre eux inimitié de race. Le chien-lord n'aurait dû éprouver que du dédain pour le chien-paysan ; mais, étant d'un mauvais caractère, ce fut lui qui se montra le plus agressif. Dès qu'il eut vu Birk, immobile à la lisière du bois, il courut sur lui, la joue relevée, les crocs à découvert et très disposé à en faire usage.

Birk laissa le pointer s'approcher à demi-longueur, le regardant obliquement de manière à ne point être surpris, la queue basse, solidement arc-bouté sur ses jambes.

Soudain, après deux ou trois aboiements de fureur, le pointer s'élança sur Birk et le mordit à la hanche. Ce qui devait arriver arriva : Birk sauta d'un coup à la gorge de son ennemi, qui fut boulé en un clin d'œil.

Cela ne se fit pas sans des hurlements terribles. Les deux autres chiens, qui se trouvaient dans la cour d'honneur, s'en mêlèrent. L'éveil fut donné, et le comte Ashton ne tarda pas à accourir, accompagné de l'intendant.

La grille franchie, il aperçut le pointer, qui râlait sous la dent de Birk.

Quel cri il poussa, sans oser porter secours à son chien, dont il craignait de partager le sort! Aussitôt que Birk l'eut vu, il acheva le pointer d'un coup de croc, puis, sans se hâter, rentra sous bois, derrière les halliers.

Le jeune Piborne, suivi de M. Scarlett, s'avança, et, lorsqu'ils furent sur le lieu du crime, ils n'y trouvèrent plus qu'un cadavre.

« Scarlett... Scarlett! s'écria le comte Ashton. Mon chien est étranglé!... Il a étranglé mon chien, cet animal!... Où est-il?... Venez... Nous le retrouverons... Je le tuerai! »

L'intendant ne tenait en aucune façon à poursuivre le meurtrier du pointer. Il n'eut point de peine, d'ailleurs, à retenir le jeune Piborne, qui ne redoutait pas moins que lui un retour offensif de ce redoutable Birk.

« Prenez garde, monsieur le comte, lui dit-il. Ne vous exposez pas à poursuivre cette bête féroce!... Les piqueurs la rattraperont un autre jour...

— Mais à qui appartient-il?

— A personne!... C'est un de ces chiens errants qui courent les grandes routes...

— Alors il s'échappera...

— Ce n'est pas probable, car, depuis plusieurs semaines, on le voit autour du château...

— Depuis plusieurs semaines, Scarlett!... Et on ne m'a pas prévenu, et on ne s'en est pas débarrassé... et cet animal m'a tué mon meilleur pointer! »

Il faut le reconnaître, ce garçon, si égoïste, si insensible, avait pour ses chiens une amitié que n'aurait pu lui inspirer aucune créature humaine. Le pointer était son favori, le compagnon de ses chasses, — destiné sans doute à périr de mort violente par quelque coup maladroit de son maître, — et la dent de Birk n'avait fait que hâter sa destinée.

Quoi qu'il en soit, très désolé, très furieux, méditant une vengeance éclatante, le comte Ashton rentra dans la cour du château, où il donna des ordres pour que le corps du pointer y fut rapporté.

Par une heureuse circonstance, P'tit-Bonhomme n'avait point été témoin de cette scène. Peut-être eût-il laissé échapper le secret de son intimité avec le meurtrier? Peut-être même, en l'apercevant, Birk fût-il accouru vers lui, non sans force démonstrations compromettantes. Mais il ne tarda pas à savoir ce qui s'était passé. Tout Trelingar-castle se remplit bientôt des lamentations de l'infortuné Ashton. Le marquis et la marquise essayèrent en vain de calmer l'héritier de leur nom. Celui-ci ne voulait rien entendre. Tant que la victime ne serait point vengée, il se refusait à toute consolation. Il n'éprouva aucun adoucissement à sa douleur, en voyant avec quelle exagération de respectabilité, par ordre de lord Piborne, on rendit les funèbres devoirs au défunt, en présence de la domesticité du château. Et, lorsque le chien eut été transporté dans un coin du parc, lorsque la dernière pelletée de terre eut recouvert sa dépouille, le comte Ashton rentra triste et sombre, remonta dans sa chambre, n'en voulut plus sortir de toute la soirée.

Il est aisé d'imaginer ce que durent être les inquiétudes de P'tit-Bonhomme. Avant de se coucher, il avait pu causer secrètement avec Kat, non moins anxieuse que lui au sujet de Birk.

« Il faut se défier, mon boy, lui dit-elle, et surtout prendre garde qu'on apprenne que c'est ton chien... Cela retomberait sur toi.. et je ne sais ce qui surviendrait. »

P'tit-Bonhomme ne songeait guère à cette éventualité d'être rendu responsable de la mort du pointer. Il se disait que, maintenant, il serait difficile, sinon impossible, de continuer à s'occuper de Birk. Le chien ne pourrait plus s'approcher des communs que l'intendant ferait surveiller. Comment retrouverait-il Kat chaque soir?... Comment s'arrangerait-elle pour le nourrir en cachette?

Notre jeune garçon passa une mauvaise nuit, — une nuit sans sommeil, infiniment plus préoccupé de Birk que de lui-même. Aussi en vint-il à se demander s'il ne devrait pas abandonner, dès le lendemain, le service du comte Ashton. Ayant l'habitude de réfléchir, il examina la question de sang-froid, il en pesa le pour et le contre, et, finalement, décida de mettre à exécution le projet qui obsédait son esprit depuis quelques semaines.

Il ne put s'endormir que vers trois heures du matin. Lorsqu'il se réveilla, au grand jour, il sauta hors de son lit, très surpris de ne pas avoir été appelé comme à l'ordinaire par l'impérieux coup de sonnette de son maître.

Tout d'abord, dès qu'il eut ses idées très nettes, il jugea qu'il n'y avait pas lieu de revenir sur sa décision. Il partirait le jour même, en donnant pour raison qu'il se sentait impropre au service de groom. On n'avait aucun droit de le retenir, et, si sa demande lui valait quelque insulte, il y était résigné d'avance. Donc, en prévision d'une expulsion brutale et immédiate, il eut soin de revêtir ses habits de la ferme, usés mais propres, car il les avait conservés avec soin, puis la bourse qui contenait ses gages accumulés depuis trois mois. D'ailleurs, après avoir poliment exposé à lord Piborne sa résolution de quitter le château, son intention était de lui réclamer la quinzaine à laquelle il avait droit jusqu'au 15 septembre. Il tâcherait de faire ses adieux à la bonne Kat, sans la compromettre. Puis, dès qu'il aurait retrouvé Birk aux alentours, tous deux s'en iraient, aussi satisfaits l'un que l'autre de tourner le dos à Trelingar-castle.

Il était environ neuf heures, lorsque P'tit-Bonhomme descendit dans la cour. Son étonnement fut grand d'apprendre que le comte Ashton était sorti au lever du soleil. D'habitude, celui-ci avait recours à son groom pour s'habiller, — ce qui n'allait point sans force gourmades et mauvais compliments.

Mais, à sa surprise se joignit bientôt une appréhension très justifiée, quand il s'aperçut que ni Bill, le piqueur, ni les pointers n'étaient au chenil.

En ce moment, Kat, qui se tenait sur la porte de la buanderie, lui fit signe d'approcher et dit à voix basse :

« Le comte est parti avec Bill et les deux chiens... Ils vont donner la chasse à Birk ! »

P'tit-Bonhomme ne put d'abord répondre, étranglé par l'émotion et aussi par la colère.

« Prends garde, mon boy ! ajouta la lessiveuse. L'intendant nous observe, et il ne faut pas...

— Il ne faut pas que l'on tue Birk, s'écria-t-il enfin, et je saurai bien... »

M. Scarlett, qui avait surpris ce colloque, vint interpeller P'tit-Bonhomme d'une voix brusque.

« Qu'est-ce que tu dis, groom, demanda-t-il, et qu'est-ce que tu fais là ?... »

Le groom, ne voulant pas entrer en discussion avec l'intendant, se contenta de répondre :

« Je désire parler à monsieur le comte.

— Tu lui parleras à son retour, répondit M. Scarlett, lorsqu'il aura attrapé ce maudit chien...

— Il ne l'attrapera pas, répondit P'tit-Bonhomme, qui s'efforçait de rester calme.

— Vraiment !

— Non, monsieur Scarlett... et s'il l'attrape, je vous dis qu'il ne le tuera pas !...

— Et pourquoi ?...

— Parce que je l'en empêcherai !

— Toi ?...

— Moi, monsieur Scarlett. Ce chien est mon chien, et je ne le laisserai pas tuer ! »

Et, tandis que l'intendant restait abasourdi par cette réponse, P'tit-Bonhomme, s'élançant hors de la cour, eut bientôt franchi la lisière du bois.

Là, pendant une demi-heure, rampant entre les halliers, s'arrêtant pour surprendre quelque bruit qui le mettrait sur les traces du comte Ashton, P'tit-Bonhomme marcha à l'aventure. Le bois était silencieux, et des aboiements se fussent entendus de très loin. Rien n'indiquait donc si Birk avait été relancé comme un renard par les pointers du jeune Piborne, ni quelle direction il convenait de suivre afin de le retrouver.

Incertitude désespérante! Il était possible que Birk fût très loin déjà, au cas où les chiens lui donnaient la chasse. A plusieurs reprises, P'tit-Bonhomme cria: « Birk!... Birk! » espérant que le fidèle animal entendrait sa voix. Il ne se demandait même pas ce qu'il ferait pour empêcher le comte Ashton et son piqueur de tuer Birk, s'ils parvenaient à s'en emparer. Ce qu'il savait, c'est qu'il le défendrait, tant qu'il aurait la force de le défendre.

Enfin, tout en marchant au hasard, il s'était éloigné du château de deux bons milles, lorsque des aboiements retentirent à quelques centaines de pas, derrière un massif de grands arbres en bordure le long d'un vaste étang.

P'tit-Bonhomme s'arrêta, il avait reconnu les aboiements des pointers.

Nul doute que Birk ne fût traqué en ce moment, et peut-être aux prises avec les deux bêtes excitées par les cris du piqueur.

Bientôt même, ces paroles purent être assez distinctement entendues:

« Attention, monsieur le comte... nous le tenons!

— Oui, Bill... par ici... par ici!...

— Hardi... les chiens... hardi! » criait Bill.

P'tit-Bonhomme se précipita vers le massif au delà duquel se produisait ce tumulte. A peine avait-il fait vingt pas, que l'air fut ébranlé par une détonation.

« Manqué... manqué! s'écria le comte Asthon. A toi, Bill, à toi!... Ne le rate pas!... »

Un second coup de fusil éclata assez près pour que P'tit-Bonhomme pût en apercevoir la lumière à travers le feuillage.

« Il y est, cette fois! » cria Bill, pendant que les pointers aboyaient avec fureur.

Le pointer s'élança sur Birk. (Page 290).

P'tit-Bonhomme, — comme s'il avait été frappé par la balle du piqueur, — sentit ses jambes se dérober, et il allait tomber peut-être, lorsqu'il se produisit, à six pas de lui, un bruit de branches brisées, et, par une trouée du taillis, un chien apparut, le poil mouillé, la gueule écumante.

C'était Birk, une blessure au flanc, qui s'était précipité dans l'étang après le coup de fusil du piqueur.

CHIEN DE BERGER ET CHIENS DE CHASSE. 297

P'tit-Bonhomme lui comprima le museau. (Page 297.)

Birk reconnut son maître, lequel lui comprima le museau afin d'étouffer ses plaintes, et l'entraîna au plus épais d'un fourré. Mais les pointers n'allaient-ils pas les dépister tous deux ?...

Non! Épuisés par la course, affaiblis par les morsures dues aux crocs de Birk, les pointers suivaient Bill. Les traces du groom et de Birk leur échappèrent. Et pourtant, ils passèrent si près du fourré que P'tit-Bonhomme put entendre le comte Ashton dire à son piqueur :

« Tu es sûr de l'avoir tué, Bill ?

— Oui, monsieur le comte... d'une balle à la tête, au moment où il se jetait dans l'étang... L'eau est devenue toute rouge, et il est par le fond, en attendant qu'il remonte...

— J'aurais voulu l'avoir vivant ! » s'écria le jeune Piborne.

Et, en effet, quel spectacle, digne de réjouir l'héritier du domaine de Trelingar, et comme sa vengeance eût été complète, s'il avait pu donner Birk en curée, le faire dévorer par ses chiens, aussi cruels que leur maître !

VI

DIX-HUIT ANS A DEUX.

P'tit-Bonhomme respira comme il n'avait jamais peut-être respiré de sa vie, longuement, du bon air plein ses poumons, dès que le comte Ashton, son piqueur et ses chiens eurent disparu. Et il est permis d'affirmer que Birk en fit autant, lorsque P'tit-Bonhomme eut desserré les mains qui lui tenaient le museau, disant :

« N'aboie pas... n'aboie pas, Birk ! »

Et Birk n'aboya pas.

C'était une chance, ce matin-là, que P'tit-Bonhomme, bien décidé à partir, eût revêtu ses anciens habits, rassemblé et ficelé son léger paquet, glissé sa bourse dans sa poche. Cela lui épargnait le désagrément de rentrer au château, où le comte Ashton ne tarderait pas à apprendre à qui appartenait le meurtrier du pointer. De quelle façon le groom eût été reçu, on l'imagine. Il est vrai, à ne pas reparaître, il sacrifiait la quinzaine de gages qui lui était due et qu'il comptait réclamer. Mais il préférait se résigner à cet abandon. Il était hors de Trelingar-castle, loin du jeune Piborne et de l'intendant Scarlett. Son chien l'accompagnant, il n'en demandait pas davantage, et ne songeait qu'à s'éloigner au plus vite.

A combien se montait sa petite fortune? Exactement à quatre livres, dix-sept shillings et six pence. C'était la plus forte somme qu'il eût jamais possédée en propre. Il ne s'en exagérait pas l'importance, d'ailleurs, n'étant pas de ces enfants qui se seraient crus riches de se sentir la poche si bien garnie. Non! il savait qu'il verrait promptement la fin de son épargne, s'il n'y joignait la plus stricte économie, jusqu'à ce que l'occasion s'offrit de se placer quelque part — avec Birk, cela va de soi.

La blessure du brave animal n'était pas grave par bonheur, — une simple éraflure dont la guérison ne serait pas longue. En lui tirant dessus, le piqueur n'avait été guère plus adroit que le comte Ashton.

Les deux amis partirent d'un bon pas, dès qu'ils eurent rejoint la grande route au delà du bois, Birk frétillant de joie, P'tit-Bonhomme quelque peu soucieux de l'avenir.

Cependant, ce n'était pas au hasard qu'il allait. La pensée de se rendre à Kanturk ou à Newmarket lui était d'abord venue à l'esprit. Il connaissait ces deux bourgades, l'une pour l'avoir déjà habitée, l'autre pour y avoir accompagné maintes fois le jeune Piborne. Mais c'eût été s'exposer à des rencontres qu'il convenait d'éviter. Aussi, savait-il bien ce qu'il faisait, en redescendant vers le sud. D'une part, il s'éloignait de Trelingar-castle dans une direction où on ne cherchait pas à le poursuivre; de l'autre, il se rapprochait du chef-lieu du comté de Cork, sur la baie de ce nom, l'une des plus fréquentées de la côte méridionale... De là partent des navires... des navires marchands... des grands... des vrais . pour toutes les parties du monde... et non point des caboteurs du littoral, ni des barques de pêche comme à Westport ou à Galway... Cela attirait toujours notre jeune garçon, cet irrésistible instinct des choses du commerce.

Enfin l'essentiel était d'atteindre Cork, — ce qui exigerait un certain temps. Or, P'tit-Bonhomme avait mieux à songer qu'à dépenser son argent en voiture ou en railway, et il n'était pas impossible qu'il parvînt à gagner quelques shillings à travers les bourgades et les villages, comme entre Limerick et Newmarket. Sans doute, une trentaine de milles pour les jambes d'un enfant de onze ans, c'est une jolie trotte, et il y emploierait une huitaine de jours, pour peu qu'il fit halte dans les fermes.

Le temps était beau, déjà froid à cette époque, le chemin sans boue et sans poussière, excellentes conditions quand il s'agit d'un voyage à pied. Chapeau de feutre sur la tête, veste, gilet et pantalon de drap chaud, bons souliers avec guêtres de cuir, son paquet sous le bras, son couteau dans sa poche — cadeau de Grand'mère, — à la main un bâton qu'il venait de couper à une haie, P'tit-Bonhomme n'avait point l'air d'un pauvre. Aussi devait-il se garder des mauvaises rencontres. D'ailleurs, rien qu'en montrant ses crocs, Birk suffirait à éloigner les gens suspects.

Cette première journée de marche, avec un repos de deux heures, se chiffra par un trajet de cinq milles et une dépense d'un demi-shilling. Pour deux, un enfant et un chien, ce n'est pas énorme, et la pitance de lard et de pommes de terre est maigre à ce prix-là. Quant à regretter la cuisine de Trelingar-castle, P'tit-Bonhomme n'y songea pas un instant. Le soir venu, il coucha un peu au delà du bourg de Baunteer, dans une grange, avec la permission du fermier, et, le lendemain, après un déjeuner qui lui coûta quelques pence, il se remit gaillardement en marche.

Même temps à peu près, des éclaircies entre les nuages. Le chemin fut pénible, car il commençait à monter. Cette portion du comté de Cork présente un relief orographique d'une certaine importance. La route qui va de Kanturk au chef-lieu traverse le système compliqué des monts Boggeraghs. De là, des côtes raides, des crochets fréquents. P'tit-Bonhomme n'avait qu'à marcher droit devant lui, il ne risquait pas de s'égarer. D'ailleurs, il était dans sa nature de savoir s'orienter comme un Chinois ou un renard. Ce qui devait le rassurer, c'est que le chemin n'était pas désert. Quelques cultivateurs abandonnaient les champs et revenaient. Des charrettes se rendaient d'un village à l'autre. A la rigueur, on peut toujours s'informer de la direction. Toutefois, il préférait ne point attirer l'attention, et passer sans interroger personne.

Au bout d'une demi-douzaine de milles, enlevés d'un pas rapide, il atteignit Derry-Gounva, petite localité sise à l'endroit où la route coupe le massif des Boggeraghs. Là, dans une auberge, un voyageur qui était en train de souper lui adressa deux ou trois questions, d'où il venait, où il allait, quand il comptait repartir, et, très satisfait de ses réponses, lui proposa de partager son repas. Comme c'était de cordiale amitié, P'tit-Bonhomme accepta de bon cœur. Il se réconforta largement, et Birk ne fut point oublié par le généreux amphytrion. Il était fâcheux que ce digne Irlandais n'eût pas affaire à Cork, car il aurait offert une place dans sa voiture; mais il remontait vers le nord du comté.

Après une nuit tranquille à l'auberge, P'tit-Bonhomme quitta Derry-Gounva dès la pointe du jour, et s'engagea à travers le défilé des Boggeraghs.

La journée fut fatigante. Le vent soufflait avec rage, s'engouffrant entre les talus boisés. On eût dit qu'il venait du sud-ouest, bien qu'il suivît les détours du défilé, quelle que fût leur orientation. P'tit-Bonhomme le trouvait toujours debout à lui, sans avoir, comme un navire, la ressource de courir des bordées. Il fallait marcher contre la rafale, perdre parfois cinq ou six pas sur douze, s'aider des broussailles agraffées aux rocs, ramper au tournant de certains angles, enfin, s'éreinter beaucoup pour n'avancer que peu de chemin. En vérité, une charrette, un jaunting-car lui eût rendu un grand service. Il n'en rencontrait point. Cette portion des Boggeraghs est à peine fréquentée. On peut gagner les villages du pays sans se risquer dans ce dédale. De passants, P'tit-Bonhomme n'en vit guère, et encore allaient-ils dans une direction inverse.

Notre jeune garçon et son chien durent, à maintes reprises, s'étendre le long des buissons, au pied des arbres, pour prendre quelque repos. Pendant l'après-midi, en marchant d'un pas plus rapide, ils franchirent le point maximun d'altitude de la région. A relever le parcours sur une carte, le compas n'eût pas donné plus de quatre à cinq milles. Pénible étape. Mais le plus rude était accompli, et, en deux heures, l'extrémité orientale du défilé serait atteinte.

Il eût été imprudent, peut-être, de se hasarder après le coucher du soleil. Entre ces hauts talus, la nuit tombe rapidement. L'obscurité fut profonde dès six heures du soir. Mieux valait s'arrêter sur place, quoiqu'il n'y eût là ni ferme ni auberge. C'était un lieu très solitaire, un encaissement de la route, et P'tit-Bonhomme ne se sentait pas trop rassuré. Heureusement, Birk était un gardien vigilant et fidèle, et son maître pouvait se fier à lui.

Cette nuit-là, il n'eut pour tout abri qu'une étroite anfractuosité, creusée dans la paroi rocheuse du talus, et sur laquelle retombait un rideau de pariétaires. Il s'y glissa, il s'allongea sur un matelas de terre molle et sèche. Birk vint se coucher à ses pieds, et tous deux s'endormirent à la grâce de Dieu.

Le lendemain, on reprit sa course au petit jour. Temps incertain, humide et froid. Encore une étape de quinze milles, et Cork apparaîtrait à l'horizon. A huit heures, les défilés des monts Boggeraghs furent franchis. La pente s'accusait. On allait vite, mais on avait faim. Le bissac commençait à sonner le vide. Birk trottinait de droite et de gauche, le nez à terre, quêtant sa nourriture; puis il revenait, et semblait dire à son maître :

« Est-ce qu'on ne déjeune pas, ce matin?

— Bientôt, » lui répondait P'tit-Bonhomme.

En effet, vers dix heures, tous deux faisaient halte au hameau de Dix-Miles-House.

C'est un endroit où la bourse du jeune voyageur s'allégea d'un shilling dans une modeste auberge, qui lui offrit le menu ordinaire des Irlandais, les pommes de terre, le lard et un gros morceau de ce fromage rouge appelé « cheddar ». Birk, lui, eut une bonne pâtée, trempée de bouillon. Après le repas, le repos, et après le repos, reprise du voyage. Territoire toujours accidenté, cultivé de part et d'autre. Çà et là, des champs où le paysan achevait, tardive sous ce climat, la moisson des orges et des seigles.

P'tit-Bonhomme ne se trouvait plus seul sur la route. Il se croisait avec les gens de la campagne auxquels il souhaitait le bonjour, et qui le lui rendaient. Peu ou point d'enfants, — nous entendons de ceux qui n'ont pour toute occupation que de courir derrière les voitures, en mendiant. Cela tenait à ce que les touristes s'aventurent rarement en cette portion du comté, et qu'il n'y aurait aucun profit à y tendre la main. Il est vrai, si quelque gamin fût venu demander l'aumône à P'tit-Bonhomme, il en aurait obtenu un ou deux coppers. Le cas ne se présenta pas.

Vers trois heures de l'après-midi, on atteignit le point où la route commence à longer une rivière ou plutôt un rio sur une longueur de sept à huit milles. C'était la Dripsey, un affluent de la Lee, laquelle va se perdre dans une des extrêmes baies du sud-ouest.

S'il voulait ne point coucher, la nuit prochaine, à la belle étoile, il fallait que P'tit-Bonhomme poussât son étape jusqu'au gros bourg de Woodside, à trois ou quatre milles de Cork. Une fameuse étape à enlever avant la nuit! Cela ne lui parut pas impossible, et Birk avait l'air d'être de cet avis.

« Allons, se dit-il, un dernier coup de collier. J'aurais le temps de me reposer là-bas. »

Le temps, oui! Ce n'est jamais le temps qui lui manquerait, ce serait l'argent.. Bah! de quoi s'inquiétait-il? Il possédait quatre livres en bel or, sans compter ce qui lui restait de pence. Avec un pareil pécule, on va des semaines, et des semaines... cela fait bien des jours...

En route donc, et allonge les jambes, mon garçon! Le ciel est couvert, le vent a calmi. S'il se met à pleuvoir, n'avoir d'autre ressource que de se blottir sous quelque meule, ce n'est pas pour vous réjouir, alors qu'il y a de bons coins à vous attendre dans une des auberges de Woodside.

P'tit-Bonhomme et Birk hâtèrent le pas et, un peu avant six heures du soir, ils n'étaient plus qu'à trois milles de la bourgade, lorsque Birk, s'arrêtant, fit entendre un singulier grognement.

P'tit-Bonhomme s'arrêta aussi et regarda le long de la route : il ne vit rien.

« Qu'as-tu, Birk ? »

Birk aboya de nouveau. Puis, s'élançant à droite, courut du côté de la rivière, dont la berge n'était distante que d'une vingtaine de pas.

« Il a soif, sans doute, pensa P'tit-Bonhomme, et, ma foi, il me donne l'envie de boire. »

Il se dirigeait vers la Dripsey, lorsque le chien, poussant un aboiement plus aigu, se précipita dans le courant.

P'tit-Bonhomme, très surpris, eut atteint la berge en quelques bonds, et il allait rappeler son chien...

Il y avait là un corps entraîné par le courant rapide — le corps d'un enfant. Le chien venait de le saisir par ses habits ou plutôt ses haillons. Mais la Dripsey est pleine de remous, qui rendent son cours très dangereux. Birk essayait de revenir à la berge... C'est à peine s'il gagnait, tandis que l'enfant se raccrochait convulsivement à sa fourrure.

P'tit-Bonhomme savait nager, — on se souvient que Grip le lui avait enseigné. Il n'hésita pas, et il commençait à se débarrasser de sa veste, lorsque, dans un dernier effort, Birk parvint à reprendre pied sur la berge.

P'tit-Bonhomme n'eut plus qu'à se baisser, à saisir l'enfant par ses vêtements, à le déposer en lieu sûr, tandis que le chien se secouait en aboyant.

Cet enfant était un garçon — un garçon de six à sept ans au plus. Les yeux fermés, la tête ballottante, il avait perdu connaissance...

P'tit-Bonhomme n'eut plus qu'à se baisser. (Page 304.)

Quel fut l'étonnement de P'tit-Bonhomme, lorsqu'il eut écarté de sa figure sa chevelure toute mouillée?...

C'était le gamin que le comte Ashton, deux semaines avant, n'avait pas craint de frapper d'un coup de fouet sur la route de Trelingar-castle, — ce qui avait attiré au jeune groom de mauvais compliments pour son intervention charitable.

Depuis quinze jours, ce pauvre petit, continuant d'aller devant lui, vaguait sur les routes... Dans l'après-midi, il était arrivé en cet endroit, au bord de la Dripsey... il avait voulu se désaltérer... sans doute... le pied lui avait glissé... il était tombé dans le courant... et, faute de Birk entraîné par son instinct de sauveteur, il n'aurait pas tardé à disparaître au milieu des remous...

Il s'agissait de le rappeler à la vie, et c'est à cela que P'tit-Bonhomme employa tous ses soins.

Malheureuse et pitoyable créature! Sa figure allongée, son corps maigre et décharné, disaient tout ce qu'il avait souffert, — la fatigue, le froid, la faim. En le tâtant de la main, on sentait que son ventre était flasque comme un sac vidé. Par quel moyen lui faire reprendre connaissance? Ah! en le débarrassant de l'eau qu'il avait avalée, en opérant des pressions sur son estomac, en lui insufflant de l'air par la bouche... Oui... cela vint à l'idée de P'tit-Bonhomme... Quelques instants après, l'enfant respirait, il ouvrait les yeux, et ses lèvres laissaient échapper ces mots:

« J'ai faim... j'ai faim! »

I am hungry! c'est le cri de l'Irlandais, le cri de toute son existence, le dernier qu'il jette au moment de mourir!

P'tit-Bonhomme possédait encore quelques provisions. D'un peu de pain et de lard, il fit deux ou trois bouchées, il les introduisit entre les lèvres de l'enfant, et celui-ci les avala gloutonnement. Il fallut le modérer, il se fût étouffé. Ces choses entraient en lui comme l'air dans une bouteille où l'on aurait fait le vide.

Alors, se redressant, il sentit ses forces lui revenir. Ses regards se fixèrent sur P'tit-Bonhomme, il hésita, puis, le reconnaissant:

« Toi... toi?... murmura-t-il.

— Oui... Tu te rappelles?...

— Sur la route... je ne sais plus quand...

— Moi... je le sais... mon boy...

— Oh! ne m'abandonne pas!...

— Non... non!... Je te reconduirai... Où allais-tu?...

— Devant... devant moi...

— Où demeures-tu?...

— Je ne sais pas... Nulle part...

— Comment es-tu tombé dans la rivière?... En voulant boire, sans doute?...

— Non.

— Tu auras glissé?

— Non... je suis tombé... exprès!

— Exprès?...

— Oui... oui... Maintenant je ne veux plus... si tu restes avec moi...

— Je resterai... je resterai! »

Et P'tit-Bonhomme eut des larmes plein les yeux. A sept ans, cette affreuse idée de mourir!... Le désespoir menant ce boy à la mort, le désespoir qui vient du dénuement, de l'abandon, de la faim!...

L'enfant avait refermé ses paupières. P'tit-Bonhomme se dit qu'il ne devait pas le presser de questions... Ce serait pour plus tard... Son histoire, il la connaissait d'ailleurs... C'était celle de tous ces pauvres êtres... c'était la sienne... A lui, du moins, doué d'une énergie peu commune, la pensée n'était jamais venue d'en finir ainsi avec ses misères!...

Il convenait d'aviser cependant. L'enfant n'était pas en état de faire quelques milles pour atteindre Woodside. P'tit-Bonhomme n'aurait pu le porter jusque-là. En outre, la nuit s'approchait, et l'essentiel était de trouver un abri. Aux environs, on ne voyait ni une auberge ni une ferme. D'un côté de la route, la Dripsey, longue, sans un bateau, sans une barque. De l'autre, des bois qui s'étendaient à perte de vue sur la gauche. C'était donc en cet endroit qu'il fallait passer la nuit au pied d'un arbre, sur une litière d'herbes, près d'un feu de bois mort, si cela était nécessaire. Le soleil levé, lorsque les forces seraient revenues à l'enfant, tous deux ne seraient pas gênés de gagner Woodside et peut-être Cork. On avait suffisamment de quoi souper ce soir-là, tout en gardant quelques morceaux pour le déjeuner du lendemain.

P'tit-Bonhomme prit entre ses bras le boy que la fatigue avait endormi. Suivi de Birk, il traversa la route et s'enfonça d'une vingtaine de pas sous le bois, assez obscur déjà, entre ces gros hêtres séculaires, dont on compte des milliers dans cette partie de l'Irlande.

Quelle satisfaction il éprouva de rencontrer un de ces larges troncs, à demi courbé, creusé par la vieillesse! C'était une sorte de berceau, de nid si l'on veut, où il pourrait déposer son petit oiseau. Ce trou était rempli d'une poussière molle comme de la sciure, et en y ajoutant une brassée d'herbes, cela ferait un lit très convenable. Et même, il ne serait pas impossible de s'y blottir à deux, d'y reposer plus chaudement. Tout en dormant, l'enfant sentirait qu'il n'était plus seul.

Un instant encore et il était installé dans ce creux. Ses yeux ne se rouvrirent même pas, mais il respirait doucement et ne tarda pas à tomber dans un profond sommeil.

P'tit-Bonhomme s'occupa alors de faire sécher les vêtements que son protégé — le protégé de P'tit-Bonhomme! — devrait reprendre le lendemain. Ayant allumé un feu de bois sec, il tordit ces haillons, il les exposa à la flamme pétillante, puis il les étendit sur une basse branche du hêtre.

Le moment était venu de souper de pain, de pommes de terre, de cheddar. Le chien ne fut point oublié, et bien que sa part n'eût pas été très grosse, il ne se plaignait point. Son jeune maître alla s'étendre dans le creux du hêtre, et, les bras autour du petit, il finit par succomber au sommeil, tandis que Birk veillait sur le couple endormi.

Le lendemain, 18 septembre, l'enfant se réveilla le premier, tout étonné d'être couché dans un si bon lit. Birk lui adressa un jappement protecteur... Dame! est-ce qu'il n'était pas pour quelque chose dans son sauvetage?

P'tit-Bonhomme ouvrit les yeux presque aussitôt, et le boy se jeta à son cou en l'embrassant.

« Comment te nommes-tu? lui demanda-t-il.

— P'tit-Bonhomme. Et toi ?...

— Bob.

— Eh bien, Bob, viens t'habiller. »

Bob ne se le fit point dire deux fois. Tout vaillant, à peine se souvenait-il qu'il s'était jeté la veille dans la rivière. Est-ce qu'il n'avait pas une famille, maintenant, un père qui ne l'abandonnerait pas, ou du moins un grand frère, qui l'avait déjà consolé en lui donnant une poignée de coopers sur la route de Trelingar-castle? Il se laissait aller à cette confiance du jeune âge, nuancée de cette familiarité naturelle qui distingue les enfants irlandais. D'autre part, il semblait à P'tit-Bonhomme que la rencontre de Bob lui avait créé de nouveaux devoirs — ceux de la paternité.

Et si Bob fut content, lorsqu'il eut une chemise blanche sous ses vêtements bien secs! Et quels yeux il ouvrit, — autant que la bouche, devant une miche de pain, un morceau de fromage, et une grosse pomme de terre, qui venait d'être réchauffée sous les cendres du foyer! Ce déjeuner à deux, ce fut peut-être le meilleur repas qu'il eût fait depuis sa naissance...

Sa naissance?... Il n'avait pas connu son père; mais, plus favorisé que P'tit-Bonhomme, il avait connu sa mère... morte de misère, — il y avait deux ans... trois ans... Bob ne pouvait dire au juste... Depuis, il avait été recueilli dans l'asile d'une ville, pas trop grande, dont il ignorait le nom... Plus tard, l'argent manquant, on avait fermé l'asile, et Bob s'était trouvé dans la rue, — sans savoir pourquoi, — il ne savait rien, Bob! — avec les autres enfants, la plupart n'ayant pas de famille. Alors il avait vécu sur les routes, couchant n'importe où, mangeant quand il pouvait, — il faisait ce qu'il pouvait, Bob! — jusqu'au jour où, après un jeûne de quarante huit heures, la pensée lui vint de mourir.

Telle était son histoire, qu'il raconta en mordant à même sa grosse pomme de terre, et cette histoire-là, ce n'était pas nouveau pour un ancien pensionnaire de la Hard, réduit à l'état de manivelle chez Thornpipe, un « élève » de la ragged-school!

Puis, au milieu de son bavardage, voici que la figure intelligente de Bob changea soudain, ses yeux si vifs s'éteignirent, il devint tout pâle.

« Qu'y a-t-il, lui demanda P'tit-Bonhomme.

— Tu ne vas pas me laisser seul ! » murmura-t-il.

C'était là sa grande crainte.

« Non, Bob.

— Alors... tu m'emmènes ?...

— Oui... où je vais ! »

Où ?... Bob ne tenait même pas à le savoir, pourvu que P'tit-Bonhomme l'emmenât avec lui.

« Mais ta maman... ton papa... à toi ?...

— Je n'en ai pas...

— Ah ! fit Bob, je t'aimerai bien !

— Moi aussi, mon boy, et nous tâcherons de nous arranger tous les deux.

— Oh ! tu verras comme je cours après les voitures, s'écria Bob, et les coppers qu'on me jettera, je te les donnerai ! »

Ce gamin n'avait jamais fait d'autre métier.

« Non, Bob, il ne faudra plus courir après les voitures.

— Pourquoi ?...

— Parce que ce n'est pas bien de mendier.

— Ah !... fit Bob, qui resta songeur.

— Dis-moi, as-tu de bonnes jambes ?

— Oui... mais pas grandes encore !

— Eh bien, nous allons faire une longue trotte aujourd'hui pour coucher ce soir à Cork.

— A Cork ?...

— Oui... une belle ville de là-bas... avec des bateaux...

— Des bateaux... je sais...

— Et puis la mer ?... As-tu vu la mer ?...

— Non.

— Tu la verras ! Ça s'étend loin.. loin !... En route !... »

Et les voilà partis, précédés de Birk, qui gambadait en balançant sa queue.

Deux milles plus loin, la route abandonne les berges de la Dripsey, et longe celles de la Lee, qui va se jeter au fond de la baie de Cork. On rencontra plusieurs voitures de touristes, qui se dirigeaient vers la partie montagneuse du comté.

Et alors Bob, emporté par l'habitude, de courir en criant : « Copper... copper! »

P'tit-Bonhomme le rattrapa.

« Je t'ai dit de ne plus faire cela, lui répéta-t-il.

— Et pourquoi?...

— Parce que c'est très mal de demander l'aumône !

— Même quand c'est pour manger?... »

P'tit-Bonhomme ne répondit pas, et Bob fut très inquiet de son déjeuner jusqu'au moment où il se vit attablé dans une auberge de la route. Et, ma foi, pour six pence, tous trois se régalèrent, le grand frère, le petit frère et le chien.

Bob ne pouvait en croire ses yeux. P'tit-Bonhomme avait une bourse, et cette bourse contenait des shillings, et il en restait encore, lorsque l'écot eut été payé à l'aubergiste.

« Ces belles pièces-là, dit-il, d'où qu'elles viennent ?

— Je les ai gagnées, Bob, en travaillant...

— En travaillant?... Moi aussi, je voudrais bien travailler... mais je ne sais pas...

— Je t'apprendrai, Bob.

— Tout de suite...

— Non... quand nous serons là-bas. »

Si l'on voulait arriver le soir même, il ne fallait pas perdre un instant. P'tit-Bonhomme et Bob se remirent en marche, et ils firent telle diligence qu'ils avaient atteint Woodside entre quatre et cinq heures du soir. Au lieu de s'arrêter dans une auberge de cette bourgade, puisqu'il n'y avait plus que trois milles, mieux valait pousser jusqu'à Cork.

« Tu n'es pas trop fatigué, mon boy? demanda P'tit-Bonhomme.
— Non... Ça va.. ça va!... » répondit l'enfant.

Et, après un nouveau repas qui leur redonna des forces, tous les deux continuèrent l'étape.

A six heures, ils atteignaient à l'entrée de l'un des faubourgs de la ville. Un hôtelier leur offrit un lit, et, l'un dans les bras de l'autre, ils s'endormirent.

VII

SEPT MOIS A CORK

Était-ce à Cork, dans cette capitale de la province du Munster, que P'tit-Bonhomme commencerait sa fortune? Placée au troisième rang en Irlande, cette ville est commerçante, elle est industrielle, elle est littéraire aussi. Or, lettres, industrie, commerce, en quoi ces trois champs ouverts à l'activité humaine pourraient-ils servir aux débuts d'un garçon de onze ans? N'était-il arrivé là que pour grossir le nombre de ces misérables qui fourmillent au milieu des cités maritimes du Royaume-Uni?

P'tit-Bonhomme avait voulu venir à Cork, il était à Cork, dans des conditions, il est vrai, peu favorables à la réalisation de ses projets d'avenir. Autrefois, lorsqu'il rôdait sur les plages de Galway, lorsque Pat Mac Carthy lui déroulait le récit de ses voyages, sa jeune imagination s'enflammait pour les choses du commerce. Acheter des cargaisons dans les autres pays, les revendre dans le sien... quel rêve! Mais il avait réfléchi depuis son départ de Trelingar-castle. Pour que l'enfant de la maison de charité de Donegal pût devenir le comman-

LES MARCHÉS OU S'ENTASSENT LES APPROVISIONNEMENTS. (Page 314.)

dant d'un bon et solide navire, naviguant d'un continent à l'autre, il était nécessaire qu'il s'engageât, comme mousse, à bord de sclippers ou des steamers, puis, avec le temps, qu'il fût novice, matelot, maître, lieutenant, capitaine au long cours! Et maintenant, ayant Bob et Birk à sa charge, pouvait-il songer à un embarquement?... S'il les abandonnait tous les deux, que deviendraient-ils?... Puisque, — avec l'aide de Birk, s'entend, — il avait sauvé la vie au pauvre Bob, c'était son devoir de la lui assurer.

Le lendemain, P'tit-Bonhomme fit prix avec l'aubergiste pour la location d'un galetas n'ayant qu'un unique matelas d'herbe sèche. Grand pas en avant. Si notre héros n'était pas encore dans ses meubles, il allait être en garni. Prix du galetas : deux pence, qui devraient être payés chaque matin. Quant aux repas, Bob, Birk et lui les prendraient où cela se trouverait, — la cuisine du hasard, le restaurant de rencontre. Tous trois sortirent, au moment où le soleil commençait à dissiper les brumes de l'horizon.

« Et les bateaux?... dit Bob.

— Quels bateaux?...

— Ceux que tu m'as promis...

— Attends que nous soyons sur le bord de la rivière. »

Et ils s'en allèrent à la recherche des bateaux le long d'un faubourg assez étendu, assez misérable aussi. Chez un boulanger, on acheta une forte miche. En ce qui concerne Birk, inutile de s'en inquiéter; il avait déjà rencontré son affaire en fouillant les tas de la rue.

Aux quais de la Lee, dont un double bras enserre Cork, on voyait quelques barques, mais point de bateaux, — de ces bateaux capables de traverser le canal Saint-Georges ou la mer d'Irlande, puis l'océan Atlantique.

En effet, le véritable port est en aval, — plus spécialement à Queenstown, l'ancienne Cowes, située sur la baie de Cork, — et de rapides ferry-boats permettent de descendre l'estuaire de la Lee jusqu'à la mer.

P'tit-Bonhomme, tenant Bob par la main, entra dans la ville proprement dite.

Bâtie sur la principale île de la rivière, elle se rattache à ses côtes au moyen de plusieurs ponts. D'autres îles, en dessus et en dessous, ont été transformées en promenades et en jardins — des promenades très ombreuses, des jardins très verdoyants. Divers monuments se dressent çà et là, une cathédrale sans style, dont la tour est fort ancienne, Sainte-Marie, Saint-Patrick. Les églises ne manquent point aux villes d'Irlande, non plus que les asiles, les hospices et les workhouses. Au pays d'Erin, il y a toujours nombre de fidèles, nombre de pauvres aussi. Pour ce qui est de jamais rentrer dans une de ces maisons de charité, rien qu'à cette pensée, P'tit-Bonhomme se sentait pris de dégoût et d'épouvante. Comme il eût préféré le Queen's collège, qui est une magnifique construction. Mais, avant d'y être reçu, il faut savoir autre chose que lire, écrire et compter.

Il y avait un certain mouvement dans les rues de la ville, — ce mouvement des gens qui travaillent de bonne heure, les magasins qui s'ouvrent, les portes des maisons d'où sortent les servantes, le balai à la main ou le panier au bras, les charrettes qui circulent, les revendeurs qui promènent leurs étalages ambulants, les marchés où s'entassent les approvisionnements pour une population de cent mille âmes, y compris celle de Queenstown. En passant par le quartier négociant et industriel, on voyait des fabriques de cuir, de papiers, de draps, des distilleries, des brasseries, etc. Rien encore de très maritime.

Après une agréable promenade, P'tit'Bonhomme et Bob vinrent se reposer sur un banc de pierre, à l'angle d'un édifice d'aspect imposant. En cet endroit, on sentait l'odeur du commerce, les viandes salées, les excitantes épices, les denrées coloniales, et aussi le beurre, dont Cork est le plus actif marché, non seulement du Royaume-Uni, mais de toute l'Europe. P'tit-Bonhomme respirait à pleins poumons ce mélange de molécules *sui generis*.

L'édifice s'élevait au point de jonction des bras de la Lee, qui n'en forment plus qu'un seul en se déroulant vers la baie. C'était la douane, avec son agitation incessante, son va-et-vient de toutes les heures. A partir de ce confluent, plus de pont sur la rivière, un lit dégagé de toute entrave, la liberté de communication entre Queenstown et Cork.

Alors, de même qu'il avait déjà demandé « les bateaux? », Bob de s'écrier :

« Et la mer?... »

Oui... la mer que son grand frère lui avait promise...

« La mer... c'est plus loin, Bob!... Nous finirons par y arriver, je pense. »

Et, de fait, il n'y avait qu'à prendre passage sur l'un de ces ferry-boats, qui font le service de l'estuaire. Cela épargnerait du temps et de la fatigue. Quant au prix de deux places, ce n'était pas cher. Quelques pence seulement. On pouvait se permettre cela le premier jour, et, d'ailleurs, Birk n'aurait rien à payer.

Quelle joie ressentit P'tit-Bonhomme à dévaller le cours de la Lee sur ce bateau filant à toute vitesse. Il revint alors par la pensée à la noble famille des Piborne visitant l'île de Valentia, à la mer déserte de là-bas. Ici, spectacle très différent. On croisait de nombreuses embarcations de tout tonnage. Sur les rives se succédaient des magasins spacieux, des établissements de bains, des chantiers de construction, que regardaient les deux enfants placés à l'avant du ferry-boat.

Ils arrivèrent enfin à Queenstown, un beau port, long de huit à neuf milles du nord au sud, et large d'une demi-douzaine de l'est à l'ouest.

« Est-ce que c'est la mer?... demanda Bob.

— Non... un morceau à peine, répondit P'tit-Bonhomme.

— C'est bien plus grand?...

— Oui!... On ne voit pas où ça finit. »

Mais, le ferry-boat n'allant pas au delà de Queenstown, Bob ne vit pas ce qu'il tenait tant à voir.

Par exemple, il y avait, par centaines, des navires de toutes sortes, ceux de long cours et ceux de cabotage. Cela s'explique, puisque Queenstown est à la fois un port de relâche et un port d'approvisionnement. Les grands transatlantiques des lignes anglaises ou américaines, partis des États-Unis, y déposent leurs dépêches, qui gagnent ainsi une demi-journée. De là, des steamers se dirigent vers Londres, Liverpool, Cardiff, Newcastle, Glasgow, Milford, et autres ports du Royaume-Uni, — bref, un mouvement maritime, qui se chiffre par plus de douze cent mille tonnes.

Bob demandait des bateaux!... Eh bien! il n'aurait jamais imaginé qu'il pût en exister tant que cela, — P'tit-Bonhomme non plus, — les uns amarrés ou mouillés, les autres entrant ou sortant, les uns arrivant des pays d'outremer, les autres en partance pour les régions lointaines, ceux-ci avec le phare élégant de leur voilure gonflée à la brise, ceux-là troublant de leurs puissantes hélices les eaux de la baie de Cork.

Et, tandis que Bob contemplait de ses yeux écarquillés toute cette animation de la baie, P'tit-Bonhomme songeait, lui, à l'agitation commerciale qui se développait à ses regards, aux riches cargaisons arrimées dans les cales de navires, balles de coton, balles de laine, tonneaux de vin, pipes de trois-six, sacs de sucre, boucauts de café, et il se disait que cela se vendait... que cela s'achetait... que c'étaient les affaires...

Cependant à quoi leur eût servi de s'attarder sur les quais de Queenstown, où tant de misère se mêle, hélas! à tant de richesses. Çà et là, il y avait un grand nombre de ces « mudlarks », petits pauvres et vieilles femmes, occupés à fouiller les vases découvertes à marée basse, et au coin des bornes, des malheureux disputant aux chiens quelques détritus...

Tous deux reprirent le ferry-boat et revinrent à Cork. La promenade avait été amusante, sans doute, mais elle avait coûté gros. Le lendemain, il faudrait aviser aux moyens de gagner plus qu'on ne dépenserait, sinon les précieuses guinées se fondraient comme un morceau de glace dans la main qui le serre. En attendant, le mieux était de dormir sur le grabat de l'auberge, et c'est ce qui eut lieu.

Il n'y a pas à reprendre par le détail ce que fut l'existence de P'tit-Bonhomme, doublé de son ami Bob, pendant les six mois qui suivirent son arrivée à Cork. L'hiver, long et rude, eût peut-être été funeste à des enfants inhabitués à souffrir de la faim et du froid. La nécessité fit un homme de ce garçonnet de onze ans. Jadis, chez la Hard, s'il avait vécu de rien, actuellement, s'il vivait de peu — *vivere parvo*, il parvint à vivre, et Bob avec lui. Plus d'une fois, le soir venu, ils n'eurent à partager qu'un œuf, où, l'un après l'autre trempait sa mouillette. Et, cependant, ils ne demandèrent jamais l'aumône. Bob avait compris qu'il y avait honte à mendier. Ils étaient à l'affût de commissions à faire, de voitures à chercher aux stations, des bagages, un peu lourds parfois, que les voyageurs leur donnaient à porter au sortir de la gare, etc.

P'tit-Bonhomme entendait ménager le plus possible ce qui lui restait de ses gages de Trelingar-castle. Or, dès les premiers jours de son arrivée à Cork, il avait dû en sacrifier une partie. N'avait-il pas fallu acheter des vêtements et des souliers à Bob, et quelle joie celui-ci éprouva à revêtir un « complet » de treize shillings, tout neuf ! Il ne pouvait décemment aller en haillons, nu-tête et nu-pieds, lorsque son grand frère était assez proprement vêtu. Cette dépense une fois faite, on s'ingénierait à ne plus vivre que des quelques pence gagnés quotidiennement. Et l'estomac vide, comme ils enviaient Birk, qui du moins, finissait par découvrir sa nourriture à droite et à gauche.

« J'aurais voulu être chien !... disait Bob.

— Tu n'es pas dégoûté ! » répondait P'tit-Bonhomme.

Quant au loyer du galetas de l'auberge, jamais on ne fut en retard. Aussi, le propriétaire, qui s'intéressait à ces deux enfants, les gratifiait-il de loin en loin d'une bonne soupe chaude... Décidément, il leur était bien permis de l'accepter sans rougir.

Si P'tit-Bonhomme tenait tant à conserver les deux livres qui lui restaient en poche après les premiers achats, c'est qu'il attendait toujours l'occasion de les « mettre dans les affaires ». C'était la formule dont il se servait. Bob ouvrait de grands yeux, lorsqu'il l'entendait s'exprimer de la sorte. Alors P'tit-Bonhomme lui expliquait que cela consisterait à acheter des choses et à les revendre plus cher qu'on ne les avait achetées.

« Des choses qui se mangent?... demanda Bob.

— Des choses qui se mangent ou des choses qui ne se mangent pas, c'est selon.

— J'aimerais mieux des choses qui se mangent...

— Pourquoi, Bob?

— Parce que, si on ne les vendait pas, du moins on pourrait se nourrir avec !

— Eh! Bob, tu n'entends déjà pas si mal le commerce! L'important est de bien choisir ce qu'on achète, et on finit toujours par vendre avec profit. »

C'est à cela que pensait sans cesse notre héros, et il fit quelques tentatives de nature à l'encourager. Le papier à lettres, les crayons, les allumettes, s'il essaya de ce genre de négoce, presque infructueusement, à cause de la concurrence, il réussit mieux avec la vente des journaux, en se tenant aux abords de la gare. Bob et lui étaient si intéressants, ils avaient l'air si honnête, ils offraient la marchandise avec tant de gentillesse, qu'on ne résistait guère à la tentation de leur acheter les feuilles courantes, des livrets de chemin de fer, des horaires, divers petits livres à bon marché. Un mois après avoir entrepris ce commerce, P'tit-Bonhomme et Bob possédaient chacun un éventaire sur lequel journaux et brochures étaient rangés en ordre, les titres bien apparents, les illustrations bien en vue, et toujours de la monnaie pour rendre aux acheteurs. Il va sans dire que Birk ne quittait jamais son maître. Est-ce donc qu'il se considérait comme leur associé ou, tout au moins, leur commis? De temps à autre, un journal entre les dents, il courait vers les passants, et se présentait en faisant des gambades si insinuantes, si démonstratives! Bientôt même on le vit avec une corbeille, placée sur son dos, dans laquelle les publications étaient soigneusement disposées, et qu'une toile cirée pouvait recouvrir en cas de pluie.

C'était là une idée de P'tit-Bonhomme et point mauvaise en somme. Rien de mieux imaginé pour attirer le chaland que de montrer Birk si sérieux, si pénétré de l'importance de ses fonctions. Mais alors, adieu les courses folles, les jeux avec les chiens du voisinage! Lorsque ceux-ci s'approchaient de l'intelligent animal, quels sourds grondements les accueillaient, quels crocs apparaissaient sous les lèvres relevées du colporteur à quatre pattes! On ne parlait que du chien des petits marchands aux alentours de la gare. On traitait directement avec lui. L'acheteur prenait dans la corbeille le journal à sa convenance et en déposait le prix dans une tire-lire que Birk portait au cou.

Encouragé par le succès, P'tit-Bonhomme songea à étendre « ses affaires ». Au débit des journaux et des brochures, il ajouta des boites d'allumettes, des paquets de tabac, des cigares à bas prix, etc. Il résulte de là que Birk eut une véritable boutique sur les reins. En de certains jours, il réalisait une recette supérieure à celle de son maître, qui ne s'en montrait pas jaloux, — au contraire, et Birk était récompensé de quelque bon morceau accompagné d'une bonne caresse. Ils faisaient excellent ménage, ces trois êtres, et puissent toutes les familles se sentir aussi unies que l'étaient ce chien et ces deux enfants!

P'tit-Bonhomme n'avait pas tardé à reconnaître chez Bob une intelligence vive et aiguisée. Ce boy de sept ans et demi, d'un esprit moins pratique que son aîné, mais d'humeur plus joyeuse, laissait volontiers déborder sa vivacité naturelle. Comme il ne savait ni lire, ni écrire, ni compter, il va de soi que P'tit-Bonhomme s'était imposé la tâche de lui apprendre d'abord l'alphabet. Ne convenait-il pas qu'il pût déchiffrer les titres des journaux qu'on lui demandait? Il y prit goût et fit de rapides progrès, tant son professeur montrait de patience et lui d'application. Après les grosses lettres des titres, il passa au texte plus fin des colonnes. Puis il se mit à l'écriture et au calcul, qui lui donnèrent un peu plus de mal. Et pourtant, dans quelle mesure il profita! Son imagination aidant, il se voyait employé de librairie, diri-

Birk, un journal entre les dents. (Page 318.)

geant le magasin de P'tit-Bonhomme, sur la plus belle rue de Cork, avec un étalage superbe et une magnifique enseigne de « bookseller ». Il faut dire qu'il touchait déjà un léger tant pour cent sur la vente, et au fond de sa poche, remuaient quelques pence bien gagnés. Aussi ne refusait-il pas, à l'occasion, de faire l'aumône d'un copper aux petits qui lui tendaient la main. Ne se rappelait-il pas le temps où il courait sur les grandes routes... derrière les voitures?...

Leur plus vif désir eut été de s'élancer sur le pont. (Page 323.)

Qu'on ne s'étonne pas si P'tit-Bonhomme, grâce à un instinct particulier, avait tenu sa comptabilité quotidienne d'une façon très régulière : tant pour le galetas à l'auberge, tant pour les repas, tant pour le blanchissage, le feu et la lumière. Chaque matin, il inscrivait sur son carnet la somme destinée à l'achat de marchandises, et le soir, il établissait la balance entre les dépenses et les recettes. Il savait acheter, il savait vendre, et c'était tout profit. Si bien qu'à la fin de cette année 1882, il aurait eu une dizaine de livres en caisse, s'il eût possédé une caisse. Il est vrai, un brave homme d'éditeur, chez lequel il se fournissait le plus ordinairement, avait mis la sienne à sa disposition, et c'était là qu'étaient déposés, chaque semaine, les bénéfices hebdomadaires, qui produisaient même un léger intérêt.

Nous ne cacherons pas que, devant ce succès obtenu à force d'économie et d'intelligence, une ambition venait à notre jeune garçon, — l'ambition réfléchie et légitime d'augmenter ses affaires. Peut-être y serait-il parvenu avec le temps, en se fixant à Cork d'une façon définitive. Mais il se disait, non sans raison, qu'une ville plus importante, Dublin, par exemple, la capitale de l'Irlande, offrirait de bien autres ressources. Cork, on le sait, n'est qu'un port de passage, où le commerce est relativement restreint... tandis que Dublin... C'est que c'était si éloigné, Dublin !... Cependant il ne serait pas impossible... Prends garde, P'tit-Bonhomme !... Est-ce que ton esprit pratique aurait tendance à s'illusionner ?... Serais-tu capable d'abandonner la proie pour l'ombre, la réalité pour le rêve ?... Après tout, il n'est pas défendu à un enfant de rêver...

L'hiver ne fut pas très rigoureux, ni dans les mois qui finirent l'année 1882, ni dans ceux qui inaugurèrent l'année 1883. P'tit-Bonhomme et Bob n'eurent point trop à souffrir de courir les rues du matin au soir. Et pourtant, de stationner sous la neige, au milieu des bourrasques, aux abords des places ou des carrefours, cela ne laisse pas d'être dur. Bah ! tous deux étaient, depuis leur bas âge, acclimatés aux intempéries, et, s'ils furent parfois très éprouvés, du moins ne tombèrent-ils jamais malades, tout en ne s'épargnant guère. Chaque jour, quel que fût l'état du ciel, ils quittaient leur gîte dès l'aube, laissant les derniers charbons brûler sur la grille du poêle, et ils couraient acheter pour vendre ensuite, sur le perron de la gare, au moment du départ et de l'arrivée des trains, puis, à travers les divers quartiers où Birk transportait leur étalage. Le dimanche seulement, lorsque chôment les villes, bourgades et villages du Royaume-Uni, ils s'accordaient quelque repos, réparant leurs vêtements, faisant leur ménage, rendant leur galetas aussi propre que possible, — l'un mettant en ordre sa comptabilité, l'autre prenant ses leçons de lecture, d'écriture et de calcul. Ensuite, l'après-midi, accompagnés de Birk, ils allaient aux environs de Cork, ils redescendaient la Lee jusqu'à Queenstown — deux bons petits bourgeois, qui se promènent après toute une semaine de travail!

Un jour, ils se permirent de faire en bateau le tour de la baie, et Bob, pour la première fois, put embrasser du regard la mer sans limites.

« Et plus loin, demanda-t-il, en continuant toujours d'aller sur l'eau... toujours... qu'est-ce que l'on trouverait?...

— Un grand pays, Bob.

— Plus grand que le nôtre?...

— Des milliers de fois, Bob, et il faut, à ces gros navires que tu vois, au moins huit jours de traversée!

— Et il y a des journaux dans ce pays-là?...

— Des journaux, Bob?... Oh! par centaines... des journaux qui se vendent jusqu'à six pence...

— Tu es sûr?...

— Très sûr... même qu'il faudrait des mois et des mois pour les lire tout entiers! »

Et Bob regardait avec admiration cet étonnant P'tit-Bonhomme, qui était capable d'affirmer une chose pareille. Quant aux gros bâtiments, à ces steamers qui relâchaient habituellement à Queenstown, son plus vif désir eût été de s'élancer sur le pont, de grimper dans la mâture, tandis que P'tit-Bonhomme aurait préféré, sûrement, visiter la cale et la cargaison...

Mais, jusqu'alors, ni l'un ni l'autre n'avait osé embarquer sans l'autorisation du capitaine — un personnage dont ils se faisaient une idée!... Quant à la demander, cela dépassait leur courage et de beaucoup! Songez donc, « le maître après Dieu », comme l'avait entendu dire P'tit-Bonhomme, qui l'avait répété à Bob.

Aussi, ce désir des deux enfants était-il encore à réaliser. Espérons qu'ils pourront le satisfaire un jour, — ainsi que tant d'autres qui s'éveillaient en eux !

VIII

PREMIER CHAUFFEUR.

Ainsi s'acheva l'année 1882, qui fut marquée à l'actif et au passif de P'tit-Bonhomme par tant d'alternatives de bonne et de mauvaise fortune, la dispersion de la famille Mac Carthy, dont il n'entendait plus parler, les trois mois passés à Trelingar-castle, la rencontre de Bob, l'installation à Cork, la prospérité de ses affaires.

Pendant les premiers mois de l'année nouvelle, si le commerce ne se ralentit pas, il semblait qu'il eût atteint son maximum. Comprenant que cela n'avait aucune chance de s'accroître, P'tit-Bonhomme était-il toujours hanté de l'idée d'entreprendre quelque opération plus fructueuse — pas à Cork, — non, dans une ville importante de l'Irlande... Et sa pensée se dirigeait vers Dublin... Pourquoi une occasion ne se présenterait-elle pas?...

Janvier, février, mars s'écoulèrent. Les deux enfants vivaient en économisant penny sur penny. Par bonheur, leur petit pécule s'augmenta, grâce à une certaine vente, qui procura en peu de temps un joli bénéfice. Il s'agissait d'une brochure politique, relative à l'élection de M. Parnell, et dont P'tit-Bonhomme obtint le privilège exclusif dans les rues de Cork et de Queenstown. Voulait-on acheter cette brochure, il fallait s'adresser à lui, à lui seul, et Birk en eut des charges sur le dos. Ce fut un véritable succès, et, quand on arrêta les comptes au commencement d'avril, il y avait en caisse trente livres, dix-huit shillings et six pence. Jamais les boys ne s'étaient vus si riches.

Alors s'établirent de longs débats sur la question de louer une étroite boutique, dans le voisinage de la gare. Ce serait si beau d'être chez soi ! Ce diable de Bob, qui ne doutait de rien, y pensait... Voyez-vous ce magasin, son étalage de journaux et d'articles de librairie, avec un patron de onze ans et un employé de huit, — des patentés chez lesquels le collecteur serait venu toucher des taxes ! Oui ! c'était tentant, et ces deux enfants, si dignes d'intérêt, auraient certainement trouvé quelque crédit... La clientèle ne leur aurait pas fait défaut. Aussi P'tit-Bonhomme réfléchissait-il aux aléas divers, pesant le pour et le contre... Et puis, son idée était toujours de se transporter à Dublin, où l'attirait on ne sait quel pressentiment de sa destinée... Enfin, il hésitait, il résistait aux instances de Bob, lorsqu'une circonstance se présenta, qui allait décider de son avenir.

On était au dimanche 8 avril. P'tit-Bonhomme et Bob avaient formé le projet de passer la journée à Queenstown. Le principal attrait de cette partie de plaisir devait être de déjeuner et de dîner dans un modeste cabaret de matelots.

« On mangera du poisson ?... demanda Bob.

— Oui, répondit P'tit-Bonhomme, et même du homard, ou, à défaut, du crabe, si tu veux...

— Oh ! oui... je veux ! »

Les enfants mirent leurs plus beaux habits bien nettoyés, ils chaussèrent leurs souliers bien cirés, et les voilà partis à la pointe du jour, avec Birk dûment brossé.

Il faisait un superbe temps, un rayonnement de soleil printanier, une légère brise assez chaude. La descente de la Lee à bord d'un ferry-boat fut un enchantement. Il y avait des musiciens à bord, des virtuoses de la rue, dont la musique excita l'admiration de Bob. La journée s'annonçait d'une agréable façon, et ce serait délicieux, si elle finissait de même.

A peine débarqué sur le quai de Queenstown, P'tit-Bonhomme avisa une auberge, à l'enseigne de *Old Seeman*, toute disposée, semblait-il, à les recevoir.

A la porte, dans un baquet, une demi-douzaine de crustacés remuaient leurs pinces et leurs pattes, en attendant l'heure du bouillon final, si quelque consommateur voulait y mettre le prix. D'une table, placée près de la fenêtre, on ne perdrait pas de vue les navires amarrés aux estacades du port.

P'tit-Bonhomme et Bob allaient donc entrer dans ce lieu de délices, lorsque leur attention fut attirée par un grand bâtiment, arrivé de la veille, en relâche à Queenstown, et qui procédait à sa toilette dominicale.

C'était le *Vulcan*, un steamer de huit à neuf cents tonneaux, venant d'Amérique, et devant repartir le lendemain pour Dublin. C'est, du moins, ce qu'un vieux matelot, coiffé d'un surouet jaunâtre, répondit aux questions qui lui furent posées.

Or, tous deux examinaient ce navire, mouillé à une demi-encablure, lorsqu'un grand garçon, la figure encharbonnée, les mains noires, s'approcha de P'tit-Bonhomme, le regarda, ouvrit une large bouche, ferma les yeux, puis s'écria :

« Toi... toi!... c'est toi? »

P'tit-Bonhomme demeura interloqué, et Bob ne le fut pas moins. Cet individu qui le tutoyait!... Et un nègre, qui plus est!... Pas de doute, il y avait erreur.

Mais voici que le prétendu nègre, tournant et retournant la tête, devint encore plus démonstratif.

« C'est moi... Tu ne me reconnais pas?... C'est moi... La raggedschool... Grip!...

— Grip! » répéta P'tit-Bonhomme.

C'était Grip, et ils tombèrent dans les bras l'un de l'autre, échangeant leurs baisers avec une telle effusion que P'tit-Bonhomme en sortit noir comme un charbonnier.

Quelle joie de se revoir! L'ancien surveillant de la ragged-school était maintenant un gaillard de vingt ans, dégourdi, vigoureux, solidement campé, ne rappelant en rien le souffre-douleur des déguenillés de Galway, si ce n'est qu'il avait conservé sa bonne physionomie d'autrefois.

« Grip... Grip... c'est toi... c'est toi!... ne cessait de redire P'tit-Bonhomme.

— Oui... moi... et qui n't'ai jamais oublié, mon boy!

— Et tu es matelot?...

— Non... chauffeur à bord du *Vulcan!* »

Cette qualification de chauffeur fit sur Bob une impression considérable.

« Qu'est-ce que vous faites chauffer, monsieur? demanda-t-il. La soupe?...

— Non, p'tiôt, répondit Grip, la chaudière qui fait marcher not' machine, qui fait marcher not' bateau! »

Et, là-dessus, P'tit-Bonhomme présenta Bob à son ancien protecteur de la ragged-school.

« Une sorte de frère, dit-il, que j'ai rencontré sur la grande route... et qui te connaît bien, car je lui ai souvent raconté notre histoire!... Ah! mon bon Grip, que tu dois avoir de choses à me dire... depuis près de six ans que nous sommes séparés!

— Et toi?... répliqua le chauffeur.

— Eh bien! viens... viens déjeuner avec nous... dans ce cabaret où nous allions entrer...

— Ah! non! dit Grip. Ça s'ra vous qui d'jeunerez avec moi! Mais auparavant, v'nez à bord...

— A bord du *Vulcan?*...

— Oui. »

A bord... tous les deux?... Bob et P'tit-Bonhomme ne pouvaient en croire Grip. C'est comme si on leur eût proposé de les mener au paradis!...

« Et notre chien?...

— Què chien? »

C'était Grip! Ils tombèrent dans les bras l'un de l'autre. (Page 326.)

— Birk.

— C'te bête, qui tourn' autour d'moi?... C'est vot' chien?...

— Notre ami... Grip... un ami... dans ton genre! »

Croyez que Grip fut flatté de la comparaison, et que Birk reçut de sa part une amicale caresse!

« Mais le capitaine?... dit Bob, qui manifestait une hésitation bien naturelle.

Le chauffeur fit descendre ses invités. (Page 330.)

— L'capitaine est à terre, et le s'cond-maître vous r'cevra comme des milords! »

Pour cela, Bob n'en doutait pas... En compagnie de Grip... Un premier chauffeur... c'est quelqu'un!

« Et, d'ailleurs, reprit Grip, il faut que j'fasse un bout d'toilette, que je m'lave de la tête aux pieds, maint'nant qu'mon service est terminé.

— Ainsi, Grip, tu vas être libre toute la journée ?...

— Tout' la journée.

— Quelle excellente idée, Bob, nous avons eue de venir à Queenstown !

— Je te crois, dit Bob.

— Et pis, ajouta Grip, faut qu'tu t'débarbouilles aussi, car je t'ai tout noirci, P'tit-Bonhomme ! Tu t'appelles toujours comm'ça ?...

— Oui, Grip.

— J'l'aim' mieux.

— Grip... je voudrais t'embrasser encore une fois.

— Ne t'gêne pas, mon boy, puisque on va s'tremper l'nez dans une baille !

— Et moi ?... dit Bob.

— Toi d'même ! »

C'est ce qui eut lieu, et c'est ce qui rendit Bob non moins nègre que Grip.

Bah ! on en serait quitte pour se savonner la figure et les mains à bord du *Vulcan*, dans le poste où couchait le chauffeur. A bord... le poste... Bob ne pouvait y croire !

Un instant après, les trois amis — sans oublier Birk — embarquaient dans le you-you que Grip conduisait à la godille, — à l'extrême joie de Bob de se sentir balancé de cette façon — et, en moins de deux minutes, ils avaient accosté le *Vulcan*.

Le maître d'équipage adressa un signe de la main à Grip, — un signe de franche amitié, et le chauffeur fit descendre ses invités par le capot de la chaufferie, laissant Birk courir sur le pont.

Là, une cuvette, disposée au pied du cadre de Grip, fut remplie d'une belle eau claire, — et leur permit de recouvrer leur couleur naturelle. Puis, tandis qu'il s'habillait, Grip raconta son histoire.

Lors de l'incendie de la ragged-school, assez grièvement blessé, il était entré à l'hôpital, où il resta six semaines environ. Il n'en sortit qu'en parfait état de santé, toutefois sans aucune ressource. La ville s'occupait alors de réinstaller l'école des déguenillés, car on ne pouvait laisser ces misérables à la merci des rues. Mais, au souvenir des quelques années passées dans cet abominable milieu, Grip ne se sentait aucun désir de le réintégrer. Vivre entre M. O'Lobkins et la vieille Kriss, surveiller de mauvais garnements tels que Carker et ses camarades, cela n'avait rien d'enviable. Et d'ailleurs, P'tit-Bonhomme n'était plus là. Grip savait qu'il avait été emmené par une belle dame. Où ?... Il l'ignorait, et, lorsqu'il fut hors de l'hôpital, les recherches faites à ce sujet demeurèrent sans résultat.

Voilà donc que Grip abandonne Galway. Il court les campagnes du district. Entre temps, il trouve un peu de travail dans les fermes à l'époque de la moisson. Pas de position fixe, et c'est ce qui l'inquiète. Il va devant lui de bourgade en bourgade, pouvant à peine se suffire, moins malheureux cependant qu'il avait été du temps de la raggedschool.

Un an plus tard, Grip était arrivé à Dublin. Il eut alors l'idée de naviguer. Être marin, ce métier lui semblait plus sûr, plus « nourrissant » que n'importe quel autre. Mais, à dix-huit ans, il est trop tard pour être mousse et même pour être novice. Eh bien ! puisqu'il n'était plus d'âge à embarquer comme matelot, puisqu'il ne connaissait rien de cet état, il embarquerait comme soutier, et c'est ce qu'il avait fait à bord du *Vulcan*. Loger au fond des soutes, au milieu d'une atmosphère de poussière noire, respirer un air étouffant, ce n'est peut-être pas l'idéal du bien-être ici-bas. Bon! Grip était courageux, laborieux, résolu, et c'était la vie assurée. Sobre, zélé, il s'accoutuma vite à la discipline du bord. Jamais il n'encourut aucun reproche. Il conquit l'estime du capitaine et de ses officiers, qui s'intéressèrent à ce pauvre diable sans famille.

Le *Vulcan* naviguait de Dublin à New-York ou autres ports du littoral est de l'Amérique. Pendant deux ans, Grip traversa nombre de fois l'Océan, étant chargé de l'arrimage des soutes et du service du combustible. Puis l'ambition lui vint. Il demanda à être employé comme chauffeur sous les ordres des mécaniciens. On le prit à l'essai, et il ne tarda pas à satisfaire ses chefs. Aussi, son apprentissage terminé, lui confia-t-on la place de premier chauffeur, et c'est en cette qualité que P'tit-Bonhomme venait de retrouver son ancien compagnon de la ragged-school sur les quais de Queenstown.

Il va sans dire que le brave garçon, de parfaite conduite, éprouvant peu de goût pour les coureurs de bordées et les forcenés noceurs dont il y a tant dans la marine marchande, avait toujours voulu mettre de côté sur ce qu'il gagnait. Il possédait donc quelques économies qu'il voyait mensuellement grossir, — une soixantaine de livres, dont il n'avait jamais voulu opérer le placement. Tirer intérêt de son argent, est-ce que cela lui serait venu à l'idée, et n'était-ce pas déjà d'une invraisemblance rare que Grip eût de l'argent à placer?

Telle fut l'histoire que Grip raconta gaiement, — histoire à laquelle P'tit-Bonhomme répliqua en racontant la sienne. Eh! elle était autrement mouvementée, et Grip ne put en croire ses oreilles, lorsqu'il entendit parler des succès dramatiques de miss Anna Waston, de cette existence honnête et heureuse des fermiers de Kerwan, des malheurs qui avaient frappé la famille, maintenant dispersée, et dont on n'avait plus de nouvelles, puis, de l'opulence de Trelingar-castle et des prouesses du comte Ashton, enfin de la façon dont tout cela avait fini.

Bob dut aussi donner quelques renseignements biographiques sur lui-même. La biographie de Bob!... Mon Dieu, que c'était simple : il n'en avait pas. Sa vie ne commençait véritablement que du jour où il avait été recueilli sur la grande route, ou plutôt repêché dans le courant de la Dripsey, alors qu'il avait voulu mourir...

Quant à Birk, son histoire était celle de son jeune maître. Aussi s'abstint-il de la raconter, — à quoi il n'aurait pas manqué, sans doute, si on l'en eût prié.

« Et, à présent, il n'est qu'temps d'aller déjeuner! dit le premier chauffeur du *Vulcan*.

— Pas avant d'avoir visité le navire! répondit vivement P'tit-Bonhomme.

— Et grimpé au haut des mâts! ajouta Bob.

— Comme ça vous plaira, mes boys! » répliqua Grip.

On débuta par descendre dans la cale à travers les panneaux du pont. Quel plaisir éprouva notre négociant en herbe à voir ce superbe arrimage : des balles de coton, des boucauts de sucre, des sacs de café, des caisses de toutes sortes renfermant les produits exotiques du Nouveau-Continent. Il flairait à plein nez cette pénétrante odeur de commerce. Et dire que toutes ces marchandises avaient été achetées au loin pour le compte des armateurs du *Vulcan*, qui allaient les revendre sur les marchés du Royaume-Uni... Ah! si jamais P'tit-Bonhomme...

Grip interrompit ce rêve, invitant son boy à remonter sur le pont afin de le conduire aux cabines du capitaine et des officiers, disposées sous la dunette, tandis que Bob, grimpant aux enfléchures des haubans, s'achevalait sur les barres du mât de misaine. Non! de sa vie il n'avait été si heureux, si joyeux, si souple, si singe, et peut-être y avait-il en lui l'étoffe d'un mousse?...

A onze heures, Grip, P'tit-Bonhomme et Bob étaient assis devant une table dans le cabaret de l'*Old Seeman*, Birk, sur son derrière, la bouche à la hauteur de la nappe, et, si tous avaient appétit, nous le laissons à imaginer.

Mais aussi quel repas dont Grip avait voulu prendre la dépense à son compte, des œufs au beurre noir, du jambon froid, doublé d'une tremblottante gelée couleur d'or, du fromage de Chester, le tout arrosé d'une excellente ale écumeuse! Et il y eut du homard, — non le vulgaire crabe, le tourteau du pauvre, — du vrai homard d'un blanc rosé dans sa carapace rougie à l'eau bouillante, du homard des riches, et que Bob déclara supérieur à tout ce qu'on peut inventer de meilleur pour « se mettre dans le ventre! »

Il va de soi que manger n'empêchait point de causer. On parlait la bouche pleine, et, si cela ne se pratique pas chez les gens comme il faut, nos jeunes convives donneront pour excuse qu'ils n'avaient point de temps à perdre.

Et alors, que de souvenirs échangés entre Grip et P'tit-Bonhomme, tandis qu'ils subissaient cette existence dégradante de la ragged-school... Et l'affaire de la pauvre mouette... et le cadeau du fameux gilet de laine... et les abominations de Carker !...

« Què qu'il est dev'nu, c'gueux ? demanda Grip.

— Je ne sais, et ne tiens guère à le savoir, répondit P'tit-Bonhomme. Ce qui pourrait m'arriver de plus malheureux, ce serait de le rencontrer.

— Sois tranquille, tu n'le rencontreras point ! affirma Grip. Mais, puisque tu vends des tas d'journaux, mon boy, je t'conseille d'les lire què'quefois !

— C'est ce que je fais.

— Eh bien... tu liras un d'ces jours que ce ch'napan d'Carker est mort d'un'fièvre de chanvre !

— Pendu ?... Oh ! Grip...

— Oui... pendu ! Et ça... il n'l'aura pas volé ! »

Puis, les détails de l'incendie de l'école revenaient à la mémoire. C'était Grip qui avait sauvé l'enfant au péril de sa vie, et c'était la première fois que celui-ci avait l'occasion de l'en remercier, et il l'en remerciait en lui serrant les mains.

« C'est que j'ai toujours pensé à toi depuis que nous avons été séparés ! dit-il.

— T'as eu raison, mon boy !

— Il n'y a que moi qui n'ai pas pensé à Grip ! s'écria Bob avec l'accent d'un profond regret.

— Puisque tu m'connaissais que d'nom, pauv' Bob ! répondit Grip. Maint'nant tu m'connais...

— Oui, et je parlerai toujours de toi, quand nous causerons, nous deux Birk ! »

Birk répondit par un aboiement confirmatif, — ce qui lui valut une épaisse sandwiche au lard, dont il ne fit qu'une bouchée. En dépit de ce que lui affirmait Bob, il ne semblait point avoir de goût pour le homard.

Grip fut alors interrogé sur ses voyages en Amérique. Il parla des grandes villes des États-Unis, de leur industrie, de leur commerce, et P'tit-Bonhomme l'écoutait si avidement qu'il en oubliait d'avaler.

« Et puis, fit observer Grip, il y a aussi d'ces grandes villes en Angleterre, et si tu t'rends jamais à Londres, à Liverpool, à Glasgow...

— Oui... Grip, je sais... J'ai lu dans les journaux... des villes de négoce... Mais c'est loin...

— Non... pas loin.

— Pas loin pour les marins qui y vont en bateau, tandis que pour les autres...

— Eh bien... et Dublin?... s'écria Grip. C'n'est qu'à trois cents milles d'ici... Les trains vous y débarquent en une journée... et p'rs d'mer à traverser...

— Oui... Dublin! » murmura P'tit-Bonhomme.

Et cela répondait si directement à son plus ardent désir, qu'il demeura pensif.

« Vois-tu, reprit Grip, c'est un' belle ville, où l'on fait des mille d'affaires... Les navires s'contentent pas d'y r'lâcher comme à Cork... ils prennent des chargements... ils r'viennent avec des cargaisons... »

P'tit-Bonhomme écoutait toujours, et sa pensée l'entraînait... l'entraînait...

« Tu d'vrais v'nir t'installer à Dublin, dit Grip. J'suis sûr que tu f'rais les choses mieux qu'ici... et s'il t'fallait un peu d'argent...

— Nous avons des économies, Bob et moi, répondit P'tit-Bonhomme.

— Je crois bien, appuya Bob, qui tira un shilling et six pence de sa poche.

— Moi aussi, j'en ai, dit Grip, et je n'sais où les fourrer!

— Pourquoi ne les places-tu pas... dans une banque... quelque part?...

— Ai pas confiance...

— Mais alors tu perds ce que cela pourrait te rapporter en intérêts, Grip...

— Ça vaut mieux que d'perdre c'qu'on a!... Par exemple, si

j'n'ai pas confiance dans les autres, j'aurais confiance en toi, mon boy, et si tu v'nais à Dublin, qui est l'port d'attache du *Vulcan*, on s'verrait souvent!... Què bonheur, et j'te le répète, si, pour entreprendre un commerce, il t'fallait un peu d'argent, j'te donnerais volontiers tout c'que j'ai... »

L'excellent garçon était prêt à le faire. Il était si heureux, si heureux d'avoir retrouvé son P'tit-Bonhomme... Est-ce qu'il ne semblait pas qu'ils fussent liés l'un à l'autre par un lien que nul incident ne saurait jamais rompre?

« Viens donc à Dublin, répéta Grip. Veux-tu que j'te dise c'que j'pense?...

— Dis, mon Grip.

— Eh bien... j'ai toujours eu c't'idée... comme ça... que tu f'rais fortune...

— Moi aussi... j'ai toujours eu cette idée-là! » répondit simplement P'tit-Bonhomme, dont les yeux brillaient d'un éclat vraiment extraordinaire.

« Oui... continua Grip, j'te vois riche... un jour... très riche... Mais c'n'est pas à Cork que tu gagneras beaucoup d'argent!... Réfléchis à c'que j'te dis là, car il n'faut pas agir sans avoir réfléchi...

— Comme de juste, Grip.

— Et maintenant qu'il n'y a plus rien à manger... soupira Bob en se levant.

— Tu veux dire, mousse, répliqua Grip, maint'nant qu'tu n'as plus faim...

— Oui... peut-être... je ne sais pas... C'est la première fois que cela m'arrive...

— Allons nous promener, » proposa P'tit-Bonhomme.

Et ce fut ainsi que s'acheva cette après-midi, et que de projets formèrent les trois amis, tandis qu'ils parcouraient les quais et les rues de Queenstown, escortés de Birk!

Puis, lorsqu'on fut au moment de se séparer, et que Grip eut reconduit les deux enfants à l'appontement du ferry-boat :

Les enfants se donnaient du mal. (Page 340.)

« Nous nous r'verrons, dit-il... On n'peut pas s'être r'trouvés pour n'pas se r'voir...

— Oui... Grip... à Cork... la première fois que le *Vulcan* y relâchera...

— Pourquoi pas à Dublin, où il reste des s'maines què'quefois ? oui... à Dublin, si tu t'décides...

— Adieu, Grip !

— Au r'voir, mon boy! »

Ils s'embrassèrent de bon cœur, non sans une profonde émotion dont ni l'un ni l'autre ne cherchait à se défendre.

Bob et Birk eurent leur part des adieux, et, lorsque le ferry-boat eut démarré, Grip le suivit longtemps des yeux, tandis qu'il remontait en haletant le cours de la rivière.

IX

UNE IDÉE COMMERCIALE DE BOB.

A un mois de là, sur la route qui descend vers le sud-est de Cork dans la direction de Youghal, en traversant les territoires orientaux du comté, un garçon de onze ans, un garçonnet de huit, poussaient par l'arrière une légère charrette que traînait un chien attelé entre ses brancards.

Les deux enfants étaient P'tit-Bonhomme et Bob. Le chien était Birk.

Les incitations de Grip avaient porté leur fruit. Avant d'avoir rencontré le premier chauffeur du *Vulcan* à Queenstown, P'tit-Bonhomme rêvait de quitter Cork pour aller tenter fortune à Dublin. Après la rencontre, il se décida à faire de son rêve une réalité. Et ne vous imaginez point qu'il n'eût réfléchi aux conséquences de cette grave détermination : c'était abandonner le certain pour l'incertain, pourquoi se le dissimuler? Mais, à Cork, sa situation ne pouvait guère s'accroître. A Dublin, au contraire, un plus vaste champ s'ouvrait à son activité. Bob, appelé à donner son avis, se déclara prêt à partir au premier jour, et un avis de Bob méritait d'être pris en considération.

Il suit de là que notre héros alla retirer ses économies de chez l'éditeur, lequel ne laissa pas de lui faire quelques observations sur ses futurs projets. Il n'obtint rien de cet enfant, si supérieur à son âge, et qui n'avait pas l'habitude de se payer de chimères, — disposition d'esprit trop commune aux Paddys de tous les temps. Non ! P'tit-Bonhomme était fermement résolu à suivre les chemins qui montent : c'est le seul moyen d'arriver haut, et son précoce instinct lui disait que de quitter Cork pour Dublin, c'était s'élever sur la route de l'avenir.

Et, maintenant, quelle voie prendrait P'tit-Bonhomme, et quel moyen de transport ?

La voie la plus courte, c'est celle que suit le railway jusqu'à Limerick, et de Limerick à travers la province de Leinster jusqu'à Dublin. Le moyen de transport le plus rapide, c'est de prendre le train à Cork et d'en descendre, dès qu'il s'arrête dans la capitale de l'Irlande. Mais ce mode de locomotion avait l'inconvénient de ne pouvoir s'effectuer qu'en dépensant une guinée par personne, et P'tit-Bonhomme tenait à ses guinées. Quand on a des jambes, et de bonnes jambes, pourquoi se faire brouetter en wagon? De la question de temps, il n'y avait point à s'inquiéter. On arriverait quand on arriverait. On était dans la belle saison, et les chemins du comté ne sont point mauvais de mai à septembre. Et quel avantage, quelle entrée de jeu, si, au lieu de coûter gros, le voyage rapportait, au contraire !

Telle avait été la préoccupation de notre jeune négociant, — gagner de l'argent au lieu d'en perdre en frais de route, continuer, de village à village, de bourgade à bourgade, le trafic qui lui avait réussi à Cork, vendre des journaux, des brochures, des articles de librairie et de papeterie, en un mot, faire le commerce en se dirigeant vers Dublin.

Et, pour exercer ce commerce, que fallait-il? Rien qu'une charrette, dans laquelle serait déposée la pacotille du marchand forain, et qu'une toile cirée permettrait d'abriter contre la poussière ou la pluie. Cette charrette, attelée de Birk, qui ne refuserait pas de tirer en avant, les deux enfants la pousseraient par derrière. On parcourrait la voie du littoral, parce qu'elle dessert des villes d'une certaine importance, Waterford, Wexford, Wicklow, et aussi diverses stations balnéaires très suivies à cette époque de l'année. Sans doute, il y aurait près de deux cents milles à enlever dans ces conditions. Eh bien! dût-on y employer deux mois, trois mois, peu importait, si la boutique ambulante réalisait des gains en marchant au but!

Voilà pourquoi, à cette date du 18 avril, un mois après avoir rencontré Grip à Queenstown, P'tit-Bonhomme, Bob et Birk, l'un traînant, les autres poussant, cheminaient sur la route de Cork à Youghal, où ils arrivèrent dans la matinée, sans être trop fatigués de leur étape.

Ils n'avaient point à se plaindre, et, en tous les cas, ce n'est pas Birk qui eût songé à grommeler. D'ailleurs, on ne le surmenait pas, et, en montant les côtes, les enfants se donnaient autant de mal que lui. Très légère, cette charrette à deux roues, — une véritable occasion dont P'tit-Bonhomme avait profité chez un marchand de Cork. Quant à la pacotille, elle consistait en journaux achetés aux gares, brochures politiques — quelques-unes assez lourdes d'idées et de style, cependant, — papier à lettres, crayons, plumes et autres ustensiles de bureau, paquets de tabac, dont la provision serait renouvelée chez les meilleurs débitants à l'enseigne du montagnard écossais peinturluré, enfin divers autres articles et bibelots. Tout cela ne pesait guère, et tout cela se vendait couramment, avec un joli bénéfice.

Que voulez-vous? Les gens de village s'intéressaient à ces deux enfants, l'un sérieux comme un négociant de vieille roche, l'autre d'une physionomie si souriante qu'on aurait eu honte de le marchander!

La charrette arriva à Youghal, une bourgade de six mille habitants, doublée d'un port de cabotage, au fond de l'estuaire de la Blackwater. Voilà un pays où la sainte pomme de terre est en honneur!

Et Paddy pourrait-il jamais oublier que c'est aux environs de Youghal que sir Walter Raleigh fit le premier essai de ces tubercules, actuellement le véritable pain de l'Irlande ?

P'tit-Bonhomme passa le reste de la journée à Youghal. Il ne consentit à prendre du repos qu'après avoir entièrement réassorti son étalage, lequel serait vite épuisé sur la route de Dungarvan. Un dîner substantiel à la table d'une auberge, un lit pour Bob et pour lui, une niche mise à la disposition du chien, ils trouvèrent cela à bon compte. On se dirigea le lendemain vers le hameau le plus rapproché, en s'arrêtant aux fermes, et il s'en comptait de deux à trois par mille. C'est même à ces fermes que stationnait le plus souvent la charrette, lorsque le soir approchait, car mieux valait ne pas se risquer nuitamment sur les routes. Oui ! c'était préférable, malgré que Birk fût chien à défendre son maître et son étalage à deux roues.

Et, lorsque P'tit-Bonhomme se rappelait ce qu'il avait autrefois souffert sur les chemins du Connaught, quel changement depuis cette époque ! Et quelle différence entre cette charrette et celle du brutal Thornpipe, cette boîte obscure où il étouffait à demi ! Ces choses ne se ressemblaient pas plus que Birk ne ressemblait au chien hargneux du montreur de marionnettes. Notre héros ne faisait pas valser la famille royale et la cour d'Angleterre en tournant la mécanique... Il ne vivait point du produit de l'aumône, mais des bénéfices quotidiennement réalisés. Et puis, quelle confiance en l'avenir, et quel espoir il avait de réussir à Dublin autant et même mieux qu'il avait réussi à Cork !

Au sortir de Youghal, il y eut un pont à traverser, afin de rejoindre la route de Dungarvan.

« Voilà un pont ! s'écria Bob. Je n'en ai jamais vu de cette longueur !
— Moi, non plus, » répondit P'tit-Bonhomme.

En effet, un pont de deux cent soixante-dix toises, jeté sur la baie de la Blackwater, et faute duquel on s'allongerait d'une bonne journée de marche !

La charrette roula donc sur le tablier de bois, balayé par une fraîche brise de l'ouest.

« C'est comme si on était sur un bateau ! fit remarquer ce fin observateur de Bob.

— Oui... Bob... un bateau avec vent arrière... sens-tu comme le vent nous pousse ! »

Le pont traversé sans dommage, il n'y eut plus qu'à s'engager dans le comté de Waterford, qui confine au comté de Kilkenny, dans la province de Leinster.

P'tit-Bonhomme et Bob ne se fatiguèrent pas outre mesure. Ils allaient sans se presser. Pourquoi se seraient-ils hâtés ? L'essentiel, c'était de vendre et de vendre fructueusement les articles achetés à Youghal, avant d'avoir atteint Dungarvan où l'on se réassortirait de nouveau. Il va de soi qu'en deux ou trois jours, la charrette aurait pu se transporter de Youghal à Dungarvan. Vingt-cinq à trente milles, en tenant compte des crochets, ce n'eût été qu'une promenade de quelques jours. Mais, s'il n'existait que de rares villages à l'approche des côtes, on y rencontrait de nombreuses fermes, et cette circonstance offrait des chances de débit qu'il convenait de ne point négliger. Le railway ne dessert pas cette ceinture littorale, et les paysans s'y approvisionnent difficilement des choses usuelles. Aussi, P'tit-Bonhomme était-il décidé à faire son métier de forain en conscience.

Cela réussit. La boutique reçut partout bon accueil. Chaque soir, après s'être installés pour la nuit, Bob comptait les shillings, les pence récoltés depuis le matin, et P'tit-Bonhomme les inscrivait sur son « livre de caisse », à la colonne des recettes, en regard de la colonne des dépenses, où figuraient celles qui leur étaient personnelles, nourriture, coucher, etc. Rien ne plaisait à Bob comme d'aligner cette monnaie, rien ne plaisait à P'tit-Bonhomme comme d'additionner son avoir, rien ne plaisait à Birk comme d'être couché près d'eux, pendant qu'ils réglaient leurs affaires en attendant l'heure de se livrer au sommeil !

UNE IDÉE COMMERCIALE DE BOB.

Ce fut le 3 mai que la charrette atteignit la bourgade de Dungarvan. Elle était vide — pas la bourgade, la charrette, — et le réassortiment dut être refait en entier. Cela fut facile, car, avec ses six mille cinq cents âmes, Dungarvan ne laisse pas d'avoir une certaine importance. C'est un port de cabotage, ouvert sur la baie de ce nom, dont les rives sont reliées par une chaussée longue de cent cinquante toises. Même avantage qu'à Youghal ; on peut traverser la baie sans être obligé de la contourner.

P'tit-Bonhomme demeura deux jours à Dungarvan. Il eut une excellente idée, — celle d'acheter à des caboteurs quelques articles de lainage à très bas prix, lesquels, à son avis, seraient d'un débit courant dans la campagne. Ce n'était ni lourd ni encombrant, et Birk ne souffrirait pas de la surcharge.

Ainsi se continua ce profitable voyage. Que la chance ne l'abandonne pas, et P'tit-Bonhomme sera devenu un capitaliste, lorsqu'il arrivera dans la capitale. D'ailleurs, si la tournée foraine s'accomplissait sans incidents dignes d'être relatés, elle était exempte d'accidents — ce dont il fallait se féliciter. Temps assez propice toujours. Nulle aventure de grande route. Qui eût voulu maltraiter ces enfants? Et puis, on ne rencontre guère de mauvaises gens le long de ces côtes du Sud-Irlande. Cette population n'a point de ces instincts qui poussent à des actes coupables. En outre, elle n'est pas si pauvre qu'en maints comtés, — tels ceux du Connaught ou de l'Ulster. La mer lui est lucrative. La pêche, le cabotage y nourrissent largement le pêcheur ou le matelot, et le cultivateur se ressent de leur voisinage.

C'est dans ces conditions favorables que la charrette dépassa Tremore, à dix-sept milles de Dungarvan, et atteignit, deux semaines plus tard, Waterford, à dix-sept milles de Tramore, sur la limite même du Munster. P'tit-Bonhomme allait enfin quitter cette province où il avait éprouvé tant de vicissitudes, son existence à Limerick, à la ferme de Kerwan, au château de Trelingar, son voyage aux lacs de Killarney, son début commercial à Cork. D'ailleurs, les tristes jours, il les avait oubliés déjà. Il ne se souvenait que des trois années au milieu de la famille des Mac Carthy, et, celles-là, il les regrettait comme on regrette les joies du foyer domestique !

« Bob, dit-il, est-ce que je ne t'ai pas promis que l'on se reposerait à Waterford?

— Je le crois, répliqua Bob, mais je ne suis pas fatigué, et si tu veux continuer?...

— Non... Restons quelques jours ici...

— A rien faire, alors?...

— Il y a toujours à faire, Bob. »

Et, en effet, n'est-ce rien que de visiter une agréable ville de vingt-cinq mille habitants, située sur la rivière de Suir, que franchit un beau pont de trente-neuf arches? Ajoutons que Waterford est un port très fréquenté, — ce qui intéressait toujours notre jeune négociant, — le port le plus considérable du Munster oriental, qui possède un service régulier de navigation pour Liverpool, Bristol et Dublin.

Tous deux, ayant fait choix d'une auberge convenable, où fut remisée leur charrette, se rendirent sur les quais, et ils s'y promenèrent quelques heures. Ces navires qui arrivaient, ces navires qui partaient, comment aurait-on pu s'ennuyer un instant?

« Hein! dit Bob, si Grip allait nous tomber tout d'un coup?...

— Non, Bob, répondit P'tit-Bonhomme. Le *Vulcan* ne relâche pas à Waterford, et j'ai calculé qu'il doit être loin maintenant... du côté de l'Amérique...

— Là-bas... là-bas? fit Bob, en étendant le bras vers l'horizon circonscrit par le ciel et l'eau.

— Oui... à peu près... et j'ai lieu de croire qu'il sera de retour, lorsque nous serons à Dublin.

— Quel plaisir de retrouver Grip! s'écria Bob. Est-ce qu'il sera encore tout noir?...

— C'est probable.

— Oh! ça n'empêche pas de l'aimer!...

— Tu as raison, Bob, car il m'a bien aimé, lui, quand j'étais si malheureux...

LES DIVERS ARTICLES DE LA BOUTIQUE ROULANTE... (Page 346.)

UNE IDEE COMMERCIALE DE BOB.

— Oui... comme tu as fait pour moi! » répondit l'enfant, dont les yeux brillaient de reconnaissance.

Si P'tit-Bonhomme avait eu plus de hâte d'atteindre Dublin, il lui aurait suffi de prendre passage sur le paquebot affecté au service des voyageurs entre Waterford et la capitale. Ces traversées s'exécutent à très bas prix. Toute la pacotille étant vendue, la charrette eût été mise à bord, les deux jeunes garçons et le chien se seraient embarqués, en payant quelques shillings seulement pour des places à l'avant, et, en une douzaine d'heures, ils eussent été rendus à destination. Et quel plaisir de naviguer sur le canal de Saint-Georges, à la surface de cette admirable mer d'Irlande, presque en vue des côtes qui sont si variées d'aspect, — une vraie traversée sur un vrai paquebot...

Chose tentante, à coup sûr! Mais P'tit-Bonhomme s'était pris à réfléchir comme il n'y manquait jamais. Or, il lui paraissait plus avantageux de n'arriver à Dublin qu'après le retour de Grip. Grip connaissait la ville, il piloterait les deux enfants au milieu de cette vaste cité dont leur imagination faisait quelque chose d'énorme, et où ils ne risqueraient pas de se perdre. Et puis, pourquoi interrompre un voyage si fructueusement commencé? L'esprit de suite, qui caractérisait P'tit-Bonhomme, l'emporta sur le plaisir qu'offrait cette attrayante traversée maritime. Après avoir ramené Bob, non sans quelque peine, à une plus saine appréciation des circonstances, il fut décidé que le voyage continuerait dans les mêmes conditions, en remontant jusqu'à Dublin le littoral du Leinster.

Donc, qu'on ne s'étonne pas si, à trois jours de là, on les retrouve dans le comté de Wexford, la charrette amplement garnie, traînée par le vigoureux Birk avec un infatigable entrain. Un baudet n'aurait pas fait mieux, ni même un cheval. Il est vrai, pour la montée des côtes, Bob s'attelait aux brancards, tandis que P'tit-Bonhomme donnait un fort coup d'épaule par derrière.

Au fond de la baie de Waterford, la route abandonne le littoral si capricieusement festonné d'anses et de criques. La charrette dut perdre de vue cette partie de la mer où se dessine le cap Carnsore, la pointe la plus avancée de la Verte Érin, sur le canal de Saint-Georges.

Il n'y eut pas lieu de le regretter. Loin de desservir un pays sauvage et désert, cette route traversait des villages, des hameaux, reliait des fermes l'une à l'autre, et les divers articles de la boutique roulante s'y débitèrent à de hauts prix. Aussi, P'tit-Bonhomme n'arriva-t-il pas à Wexford avant le 27 mai, bien que la distance en droite ligne depuis Waterford ne soit que d'une trentaine de milles. Mais que de détours, que de crochets à droite, à gauche, auxquels la charrette avait été contrainte !

Wexford est plus qu'une bourgade : c'est une ville de douze à treize mille habitants, située près de la rivière Slaney, presque à son embouchure. On dirait d'une petite cité anglaise qui aurait été transportée au milieu d'un comté d'Irlande. Cela tient à ce que Wexford fut la première place d'armes que les Anglais possédèrent sur ce territoire, et, en devenant cité, cette place d'armes a conservé sa physionomie d'origine. Peut-être P'tit-Bonhomme éprouva-t-il un certain étonnement à voir tant de ruines accumulées, des remparts à demi détruits, des courtines réduites à l'état de brèches. C'est qu'il ignorait l'histoire de cette contrée au temps de Georges III, pendant les cruelles luttes des protestants et des catholiques, les épouvantables massacres qui s'accomplirent de part et d'autre, les incendies et les destructions qui les accompagnaient. Et, peut-être valait-il mieux qu'il l'ignorât, car ce sont là de ces terribles souvenirs qui ensanglantent trop de pages du passé de l'Irlande. Il l'apprendrait toujours assez tôt, s'il en avait un jour le loisir.

En quittant Wexford, la charrette, soigneusement regarnie, dut encore s'éloigner de la côte, qu'elle retrouverait à quinze milles de là, aux approches du port d'Arklow. Il n'y eut pas à s'en plaindre, et cela pour deux raisons.

La première, c'est que la population est plus dense en cette partie du comté, les villages assez voisins, les fermes assez rapprochées, grâce au railway qui, par Arklow et Wicklow, met Wexford en communication avec Dublin.

La seconde, c'est que le pays est charmant. Le chemin s'engage au milieu de forêts épaisses, de puissants groupes de chênes et de hêtres, entre lesquels se dresse le chêne noir, si remarquable en terre gaélique. La campagne y est largement arrosée par la Slaney, l'Ovoca et leurs tributaires, comme elle l'avait été, hélas! de tant de sang à l'époque des dissensions religieuses! Et penser que c'est ce coin du sol irlandais, riche en minerai de soufre et de cuivre, vivifié par les cours d'eau descendus des montagnes voisines, charriant des parcelles d'or, c'est ce coin dont le fanatisme a fait le théâtre de ses abominables excès! On en retrouve les traces à Enniscorthy, à Ferns, en bien d'autres localités, et jusqu'à Arklow, où les soldats du roi Georges, l'an 1798, battirent trente mille rebelles — ainsi appelait-on ceux qui défendaient leur patrie et leur foi!

Une journée de repos, ce fut ce que P'tit-Bonhomme, ayant fait halte au port d'Arklow, crut devoir octroyer à son personnel, — mot qui est justifié si l'on veut bien considérer Birk comme une personne.

Arklow, avec ses cinq mille six cents habitants, forme une station de pêche où règne une grande animation. Le port est séparé de la haute mer par de larges bancs de sable. Au pied des roches, tapissées de goémons verdâtres, on récolte des huîtres en quantité considérable, et elles n'y coûtent pas cher.

« Je suis sûr que tu n'as jamais mangé d'huîtres? demanda P'tit-Bonhomme à ce gourmand de Bob.

— Jamais!

— Veux-tu en goûter?...

— Je veux bien. »

Il voulait toujours bien, Bob. Mais il ne fit qu'essayer, et n'alla pas au delà de la première huître.

« J'aime mieux le homard! dit-il.

— C'est que tu es encore trop jeune, Bob! »

Et Bob répliqua qu'il ne demandait pas mieux que d'atteindre l'âge de raison auquel on peut apprécier ces mollusques à leur juste mérite.

Le 19 juin, dans la matinée, tous deux achevaient leur étape à Wicklow, le chef-lieu du comté de ce nom, qui confine à celui de Dublin.

Quel admirable contrée ils venaient de traverser, l'une des plus curieuses de l'Irlande, presque aussi fréquentée des touristes que la région des lacs de Killarney! Quel ensemble pittoresque et varié, pour le plaisir des yeux! Çà et là des montagnes qui rivalisent avec les plus belles du Donegal ou du Kerry, des lacs naturels, ceux de Bray et de Dan, dont les eaux limpides reflètent les antiquités éparses sur leurs rives; puis, au confluent du cours de l'Ovoca, cette vallée de Glendalough, ses tours enlacées de lierre, ses anciennes chapelles bâties au bord d'un lac bordé de moraines étincelantes, et le vallon enrichi par les sept églises de Saint-Kévin, où affluent les pèlerins de toute l'Érin!

Et la tournée commerciale?... Eh bien! cela allait de mieux en mieux. Toujours même accueil aux jeunes forains. Ah! qu'ils étaient loin des comtés pauvres du nord-ouest, dans cette portion relativement riche de l'Irlande! Elle se ressentait du voisinage de la grande capitale. Et, en effet, à partir d'Arklow, la route côtière dessert nombre de stations de bains de mer, déjà fréquentées par les familles de la gentry dublinoise. Tout ce monde élégant avait de l'argent en poche. Il circulait, en ces stations, plus de guinées qu'il ne circule de shillings dans les bourgades du Sligo ou du Donegal. Le talent consistait à les attirer dans la caisse de notre jeune négociant. Or c'est ce qui s'accomplissait peu à peu, et, pour sûr, P'tit-Bonhomme aurait doublé sa fortune avant d'arriver au terme du voyage.

Et puis, Bob avait eu une idée, oui! une idée... très ingénieuse, une idée qui n'était pas venue à son grand frère, et qui lui était venue à lui... une idée qui devait produire cent pour cent de bénéfices, en l'exploitant dans ce monde d'enfants riches, hôtes habituels des grèves du Wicklow, — une idée géniale enfin.

Bob — il l'avait déjà prouvé en mainte occasion — était habile à dénicher les oiseaux, et les nids abondent aux arbres sur les routes d'Irlande.

Jusqu'alors, Bob n'avait tiré aucun profit de ses talents de grimpeur — un vrai singe! Une ou deux fois seulement, soit en cueillant un nid au sommet d'un hêtre, soit en attrapant des oiseaux au piège, — simple planchette supportée par trois morceaux de bois disposés en forme de 4, — il avait gagné quelque monnaie à vendre ses captifs. Mais, avant de quitter Wicklow, l'idée en question avait poussé dans sa cervelle, et, de là, cette demande d'acheter une cage assez grande pour contenir une trentaine de moineaux, mésanges, chardonnerets, pinsons ou autres de moyenne taille.

« Et pourquoi? répondit P'tit-Bonhomme. Est-ce que tu vas te mettre à élever des oiseaux?...

— Point.

— Qu'en veux-tu faire?...

— Leur donner la volée...

— A quoi bon les mettre en cage, alors?... »

Vous l'avouerez, P'tit-Bonhomme ne pouvait rien comprendre à cette proposition. Il comprit dès que Bob lui eut expliqué la chose.

Oui, Bob se proposait de donner la volée à ses oiseaux... moyennant finances s'entend. Avec sa cage toute gazouillante, il irait parmi ces enfants non moins gazouillants des plages de bains de mer... Et quel est celui d'entre eux qui se refuserait à racheter de quelques pence la liberté des gentils prisonniers de Bob?... C'est si charmant de voir un oiseau s'envoler, quand on a payé sa rançon! Cela est si doux au cœur d'un petit garçon et surtout d'une petite fille!

Bob ne doutait pas du succès de son idée, et, ma foi, P'tit-Bonhomme en saisit le côté très pratique. Rien ne coûtait d'essayer, d'ailleurs. La cage fut donc achetée, et Bob n'avait pas fait un mille au delà de Wicklow, qu'elle était pleine d'oiseaux, impatients de reprendre leur vol.

Cela réussit à souhait dans nombre de ces stations où affluaient les familles en déplacement balnéaire. Là, tandis que P'tit-Bonhomme s'occupait à débiter les articles de son étalage, Bob, sa cage à la main, allait solliciter la pitié des jeunes gentlemen et des jeunes misses pour ses jolis prisonniers. L'envolée se faisait au milieu des battements de mains, la cage se vidait... et les pence de pleuvoir dans la poche du malin garçonnet!

Quelle bonne idée il avait eue, et avec quelle satisfaction il comptait chaque soir sa recette avant de la joindre à la recette courante!

C'est ainsi que l'un et l'autre, en remontant la côte vers Dublin, se trouvèrent à Bray, l'après-midi du 9 juillet.

Bray, que quatorze à quinze milles séparent de Dublin, est couchée au pied d'un promontoire détaché du système des Wicklow-Mounts, dominée par le Lugnaquilla, haut de trois mille pieds. Grâce à cet encadrement magnifique, la bourgade semble plus délicieuse encore que le Brighton de la côte anglaise. C'est du moins l'opinion de Mlle de Bovet, qui fait preuve, en décrivant les beautés de l'Ile-Verte, d'un sens très fin et très artiste. Que l'on se figure une agglomération d'hôtels, de villas toutes blanches, de cottages fantaisistes, où les habitants et les étrangers venus pendant la saison se comptent par cinq et six mille. On peut dire que les maisons bordent la route jusqu'à Dublin sans discontinuité. Bray est rattachée à la capitale par un railway, dont le remblai disparaît parfois sous les embruns de la houle, qui pénètre furieusement à travers cette étroite baie de Killiney que ferme au sud un superbe promontoire. Des ruines, elles s'entassent aux approches de Bray, et quelle ville de l'Ile-Émeraude en est dépourvue? Ici, ce sont les restes d'une vieille abbaye de Saint-Bénédict, puis, un groupe de ces tours appelées « martello », qui servaient à défendre la côte au XVIIIe siècle, sans parler des batteries qui la protègent au XIXe. Il paraît que, si l'on gravit les pentes du cap, une bonne lunette vous permet d'apercevoir les contours des montagnes du pays de Galles, au delà de la mer d'Irlande. Ce dire, P'tit-Bonhomme ne put le vérifier, d'abord, parce qu'il ne possédait pas de lunette, ensuite, parce qu'il dut quitter Bray plus hâtivement qu'il n'y comptait.

Le monde des enfants est considérable sur ces plages sablonneuses, largement caressées par le ressac, et le long du môle de Bray, « la parade », comme on l'appelle. Là se réunissent ces petits riches, joufflus et roses, pour lesquels la vie n'a été qu'un enchantement depuis leur naissance, des garçonnets en rupture d'école, des fillettes qui s'ébattent sous les yeux des mères et des gouvernantes. Mais on ne serait pas en Irlande si, même à Bray, la misère traditionnelle n'était représentée par une bande respectable de déguenillés, dont le temps se passe à fouiller les varechs de la plage.

Les trois premiers jours furent très fructueux — au point de vue commercial, — dans cette bourgade. La marchandise de la charrette s'enleva. Du reste, l'étalage avait été composé de manière à plaire aux enfants, offrant surtout de ces jouets très simples, qui donnaient gros bénéfices. Les oiseaux de Bob réussirent au delà de toute probabilité. Dès quatre heures du matin, il s'occupait de tendre ses pièges et remplissait sa cage, que la clientèle enfantine s'empressait à vider dans l'après-midi. Toutefois, il ne fallait pas s'attarder à Bray. Le but, c'était Dublin, et quelle joie si le *Vulcan* s'y trouvait, mouillé au milieu du port, et Grip à son poste, — Grip dont on n'avait plus de nouvelles depuis deux grands mois?

Donc P'tit-Bonhomme songeait à partir le lendemain, mais il ne pouvait guère prévoir la circonstance inattendue qui allait précipiter son départ.

On était au 13 juillet. Vers huit heures du matin, après avoir relevé ses pièges, Bob revenait vers le port, sa cage pleine d'oiseaux, — ce qui lui assurait une fort jolie recette pour cette dernière journée.

Il n'y avait encore personne ni sur la grève ni sur la parade.

Au moment où il tournait l'accotement du môle, Bob fit la rencontre de trois jeunes garçons de douze à quatorze ans, — des gentlemen de joyeuse humeur, tenue très élégante, chapeaux de marin rejetés sur l'occiput, vareuses de fine laine écarlate à boutons d'or, estampés de l'ancre réglementaire.

Bob eut d'abord la pensée de saisir cette occasion d'écouler sa

Les oiseaux de Bob réussirent. (Page 351.)

marchandise volante, qu'il aurait le temps de renouveler avant l'heure du bain. Cependant, les susdits gentlemen, avec leur air gouailleur, leurs manières peu engageantes, lui inspirèrent quelque hésitation. Ce n'étaient pas là de ces enfants, garçons ou fillettes, qui faisaient d'ordinaire bon accueil à ses captifs. Ce trio semblait plutôt disposé à se moquer de lui et de son commerce, et il lui parut plus sage de passer outre.

Maintenu sous le genou de P'tit-Bonhomme. (Page 355.)

Ce n'était point l'affaire de ces jeunes garçons, et le plus âgé, — un petit monsieur — dont le regard dénotait beaucoup de méchanceté naturelle, coupa le chemin à Bob et lui demanda d'un ton brusque où il allait.

« Je retourne à la maison, répondit l'enfant avec politesse.
— Et cette cage ?...
— Elle est à moi.

— Et ces oiseaux ?...

— Je les ai pris au piège ce matin.

— Eh ! c'est ce gamin qui court la plage ! s'écria l'un des trois gentlemen. Je l'ai déjà vu... Je le reconnais... Pour deux ou trois pence, il met un de ces oiseaux en liberté !...

— Et, cette fois, reprit le plus grand, ce sera pour rien qu'ils auront tous la volée... tous ! »

Cela dit, il arracha la cage des mains de Bob, il l'ouvrit, et la gent emplumée de s'enfuir à tire d'ailes.

C'était là un acte très dommageable pour Bob. Aussi le garçonnet poussa-t-il des cris, répétant :

« Mes oiseaux !... mes oiseaux ! »

Et les jeunes messieurs de s'abandonner à un rire non moins immodéré qu'imbécile.

Puis, enchantés de leur plaisante et mauvaise action, ils se disposaient à regagner la parade, lorsqu'ils s'entendirent interpeller de la sorte :

« C'est mal ce que vous avez fait là, messieurs ! »

Et qui parlait ainsi ?... P'tit-Bonhomme, lequel venait d'arriver accompagné de Birk. Il avait vu ce qui s'était passé, et il reprit d'une voix énergique :

« Oui... c'est très mal, ce que vous avez fait là ! »

Et alors, ayant dévisagé le plus grand de ces trois jeunes gentlemen il ajouta :

« Après tout, cette méchanceté ne m'étonne pas de la part du comte Ashton ! »

C'était, en effet, l'héritier du marquis et de la marquise. La noble famille des Piborne avait quitté Trelingar-castle pour cette station de bains de mer, et elle occupait, depuis la veille, l'une des plus confortables villas de la bourgade.

« Ah ! c'est ce coquin de groom ! répondit avec l'accent du plus profond mépris le comte Ashton.

— Moi-même.

— Et, si je ne me trompe, voilà ce chien qui a causé la mort de mon pointer?... Il est donc ressuscité?... Je croyais pourtant lui avoir réglé son compte...

— Il n'y paraît pas! répliqua P'tit-Bonhomme, qui ne se démontait pas devant l'aplomb de son ancien maître.

— Eh bien! puisque je te rencontre, méchant boy, je vais te payer ce que je te dois, s'écria le comte Ashton, qui s'avança vivement, la canne levée.

— C'est vous, au contraire, qui allez payer à Bob le prix de ses oiseaux, monsieur Piborne!

— Non... toi d'abord... comme ceci! »

Et, d'un coup de sa canne, le jeune gentleman cingla la poitrine de P'tit-Bonhomme.

Celui-ci, quoiqu'il fût moins âgé que son adversaire, l'égalait en vigueur et le dépassait en courage. Il bondit, il s'élança sur le comte Ashton, il lui arracha sa canne, il le gratifia de deux maîtresses gifles à pleines mains.

Le descendant des Piborne voulut riposter... Il n'était pas de force. En un instant il fut jeté à terre et maintenu sous le genou de P'tit-Bonhomme.

Ses deux camarades voulurent intervenir et le dégager. Mais Birk eut la même idée, car, se redressant, la gueule ouverte, les crocs menaçants, il allait leur faire un mauvais parti si son maître, qui s'était redressé, ne l'avait retenu.

Puis, celui-ci s'adressant à Bob :

« Viens! » dit-il.

Et, sans s'inquiéter du comte Ashton et des deux autres, qui ne se souciaient pas d'entrer en lutte avec Birk, P'tit-Bonhomme et Bob revinrent vers leur auberge.

A la suite d'une scène aussi désagréable pour l'amour-propre du jeune Piborne, le mieux était de quitter Bray au plus vite. Ce serait toujours une fâcheuse affaire, si le battu portait plainte, quoiqu'il eût été l'agresseur. Peut-être, avec une meilleure appréciation de la nature humaine, P'tit-Bonhomme aurait-il dû réfléchir à ceci : c'est que ce sot et vaniteux garçon se garderait bien d'ébruiter une aventure, dont il n'aurait eu qu'à rougir. Mais, n'étant point rassuré à cet égard, il régla sa dépense, il attela Birk à la charrette, vide alors de marchandises, et, avant huit heures du matin, Bob et lui avaient quitté Bray.

Le soir même, très tard, nos jeunes voyageurs arrivèrent à Dublin, après un parcours de deux cent cinquante milles environ, accompli en un laps de trois mois depuis leur départ de Cork.

X

A DUBLIN.

Dublin!... P'tit-Bonhomme est à Dublin!... Regardez-le!... C'est l'acteur qui aborde les grands rôles, et passe d'un théâtre de bourgade au théâtre d'une grande cité.

Dublin, ce n'est plus un modeste chef-lieu de comté, ce n'est pas Limerick avec ses quarante-cinq mille habitants, ni Cork avec ses quatre-vingt-six mille. C'est une capitale, — la capitale de l'Irlande, — qui possède une population de trois cent vingt mille âmes. Administrée par un lord-maire, gouverneur à la fois militaire et civil, qui est le second fonctionnaire de l'île, assisté de vingt-quatre aldermen, de deux shériffs et de cent quarante-quatre conseillers, Dublin compte parmi les villes importantes des Iles-Britanniques. Commerçante avec ses docks, industrielle avec ses fabriques, savante avec son Université et ses Académies, pourquoi faut-il que les workhouses soient encore insuffisants pour ses pauvres, et les ragged-schools pour ses déguenillés?

N'ayant pas l'intention de réclamer l'assistance ni des ragged-schools ni des workhouses, il ne restait à P'tit-Bonhomme qu'à devenir un savant, un commerçant, un industriel, en attendant que l'avenir en eût fait un rentier. Rien de plus simple, on le voit.

En cet instant, notre héros eut-il le regret d'avoir quitté Cork? Lui parut-il téméraire d'avoir suivi les conseils de Grip, — conseils en parfaite concordance, d'ailleurs, avec ses propres instincts? Le pressentiment lui vint-il que la lutte pour l'existence serait autrement laborieuse au milieu de cette foule de combattants?... Non!... Il était parti confiant, et sa confiance n'avait point faibli en route.

Le comté de Dublin appartient à la province de Leinster. Montagneux au sud, plat et ondulé vers le nord, il est plus spécialement productif de lin et d'avoines. Là n'est point sa richesse cependant. C'est à la mer qu'il la demande, c'est au commerce maritime, lequel se chiffre par un mouvement annuel de trois millions et demi de tonnes et de douze mille navires, — ce qui assigne à la capitale de l'Irlande le septième rang parmi les ports du Royaume-Uni.

La baie de Dublin, au fond de laquelle s'élève cette cité dont le périmètre est de onze milles, peut soutenir la comparaison avec les plus belles de l'Europe. Elle s'étend du port méridional de Kingstown au port septentrional de Howth. Celui de Dublin est formé par l'estuaire de la Liffey. Deux « walls », prolongés en mer pour contenir l'ensablement, ont détruit la barre qui en rendait l'accès difficile, et permettent aux bâtiments tirant vingt pieds de remonter la rivière jusqu'au premier pont, Carlisle-bridge.

C'est par mer, un jour de beau soleil, alors que le rideau des brumes a largement dégagé l'horizon, qu'il convient d'arriver dans cette capitale, si l'on veut embrasser d'un coup d'œil son magnifique ensemble. Bob et P'tit-Bonhomme n'avaient pas eu cette bonne fortune. La nuit était sombre, l'atmosphère épaissie, lorsqu'ils atteignirent les premières maisons d'un faubourg, après avoir suivi la route, le long du railway qui met Kingstown à vingt minutes de Dublin.

Peu enchanteur, peu réconfortant, cet aspect que présentaient les bas quartiers de la ville, au milieu de la brume, trouée de quelques becs de gaz. La charrette, traînée par Birk, avait suivi des rues étroites et enchevêtrées. Çà et là, maisons sordides, boutiques fermées, publics-houses ouverts. Partout la tourbe des misérables sans domicile, fourmillement des familles au fond des taudis, partout l'abjection de l'ivresse, celle du wiskey, la plus épouvantable de toutes, engendrant les querelles, les injures, les violences...

Les deux enfants avaient déjà vu cela ailleurs. Ce n'était pas pour les surprendre ni même les inquiéter. Et, cependant, qu'ils étaient nombreux, les petits de leur âge, étendus sur les marches des portes, au coin des bornes, en tas comme des ordures, nu-pieds, nu-tête, à peine couverts de haillons! P'tit-Bonhomme et Bob passèrent devant la masse confuse d'une église, l'une des deux cathédrales protestantes, restaurée grâce aux millions du grand brasseur Lee Guiness et du grand distillateur Roe. De la tour, surmontée d'une flèche octogone, toute palpitante sous l'ébranlement des huit cloches de son carillon, s'échappaient les tintements de la neuvième heure.

Bob, très fatigué par cette longue et rapide étape depuis Bray, avait pris place dans la charrette. P'tit-Bonhomme poussait, afin de soulager Birk. Il cherchait une auberge, un garni quelconque pour la nuit, quitte à trouver mieux le lendemain. Sans le savoir, il traversait le quartier qui s'appelle « les Libertés », à l'entrée de sa principale rue, Saint-Patrick, laquelle va de la cathédrale susdite à l'autre cathédrale de Christ-Church. Rue large, bordée de maisons, confortables autrefois, maintenant pauvres, accostée de ruelles malsaines, de « lanes » infectes, où les bouges abondent, d'horribles masures à faire regretter le cabin de la Hard. Ce fut même comme un souvenir effrayant qui impressionna l'esprit de P'tit-Bonhomme... Et pourtant, il n'était plus dans un village du Donegal, il était à Dublin, la capitale de l'Ile-Émeraude, il possédait alors plus de guinées, gagnées par son commerce, que tous ces déguenillés n'avaient de farthings dans leur poche. Aussi chercha-t-il, non point un de ces endroits suspects, où la sécurité est douteuse, mais une auberge à peu près décente, où la nourriture et le coucher seraient à des prix abordables.

Cela se rencontra, par bonne chance, au milieu de Saint-Patrick-street, — un hôtel de modeste apparence, assez convenablement tenu, où la charrette fut remisée. Après souper, les deux enfants montèrent dans une étroite chambre. Cette nuit-là, tous les carillons des cathédrales, tout le tumulte des Libertés, n'auraient pu interrompre leur sommeil.

Le lendemain, on se leva dès l'aube. Il s'agissait d'opérer une reconnaissance, ainsi que fait un stratégiste du terrain sur lequel il s'apprête à combattre. Aller à la recherche de Grip, c'était indiqué ; le rencontrer, rien ne serait plus facile, si le *Vulcan* était de retour à Dublin, son port d'attache.

« Nous emmenons Birk ?... demanda Bob.

— Sans doute, répondit P'tit-Bonhomme. Il faut qu'il apprenne à connaître la ville. »

Et Birk ne se fit point prier.

Dublin décrit un ovale d'un grand diamètre de trois milles. La Liffey, entrant par l'ouest et sortant par l'est, le divise en deux parties à peu près équivalentes. A son embouchure, cette artère se raccorde avec un double canal, faisant ceinture à la cité, — au nord le Royal-Canal, qui longe le Midland-Great-Western-railway, au sud, le Grand-Canal, dont le tracé, en se prolongeant jusqu'à Galway, met en communication l'océan Atlantique et la mer d'Irlande.

Saint-Patrik-street compte parmi ses habitants, — et ce sont les plus riches, — des fripiers, juifs d'origine. C'est chez ces revendeurs que s'achètent toutes ces vieilles nippes qui composent l'accoutrement usuel des Paddys de la basse classe, chemises rapiécées, jupes en loques, pantalons faufilés de morceaux hétéroclites, chapeaux d'homme indescriptibles, chapeaux de femme encore ornés de fleurs. Là aussi, on engage les haillons pour quelques pence, dont les ivrognes et les ivrognesses ont bientôt bu le plus clair dans les « inns »

P'tit-Bonhomme traversait « les Libertés ». (Page 358.)

du voisinage, où se débitent le wiskey et le gin. Ces boutiques attirèrent l'attention de P'tit-Bonhomme.

L'animation des rues était presque nulle à cette heure matinale. On se lève tard à Dublin, où, du reste, l'industrie est médiocre. Peu d'usines, si ce n'est quelques établissements qui travaillent la soie, le lin, la laine, et principalement les popelines, dont la fabrication fut autrefois importée par les Français émigrés après la révocation de

Ils examinèrent un à un les navires. (Page 364.)

l'Édit de Nantes. Il est vrai, brasseries et distilleries sont florissantes. Ici s'élève l'importante et renommée distillerie de wiskey de M. Roe. Là s'étend la brasserie de stout de M. Guiness, d'une valeur de cent cinquante millions de francs, reliée par un réseau de conduites souterraines au dock Victoria, d'où partent cent navires qui déversent sa bière sur les deux continents. Mais, si l'industrie périclite, le commerce, au contraire, tend à s'accroître sans cesse, et Dublin est devenu le premier marché du Royaume-Uni en ce qui concerne l'exportation des porcs et du gros bétail. P'tit-Bonhomme savait ces choses pour les avoir apprises dans les statistiques et mercuriales, qu'il lisait tout en colportant journaux et brochures.

En gagnant du côté de la Liffey, Bob et lui ne perdaient rien de ce qui s'offrait à leur vue. Bob, très loquace, bavardait suivant son habitude.

« Ah! cette église!... Ah! cette place!... Quelle énorme bâtisse!... Quel beau square! »

La bâtisse, c'était la Bourse, le Royal-Exchange. Au long de Dame-street, c'était le City-Hall, c'était le Commercial-Building, salle de rendez-vous destinée aux négociants de la ville. Plus loin apparaissait le château, juché sur la croupe de Cork-Hill, avec sa grosse tour ronde à créneaux, ses lourdes constructions de briques. Autrefois forteresse restaurée par Élisabeth, dont on retrouverait malaisément les vestiges, elle sert de résidence au lord-lieutenant et de siège au gouvernement civil et militaire. Au delà se dessinait le square de Stephen, orné de la statue galopante d'un Georges Ier en bronze, tapissé de vertes pelouses, ombragé de beaux arbres, bordé de maisons aussi tristes que symétriques, dont le palais de l'archevêque protestant et le Board-room sont les plus vastes. Puis, sur la droite, s'étend le square Merrion, où s'élève l'ancien manoir de Leinster, l'hôtel de la Société Royale, à façade corinthienne et vestibule dorique, et aussi la maison qui a vu naître O'Connell.

P'tit-Bonhomme, laissant jaser Bob, réfléchissait. Il cherchait à tirer de ce qu'il observait quelque idée pratique. Comment ferait-il fructifier sa petite fortune?... A quel genre de commerce demanderait-il de la doubler, de la tripler?...

Sans doute, en allant au hasard, à travers des rues misérables confinant à des quartiers riches, les deux enfants s'égarèrent plus d'une fois. Cela explique pourquoi, une heure après avoir quitté Saint-Patrick-street, ils n'avaient pas encore atteint les quais de la Liffey.

« Il n'y a donc pas de rivière ? répétait Bob.

— Si... une rivière qui débouche dans le port, » répondait P'tit-Bonhomme.

Et ils continuaient leur reconnaissance, s'allongeant de multiples détours. C'est ainsi qu'au delà du château, ils débouchèrent devant un vaste ensemble de constructions à quatre étages en pierre de Portland, possédant une façade grecque longue de cent mètres, un fronton porté sur quatre colonnes corinthiennes, deux pavillons d'angles décorés de pilastres et d'attiques. Autour se déroule un véritable parc, où des jeunes gens se livraient déjà aux divers exercices de sport. Était-ce donc un gymnase ?... Non, c'était l'Université, qui fut fondée sous Élisabeth, Trinity-College de son nom officiel ; ces jeunes gens, c'étaient des étudiants irlandais, enragés sportmen qui rivalisent d'audace et d'entrain avec leurs camarades de Cambridge et d'Oxford. Cela ne ressemblait guère à la ragged-school de Galway, et le recteur devait être un bien autre personnage que M. O'Lobkins !

Bob et P'tit-Bonhomme prirent alors vers la droite, et ils n'avaient pas fait une centaine de pas, que le garçonnet s'écriait :

« Des mâts... J'aperçois des mâts...

— Donc, Bob... il y a une rivière ! »

Mais, de cette mâture, on ne voyait poindre que l'extrémité au-dessus des maisons d'un quai. De là, nécessité de trouver une rue qui descendit vers la Liffey, et tous deux de courir dans cette direction, précédés de Birk, le nez à terre, la queue remuante, comme s'il eût suivi quelque piste.

Il en résulta qu'ils n'accordèrent qu'un regard distrait à la cathédrale de Christ-Church, et il fallait qu'ils se fussent singulièrement égarés, car, entre les deux cathédrales, il n'y a que la distance mesurée par Saint-Patrick-street. Une assez curieuse église, cependant, la plus ancienne de Dublin, datant du XIIe siècle, en forme de croix latine, flanquée d'une tour carrée comme un donjon, surmontée de quatre pinacles à toits pointus. Bah ! ils auraient le temps de la visiter plus tard.

Bien que Dublin possède deux cathédrales protestantes et un archevêque anglican, n'allez pas croire que la capitale de l'Irlande appartienne à la religion réformée. Non! les catholiques, sous la direction de leur archevêque, y sont dans la proportion des deux tiers au moins, et il existe des églises où le culte romain est célébré dans toute sa magnificence, — telles la Conception, Saint-André, une chapelle métropolitaine de style grec, l'église des jésuites, sans parler d'une basilique que l'on songe à élever sur un plan monumental au quartier de Thomas-street.

Enfin P'tit-Bonhomme et Bob atteignirent la rive droite de la Liffey.

« Que c'est beau! dit l'un.

— Jamais nous n'avons vu si beau! » répondit l'autre.

Et, de fait, à Limerick ou à Cork, sur le Shannon ou la Lee, on chercherait en vain cette admirable perspective de quais en granit, bordés d'habitations superbes, — à droite ceux d'Ushers, d'Aleschants, de Wood, d'Essex; à gauche, ceux d'Ellis, d'Aran, de King's Inn, et autres vers l'amont.

Ce n'est point en cette partie de la Liffey que viennent s'amarrer les navires. Leur forêt de mâts ne se montrait qu'en aval, dans une profonde entaille de la rive gauche, où la forêt semblait être plus épaisse encore.

« Ce sont les docks, sans doute?... dit P'tit-Bonhomme.

— Allons-y! » répondit Bob, dont ce mot « dock » piquait la curiosité.

Traverser la Liffey, rien de plus facile. Les deux quartiers de Dublin sont desservis par neuf ponts, et le dernier à l'est, Carlisle-bridge, le plus remarquable de tous, met en communication Westmoreland-street et Sackeville-street, citées parmi les plus belles rues de la capitale.

Les deux enfants ne prirent point Sackeville-street. Cela les eût éloignés des docks, où ce pêle-mêle de bâtiments les attirait. Mais, en premier lieu, ils examinèrent un à un les navires mouillés dans la Liffey, au-dessous de Carlisle-bridge. Peut-être le *Vulcan* était-il là sur ses ancres? Ils l'auraient reconnu entre mille, le steamer de Grip. On n'oublie pas un bâtiment que l'on a visité, — surtout lorsque Grip en est le premier chauffeur.

Le *Vulcan* n'était pas aux quais de la Liffey. Il se pouvait qu'il ne fût point de retour. Il se pouvait aussi qu'il eût été s'amarrer au milieu des docks ou même au bassin de radoub pour quelque opération de carénage.

P'tit-Bonhomme et Bob suivirent le quai en descendant la rive gauche. Peut-être l'un, tout à la pensée du *Vulcan*, ne vit-il pas le Custom-house, la Douane, qui est pourtant un vaste édifice quadrangulaire, surmonté d'un dôme de cent pieds, que décore la statue de l'Espérance. Quant à l'autre, il s'arrêta un instant à le contempler. Aurait-il jamais des marchandises à lui, qui seraient soumises aux visites de cette douane?... Est-il rien de plus enviable que d'acquitter des droits pour les cargaisons rapportées des pays lointains?... Cette satisfaction lui serait-elle jamais donnée?...

On arriva aux docks Victoria. Dans ce bassin, cœur de la ville commerçante, dont les veines rayonnent sur l'immensité des mers, y en avait-il de ces navires, ceux-ci en chargement, ceux-là en déchargement!

Un cri échappa à Bob.

« Le *Vulcan*... là... là!... »

Il ne se trompait pas. Le *Vulcan* était à quai, embarquant des marchandises.

Quelques instants après, Grip, que nulle occupation ne retenait à bord, rejoignit ses deux amis.

« Enfin... vous v'là... » répétait-il en les serrant entre ses bras à les étouffer.

Tous les trois remontèrent le quai, et, désireux de causer plus à l'aise, gagnèrent la berge du Royal-Canal, à l'endroit où il débouche sur la Liffey.

Cet endroit était presque désert

« Et d'puis quand qu'vous êtes à Dublin? demanda Grip, qui les tenait un sous chaque bras.

— Depuis hier au soir, répondit P'tit-Bonhomme.

— Seul'ment?... Je vois, mon boy, que t'as mis quèqu' façon à t'décider...

— Non, Grip, et, après ton départ, j'avais pris la résolution de quitter Cork.

— Bon... il y a d'çà trois mois déjà... et j'ai eu l'temps d'aller deux fois en Amérique et d'en r'venir. Chaqu' fois que je m'suis r'trouvé à Dublin, j'ai couru la ville, espérant t'rencontrer... Pas l'moind' P'tit-Bonhomme... pas l'ombre de c'mousse d'Bob ni d'cett' bonn' bête de Birk!.. Alors j't'ai écrit... T'as pas reçu ma lettre?...

— Non, Grip, et cela tient à ce que nous ne devions plus être à Cork quand elle est arrivée. Il y a deux mois que nous nous sommes mis en route.

— Deux mois! s'écria Grip. Ah çà! què train qu'vous avez donc pris pour v'nir?

— Quel train? répliqua Bob, en regardant le chauffeur d'un œil rayonnant de malice. Eh! le train de nos jambes

— Vous avez fait tout' la route à pied?...

— A pied et par le grand tour.

— Deux mois d'voyage! s'écria Grip.

— Qui ne nous a rien coûté, dit Bob.

— Et qui nous a même rapporté une jolie somme! » ajouta P'tit-Bonhomme.

Il fallut faire à Grip le récit de cette fructueuse expédition, la charrette traînée par Birk, la vente des divers articles dans les villages et dans les fermes, la spéculation des oiseaux — une idée de Bob, s'il vous plaît...

Et les prunelles de monsieur Bob scintillaient comme deux pointes de braise.

Puis, ce fut la halte à Bray, la rencontre de l'héritier des Piborne, la mauvaise action du jeune comte, et ce qui s'en suivit.

« T'as cogné dur, au moins?... demanda Grip.

— Non, mais ce méchant Ashton était plus humilié d'être à terre sous mon genou que si je l'avais frappé!

— C't'égal... j'aurais cogné d'ssus, moi! » répondit le premier chauffeur du *Vulcan*.

Pendant le narré de ces intéressantes aventures, le joyeux trio remontait la rive droite du canal. Grip demandait toujours de nouveaux détails. Il ne cachait point son admiration à l'égard de P'tit-Bonhomme. Quelle entente il possédait des choses du commerce... Quel génie, qui savait acheter et vendre, qui savait compter — à tout le moins aussi bien que M. O'Lobkins!... Et, lorsque P'tit-Bonhomme lui eut fait connaître l'importance du capital qu'il avait « en caisse », soit cent cinquante livres :

« Allons, dit-il, te v'là aussi riche que je l'suis, mon boy!... Seul'ment, j'ai mis six ans à gagner c'que t'as gagné en six mois!... J'te répète ce que j't'ai dit à Cork... tu réussiras dans tes affaires... tu f'ras fortune...

— Où?... demanda P'tit-Bonhomme.

— Partout où qu' t'iras, répondit Grip avec l'accent de la plus absolue conviction. A Dublin, si t'y restes.. ailleurs, si tu vas ailleurs!

— Et moi?... demanda Bob.

— Toi aussi, bambin, à c'te condition qui t'vienne souvent des idées comme l'idée des oiseaux.

— J'en aurai, Grip.

— Et d'ne rien faire sans consulter l'patron ..

— Qui... le patron?...

— P'tit-Bonhomme!... Est-ce qu'il n'te fait pas l'effet d'en être un, d'patron?...

— Eh bien, dit celui-ci, causons de tout cela...

— Oui... mais après l'déjeuner, répondit Grip. J'suis libre d'ma journée. J'connais la ville comm' la chaufferie ou les soutes du *Vulcan*... Il faut que j'te pilote, et qu'nous courions Dublin ensemble... Tu verras c'qui s'ra l'mieux à entreprendre... »

On déjeuna dans un cabaret de marins, sur le quai. On fit convenablement les choses, sans renouveler toutefois les magnificences de l'inoubliable festin de Cork. Grip raconta ses voyages, au grand plaisir de Bob. P'tit-Bonhomme écoutait, toujours pensif, supérieur à son âge par le développement de son intelligence, le sérieux de ses idées, la tension permanente de son esprit. On eût dit qu'il était né à vingt ans, et qu'il en avait maintenant trente!

Grip dirigea ses deux amis vers le centre de la ville, en se rapprochant de la Liffey. Là était le centre opulent. Violent contraste avec les milieux pauvres, car il n'y a point de transition en cette capitale de l'Irlande. La classe moyenne manque à Dublin. Luxe et pauvreté se coudoient et se rudoient. Le quartier du beau monde, après avoir enjambé la rivière, se développe jusqu'au Stephen's-square. Là habite cette haute bourgeoisie, que distingue une éducation aimable, une instruction cultivée, qui, par malheur, se divise sur les questions de religion et de politique.

Une rue splendide, Sackeville-street, bordée d'élégantes maisons en façade, avec des magasins somptueux, des appartements à larges fenêtres. Cette large artère est inondée de lumière, quand il fait beau, et d'air, quand elle s'emplit des âpres brises de l'est. Si elle s'appelle Sackeville-street officiellement, on la nomme O'Connell-street patriotiquement. C'est là que la Ligue nationale a fondé son comité central, dont l'enseigne éclate en lettres d'or.

Mais, dans cette belle rue, que de pauvres en guenilles, couchés sur les trottoirs, accroupis au pas des portes, accoudés aux piédestaux des statues! Tant de misères ne laissa pas d'impressionner P'tit-Bonhomme, si accoutumé qu'il y fût. En vérité, ce qui semblait presque acceptable dans le quartier de Saint-Patrick, détonnait à Sackeville-street.

Une particularité surprenante aussi, c'était le grand nombre d'enfants occupés à la vente des journaux, la *Gazette de Dublin*, le *Dublin Express*, la *National Press*, le *Freeman's Journal*, les principaux organes catholiques et protestants, et bien d'autres.

Sackeville-street, à Dublin. (Page 368.)

« Hein, fit Grip, qué tas d'vendeurs dans les rues, aux abords des gares, su' l'bord des quais...

— Un métier qui n'est pas à tenter ici, observa P'tit-Bonhomme. Il a réussi à Cork, il ne réussirait pas à Dublin ! »

Rien de plus juste, la concurrence eût été redoutable, et la charrette de Birk, pleine le matin, aurait risqué de l'être encore le soir.

On découvrit, en continuant la promenade, d'autres rues magnifiques, de beaux édifices, le Post-office dont le portique central repose sur des colonnes d'ordre ionique. Et P'tit-Bonhomme songeait à l'énorme quantité de lettres, qui s'abattent là comme une nuée d'oiseaux ou qui s'envolent sur le monde entier.

« C'est pour qu' t'en uses qu'on l'a bâti, mon boy, dit Grip, et c'qu'il t'arrivera d'lettres à ton adresse : Master P'tit-Bonhomme, négociant, à Dublin! »

Le jeune garçon ne pouvait s'empêcher de sourire aux manifestations exagérées et enthousiastes de son ancien compagnon de la ragged-school.

Enfin, on aperçut le bâtiment des quatre cours de justice, réunies sous le même toit, sa longue façade de soixante-trois toises, sa coupole, percée de douze fenêtres, que le soleil daignait illuminer ce jour-là de quelques rayons.

« Par exemple, fit observer Grip, j'compte que t'auras jamais d' rapport avec c'te bâtisse-là !

— Et pourquoi?...

— Parce que c'est un' chaufferie comme celle du *Vulcan*. Seulement, c'n'est pas du charbon qu'on y consomme, ce sont des clients qu'on y brûle à p'tit feu, et qu'les solicitors, les attorneys, les proctors, et autres marchands d'lois enfournent... enfournent... enfournent...

— On ne fait pas d'affaires sans risquer d'avoir des procès, Grip...

— Enfin tâche d'en avoir l'moins possible! Ça vous coût' cher quand on gagne, et ça vous ruine quand on perd! »

Et Grip secouait la tête d'un air très entendu. Mais comme il changea de ton, lorsque tous trois furent en train d'admirer un édifice circulaire, dont le dessin architectural reproduisait les splendeurs de l'ordre dorique.

« La Banque d'Irlande! s'écria-t-il en saluant. V'là, mon boy, où j'te souhaite d'entrer vingt fois par jour... C'te bâtisse vous a des coffres grands comme des maisons!... Est-ce que t'aimerais à d'meurer dans une de ces maisons-là, Bob?

— Sont-elles en or?...

— Non, mais c'est en or, tout c'qui est d'dans!... Et j'espère que P'tit-Bonhomme y logera son argent un jour! »

Toujours les mêmes exagérations de Grip, qui venaient d'un cœur si convaincu! P'tit-Bonhomme l'écoutait à demi regardant ce spacieux édifice, où tant de fortunes accumulées formaient « des tas de millions les uns sur les autres », à en croire le chauffeur du *Vulcan*.

La promenade fut reprise, allant sans transition des rues misérables aux rues heureuses; ici les riches, flânant pour la plupart; là les pauvres, tendant la main, sans trop chercher à apitoyer le passant. Et partout des policemen, le skiff à la main, et aussi, pour assurer la sécurité de l'île-sœur, le revolver à la ceinture. C'est l'effervescence des passions politiques qui veut cela!... Frères, les Paddys?... Oui, tant qu'une dispute de religion ou une question de *home-rule* ne vient pas les exciter les uns contre les autres! Alors ils sont incapables de se posséder! Ce n'est plus le même sang des anciens Gaëls qui coule dans leurs veines, et ils iraient jusqu'à justifier ce dicton de leur pays : Mettez un Irlandais à la broche et vous trouverez toujours un autre Irlandais pour la tourner.

Et que de statues Grip montra à ses deux amis pendant cette excursion! Encore un demi-siècle, il y en aura autant que d'habitants. L'imaginez-vous, cette population de bronze et de marbre des Wellington, des O'Connell, des O'Brien, des Burke, des Goldsmith, des Grawan, des Thomas Moore, des Crampton, des Nelson, et des Guillaume d'Orange, et des Georges, qui, à cette époque, n'étaient encore numérotés que de un à quatre! Jamais P'tit-Bonhomme et Bob n'avaient vu pareille foule d'illustres personnages sur leurs piédestaux!

Et alors, ils s'offrirent une excursion en tram, et, tandis que la voiture défilait devant d'autres édifices qui attiraient l'attention par leur grandeur ou leur disposition, ils questionnaient Grip, et Grip n'était jamais à court. Tantôt c'était un de ces pénitenciers où l'on enferme les gens, tantôt l'un de ces workhouses, où on les oblige à travailler, moyennant une très insuffisante rétribution.

« Et ça?... » demanda Bob, en désignant un vaste bâtiment dans Coombe-street.

— Ça?... répondit Grip, c'est la ragged-school! »

Que de souvenirs douloureux ce nom éveilla chez P'tit-Bonhomme! Mais si c'était sous un de ces tristes abris qu'il avait tant souffert, c'était là qu'il avait connu Grip... et cela faisait compensation. Ainsi, il y avait, derrière ces murs, tout un monde d'enfants abandonnés! Il est vrai, avec leur jersey bleu, leur pantalon grisâtre, de bons souliers aux pieds, un béret sur la tête, ils ne ressemblent guère aux déguenillés de Galway, dont M. O'Bodkins prenait si peu souci! Cela tenait à ce que la *Société des Missions de l'Église d'Irlande*, propriétaire de cette école, cherche des pensionnaires autant pour les élever et les nourrir, que pour leur inculquer les principes de la religion anglicane. Ajoutons que les ragged-schools catholiques, tenues par des religieuses, ne laissent pas de leur faire une très heureuse concurrence.

Enfin, toujours pilotés par leur guide, P'tit-Bonhomme et Bob quittèrent le tram à l'entrée d'un jardin, situé à l'ouest de la ville, et dont le cours de la Liffey forme la limite inférieure.

Un jardin?... C'est, ma foi, bien un parc, — un parc de dix-sept cent cinquante acres ([1]), Phœnix-Park, dont Dublin a le droit d'être fière. Des futaies d'ormes d'une venue superbe, des pelouses verdoyantes où paissent vaches et moutons, des taillis profonds entre lesquels bondissent les chevreuils, des parterres étincelants de fleurs, des champs de manœuvres pour les revues, de vastes enclos appropriés aux exercices du polo et du foot-ball, que manque-t-il à ce morceau de campagne conservé au milieu de la ville? Non loin de la grande allée centrale, s'élève la résidence d'été du lord-lieutenant, — ce qui a nécessité la création d'une école et d'un hospice militaires, d'un quartier d'artillerie et d'une caserne pour les policemen.

On assassine cependant à Phœnix-Park, et Grip montra aux enfants deux entailles disposées en forme de croix le long d'un fossé.

1. 779 hectares 250.

C'est là que, près de trois mois avant, le 6 mai, presque sous les yeux du lord-lieutenant, le poignard des Invincibles avait mortellement frappé le secrétaire et le sous-secrétaire d'État pour l'Irlande, M. Burke et lord Frédérik Cavendish.

Une promenade dans Phœnix-Park, puis jusqu'au Zoological-Garden, qui lui est annexé, termina cette excursion à travers la capitale. Il était cinq heures, lorsque les deux amis prirent congé de Grip pour revenir à leur garni de Saint-Patrick-street. Il était convenu que l'on devait se revoir chaque jour, si cela était possible, jusqu'au départ du steamer.

Mais voici que Grip dit à P'tit-Bonhomme, au moment où ils allaient se séparer :

« Eh bien, mon boy, t'est-il v'nu quèqu' bonne idée pendant c'tte après-midi ?...

— Une idée, Grip ?...

— Oui... què qu't'as décidé qu'tu f'ras ?...

— Ce que je ferai... non, Grip, mais ce que je ne ferai pas, oui. Reprendre notre commerce de Cork, cela ne réussirait guère à Dublin... Vendre des journaux, vendre des brochures, il y aurait trop de concurrence.

— C'est m'n avis, répliqua Grip.

— Quant à courir les rues en poussant la charrette... je ne sais... Quels articles pourrait-on débiter ?... Et puis, ils sont en quantité à faire ce métier-là !... Non ! peut-être serait-il préférable de s'établir... de louer une petite boutique...

— V'là qu'est trouvé, mon boy !

— Une boutique dans un quartier où il passe beaucoup de monde... du monde pas trop riche... une de ces rues — des Libertés, par exemple...

— On n'pourrait imaginer mieux ! répliqua Grip.

— Mais qu'est-ce qu'on vendrait ?... demanda Bob.

— Des choses utiles, répondit P'tit-Bonhomme, de ces choses dont on a le plus généralement besoin...

— Des choses qui se mangent alors ? repartit Bob. Des gâteaux, n'est-ce pas ?...

— Qué gourmand ! s'écria Grip. C'n'est guère utile, des gâteaux...

— Si... puisque c'est bon...

— Ça ne suffit pas, il faut surtout que ce soit nécessaire ! répondit P'tit-Bonhomme. Enfin... nous verrons... je réfléchirai... je parcourrai le quartier là-bas... Il y a de ces revendeurs qui paraissent avoir un bon commerce... Je pense qu'une sorte de bazar...

— Un bazar... c'est ça ! s'écria Grip, qui voyait déjà le magasin de P'tit-Bonhomme avec une devanture peinturlurée et une enseigne en lettres d'or.

— J'y penserai, Grip... Ne soyons pas trop impatients... Il convient de réfléchir avant de se décider...

— Et n'oublie pas, mon boy, que tout m'n argent, je l'mets à ta disposition... Je n'sais c'ment l'employer... et positiv'ment, ça m'gêne de l'avoir toujours sur moi...

— Toujours ?...

— Toujours... dans ma ceinture !

— Pourquoi ne le places-tu pas, Grip ?

— Oui... chez toi... L'veux-tu ?...

— Nous verrons... plus tard... si notre commerce marche bien... Ce n'est pas l'argent qui nous manque, c'est la manière de s'en servir... sans trop de risques et avec profit...

— N'aie pas peur, mon boy !... J'te répète, tu f'ras fortune, c'est sûr !... J'te vois de centaines et des milliers de livres...

— Quand part le *Vulcan*, Grip ?..

— Dans un' huitaine.

— Et quand reviendra-t-il ?

— Pas avant deux mois, car nous d'vons aller à Boston, à Baltimore... j'sais pas où... ou plutôt... partout où il y aura une cargaison à prendre...

— Et à rapporter !... » répondit P'tit-Bonhomme, avec un soupir d'envie.

Enfin ils se séparèrent. Grip prit du côté des docks, tandis que P'tit-Bonhomme, suivi de Bob et de Birk, traversait la Liffey, afin de regagner le quartier de Saint-Patrick.

Et que de pauvres, que de pauvresses ils rencontrèrent sur leur chemin, que de gens abrutis, titubant sous l'influence du wiskey, du gin!...

Et à quoi a-t-il servi que l'archevêque Jean, au concile de 1186, réuni dans la capitale de l'Irlande, eût si furieusement tonné contre l'ivrognerie? Sept siècles après, Paddy buvait encore outre mesure, et ni un autre archevêque ni un autre concile n'auront jamais raison de ce vice héréditaire!

XI

LE BAZAR DES « PETITES POCHES ».

Notre héros avait alors onze ans et demi, Bob en avait huit, — deux âges qui, ensemble, n'auraient pas même donné la majorité légale. P'tit-Bonhomme lancé dans les affaires, fondant une maison de commerce... Il fallait être Grip, c'est-à-dire une créature qui l'aimait d'une affection aveugle, irraisonnée, pour croire qu'il réussirait dès son début, que son négoce prendrait peu à peu de l'extension, qu'enfin il ferait fortune!

Ce qui est certain, c'est que, deux mois après l'arrivée des deux enfants dans la capitale de l'Irlande, le quartier de Saint-Patrick possédait un bazar, qui avait le privilège d'attirer l'attention, — l'attention et aussi la clientèle du quartier.

N'allez pas chercher ce bazar dans une de ces rues pauvres des

Libertés, qui s'entrecroisent autour de Saint-Patrick-street. P'tit-Bonhomme avait préféré se rapprocher de la Liffey, s'établir dans Bedfort-street, le quartier du bon marché, où l'on fait emplette, non du superflu, mais du nécessaire. Il y a toujours des acheteurs pour les articles usuels, s'ils sont de bonne qualité et à des prix abordables. C'est ce que la « grande expérience commerciale » du jeune patron lui avait appris, lorsqu'il promenait sa charrette le long des rues de Cork, puis à travers les comtés du Munster et du Leinster.

Un vrai magasin, ma foi, et celui-là, Birk le surveillait avec la fidélité d'un chien de garde, au lieu de le trainer avec la résignation d'un baudet. Une enseigne alléchante : *Aux petites poches*, — humble invitation qui s'adressait au plus grand nombre, et au-dessous : *Little Boy and Co.*

Little Boy, c'était P'tit-Bonhomme. *And Co*, c'était Bob... et Birk aussi sans doute.

La maison de Bedfort-street se composait de plusieurs appartements, répartis sur trois étages. Le premier étage était occupé par le propriétaire en personne, M. O'Brien, négociant en denrées coloniales, actuellement retiré des affaires après fortune faite, un robuste célibataire de soixante-cinq ans, qui avait la réputation d'un brave homme et qui la méritait. M. O'Brien ne laissa pas d'être fort surpris, lorsqu'il entendit un enfant de onze ans et demi lui proposer de louer l'un des magasins du rez-de-chaussée, vacant depuis quelques mois déjà. Mais comment n'eût-il pas été satisfait des réponses sages et pratiques qu'il fit aux questions posées? Comment n'aurait-il pas éprouvé une réelle sympathie à l'égard de ce garçon, qui lui demandait de consentir un bail, dont il offrait de payer une année d'avance?

Il ne faut pas oublier que le héros de ce roman, — et non un héros de roman, ne point confondre, — paraissait plus âgé qu'il n'était, grâce au développement de sa taille, à la carrure de ses épaules. Cela dit, quand bien même il aurait eu quatorze ou quinze ans, est-ce qu'il n'était pas trop jeune pour entreprendre un commerce, fonder un magasin, même sous cette modeste enseigne : *Aux petites poches*?

LE RAYON DES JOUETS SE VIDAIT EN QUELQUES HEURES. (Page 380.)

Toutefois, M. O'Brien n'agit pas comme d'autres eussent peut-être agi de prime abord. Ce garçon, proprement habillé, se présentant, avec une certaine assurance, s'expliquant d'une façon convenable, il ne l'éconduisit pas, il l'écouta jusqu'au bout. L'histoire de ce pauvre abandonné, sans famille, ses luttes contre la misère, les épreuves auxquelles il avait été soumis, son commerce de journaux et brochures à Cork, sa tournée foraine jusqu'à la capitale, tout ce récit l'intéressa vivement. Il reconnut chez P'tit-Bonhomme des qualités si sérieuses, il l'entendit raisonner avec tant de clarté et de bon sens, en s'appuyant sur des arguments solides, il vit dans son passé — le passé d'un enfant de cet âge! — des garanties si sûres pour l'avenir, qu'il fut absolument séduit. L'ancien négociant fit donc bon accueil à P'tit-Bonhomme, il lui promit de l'aider de ses conseils à l'occasion, sa résolution étant prise de suivre de près les essais de son jeune locataire.

Le bail signé, une année payée d'avance, c'est ainsi que P'tit-Bonhomme devint l'un des patentés de Bedfort-street.

Le rez-de-chaussée, loué par *Little Boy and Co*, se composait de deux pièces, l'une sur la rue, l'autre sur une cour. La première devait servir de magasin, la seconde de chambre à coucher. En retour, s'ouvrait un étroit cabinet et une cuisine, avec fourneau au coke, destinée à la cuisinière, le jour où P'tit-Bonhomme en prendrait une. On n'en était pas là. Pour ce qu'il leur fallait de nourriture, à deux, c'eût été une dépense inutile. Ils mangeraient quand ils auraient le temps, lorsqu'il n'y aurait plus de clientèle à servir. Avant tout, la clientèle.

Et pourquoi la clientèle n'aurait-elle pas fréquenté ce magasin aménagé avec tant de soin, disposé avec tant d'intelligence et de propreté? Il offrait un grand choix d'articles. Sur l'argent qui lui restait, après avoir payé son bail, notre jeune patron avait acheté comptant, chez les marchands en gros ou chez les fabricants, les objets rangés sur les tables et sur les rayons du bazar des *Petites Poches*.

Et, d'abord, la salle de vente du quartier avait fourni à bon marché six chaises et un comptoir... Oui, un comptoir, avec cartons étiquetés et tiroirs fermant à clef, pupitre, plumes, encrier et registres. Quant au mobilier de l'autre chambre, il comprenait un lit, une table, une armoire destinée aux habits et au linge, enfin le strict nécessaire, rien de plus. Et pourtant, des cent cinquante livres apportées à Dublin et qui formaient le capital disponible, les deux tiers avaient été dépensés. Aussi n'était-il que prudent de ne pas aller au delà et de se garder une réserve. Les marchandises qui s'écouleraient seraient remplacées au fur et à mesure, de manière que le bazar fût toujours approvisionné.

Il va de soi que la comptabilité tenue avec une parfaite régularité exigeait le journal pour les ventes quotidiennes, puis le grand-livre, — le grand-livre de P'tit-Bonhomme! — où les opérations devaient être balancées, afin que l'état de la caisse — la caisse de P'tit-Bonhomme! — fût vérifié chaque soir. M. O'Lobkins, de la ragged-school, n'aurait pas fait mieux.

Et maintenant, que trouvait-on au bazar de *Little Boy?*... Un peu de tout ce qui était de vente courante dans le quartier. Si le papetier n'offre au client que de la papeterie, le quincaillier que de la quincaillerie, le ferronnier que de la ferronnerie, le libraire que de la librairie, ici notre jeune marchand s'était ingénié à fusionner les articles de bureau, les ustensiles de ménage, les bouquins à l'usage de tous, almanachs et manuels, etc. On pouvait se fournir aux *Petites Poches* sans grande dépense, à prix fixe, ainsi que l'indiquaient les pancartes de la devanture. Puis, à côté du rayon des choses utiles, se dressait le rayon des jouets, bateaux, râteaux, pelles, balles, raquettes, crockets et tennis pour tous les âges, — de cinq ans jusqu'à douze, s'entend, et non ce qui convient aux gentlemen majeurs du Royaume-Uni. Voilà un rayon que Bob aimait à surveiller, un étalage qu'il aimait à disposer! Avec quel soin il époussetait ces jouets que la main lui démangeait de manier, les bateaux surtout — des bateaux de quelques pence. Hâtons-nous d'ajouter qu'il se fût bien gardé de défraichir la marchandise de son patron, lequel ne plaisantait pas et lui répétait :

« Sois sérieux, Bob ! Si tu ne l'es pas, c'est à croire que tu ne le seras jamais ! »

En effet, Bob allait sur ses huit ans, et si l'on n'est pas raisonnable à cet âge-là, c'est qu'on ne devra jamais l'être.

Il n'y a pas lieu de suivre jour par jour les progrès que le bazar de *Little Boy and Co* fit dans l'estime et aussi dans la confiance du public. Qu'il suffise de savoir que le succès de cette entreprise se déclara très promptement. M. O'Brien fut émerveillé des dispositions que son locataire montrait pour le commerce. Acheter et vendre, c'est bien, mais savoir acheter et savoir vendre, c'est mieux : tout est là. Telle avait été la méthode de l'ancien négociant pendant nombre d'années, opérant avec grand sens et grande économie, en vue d'édifier sa fortune. Il est vrai, c'était à vingt ou vingt-cinq ans qu'il avait commencé, — non à douze. Aussi, partageant à cet égard les idées de ce brave Grip, entrevoyait-il, en ce qui concernait P'tit-Bonhomme, une fortune rapidement faite.

« Surtout ne va pas trop vite, mon garçon ! ne cessait-il de lui dire à la fin de chaque entretien.

— Non, monsieur, répondait P'tit-Bonhomme, j'irai doucement, prudemment, car j'ai une longue route à parcourir, et il faut ménager mes jambes ! »

Il importe d'observer, — afin d'expliquer cette réussite un peu extraordinaire, — que la renommée des *Petites Poches* s'était répandue à tire d'aile à travers toute la ville. Un bazar, fondé et tenu par deux enfants, un chef de maison, à l'âge où l'on est à l'école, et un associé, — *and Co* — à l'âge où l'on joue aux billes, n'était-ce pas là plus qu'il ne fallait pour forcer l'attention, attirer la clientèle, mettre l'établissement à la mode ? P'tit-Bonhomme, d'ailleurs, n'avait point négligé de faire dans les gazettes quelques annonces qu'il dut payer à tant la ligne. Mais ce fut sans bourse délier qu'il obtint des articles sensationnels en première page de la *Gazette de*

Dublin, du *Freeman's Journal*, et autres feuilles de la capitale. Les reporters ne tardèrent pas à s'en mêler, et *Little Boy and Co* — oui! Bob lui-même! — furent interwievés avec autant de minutie que l'excellent M. Gladstone. Nous n'allons pas jusqu'à dire que la célébrité de P'tit-Bonhomme balança celle de M. Parnell, bien que l'on parlât beaucoup de ce jeune négociant de Bedfort-street, de sa tentative qui ralliait toutes les sympathies. Il devint le héros du jour, et, — ce qui était d'une tout autre importance, — on rendit visite à son bazar.

Inutile de dire avec quelle politesse, avec quelle prévenance était accueillie la clientèle, P'tit-Bonhomme, la plume à l'oreille, ayant l'œil à tout, Bob, la mine éveillée, les yeux pétillants, la chevelure bouclée, une vraie tête de caniche, que les dames caressaient comme celle d'un toutou! Oui! de vraies dames, des ladies et des misses, qui venaient de Sackeville-street, de Rutland-place, des divers quartiers habités par le beau monde. C'est alors que le rayon des jouets se vidait en quelques heures, voitures et brouettes prenant la route des parcs, bateaux se dirigeant vers les bassins. Par Saint-Patrick! Bob ne chômait pas. Les babys, frais et roses, enchantés d'avoir affaire à un marchand de leur âge, ne voulaient être servis que de ses mains.

Ce que c'est que la vogue, et comme le succès est certain, à la condition qu'elle dure! Durerait-elle, celle de *Little Boy and Co*? En tout cas, P'tit-Bonhomme n'y épargnerait ni son travail ni son intelligence.

Il est superflu d'ajouter que, dès l'arrivée du *Vulcan* à Dublin, la première visite de Grip était pour ses amis. Se servir du mot « émerveillé », cela ne suffirait pas pour peindre son état d'âme. Un sentiment d'admiration le débordait. Jamais il n'avait rien vu de pareil à ce magasin de Bedfort-street, et, à l'en croire, depuis l'installation des *Petites Poches*, Bedfort-street aurait pu soutenir la comparaison avec la rue Sackeville de Dublin, avec le Strand de Londres, avec le Broadway de New-York, avec le boulevard des Italiens de Paris. A chaque visite, il se croyait obligé d'acheter une chose ou une autre pour « faire aller le commerce », qui, d'ailleurs, allait bien sans lui. Un jour, c'était un portefeuille destiné à remplacer celui qu'il n'avait jamais eu. Un autre, c'était un joli brick peinturluré qu'il devait donner aux enfants de l'un de ses camarades du *Vulcan*, lequel n'avait jamais été père de sa vie. Par exemple, ce qu'il acheta de plus coûteux, ce fut une admirable pipe en fausse écume, munie d'un magnifique bout d'ambre en verre jaune.

Et, de répéter à P'tit-Bonhomme qu'il obligeait à recevoir le prix de ses acquisitions :

« Hein, mon boy, ça va!... Ça va même à plus d'cent tours d'hélice, pas vrai?... Te v'là commandant à bord des *Petites Poches*... et tu n'as plus qu'à pousser tes feux!... Il est loin, le temps où tous deux, nous courions en gu'nilles les rues de Galway... où nous crevions d'faim et d'froid dans le gal'tas d'la ragged-school!... A propos, et c'coquin d'Carker, a-t-il été pendu?...

— Pas encore, que je sache, Grip.

— Ça viendra... ça viendra, et tu auras soin de m'mett'e à part l'journal qui racont'ra la cérémonie! »

Puis, Grip retournait à bord, le *Vulcan* reprenait la mer, et, à quelques semaines de là, on voyait le chauffeur reparaître au bazar, où il se ruinait en nouveaux achats.

Un jour, P'tit-Bonhomme lui dit :

« Tu crois toujours, Grip, que je ferai fortune ?

— Si je l'crois, mon boy!... Comme j'crois que not'camarade Carker finira au bout d'une corde! »

C'était pour lui le dernier degré de certitude auquel on pût atteindre ici-bas.

« Eh bien, et toi, mon bon Grip, est-ce que tu ne songes pas à l'avenir?...

— Moi ?... Pourquoi qu'j'y song'rais ?... N'ai-je pas un métier que je n'changerai pas pour n'import' l'quel?...

— Un métier pénible, et qu'on ne paie guère !

— Guère ?... Quat'e livres par mois... et nourri... et logé... et chauffé... rôti même des fois!...

— Et dans un bateau! fit observer Bob, dont le plus grand bonheur eût été de pouvoir naviguer à bord de ceux qu'il vendait aux jeunes gentlemen.

— N'importe, Grip, reprit P'tit-Bonhomme, d'être chauffeur n'a jamais mené à la fortune, et Dieu veut que l'on fasse fortune en ce monde...

— En es-tu si sûr qu'ça? demanda Grip en hochant la tête. C'est-y dans ses commandements?...

— Oui, répondit P'tit-Bonhomme. Il veut que l'on fasse fortune non seulement pour être heureux, mais pour rendre heureux ceux qui ne le sont pas, et qui méritent de l'être! »

Et pensif, l'esprit au loin, peut-être notre jeune garçon voyait-il passer dans son souvenir Sissy, sa compagne au cabin de la Hard, et la famille Mac Carthy, dont il n'avait pu retrouver les traces, et sa filleule, Jenny, tous misérables sans doute... tandis que lui...

« Voyons, Grip, reprit-il, songe bien à ce que tu vas me répondre! Pourquoi ne restes-tu pas à terre?...

— Quitter l'*Vulcan?*...

— Oui... le quitter pour t'associer avec moi... Tu sais bien... *Little Boy and Co?*... Eh bien, *And Co* n'est peut-être pas suffisamment représenté par Bob... et en t'adjoignant...

— Oh!... mon ami Grip!... répéta Bob. Ça nous ferait tant de plaisir à tous les deux!...

— A moi aussi, mes enfants, répliqua Grip, très touché de la proposition. Mais voulez-vous que j'vous dise?...

— Dis, Grip.

— Eh bien... j'suis trop grand!

— Trop grand?...

— Oui!... si on m'voyait dans la boutique, un long flandrin comme moi, ça n'serait plus ça!... Ça n's'rait plus *Little Boy and Co!*... Il faut que *And Co* soit p'tit pour attirer l'monde!... J'déparerais la société... J'vous f'rais du tort!... C'est parce que vous êtes des enfants que vot'affaire marche si bien...

— Peut-être as-tu raison, Grip, répondit P'tit-Bonhomme. Mais nous grandirons...

— Nous grandissons! répliqua Bob en se redressant sur la pointe du pied.

— Certain'ment, et mêm' prenez garde d'pousser trop vite!

— On ne peut pas s'empêcher! fit observer Bob

— Non... comm' de juste... Aussi, tâchez d'avoir fait vot' affaire pendant qu'vous êtes des boys!... Que diable! j'ai cinq pieds six pouces, bonn' mesure, et, au-d'ssus de cinq pieds, on n'est plus prop' à rien dans votre partie! D'ailleurs, si je n'puis être ton associé, P'tit-Bonhomme, tu sais qu'mon argent est à toi...

— Je n'en ai pas besoin.

— Enfin, à ta conv'nance, si l'envie t'prend d'étend'e ton commerce...

— Nous ne pourrions pas y suffire à deux...

— Eh bien... pourquoi qu'vous n'prendriez pas un' femme pour vot' ménage?...

— J'y ai déjà songé, Grip, et l'excellent M. O'Brien me l'a même conseillé.

— Il a raison, l'excellent M. O'Brien. Tu n'connaîtrais pas què'que brave servante en qui tu aurais confiance?...

— Non, Grip...

— Ça s'trouve... en cherchant...

— Attends donc... j'y pense... une vieille amie... Kat... »

Ce nom provoqua un jappement joyeux. C'était Birk qui se mêlait à la conversation. Au nom de la lessiveuse de Trelingar-castle, il fit deux ou trois bonds invraisemblables, sa queue s'affola comme une hélice qui tourne à vide, et ses yeux brillèrent d'un extraordinaire éclat.

« Ah! tu te souviens, mon Birk! lui dit son jeune maitre. Kat... n'est-ce pas... la bonne Kat!... »

Et là-dessus, Birk, grattant à la porte, parut n'attendre qu'un ordre pour filer à toutes pattes dans la direction du château.

Phœnix-Park, à Dublin. (Page 372.)

Grip fut mis au courant. On ne pouvait avoir mieux que Kat... Il fallait faire venir Kat... Kat était tout indiquée pour tenir le ménage... Kat s'occuperait de la cuisine... On ne la verrait pas... Elle ne compromettrait point par sa présence la raison sociale *Little Boy and Co.*

Mais était-elle toujours à Trelingar-castle... et même vivait-elle encore ?...

P'tit-Bonhomme écrivit par le premier courrier. Le surlendemain, il

Birk lui sauta au cou. (Page 385.)

recevait réponse d'une grosse écriture bien lisible, et, quarante-huit heures ne s'étaient pas écoulées que Kat débarquait à la gare de Dublin.

Comme elle fut accueillie de son protégé, après dix-huit mois de séparation ! P'tit-Bonhomme tomba dans ses bras, et Birk lui sauta au cou. Elle ne savait plus auquel des deux répondre... Elle pleurait, et, lorsqu'elle se vit installée dans sa cuisine, lorsqu'elle eut fait la connaissance de Bob, cela recommença de plus belle.

Et, ce jour-là, Grip eut l'honneur et le bonheur de partager avec ses jeunes amis le premier dîner préparé par la bonne Kat! Le lendemain, quand il reprit la mer, le *Vulcan* n'avait jamais emporté un chauffeur plus satisfait de son sort.

Peut-être demandera-t-on si Kat devait avoir des gages, elle qui se fût contentée du logement et de la nourriture, du moment qu'elle était nourrie et logée par son cher enfant? Certes, elle en eut, et d'aussi beaux que n'importe quelle servante du quartier, et on l'augmenterait si elle faisait bien son service! Le service de *Little Boy*, après le service de Trelingar-castle, ce n'était point déchoir, on peut nous croire sur parole. Par exemple, elle ne voulut jamais en revenir à tutoyer son maître. Ce n'était plus le groom du comte Ashton, c'était le patron des *Petites Poches*. Bob lui-même, en sa qualité d'*And Co*, ne fut appelé que monsieur Bob, et Kat réserva son tutoiement pour Birk, qui ne pouvait s'en formaliser. Et puis, ils s'aimaient tant, Birk et Kat!

Quel avantage d'avoir cette brave femme dans la maison! Avec quel ordre fut tenu le ménage, avec quelle propreté les chambres et le magasin! D'aller prendre ses repas dans une restauration du voisinage, cela est plus d'un commis que d'un patron. Les convenances exigent que son « home » soit au complet, qu'il mange à sa propre table. C'est à la fois plus digne pour la situation et meilleur pour la santé, lorsqu'on possède une adroite cuisinière, et Kat s'entendait à faire la cuisine aussi bien qu'à lessiver, à repasser, à raccommoder le linge, à soigner les vêtements, enfin une servante modèle, d'une économie très précieuse, et d'une probité... dont se moquait volontiers la domesticité de Trelingar-castle. Mais à quoi sert de rappeler l'attention sur la famille des Piborne! Que le marquis, que la marquise continuent à végéter dans leur fastueuse inutilité, et qu'il n'en soit plus question.

Ce qu'il importe de mentionner, c'est que l'année 1883 se termina par une balance très avantageuse au profit de *Little Boy and Co*. Pendant la dernière semaine, c'est à peine si le bazar put suffire aux commandes du Christmas et du nouveau jour de l'an. Le rayon des jouets dut être vingt fois renouvelé. Sans parler des autres objets à l'usage des enfants, on se figurerait difficilement ce que Bob vendit de chaloupes, de cutters, de goélettes, de bricks, de trois-mâts et même de paquebots mécaniques! Les articles d'autres sortes s'enlevèrent avec un égal entrain. Il était de bon ton, parmi le beau monde, de faire ses achats au magasin des *Petites Poches*. Un cadeau n'était « select » qu'à la condition de porter la marque de *Little Boy and Co.* Ah! la vogue, lorsque ce sont les babys qui la font, et lorsque les parents leur obéissent, comme c'est leur devoir!

P'tit-Bonhomme n'avait point à se repentir d'avoir abandonné Cork et son commerce de journaux. En venant chercher dans la capitale de l'Irlande un marché plus large, il avait vu juste. L'approbation de M. O'Brien lui était acquise, grâce à son activité, à sa prudence, dont témoignait l'extension croissante des affaires, et cela, rien qu'avec ses seules ressources. Le vieux négociant était frappé de ce que ce jeune garçon avait tenu à s'imposer cette règle de conduite, sans vouloir jamais s'en départir. Ses conseils, d'ailleurs, étaient respectueusement acceptés, s'il n'en avait pas été de même de son argent qu'il avait offert à plusieurs reprises, comme Grip avait offert le sien.

Bref, après avoir achevé son premier inventaire de fin d'année, — inventaire dont M. O'Brien reconnut la parfaite sincérité, — P'tit-Bonhomme eut lieu d'être satisfait : en six mois, depuis son arrivée à Dublin, il avait triplé son capital.

XII

COMME ON SE RETROUVE

« Les personnes qui seraient en possession de renseignements
» quelconques sur la famille Martin Mac Carthy, anciens tenanciers
» de la ferme de Kerwan, comté de Kerry, paroisse de Silton, sont
» instamment priées de les transmettre à *Little-Boy and Co*, Bedfort-
» street, Dublin. »

Si notre héros put lire cette information dans la *Gazette de Dublin*, à la date du 3 avril de l'année 1884, c'est que c'était lui-même qui l'avait rédigée, portée au journal, et payée deux shillings la ligne. Le lendemain, d'autres feuilles la reproduisirent au même prix. Dans sa pensée, impossible d'employer une demi-guinée à un meilleur usage. Oublier cette honnête et malheureuse famille, Martin et Martine Mac Carthy, Murdock, Kitty et leur fillette, Pat et Sim, est-ce que cela eût été admissible de la part de celui dont ils avaient fait leur enfant adoptif? Il était de son devoir de tout tenter pour les retrouver, pour leur venir en aide, et quelle joie déborderait de son âme, si jamais il leur rendait en bonheur ce qu'il avait reçu d'eux en affection!

Où ces braves gens étaient-ils allés chercher un abri après la destruction de la ferme? Étaient-ils restés en Irlande, gagnant péniblement leur pain au jour le jour? Afin d'échapper aux poursuites, Murdock avait-il pris passage à bord d'un navire d'émigrants, et son père, sa mère, ses deux frères, partageaient-ils son exil en quelque lointaine contrée, Australie ou Amérique? Pat naviguait-il encore?

A la pensée que la misère accablait cette famille, P'tit-Bonhomme éprouvait un gros chagrin, une peine de tous les instants.

Aussi attendit-on avec une vive impatience l'effet de cette note qui fut reproduite par les journaux de Dublin chaque samedi, durant plusieurs semaines... Aucun renseignement ne parvint. Certainement, si Murdok avait été enfermé dans une prison d'Irlande, on aurait eu de ses nouvelles. Il fallait conclure de là que M. Martin Mac Carthy, en quittant la ferme de Kerwan, s'était embarqué pour l'Amérique ou l'Australie avec tous les siens. En reviendraient-ils, s'ils arrivaient à se créer là-bas une seconde patrie, et avaient-ils abandonné la première pour n'y jamais revenir?

Du reste, l'hypothèse d'une émigration en Australie fut confirmée par les renseignements qu'obtint M. O'Brien, grâce à l'entremise de plusieurs de ses anciens correspondants. Une lettre qu'il reçut de Belfast ne laissa plus aucun doute touchant le sort de la famille. D'après les notes relevées sur les livres d'une agence d'émigrants, c'était dans ce port que les Mac Carthy, au nombre de six, trois hommes, deux femmes et une enfant, s'étaient embarqués pour Melbourne, il y avait près de deux ans. Quant à retrouver ses traces sur ce vaste continent, ce fut impossible, et les démarches que fit M. O'Brien ne purent aboutir. P'tit-Bonhomme ne comptait donc plus que sur le deuxième des fils Mac Carthy, à la condition que celui-ci fût encore marin à bord d'un bâtiment de la maison Marcuard, de Liverpool. Aussi s'adressa-t-il au chef de cette maison; mais la réponse fut que Pat avait quitté le service depuis quinze mois, et l'on ne savait pas sur quel navire il s'était embarqué. Une chance restait: c'était que Pat, de retour dans un des ports de l'Irlande, eût connaissance de l'annonce informative qui concernait sa famille... Faible chance, nous en conviendrons, à laquelle on voulut pourtant se rattacher, faute de pouvoir mieux faire.

M. O'Brien essayait vainement de rendre une lueur d'espoir à son jeune locataire. Et, un jour que leur conversation portait sur cette éventualité :

« Je serais étonné, mon garçon, lui dit-il, si tu ne revoyais pas tôt ou tard la famille Mac Carthy.

— Eux... en Australie!... à des milliers de milles, monsieur O'Brien !

— Peux-tu parler de la sorte, mon enfant! Est-ce que l'Australie n'est pas dans notre quartier?... Est-ce qu'elle n'est pas à la porte de notre maison?... Il n'y a plus de distances aujourd'hui... La vapeur les a supprimées... M. Martin, sa femme et ses enfants reviendront au pays, j'en suis sûr!... Des Irlandais n'abandonnent pas leur Irlande, et, s'ils ont réussi là-bas...

— Est-il sage de l'espérer, monsieur O'Brien ? répondit P'tit-Bonhomme en secouant la tête.

— Oui... s'ils sont les travailleurs courageux et intelligents que tu dis.

— Le courage et l'intelligence ne suffisent pas toujours, monsieur O'Brien! Il faut encore la chance, et les Mac Carthy n'en ont guère eu jusqu'ici!

— Ce qu'on n'a pas eu, on peut l'avoir, mon garçon! Crois-tu que, pour ma part, j'aie été sans cesse heureux?... Non! j'ai éprouvé bien des vicissitudes, affaires qui ne marchaient pas, revers de fortune... jusqu'au jour où je me suis senti maître de la situation... Toi-même, n'en es-tu pas un exemple? Est-ce que tu n'as pas commencé par être le jouet de la misère?... tandis qu'aujourd'hui...

— Vous dites vrai, monsieur O'Brien, et quelquefois je me demande si tout cela n'est pas un rêve...

— Non, mon cher enfant, c'est de la belle et bonne réalité! Que tu aies dépassé de beaucoup ce qu'on aurait pu attendre d'un enfant, c'est très extraordinaire, car tu entres à peine dans ta douzième année! Mais la raison ne se mesure pas à l'âge, et c'est elle qui t'a continuellement guidé.

— La raison?... oui... peut-être! Et pourtant, lorsque je réfléchis à ma situation actuelle, il me semble que le hasard y est pour quelque chose...

— Il y a moins de hasards dans la vie que tu ne penses, et tout s'enchaîne avec une logique plus serrée qu'on ne l'imagine en général. Tu l'observeras, il est rare qu'un malheur ne soit pas doublé d'un bonheur...

— Vous le croyez, monsieur O'Brien?...

— Oui, et d'autant plus que cela n'est pas douteux en ce qui te concerne, mon garçon. C'est une réflexion que je fais souvent, lorsque je songe à ce qu'a été ton existence. Ainsi, tu es entré chez la Hard, c'était un malheur...

— Et c'est un bonheur que j'y aie connu Sissy, dont je n'ai jamais oublié les caresses, les premières que j'aie reçues! Qu'est-elle devenue, ma pauvre petite compagne, et la reverrai-je jamais?... Oui! ce fut là du bonheur...

— Et c'en est un aussi que la Hard ait été une abominable mégère, sans quoi tu serais resté au hameau de Rindok jusqu'au moment où l'on t'aurait remis dans la maison de charité de Donegal. Alors tu t'es enfui... et ta fuite t'a fait tomber entre les mains de ce montreur de marionnettes!...

— Oh! le monstre! s'écria P'tit-Bonhomme.

— Et cela est heureux qu'il l'ait été, car tu serais encore à courir les grandes routes, sinon dans une cage tournante, du moins au service de ce brutal Thornpipe. De là, tu entres à la ragged-school de Galway...

— Où j'ai rencontré Grip... Grip, qui a été si bon pour moi, auquel je dois la vie, qui m'a sauvé en s'exposant à la mort...

— Ce qui t'a conduit chez cette extravagante comédienne... Une tout autre existence, j'en conviens, mais qui ne t'aurait mené à rien d'honorable, et je considère comme un bonheur, qu'après s'être amusée de toi, elle t'ait un beau jour abandonné...

— Je ne lui en veux pas, monsieur O'Brien. Somme toute, elle m'avait recueilli, elle a été bonne pour moi... et depuis... j'ai compris bien des choses! D'ailleurs, en suivant votre raisonnement, c'est grâce à cet abandon que la famille Mac Carthy m'a recueilli à la ferme de Kerwan...

« Vous auriez quelque peine à me persuader. » (Page 392.)

— Juste, mon garçon, et là encore...

— Oh! là, monsieur O'Brien, vous auriez quelque peine à me persuader que le malheur de ces braves gens ait pu être une circonstance heureuse...

— Oui et non, répondit M. O'Brien.

— Non, monsieur O'Brien, non! affirma énergiquement P'tit-Bonhomme. Et si je fais fortune, j'aurai toujours le regret que le point

Tous ses camarades venaient s'approvisionner. (Page 396.)

de départ de cette fortune ait été la ruine des Mac Carthy ! J'eusse si volontiers passé ma vie dans cette ferme, comme l'enfant de la maison... J'aurais vu grandir Jenny, ma filleule, et pouvais-je rêver un plus grand bonheur que celui de ma famille d'adoption...

— Je te comprends, mon enfant. Il n'en est pas moins vrai que cet enchaînement des choses te permettra, je l'espère, de reconnaître un jour ce qu'ils ont fait pour toi...

— Monsieur O'Brien, mieux vaudrait qu'ils n'eussent jamais eu besoin de recourir à personne!

— Je n'insisterai pas, et je respecte ces sentiments qui te font honneur... Mais continuons à raisonner et arrivons à Trelingarcastle.

— Oh! les vilaines gens, ce marquis, cette marquise, leur fils Ashton!... Quelles humiliations j'ai dû supporter!... C'est là que s'est écoulé le plus mauvais de mon existence...

— Et c'est heureux qu'il en ait été de même, pour en revenir à notre système de déductions. Si tu avais été bien traité à Trelingarcastle, tu y serais peut-être resté...

— Non, monsieur O'Brien! Des fonctions de groom?... Non!... jamais... jamais!... Je n'étais là que pour attendre... et, dès que j'aurais eu des économies...

— Par exemple, fit observer M. O'Brien, quelqu'un qui doit être enchanté que tu sois venu dans ce château, c'est Kat!

— Oh! l'excellente femme!

— Et quelqu'un qui doit être enchanté que tu en sois parti, c'est Bob, car tu ne l'aurais pas rencontré sur la grande route... tu ne l'aurais pas sauvé... tu ne l'aurais pas amené à Cork, où vous avez si courageusement travaillé tous les deux, où vous avez retrouvé Grip, et, en ce moment, tu ne serais pas à Dublin...

— En train de causer avec le meilleur des hommes, qui nous a pris en amitié! répondit P'tit-Bonhomme, en saisissant la main du vieux négociant.

— Et qui ne t'épargnera pas ses conseils, quand tu en auras besoin!

— Merci, monsieur O'Brien, merci!... Oui! vous avez raison, et votre expérience ne peut vous tromper! Les choses s'enchaînent dans la vie!... Dieu veuille que je puisse être utile à tous ceux que j'aime et qui m'ont aimé! »

Et les affaires de *Little Boy*?... Elles prospéraient, n'ayez aucun doute à cet égard. La vogue ne s'amoindrissait pas, — au contraire. Il survint même une nouvelle source de bénéfices. Sur le conseil de

M. O'Brien, le bazar s'adjoignit un fonds d'épiceries au détail, et l'on sait ce qu'on est arrivé à débiter d'articles divers sous cette rubrique. Le magasin fut bientôt trop étroit, et il y eut nécessité de louer l'autre partie du rez-de-chaussée. Ah! quel propriétaire accommodant, M. O'Brien, et quel locataire reconnaissant, Petit-Bonhomme! Tout le quartier voulut se fournir de comestibles aux *Petites Poches*. Kat dut s'y mettre, et elle s'y mit de bon cœur. Et tout cela si propre, si rangé, si affriolant! Quelle besogne, par exemple, — les achats à faire, les ventes à effectuer, une nombreuse clientèle à servir, avant comme après midi, les livres à tenir, les comptes à régler, la recette à vérifier chaque soir! A peine la journée suffisait-elle, et que de fois, sans l'intervention de l'ancien négociant, *Little Boy and Co* eût été débordé!

Bien sûr, il aurait fallu s'adjoindre un commis au courant de ce commerce. Mais à qui se fier? Le jeune patron répugnait à introduire un étranger chez lui. Quelqu'un d'honnête, d'actif et de sérieux, cela se rencontre cependant. Un bon comptable, on l'eût installé dans un bureau, derrière le second magasin. Ç'eût été se décharger d'autant. Ah! si Grip avait consenti!... Vaine tentative! On avait beau le presser, Grip ne se décidait pas, quoiqu'il semblât tout indiqué pour occuper cette place, assis sur un haut tabouret, près d'une table peinte en noir, la plume à l'oreille, le crayon à la main, au milieu de ses cartons, tenant un compte ouvert à chaque fournisseur... Cela valait mieux que de se griller le ventre devant la chaudière du *Vulcan!* Prières inutiles! Il va de soi que, dans l'intervalle de ses voyages, le premier chauffeur consacrait au bazar toutes les heures qu'il avait de libres. Volontiers, il se mettait à l'ouvrage. Cela durait une semaine; puis le *Vulcan* reprenait la mer, et quarante-huit heures après, Grip était à des centaines de milles de l'Ile-Emeraude. Son départ amenait toujours un chagrin, son retour toujours une joie. On eût dit un grand frère aîné qui revenait et s'en allait! Voyons, reste, ami Grip, reste donc avec eux!

D'ailleurs, le grand frère aîné continuait de faire ses emplettes au

Little Boy and Co. Il arrivait invariablement avec tout son avoir dans sa ceinture. Ce fut seulement à cette époque que, sur l'avis de M. O'Brien et de P'tit-Bonhomme, il consentit à s'en dessaisir. N'allez pas croire que le patron des *Petites Poches* eût accepté Grip comme bailleur de fonds ou commanditaire. Non! Il n'avait pas besoin de l'argent de Grip. Il possédait des économies sérieuses, déposées à la Banque d'Irlande, avec un carnet de chèques, et les économies du chauffeur furent placées à la Caisse d'épargne, — un établissement très solide, dont les dépôts s'élevaient alors à plus de quatre millions. Grip pouvait dormir tranquille, son capital serait en sûreté et s'accroîtrait chaque année par l'accumulation des intérêts. De par tous les saints de l'Irlande, la Caisse d'épargne valait bien sa ceinture!

Une remarque : si l'entêté Grip refusait de changer la vareuse du marin pour le veston à manchettes de lustrine du comptable, il avait contribué cependant à augmenter la clientèle de *Little Boy*. Tous ses camarades du *Vulcan* et leurs familles venaient s'approvisionner au bazar. Il avait fait également parmi les matelots du port une propagande effrénée, comme s'il eût été le voyageur de la maison des *Petites Poches*.

« Tu verras, dit-il un jour à P'tit-Bonhomme, tu verras qu'les armateurs eux-mêmes finiront par s'fournir chez toi! C'est alors qu'il en faudra des caisses d'épiceries et d'conserves pour ces voyages d'long cours!... Tu d'viendras un négociant en gros...

— En gros? dit Bob, qui était de la conversation.

— Oui... en gros... avec des magasins, des caves, des entrepôts... ni plus ni moins qu'M. Roe ou M. Guiness.

— Oh! fit Bob.

— Certain'ment, *And Co*, répondit Grip, qui se plaisait à donner ce surnom à Bob, et rapp'lez-vous c'que j'vous dis...

— A chaque voyage... fit observer P'tit-Bonhomme.

— Oui... à chaqu' voyage, répliqua Grip. Tu f'ras fortune, et une grande fortune...

— Alors, Grip, pourquoi ne veux-tu pas t'associer?...

— Moi ?... qu'j'abandonne mon métier ?...

— Espères-tu donc arriver plus haut, et de premier chauffeur devenir mécanicien ?...

— Mécanicien ?... Oh qu'non !... Pas si ambitieux qu'ça !... Il faudrait avoir étudié... A présent, j'pourrais pas... il est trop tard !... J'me contente de ce que je suis...

— Écoute, Grip, j'insiste... Nous avons besoin d'un commis, sur lequel nous puissions absolument compter... Pourquoi refuses-tu d'être le nôtre ?

— J'n'entends rien à vot'comptabilité.

— Tu t'y mettrais sans peine !

— Au fait, j'ai tant vu fonctionner M. O'Lobkins, là-bas, à la ragged-school !... Non, mon boy, non !... J'ai été si malheureux sur terre, et j'suis si heureux sur mer !... La terre m'fait peur !... Ah ! quand tu s'ras un gros négociant et qu'tu posséd'ras des navires à toi, eh bien... j'navigu'rai pour ta maison, j'te l'promets...

— Voyons, Grip, soyons sérieux, et pense que tu te trouveras bien seul plus tard !... Admettons que l'envie te prenne un jour de te marier ?

— M'marier... Moi ?...

— Oui... toi !

— Ce dégingandé de Grip, avoir un' femme à lui... et des enfants d'elle ?...

— Sans doute... comme tout le monde, répondit Bob, du ton d'un homme qui possède une grande expérience de la vie.

— Tout l'monde ?...

— Certainement, Grip, et moi-même...

— Entendez-vous c'mousse... qui s'en mêle !

— Il a raison, dit P'tit-Bonhomme.

— Et toi aussi, mon boy, tu penses...

— Cela m'arrivera peut-être.

— Bon ! C'lui-ci n'a pas treize ans, c'lui-là n'en a pas neuf, et v'là qu'ça parle d'mariage !

— Il ne s'agit pas de nous, Grip, mais de toi qui auras bientôt vingt-cinq ans!

— Réfléchis donc un tantinet, mon boy! M'marier, moi... un chauffeur... un homme qui est noir comme un nègre d'l'Afrique pendant les deux tiers de son existence!

— Ah bon! Grip qui a peur que ses enfants soient des négrillons? s'écria Bob.

— Ce s'rait bien possible! répondit Grip. Je n'suis prop' qu'à épouser un' négresse, ou tout au plus un' Peau-Rouge... là-bas... dans l'fin fond des États-Unis!

— Grip, reprit P'tit-Bonhomme, tu as tort de plaisanter... C'est dans ton intérêt que nous causons... Vienne l'âge, tu te repentiras de ne pas m'avoir écouté...

— Qué qu'tu veux, mon boy... je l'sais... t'es raisonnable... et ce s'rait un grand bonheur de vivre ensemble... Mais mon métier m'a nourri... il m'nourrira encore, et je n'puis m'faire à l'idée d'l'abandonner!

— Enfin... quand tu voudras, Grip... Ici, il y aura toujours une place pour toi. Et je serais bien étonné, si, un jour, tu n'étais pas installé devant un confortable bureau... une calotte sur la tête, la plume à l'oreille... avec un intérêt dans la maison...

— Il faudra donc que j'sois bien changé...

— Eh! tu changeras, Grip!... Tout le monde change... et il est sage de changer... quand c'est pour être mieux... »

Toutefois, en dépit des instances, Grip ne se rendit pas. La vérité est qu'il aimait son métier, que les armateurs du *Vulcan* lui témoignaient de la sympathie, qu'il était apprécié de son capitaine, aimé de ses camarades. Aussi, désireux de ne pas trop chagriner P'tit-Bonhomme, il lui dit:

« Au retour... au retour... nous verrons!... »

Puis, lorsqu'il revenait, il ne disait rien que ce qu'il avait dit au départ:

« Nous verrons... nous verrons!... »

Il suit de là qu'au *Little Boy and Co*, on fut obligé de prendre un commis pour tenir les écritures. M. O'Brien procura un ancien comptable, M. Balfour, dont il répondait, et qui connaissait la partie à fond. Mais enfin ce n'était pas Grip!...

L'année se termina dans d'excellentes conditions, et l'inventaire, établi par le susdit Balfour, donna, tant en marchandises qu'en argent placé à la Banque d'Irlande, ce superbe total d'un millier de livres.

A cette époque — janvier 1885 — P'tit-Bonhomme venait d'entrer dans sa quatorzième année, et Bob avait neuf ans et demi. Bien portants, vigoureux pour leur âge, ils ne se ressentaient aucunement des misères d'autrefois. C'était un sang généreux, le sang gaélique, qui coulait dans leurs veines, comme le Shannon, la Lee ou la Liffey coulent à travers l'Irlande — pour la vivifier.

Le bazar était en pleine prospérité. Manifestement, P'tit-Bonhomme marchait vers la fortune. Aucun doute à ce sujet, ses affaires n'étant pas de nature à le jeter dans des spéculations hasardeuses. Sa prudence naturelle l'eût retenu d'ailleurs, bien qu'il ne fût point « homme » — appliquons-lui ce mot, — à laisser échapper quelque bonne occasion, si elle se présentait.

Cependant, le sort des Mac Carthy ne cessait de l'inquiéter. Sur le conseil de M. O'Brien, il avait écrit en Australie, à Melbourne. D'après la réponse de l'agent d'émigration, on avait perdu les traces de la famille, — ce qui n'est que trop fréquent en cet immense pays dont les régions centrales étaient presque inconnues à cette époque. Sans capitaux, il est probable que M. Martin et ses enfants n'avaient pu trouver du travail que dans ces lointaines fermes où se fait en grand l'élevage des moutons!... En quelle province, en quel district de ce vaste continent?...

On ne savait rien non plus de Pat, depuis qu'il avait quitté la maison Marcuard, et il n'était pas impossible qu'il eût rejoint ses parents en Australie.

Il va sans dire que, de tous ceux qu'il avait connus autrefois, les

Mac Carthy et Sissy, sa compagne chez la Hard, étaient les seuls à occuper le souvenir de P'tit-Bonhomme. De l'horrible mégère du hameau de Rindok, du farouche Thornpipe, de l'auguste famille des Piborne, il n'avait le moindre souci. Quant à miss Anna Waston, il s'étonnait de ne pas l'avoir encore vue réapparaître sur l'un des théâtres de Dublin. Serait-il allé lui rendre visite? Peut-être oui, peut-être non. Dans tous les cas, il n'avait pas eu à se prononcer, car, après la malencontreuse scène de Limerick, la célèbre comédienne s'était décidée à quitter l'Irlande et même la Grande-Bretagne, pour une « tournée bernardhtienne » à l'étranger.

« Et Carker... est-il pendu? »

Telle était l'invariable question que Grip faisait à chaque retour du *Vulcan*, lorsqu'il remettait le pied dans les magasins des *Petites Poches*. Invariablement, on lui répondait qu'on n'avait point entendu parler de Carker. Grip fouillait alors les vieux journaux, sans rien trouver qui eût rapport « au plus fameux garnement de la ragged-school! »

« Attendons! disait-il, faut d'la patience!

— Mais pourquoi Carker ne serait-il pas devenu un estimable garçon? lui demanda un jour M. O'Brien.

— Lui, s'écria Grip, lui... c'coquin?... Mais ce s'rait à dégoûter d'être honnête! »

Et Kat qui connaissait l'histoire des déguenillés de Galway, partageait l'opinion de Grip. D'ailleurs, la brave femme et le chauffeur s'entendaient au mieux, — excepté sur ce point : c'est que Kat pressait Grip d'abandonner la navigation, et que Grip se refusait obstinément aux désirs de Kat. De là des discussions à faire grelotter les vitres de la cuisine. Aussi, vers la fin de l'année, la question n'avait-elle pas avancé d'un pas, et le chauffeur était reparti sur le *Vulcan* dont — à l'entendre — il allumait les feux « rien qu'en les r'gardant! »

On était au 25 novembre, en plein hiver déjà. Il tombait de gros flocons de neige que la brise promenait en tourbillonnant au ras

Les portes et les fenêtres furent assaillies à coups de pierres. (Page 304.)

du sol comme des plumes de pigeon. Une de ces journées glaciales, où l'on est heureux de s'enfermer chez soi.

Cependant P'tit-Bonhomme ne resta pas au bazar. Le matin, il avait reçu une lettre de l'un de ses fournisseurs de Belfast. Une difficulté relative au règlement d'une facture pouvait occasionner un procès, et les procès, il convient de les éviter autant que possible, — même devant les juges à perruques du Royaume-Uni. C'était du moins l'avis de M. O'Brien qui s'y connaissait, et il engagea vivement le jeune garçon à partir pour Belfast, afin de terminer cette affaire aux meilleures conditions.

P'tit-Bonhomme reconnut la justesse de ce conseil, et il résolut de le suivre sans tarder d'un jour. Il ne s'agissait que d'un voyage en railway d'une centaine de milles. En profitant du train de neuf heures, il arriverait dans la matinée au chef-lieu du comté d'Antrim. L'après-midi lui suffirait, sans doute, pour se mettre d'accord avec son correspondant, et, par un train du soir, il serait de retour avant minuit.

Bob et Kat eurent donc la garde de *Little Boy*, et leur patron, après les avoir embrassés, alla prendre à la gare, près de la Douane, son billet pour Belfast.

Avec un pareil temps, un voyageur ne peut guère s'intéresser aux détails de la route. Et puis, le train marchait à grande vitesse, tantôt suivant le littoral, tantôt remontant vers l'intérieur. Au sortir du comté de Dublin, il traversa le comté de Meath, et stationna quelques minutes à Drogheda, port assez important dont P'tit-Bonhomme ne vit rien, pas plus qu'il n'aperçut, à un mille de là, le fameux champ de bataille de la Boyne, sur lequel tomba définitivement la dynastie des Stuarts. Puis, ce fut le comté de Louth, où le train s'arrêta à Dundalk, l'une des plus anciennes cités de l'Ile-Verte, lieu de couronnement du célèbre Robert Bruce. Il entra alors sur le territoire de la province de l'Ulster, — cette province dont le comté de Donegal rappelait à notre jeune voyageur le souvenir de ses premières misères. Enfin, après avoir desservi les comtés d'Armagh et de Down, le railway franchit la frontière de l'Antrim.

L'Antrim, aux terrains volcaniques, ce sauvage pays des cavernes, a Belfast pour chef-lieu. C'est la seconde ville de l'Irlande par son commerce et sa flotte marchande de trois millions de tonnes; par sa population qui atteindra bientôt le chiffre de deux cent mille habitants; par sa manutention agricole, presque entièrement consacrée à la culture du lin; par son industrie, qui n'occupe pas moins de soixante mille ouvriers répartis entre cent soixante filatures; par ses goûts littéraires enfin, dont le Queen's-Collège atteste la haute valeur. Eh bien, le croirait-on? Cette cité appartient encore à l'un des descendants d'un favori de Jacques 1er? Il faut être en Irlande pour rencontrer de pareilles anomalies sociales.

Belfast est située à l'étroite embouchure de la rivière de Lagan, que prolonge un chenal à travers d'interminables bancs de sable. On admettra volontiers que, dans un centre si industriel, où les passions politiques s'alimentent au contact, ou mieux au choc des intérêts personnels, il existe une lutte ardente entre les protestants et les catholiques. Les premiers sont ennemis nés de l'indépendance réclamée par les seconds. Les uns avec le cri d'Orange pour ralliement, les autres un ruban jaune pour signe distinctif, se livrent à leurs traditionnelles bousculades, surtout le 7 juillet, anniversaire de la fameuse bataille de la Boyne.

Bien que ce jour-là ne fût pas le 7 juillet, et qu'il y eût quatre degrés au-dessous de zéro, la ville était en pleine effervescence. Certaine agitation parnelliste risquait de mettre aux prises les partisans de la « Land League » et ceux du landlordisme. Il avait même fallu garder le siège de la *Société pour le développement de la culture du lin*, à laquelle se rattachent étroitement la plupart des fabriques de la ville.

Cependant, P'tit-Bonhomme, venu pour toute autre affaire que des affaires politiques, s'occupa d'abord de son fournisseur, et eut la chance de le rencontrer chez lui.

Ce négociant fut quelque peu surpris à la vue du jeune garçon qui se présentait à son bureau, et non moins étonné de l'intelligence dont il témoigna en discutant ses intérêts. Enfin, tout se régla à la convenance des deux parties. Deux heures suffirent à cet arrangement, et P'tit-Bonhomme, qui voulait dîner avant de reprendre le train du soir, se dirigea vers un restaurant du quartier de la gare. S'il n'avait pas lieu de regretter ce voyage, puisqu'il évitait un procès, sa visite à Belfast lui réservait une bien autre surprise.

La nuit allait venir. Il ne neigeait plus. Néanmoins, grâce à cette âpre brise qui s'engouffrait dans l'estuaire de la rivière Lagan, le froid était extrêmement vif.

En passant devant une des plus importantes fabriques de la ville, P'tit-Bonhomme fut arrêté par un rassemblement. Une foule compacte barrait la rue. Il dut se faufiler à travers cette masse tumultueuse. C'était jour de paie. Il y avait là quantité d'ouvriers et d'ouvrières. Une diminution de salaires, annoncée pour la semaine suivante, venait de porter leur irritation au comble.

Il est indispensable de savoir que cette industrie du lin, culture et filature, fut autrefois importée en Irlande, et principalement à Belfast, par les protestants émigrés, après la révocation de l'Édit de Nantes. Ces familles ont conservé des intérêts considérables dans plusieurs de ces établissements. Cette fabrique, précisément, appartenait à une Compagnie anglicane. Or, comme le plus grand nombre de ses ouvriers étaient catholiques, on s'expliquera que ceux-ci fissent valoir leurs réclamations avec une redoutable violence.

Bientôt les cris succédèrent aux menaces, les portes et les fenêtres de l'usine furent assaillies à coups de pierres. En ce moment, plusieurs escouades de policemen envahirent la rue, afin de dissiper le rassemblement et d'arrêter les meneurs.

P'tit-Bonhomme, craignant de manquer le train, chercha à se dégager ; il ne put y parvenir. Exposé à être renversé, piétiné, écrasé sous la charge des agents, il dut se blottir dans l'embrasure d'une porte, au moment où cinq à six ouvriers, frappés brutalement, tombaient le long des murailles.

Près de lui gisait une jeune fille, — une de ces pauvres filles de fabriques, pâle, frêle, étiolée, maladive, qui, bien qu'elle fût âgée de dix-huit ans, paraissait à peine en avoir douze. Elle venait d'être renversée et s'écriait :

« A moi... à moi ! »

Cette voix ?... Il sembla la reconnaître, P'tit-Bonhomme !... Elle lui arrivait comme d'un souvenir lointain... Il ne pouvait dire... Son cœur palpitait...

Et, lorsque la foule, en partie repoussée, eut laissé la rue à peu près libre, il se pencha sur cette pauvre fille... Elle était inanimée. Il lui souleva la tête, il l'inclina de manière que les rayons d'un bec de gaz vinssent l'éclairer de face.

« Sissy... Sissy!... » murmura-t-il.

C'était Sissy... Elle ne pouvait l'entendre.

Alors, sans plus réfléchir à ses actes, disposant de cette malheureuse comme si elle lui eût appartenu, comme un frère eût fait de sa sœur, il la releva, il l'entraîna vers la gare, inconsciente de ce qui se passait.

Et, lorsque le train partit, Sissy, placée dans un des compartiments de première classe, était couchée sur les coussins, n'ayant pas repris connaissance, et, agenouillé près d'elle, P'tit-Bonhomme l'appelait... lui parlait... la serrait dans ses bras...

Eh bien ! Est-ce qu'il n'avait pas le droit d'enlever Sissy, sa compagne de misère?... Et de qui la pauvre fille aurait-elle pu se réclamer, si ce n'est de l'enfant qu'elle avait si souvent défendu contre les mauvais traitements dans l'abominable cabin de la Hard?

XIII

CHANGEMENT DE COULEUR ET D'ÉTAT

A la date du 16 novembre 1885, y avait-il en Irlande, — que disons-nous? — dans toutes les Iles-Britanniques, dans toute l'Europe, dans l'univers entier, un lieu quelconque qui contînt une plus grande somme de bonheur que le bazar des *Petites Poches*, sous la raison sociale *Little Boy and Co*?... Nous nous refusons à le croire, à moins que cet endroit ne fût situé dans le meilleur coin du Paradis.

Sissy occupait la principale chambre de la maison. P'tit-Bonhomme se tenait à son chevet. Elle venait de reconnaître en lui l'enfant qui s'était glissé par un trou de souris hors du taudis de la Hard, — maintenant un garçon florissant et vigoureux.

Et elle, qui, à l'époque où ils s'étaient séparés l'un de l'autre, comptait sept ans à peine, en avait aujourd'hui dix-huit. Mais, fatiguée par le travail, brisée par les privations, redeviendrait-elle la belle jeune fille qu'elle aurait été, si elle n'eût vécu au milieu de la débilitante atmosphère des fabriques?

Voilà près de onze ans que tous deux ne s'étaient revus, et cependant P'tit-Bonhomme avait reconnu Sissy rien qu'à sa voix, et plus sûrement qu'il ne l'eût reconnue à son visage. De son côté, Sissy retrouvait dans son cœur tout ce qu'elle avait conservé du souvenir de l'enfant.

C'est de ces choses qu'ils parlaient, l'un et l'autre, se tenant les mains, se regardant dans ce passé comme dans le miroir de leurs misères!

Près d'eux, Kat ne pouvait cacher son attendrissement. Quant à Bob, sa joie se traduisait par des interjections étonnantes, auxquelles Birk répondait par des demi « ouah!... ouah!... » non moins extraordinaires. M. O'Brien, très touché, assistait à cet entretien. Et sans doute, le commis, M. Balfour, aurait partagé l'émotion générale, s'il n'eût été à son bureau, plongé dans les comptes de la maison *Little Boy and Co*. Tous avaient si souvent entendu parler de Sissy, — autant que de la famille Mac Carthy, — qu'ils n'avaient plus à faire sa connaissance. Pour eux, c'était une sœur aînée de P'tit-Bonhomme qui revenait au logis, et il semblait qu'elle ne l'eût quitté que de la veille.

Grip manquait seul à cette scène, et l'on peut affirmer que, quoiqu'il ne l'eût jamais vue, il aurait reconnu la jeune fille de son boy du premier coup d'œil. D'ailleurs, le *Vulcan* ne devait pas tarder à être signalé sur les basses du canal Saint-Georges. La famille serait alors au complet.

Quant à ce qu'avait été la vie de la fillette, on le devine, — la vie de tous ces pauvres enfants de l'Irlande. Six mois après la fuite de P'tit-Bonhomme, la Hard étant morte dans un accès d'ivresse, il avait fallu ramener Sissy à la maison de charité de Donegal, où elle demeura deux années encore. Mais on ne pouvait l'y garder indéfiniment. Il y avait tant d'autres malheureux qui attendaient!... Elle avait près de neuf ans alors, et, à neuf ans, il faut savoir se suffire. Si on ne peut entrer en service, devenir la « maid », dont le salaire se réduit souvent au logement et à la nourriture, est-ce qu'il n'y a pas du travail dans les fabriques? On envoya donc Sissy à Belfast, où les filatures occupent un monde d'ouvriers. Là, elle vécut de quelques pence quotidiennement gagnés, au milieu des poussières malsaines du lin, rudoyée, frappée, n'ayant personne pour la défendre, néanmoins, toujours bonne, douce, serviable, et, d'ailleurs, déjà faite aux brutalités de l'existence.

A cet état de choses, Sissy ne voyait aucune amélioration possible. C'était un abîme où elle s'engouffrait. Et, au moment où elle doutait que personne pût jamais l'en retirer, voilà qu'une main venait de la saisir... la main du petit qui lui devait ses premières caresses, maintenant le chef d'une maison de commerce! Oui! il l'avait soustraite à cet enfer de Belfast, et elle se trouvait chez lui — chez lui! — où elle allait être la dame de l'établissement — oui! la dame! il le répétait, — et non la servante...

Elle... une servante?... Est-ce que Kat l'aurait supporté?... Est-ce que Bob lui aurait laissé faire son ouvrage?... Est-ce que P'tit-Bonhomme l'eût permis?...

« Ainsi tu veux me garder? dit-elle.

— Si je le veux, Sissy!

— Mais, au moins, je travaillerai de manière à ne point être à ta charge?

— Oui, Sissy.

« — Et alors que ferai-je ?...

— Rien, Sissy. »

Et il n'y avait pas à sortir de là. La vérité est que, huit jours plus tard, — et cela sur sa volonté formelle, — Sissy était installée derrière le comptoir, après s'être mise au courant de la vente. Et, ma foi, ce fut un attrait de plus pour la clientèle, cette gracieuse jeune fille déjà toute revivifiée par sa nouvelle existence et douée d'une physionomie si aimable, si intelligente, comme il convenait à la patronne de *Little Boy and Co.*

Un des plus vifs désirs de Sissy, c'était de voir apparaître sur le seuil de la porte le premier chauffeur du *Vulcan*. Elle connaissait la conduite de Grip pendant les années de la ragged-school. Elle savait qu'il lui avait succédé dans ses fonctions de protectrice de l'enfant échappé aux brutalités de la Hard. Ce qu'elle avait fait pour défendre P'tit-Bonhomme contre l'horrible mégère, Grip l'avait fait pour le défendre contre Carker et sa bande. Et puis, sans le dévouement de ce brave garçon, le pauvre petit eût péri pendant l'incendie de l'école. Le premier chauffeur pouvait donc compter sur un bon accueil à son retour. Mais le voyage fut allongé cette fois par des nécessités commerciales, et l'année 1886 s'acheva avant que le *Vulcan* eût rallié les parages de la mer d'Irlande.

Du reste, lorsque la chance s'en mêle, tout concourt au succès. L'inventaire, établi au 31 décembre, donna des résultats supérieurs aux précédents. Plus de deux mille livres, tel était, à cette époque, l'avoir de la maison des *Petites Poches*, libre de toutes dettes, — ce qui fut reconnu exact par M. O'Brien. L'honnête négociant ne put que féliciter le jeune patron, en lui recommandant de toujours agir avec une extrême prudence.

« Il est souvent plus difficile de conserver son bien qu'il n'a été difficile de l'acquérir, dit-il, en lui rendant l'acte d'inventaire.

— Vous avez raison, répondit P'tit-Bonhomme, et croyez, monsieur O'Brien, que je ne me laisserai pas entraîner. Toutefois, je regrette que l'argent déposé à la Banque d'Irlande n'ait pas un

SON PREMIER CHAUFFEUR ÉTAIT A SON POSTE. (Page 411.)

emploi plus lucratif... C'est de l'argent qui dort, et, lorsqu'on dort, on ne travaille pas...

— Non, mon garçon, on se repose, et le repos est aussi nécessaire à l'argent qu'à l'homme.

— Et pourtant, monsieur O'Brien, si quelque bonne occasion se présentait...

— Il ne suffirait pas qu'elle fût bonne, il faudrait qu'elle fût excellente.

— D'accord, et dans ce cas, j'en suis sûr, vous seriez le premier à me conseiller...

— D'en profiter?... Certainement, mon garçon, à la condition que cela rentrât dans le genre de tes affaires.

— C'est ainsi que je le comprends, monsieur O'Brien, et l'idée ne me viendra jamais d'aller courir des risques dans des opérations où je n'entends rien. Mais, tout en agissant avec prudence, on peut chercher à développer son commerce...

— En de telles conditions, je serais mal venu à ne point t'approuver, mon garçon, et si j'ai vent de quelque affaire de toute sécurité... oui... peut-être... Enfin, nous verrons ! »

Et, dans sa sagesse, l'ancien négociant ne voulait pas s'engager davantage.

Une date à mentionner entre toutes, — une date qui méritait d'être marquée d'une croix au crayon rouge sur le calendrier du bazar des *Petites Poches*, — ce fut celle du 23 février.

Ce jour-là, Bob, grimpé au haut d'une échelle, au fond du magasin des jouets, faillit en dégringoler, quand il s'entendit héler de cette sorte :

« Oh ! des barres de perroquet... Oh !

— Grip ! s'écria Bob, en se laissant glisser, comme un gamin le long d'une rampe d'escalier.

— Moi-même, *And Co!...* P'tit-Bonhomme va bien, mon mousse ?... Kat va bien?... Monsieur O'Brien va bien?... Il m'semble que j'n'ai oublié personne ?

— Personne?... Et moi, Grip? »

Et qui venait de prononcer ces paroles?... Une jeune fille, rayonnante de joie, qui s'avança vers le premier chauffeur du *Vulcan* et lui appliqua sans façon un bon baiser sur chaque joue.

« Plaît-il? s'écria Grip, tout déconcerté... Mad'moiselle... Je n'vous connais pas... Comment?... V'là qu'on embrasse ici les gens sans les connaître ?...

— Alors je vais recommencer jusqu'à ce que nous ayons fait connaissance...

— Mais c'est Sissy, Grip!... Sissy!... Sissy!... » répétait Bob en éclatant de rire.

P'tit-Bonhomme et Kat venaient d'entrer. Or, voilà que ce diable de Grip, — décidément très malin, — ne voulut rien comprendre à l'explication qu'on lui donna, tant qu'il n'eut pas rendu les baisers de la demoiselle à la demoiselle. Par Saint-Patrick! que Sissy lui parut charmante, fraîche, épanouie! Et, comme il avait rapporté d'Amérique un joli nécessaire de voyage pour homme, avec tire-bottes, rasoirs et savonnette en vue de l'avenir de son boy, il soutint que c'était pour l'offrir à Sissy qui l'avait acheté... qu'il avait le pressentiment de la retrouver au bazar de *Little Boy*... et Sissy fut contrainte d'accepter son cadeau, — ce dont le véritable destinataire ne se montra point formalisé.

Que de bonnes journées s'envolaient à présent dans le magasin de Bedfort-street! Quand il n'était pas retenu à bord, Grip « n'en démarrait plus », suivant une de ses expressions. Évidemment, il y avait au comptoir des *Petites Poches* une attraction, disons un aimant dont l'influence se faisait sentir jusqu'aux docks, et qui le retenait près de Sissy, après l'avoir attiré. Que voulez-vous? Il est difficile de résister à ces lois de la nature. P'tit-Bonhomme n'était pas sans l'avoir remarqué.

« N'est-ce pas qu'elle est gentille, ma grande sœur? dit-il un jour à Grip.

— Ta grande sœur, mon boy! Mais elle n's'rait pas gentille

qu'elle le s'rait tout d'même !... Elle s'rait laide qu'elle ne l's'rait pas !... Elle s'rait méchante...

— Méchante... Sissy ?... Oh ! Grip !

— Oui... c'est bête c'que je dis !... C'est parce que j'sais pas m'exprimer... Mais si j'savais m'exprimer... »

Il s'exprimait très bien, au contraire, — du moins à ce que pensait Kat, et trois semaines ne s'étaient pas écoulées depuis le retour de Grip, qu'elle disait à P'tit-Bonhomme :

« Notre Grip, c'est comme les animaux qui muent... De noir qu'il était, il est en train de reprendre sa couleur naturelle... sa couleur blanche... et je ne crois pas qu'il reste longtemps à bord du *Vulcan!...* »

C'était aussi l'avis de M. O'Brien.

Néanmoins, le 15 mars, lorsque le *Vulcan* appareilla pour l'Amérique, son premier chauffeur, que toute la famille avait accompagné jusqu'au port, était à son poste. Est-ce que, — il le prétendait du moins, — le *Vulcan* n'aurait pu se passer de lui ?

Quand il revint le 13 mai, après sept semaines d'absence, il semblait que son « changement de couleur » fût plus accentué. Certes, on lui fit le même excellent accueil. P'tit-Bonhomme, Kat, Bob, le pressèrent entre leurs bras. Mais il ne fut pas aussi démonstratif en répondant à leur étreinte, et il se contenta de mettre un seul baiser sur la joue droite de Sissy, qui, d'ailleurs, n'en avait déposé qu'un seul sur sa joue gauche. Que signifiait cette réserve ?... Grip devenu plus grave, Sissy devenue plus sérieuse, lorsqu'ils se trouvaient en face l'un de l'autre, cela introduisait une certaine gêne dans les réunions du soir. Et, à l'heure où Grip se retirait pour retourner à bord, lorsque P'tit-Bonhomme lui disait :

« A demain, mon bon Grip ?... »

Il répondait le plus souvent :

« Non... d'main... y a d'l'ouvrage pressé dans la chauff'rie... Ça m's'ra impossible! »

Et, le lendemain, le bon Grip revenait exactement comme la veille et même une heure plus tôt, — et phénomène extraordinaire — il est certain que sa peau devenait plus blanche de jour en jour.

On pensera sans doute que Grip se trouvait dans un état psychologique convenable pour accepter les propositions relatives à l'abandon de son métier de chauffeur et à son entrée comme associé dans la maison *Little Boy and Co.* C'était l'avis de P'tit-Bonhomme ; mais il se garda bien de pressentir Grip à ce sujet. Mieux valait le laisser venir.

Et c'est un peu ce qui arriva vers le commencement du mois de juin.

« Ça va toujours, les affaires ?... avait demandé Grip.

— Tu peux en juger, répondit P'tit-Bonhomme. Nos magasins ne désemplissent pas.

— Oui... il y a du monde !...

— Beaucoup, Grip, et surtout depuis que Sissy est installée au comptoir.

— Ça n'm'étonne pas, mon boy ! Je n'comprends pas qu'dans tout Dublin et même qu'dans tout' l'Irlande, on veuille ach'ter n'importe quoi qui n'soit pas vendu par elle !

— Le fait est qu'il serait difficile d'être servi par une jeune fille plus aimable...

— Et plus... ou plus... répliqua Grip, qui ne parvint pas à trouver un comparatif digne de Sissy.

— Et intelligente ! ajouta P'tit-Bonhomme.

— Ainsi... ça va ?... reprit Grip.

— Je te l'ai dit !

— Et m'sieu Balfour ?...

— Monsieur Balfour également.

— C'n'est pas d'sa santé que j'parle ! répondit Grip un peu vivement peut-être. Qu'est-ce que ça m'fait, la santé de m'sieu Balfour ?...

— Mais cela me fait quelque chose, Grip. Il nous est très utile, monsieur Balfour... C'est un excellent comptable...

— Et il s'y entend à sa b'sogne ?...

— Parfaitement.

— J'crois qu'il est un peu vieux?...

— Non... il n'y paraît pas !

— Hum ! »

Et ce hum ! semblait dire que M. Balfour ne tarderait pas à atteindre les limites de l'extrême vieillesse.

La conversation en resta là. Et, lorsque P'tit-Bonhomme crut devoir en rapporter les termes, cela fit sourire la bonne Kat et M. O'Brien.

Jusqu'à ce gamin de Bob qui s'en mêlait, et qui, cinq ou six jours après, disait à Grip :

« Est-ce que le *Vulcan* ne va pas bientôt repartir ?

— On en parle, à c'qui paraît ! répliqua Grip, dont le front se couvrit de nuages, comme la mer par une brise de sud-ouest.

— Et alors, reprit *And Co*, tu vas aller rallumer la chaudière rien qu'en la regardant?... »

Le fait est que les yeux du premier chauffeur étincelaient. Mais cela tenait sans doute à ce que Sissy traversait le magasin, gracieuse et souriante, s'arrêtant parfois pour dire :

« Grip, voudriez-vous m'atteindre cette boîte de chocolat?... Je ne suis pas assez grande... »

Et Grip atteignait la boîte.

Ou bien :

« Voudriez-vous me descendre ce pain de sucre?... Je ne suis pas assez forte... »

Et Grip descendait le pain.

« Est-ce qu'il sera long, ton voyage ? demanda Bob, lequel, avec son air fûté et ses yeux en coulisse, semblait se moquer de son ami Grip.

— Très long, que j'pense ! répondit le chauffeur, en secouant la tête. Au moins quat' à cinq s'maines...

— Bah ! cinq semaines, c'est vite envolé !... J'ai cru que tu allais me dire cinq mois !

— Cinq mois ?... Pourquoi pas cinq ans ! s'écria Grip, bouleversé comme le serait un pauvre diable qui aurait attrapé cinq ans de prison.

— Alors... tu es bien heureux, Grip ?

— Dam'... qu'è qu'tu veux que j'sois ?... Oui ! j'suis...

— Tu es une grande bête ! »

Et là-dessus, Bob de s'en aller en faisant une grimace significative.

La vérité est que Grip ne vivait plus, car ce n'est pas vivre que de passer son temps à se cogner le front dans les coins, comme une mouche contre l'abat-jour d'une lampe. Il était donc à propos qu'il partît, puisqu'il ne se décidait pas à rester, et c'est ce qui arriva à la date du 22 juin.

Ce fut pendant cette nouvelle absence de Grip, que la maison *Little Boy* traita d'une certaine affaire, approuvée par M. O'Brien, et qui devait lui valoir de beaux bénéfices. Il s'agissait d'un jouet qu'un inventeur venait de fabriquer, et dont P'tit-Bonhomme n'hésita pas à acheter le brevet.

Ce jouet fit d'autant plus fureur que c'était la maison *Little Boy and Co*, c'est-à-dire deux jeunes garçons qui en avaient monopolisé la vente. Au moment de partir pour les bains de mer, toute la gentry enfantine voulut s'offrir ce cadeau, lequel était assez coûteux, et Bob, spécialement attaché à cet article, ne put suffire aux impatiences de sa clientèle. Sissy dut lui venir en aide, et la vente n'en alla pas plus mal. La branche épicerie, si achalandée pourtant, vit ses recettes dépassées par celles du rayon des jouets. En fin de compte, comme tout cela se totalisait dans la caisse des *Petites Poches*, le caissier ne s'en montra pas autrement chagrin. De ce fait seul, le capital s'accrut de quelques centaines de guinées. Très probablement même, si le débit ne s'arrêtait pas, et en y ajoutant les bénéfices ordinaires de Noël, l'inventaire, au 31 décembre, se chiffrerait par trois mille livres[1].

---

1. 75,000 francs.

Voilà qui permettrait au jeune patron des *Petites Poches* de donner une jolie dot à la patronne de *Little Boy and Co*, s'il lui prenait quelque jour l'envie de se marier ! Et pourquoi ne pas avouer que Grip, un jeune homme pas mal de sa personne, et qui ferait un époux accompli, lui plaisait, bien qu'elle n'en eût rien voulu jamais dire ? Il est vrai, tout le monde le savait dans la maison. Mais voilà, est-ce que Grip se déciderait ?... Est-ce qu'on pouvait se passer de lui dans la marine marchande ?... Est-ce que les appareils évaporatoires fonctionneraient, s'il n'était pas à son poste ?... Et puis n'avait-il pas ri à se démettre les mâchoires, lorsque P'tit-Bonhomme lui avait dit que l'envie lui viendrait peut-être de se marier ?...

Il suit de cet ensemble de circonstances qu'au retour du *Vulcan*, le 29 juillet, le premier chauffeur fut plus gêné, plus gauche, plus triste, plus sombre... enfin, plus malheureux qu'auparavant. Son navire devait reprendre la mer le 15 septembre... Est-ce que, cette fois, il repartirait encore... lui ?...

C'était probable, puisque P'tit-Bonhomme, — pouvait-on croire à tant de méchanceté de sa part ! — était fermement résolu à ne point hâter un dénouement, inévitable d'ailleurs, tant que Grip n'aurait pas pris sur lui de faire une demande officielle. Il s'agissait de sa grande sœur, après tout, elle dépendait de lui, il avait le devoir d'assurer son bonheur... Or, la première condition à imposer, — condition *sine quâ non*, — c'était que Grip abandonnât son métier de marin et consentît à entrer dans la maison en qualité d'associé... Sinon, non !

Cette fois, pourtant, Grip fut si rigoureusement mis au pied du mur, qu'il aurait dû se déclarer et ne pas se raidir contre lui-même.

En effet, un jour qu'il tournait autour de Kat, — c'était à cette digne femme qu'il se serait le plus volontiers ouvert, — Kat lui dit, sans en avoir l'air :

« N'avez-vous pas remarqué, Grip, combien Sissy devient de plus en plus charmante ?

— Non... répondit Grip... j'n'ai pas r'marqué... Pourquoi qu'j'aurais r'marqué ?... Je n'regarde pas...

Et Grip atteignait la boîte. (Page 413.)

— Ah! vous ne regardez pas?... Eh bien! ouvrez les yeux, et vous verrez quelle belle fille nous avons là!... Savez-vous qu'elle va avoir dix-neuf ans?...

— Quoi... déjà?... répliqua Grip, qui connaissait l'âge de Sissy à une heure près. Vous d'vez vous tromper, Kat...

— Je ne me trompe pas... dix-neuf ans... et il faudra bientôt la marier... P'tit-Bonhomme lui cherchera un brave garçon... dans les

CHANGEMENT DE COULEUR ET D'ÉTAT.

« C'est mon avis, » répondit la bonne Kat. (Page 418.)

vingt-six à vingt-sept ans... Tiens !... comme vous... C'est que nous voulons que ce soit quelqu'un en qui on puisse avoir toute confiance... pas dans la marine, par exemple, non... pas dans la marine !... Des gens qui voyagent... ils n'ont qu'à faire de se présenter !... Marins... maris... ça ne s'accorde guère !... D'ailleurs, comme Sissy aura une belle dot...

— Elle n'en a pas b'soin... dit Grip.

— C'est vrai... une si aimable personne... Mais ça ne nuit pas pour monter un ménage... Aussi, notre jeune maître ne tardera-t-il pas à trouver...

— Il a què'qu'un en vue?...

— Je le crois.

— Què'qu'un qui vient souvent à c'bazar?...

— Assez souvent.

— Je l'connais?...

— Non... il paraît que vous ne le connaissez pas! répondit Kat, en regardant Grip qui baissait les yeux.

— Et... c'què'qu'un... plaît à mam'zelle Sissy? demanda-t-il, la voix altérée, les mots lui restant dans la gorge.

— Dame... on ne sait trop... Avec des individus qui ne se décident pas à se prononcer...

— Mon Dieu, qu'y a d'gens bêtes! dit Grip.

— C'est mon avis! » répondit la bonne Kat.

Et cette réponse, directement envoyée au chauffeur, ne l'empêcha pas de repartir le 15 septembre, huit jours après. Enfin lorsqu'il revint le 29 octobre suivant, il fut manifeste qu'il avait pris une grande résolution ; seulement, il se garda bien de la formuler.

Il avait le temps, en résumé. Le *Vulcan* allait rester deux mois au moins à son port d'attache. D'importantes réparations avaient été jugées nécessaires, sa machine à modifier, ses chaudières à changer. Il était probable que les yeux de Grip avaient trop dégagé de calorique pendant ce dernier voyage, car les tôles avaient reçu deux ou trois coups de feu.

Deux mois, c'est plus qu'il ne faut, surtout quand on n'a qu'un mot à prononcer.

« Mam'zelle Sissy n'est pas mariée? avait-il demandé à Kat, en entrant dans le comptoir.

— Pas encore, mais ça ne tardera guère... ça brûle! » avait répondu la bonne femme.

Il va sans dire, n'est-ce pas, que, du moment que le *Vulcan* était désarmé, le chauffeur n'avait rien à faire à bord. Aussi ne s'étonnera-t-on pas qu'il fût souvent — pour ne pas dire toujours — au bazar de *Little Boy*. A moins d'y loger, il n'aurait pu y demeurer davantage. Eh bien, pendant tout ce temps, les choses n'en furent pas plus avancées.

Les réparations du *Vulcan* ayant été achevées dans le délai susdit, son départ fut fixé à une semaine de là. Et ce nigaud de Grip n'avait pas encore ouvert la bouche, — du moins pour dire ce qu'on attendait de lui.

Or, voici qu'il se produisit un incident inattendu dans la première semaine de décembre.

Une lettre, adressée d'Australie à M. O'Brien, en réponse à la dernière qu'il avait écrite, contenait cette nouvelle :

M. et Mrs. Martin Mac Carthy, Murdock, sa femme et leur fillette, Sim et Pat qui les avait rejoints, s'étaient embarqués à Melbourne pour retourner en Irlande. La fortune ne leur avait pas souri, et ils revenaient au pays aussi misérables qu'à l'époque où ils l'avaient quitté. Embarqués sur un navire d'émigrants, — un navire à voiles, le *Queensland*, dont la traversée serait sans doute longue et pénible, — ils n'arriveraient pas à Queenstown avant trois mois.

Quel chagrin éprouva P'tit-Bonhomme au reçu de ces nouvelles! Les Mac Carthy toujours malheureux, sans travail, sans ressources!... Mais enfin, il allait revoir sa famille adoptive... Il lui viendrait en aide... Ah! que n'était-il dix fois plus riche pour lui faire la situation dix fois plus belle!

Après avoir prié M. O'Brien de lui confier cette lettre, il la serra dans son bureau, et — chose singulière, — à partir de ce jour, il n'y fit plus allusion. Il semblait que, depuis la réception de ladite lettre, il évitât de parler des anciens fermiers de Kerwan.

Cette nouvelle eut son contre-coup sur Grip. Qui s'y serait attendu? O cœur humain, tu ne changes donc pas, — même dans la poitrine d'un premier chauffeur! Ces Mac Carthy sur le point de revenir, ces deux frères, Pat et Sim, qui devaient être deux superbes garçons que

P'tit-Bonhomme aimait tant… presque ses frères… qui sait si, à l'un d'eux, il ne voudrait pas donner celle qui était presque sa sœur ?… Bref, Grip devint jaloux, affreusement jaloux, et, un certain 9 décembre, il était résolu à en finir, lorsque, ce matin-là, P'tit-Bonhomme, le prenant à part, lui dit :

« Viens dans mon bureau, Grip… J'ai à te parler. »

Grip, tout pâle — avait-il le pressentiment de quelque grave éventualité ? — suivit P'tit-Bonhomme.

Dès qu'ils furent seuls, assis en face l'un de l'autre, le patron des *Petites Poches* dit à Grip d'un ton sec :

« Je vais probablement entreprendre une affaire assez importante, et j'aurai besoin de ton argent.

— Enfin, répondit Grip, c'n'est pas trop tôt ! D'combien qu't'as besoin ?…

— De tout ce que tu as déposé à la Caisse d'épargne.

— Prends c'qu'il t'faut.

— Voici ton livret… Signe, afin que je puisse toucher dès aujourd'hui… »

Grip ouvrit le livret et signa.

« Quant aux intérêts, reprit P'tit-Bonhomme, je ne t'en parlerai pas…

— Ça n'vaut pas la peine…

— Parce que, à dater de ce jour, tu fais partie de la maison *Little Boy and Co*.

— En quelle qualité ?…

— En qualité d'associé.

— Mais… mon navire ?…

— Tu demanderas ton congé.

— Mais… mon métier ?…

— Tu le quittes.

— Pourquoi que je l'quitte ?…

— Parce que tu vas épouser Sissy.

— Je vais épouser… moi… mam'zelle Sissy ! répéta Grip, qui n'avait pas l'air de comprendre.

— Oui... c'est elle qui le veut.

— Ah!... c'est elle qui...

— Oui... et comme tu le veux aussi...

— Moi?... je l'veux?... »

Grip ne savait pas ce qu'il répondait, il n'entendait plus un mot de ce que lui disait P'tit-Bonhomme. Il prit son chapeau, le mit sur sa tête, l'ôta, le déposa sur une chaise, et s'assit dessus, sans même s'en apercevoir.

« Allons, lui dit P'tit-Bonhomme, tu seras obligé d'en acheter un autre pour la noce. »

Pour sûr, il en achèterait un autre, mais il ne sut jamais comment son mariage s'était décidé. Pendant une vingtaine de jours, personne ne put le tirer de son ahurissement — pas même Sissy. Bah! cela passerait... après la cérémonie.

Ce qui est avéré, c'est que le 24 décembre, la veille de Noël, un beau matin, Grip endossa un vêtement tout noir, comme s'il allait à un deuil, Sissy, une robe blanche, comme si elle allait au bal. M. O'Brien, P'tit-Bonhomme, Bob et Kat mirent leurs habits du dimanche, bien qu'on fût au vendredi. Puis deux voitures vinrent chercher toutes ces personnes à la porte des *Petites Poches*, pour les conduire à la chapelle catholique et romaine de Bedfort-street. Et, lorsque Grip et Sissy sortirent de cette chapelle une demi-heure plus tard, ne voilà-t-il pas qu'ils étaient mariés tous les deux, et, ce qui ne surprendra personne, — l'un avec l'autre !

A cela près, rien n'était changé, quand la joyeuse compagnie rentra au bazar de *Little Boy and Co*. Et la vente fut reprise, car ce n'est pas la veille du Christmas qu'on eût fermé à sa nombreuse clientèle un bazar si bien achalandé.

XIV

LA MER DE TROIS COTÉS

Le 15 mars — environ trois mois après le mariage de Grip et de Sissy, — le schooner *Doris* sortait du port de Londonderry, et mettait en mer par une jolie brise du nord-est.

Londonderry est la capitale du comté de ce nom, qui confine au Donegal dans la partie septentrionale de l'Irlande. Les habitants de Londres disent Londonderry, parce que ce comté appartient presque tout entier aux corporations de la capitale des Iles Britanniques, par suite de confiscations anciennes, et parce que ce fut l'argent londonien qui releva la ville de ses ruines. Mais Paddy, faute de pouvoir protester autrement, l'appelle simplement Derry, et on ne saurait l'en blâmer.

Le chef-lieu de ce comté est une importante ville, située près de la rive gauche et à l'embouchure de la Foyle. Ses rues sont larges, aérées, proprement entretenues, sans grande animation, bien que la population comprenne quinze mille habitants. On y voit des promenades sur l'emplacement de ses anciens remparts, une cathédrale épiscopale au sommet de la colline urbaine, et aussi quelques vestiges à peine reconnaissables de l'abbaye de Saint-Columba et du Tempal More, remarquable édifice du XIIe siècle.

Le mouvement du port, qui est considérable, comprend l'exportation de quantité de marchandises, ardoises, bières, bétail, et, il faut bien le dire, de quantité d'émigrants. Et combien en est-il, de ces malheureux Irlandais, chassés par la misère, qui reviennent au pays natal?

Il n'y a rien d'étonnant, sans doute, à ce qu'un schooner, — autrement dit une goélette — ait quitté le port de Londonderry, puisque des centaines de navires descendent ou remontent quotidiennement l'étroit goulet de la baie de Lough-Foyle. Et pourquoi aurait-on remarqué le départ de la *Doris* au milieu d'un va-et-vient maritime, qui se chiffre annuellement par six cent mille tonnes?

Cette observation est juste. Mais, si cette goélette mérite d'attirer notre attention spéciale, c'est qu'elle porte César et sa fortune. César, c'est P'tit-Bonhomme; sa fortune, c'est la cargaison qu'elle transporte à Dublin.

Et à quel propos, le jeune patron de *Little Boy and Co* se trouve-t-il à bord de la *Doris* ?

Voici ce qui avait eu lieu :

Après le mariage de Sissy et de Grip, les *Petites Poches* avaient été très occupées en vue des affaires du nouvel an, inventaire de fin d'année, affluence de la clientèle toujours plus considérable, établissement de nouveaux rayons dans le bazar, etc. Grip s'était activement mis à la besogne, bien qu'il ne fût pas encore remis de son étonnement matrimonial. D'être le mari de cette charmante Sissy, cela lui paraissait un songe qui s'effacerait au réveil.

« Je t'assure que tu es marié, lui répétait Bob.

— Oui... il m'semble bien que oui, Bob... et pourtant... je n'puis l'croire... des fois ! »

L'année 1887 débuta donc dans d'excellentes conditions. Au total, P'tit-Bonhomme n'aurait eu à désirer que la continuation de cet état de choses, sans la grave préoccupation qui ne le quittait pas : assurer le sort des Mac Carthy, lorsque ces pauvres gens remettraient le pied en Irlande.

Avait-on eu des nouvelles du *Queensland*, sur lequel la famille s'était embarquée à Melbourne? Non, et pendant les deux premiers mois de l'année, la lecture assidue des correspondances maritimes n'avait rien appris, lorsque, à la date du 14 mars, on put lire ces lignes dans la *Shipping-Gazette* :

La *Doris* sortait du port de Londonderry. (Page 422.)

« Le steamer *Burnside* a rencontré le voilier *Queensland*, le 3 courant, par le travers de l'Assomption. »

Les bâtiments à voiles, qui viennent des mers du Sud, ne peuvent abréger leur parcours en franchissant le canal de Suez, car il est difficile, sans l'impulsion d'une machine, de remonter la mer Rouge. Il s'en suit que, pour la traversée d'Australie en Europe, le *Queensland* avait dû suivre la route du cap de Bonne-Espérance, et qu'à cette

LA MER DE TROIS CÔTÉS.   425

Là se développe cette Chaussée des Géants. (Page 430.)

époque, il se trouvait encore en plein océan Atlantique. Si le vent ne lui était pas favorable, il emploierait quinze jours ou trois semaines à rallier Queenstown. Donc, nécessité de prendre patience jusque-là.

Cependant, cela ne laissait pas d'être rassurant, cette rencontre du *Queensland* et du *Burnside*. A coup sûr, P'tit-Bonhomme avait été bien inspiré en lisant ce numéro de la *Shipping-Gazette*, — et d'autant mieux qu'en parcourant les nouvelles commerciales, il remarqua une annonce ainsi conçue :

« Londonderry, 13 mars. — Après demain, 15 courant, sera mise en vente aux enchères publiques la cargaison du schooner *Doris*, de Hambourg, comprenant cent cinquante tonnes de marchandises diverses, pipes d'alcool, barriques de vin, caisses de savon, boucauts de café, sacs d'épices, — le tout à la requête de MM. Harrington frères, créanciers, etc. »

P'tit-Bonhomme demeura pensif devant cette annonce. La pensée lui était venue qu'il y avait peut-être là une opération fructueuse à tenter. Dans les circonstances où la *Doris* devait être vendue, cette cargaison tomberait à vil prix. N'était-ce pas une occasion d'acheter ces divers articles de débit courant pour la plupart, ces pipes d'alcool, ces barriques de vin, qui pourraient être ajoutées au commerce d'épicerie?.. Enfin cela trotta tellement dans la tête de notre héros qu'il alla consulter M. O'Brien.

L'ancien négociant lut l'annonce, écouta les raisonnements du jeune garçon, réfléchit en homme qui ne s'engage jamais à la légère, et finalement répondit :

« Oui... il y a là une affaire... Toutes ces marchandises, si on se les procure à bon marché, peuvent se revendre avec gros bénéfice... mais à deux conditions: c'est qu'elles soient d'excellente qualité et qu'on les obtienne à cinquante ou soixante pour cent au-dessous des cours.

— Je pense comme vous, monsieur O'Brien, répondit P'tit-Bonhomme, et j'ajoute qu'on ne peut se prononcer tant qu'on n'a pas vu la cargaison de la *Doris*... Je partirai ce soir pour Londonderry.

— Tu as raison, et je t'accompagnerai, mon garçon, répondit M. O'Brien.

— Vous auriez cette complaisance?...

— Oui... je veux examiner moi-même... Je m'y connais à ces marchandises-là... J'en ai acheté et vendu toute ma vie...

— Je vous remercie, monsieur O'Brien, et je ne sais comment vous prouver ma reconnaissance...

— Essayons de tirer un parti avantageux de cette affaire, je n'en demande pas plus.

— Il n'y a pas de temps à perdre... reprit P'tit-Bonhomme. La vente est affichée pour après-demain sans remise...

— Eh! je suis prêt, mon garçon... Mon sac de voyage à prendre... ce n'est pas long! Demain nous procéderons avec soin à l'examen de cette cargaison de la *Doris*... Après-demain nous l'achèterons ou nous ne l'achèterons pas, suivant sa qualité et son prix, et, le soir, en route pour Dublin. »

P'tit-Bonhomme vint aussitôt prévenir Grip et Sissy qu'il comptait partir dans la soirée pour Londonderry... Une opération qu'il se proposait de faire avec l'approbation de M. O'Brien... Le plus gros de son capital y serait engagé sans doute, mais à bon escient... Il leur confiait pour quarante-huit heures la direction du bazar des *Petites Poches*.

Cette séparation, quelque courte qu'elle dût être, était si inopinée que Grip et Bob s'en montrèrent tout marris... le garçonnet surtout. C'était la première fois, depuis quatre ans et demi, que P'tit-Bonhomme et lui allaient se quitter... Deux frères n'eussent pas été attachés par un lien plus étroit... Quant à Sissy, elle ne voyait pas son cher enfant s'éloigner sans éprouver un serrement de cœur. Et pourtant, de s'absenter deux ou trois jours, il n'y avait pas là de quoi s'inquiéter... En ce qui concernait l'affaire elle-même, P'tit-Bonhomme, conseillé par M. O'Brien, ne ferait rien qui fût de nature à compromettre sa situation, à le lancer dans une spéculation hasardeuse...

Les deux négociants, le vieux et le jeune, prirent le train à dix heures du soir. Cette fois, P'tit-Bonhomme dépassa Belfast, la capitale du comté de Down — Belfast, où il avait retrouvé sa chère Sissy. Le lendemain, à huit heures du matin, nos deux voyageurs descendaient à la gare de Londonderry.

Ce que sont les hasards de la destinée! A Londonderry, où allait s'accomplir un acte important de sa carrière commerciale, P'tit-

Bonhomme n'était pas à trente milles de ce hameau de Rindok, perdu au fond du Donegal, où sa vie avait débuté par tant de misères ! Une douzaine d'années s'étaient écoulées et il avait fait son tour d'Irlande, livré à quelles vicissitudes, à quelles alternatives de bonheur et de malheur?... Cette réflexion lui vint-elle?... Observa-t-il ce rapprochement singulier?... Nous ne savons, mais qu'il nous soit permis de l'observer pour lui.

La cargaison de la *Doris* fut l'objet d'un très sévère examen de la part de M. O'Brien. En qualité et en sortes, les divers articles qui la composaient convenaient parfaitement au patron des *Petites Poches*. Si elle lui était attribuée à bas compte, il pouvait réaliser un bénéfice considérable et quadrupler à tout le moins son capital. L'ancien négociant n'eût pas hésité à entreprendre l'opération pour son propre compte. Il conseilla même à P'tit-Bonhomme de devancer la vente aux enchères, en faisant des offres amiables à MM. Harrington frères.

Le conseil était bon, il fut suivi. P'tit-Bonhomme s'aboucha avec les créanciers de la *Doris*. Il obtint la cargaison à un prix d'autant plus avantageux qu'il offrait de payer comptant. Si la jeunesse de l'acheteur ne laissa pas de surprendre MM. Harrington, l'intelligence avec laquelle il discuta ses intérêts leur parut plus surprenante encore. D'ailleurs, M. O'Brien se portant garant, l'affaire alla toute seule, et fut réglée, séance tenante, par un chèque sur la banque d'Irlande.

Trois mille cinq cents livres — à peu près toute la fortune de P'tit-Bonhomme, — tel fut le prix auquel il devint acquéreur de la cargaison de la *Doris*. Aussi, l'opération terminée, éprouva-t-il une certaine émotion dont il ne chercha point à se défendre.

En ce qui concerne le transport de cette cargaison à Dublin, le plus simple était d'y employer la *Doris*, de manière à éviter le transbordement. Le capitaine ne demandait pas mieux, du moment que son fret lui serait assuré, et, avec un vent convenable, la traversée ne durerait pas plus de deux jours.

Ce point décidé, M. O'Brien et son jeune compagnon n'avaient plus qu'à reprendre le train du soir. De cette façon, leur absence n'aurait pas dépassé trente-six heures.

C'est alors que P'tit-Bonhomme eut une idée : il proposa à M. O'Brien de revenir à Dublin sur la *Doris*.

« Je te remercie, mon garçon, répondit l'ancien négociant, mais, je l'avoue, la mer et moi, nous n'avons jamais pu nous mettre d'accord, et c'est elle qui finit toujours par avoir raison ! Après tout, si le cœur t'en dit...

— Cela me tente, monsieur O'Brien... Pour un si court trajet, il n'y a pas grand risque, et j'aimerais autant ne pas abandonner ma cargaison ! »

Il suit de là que M. O'Brien revint seul à Dublin, où il arriva le lendemain aux premières lueurs du jour.

C'était à ce moment même que la *Doris* sortait du chenal de la Foyle, et se dirigeait vers l'étroit goulet, qui met la baie en communication avec le canal du Nord.

La brise était favorable, venant du nord-ouest. Si elle persistait, la traversée serait excellente. Le schooner pourrait naviguer le long du littoral, où la mer, abritée par les hautes terres, est toujours plus calme. Néanmoins, dans ce mois de mars, au milieu de ces parages de la mer d'Irlande, aux approches de l'équinoxe, on n'est jamais sûr du temps qu'il fera.

La *Doris* était commandée par un capitaine au cabotage, nommé John Clear, ayant sous ses ordres un équipage de huit matelots. Tous paraissaient fort entendus à leur besogne, et ils avaient une grande habitude des côtes d'Irlande. Aller de Londonderry à Dublin, ils l'eussent fait les yeux fermés.

La *Doris* sortit de la baie, toutes voiles dehors. Une fois en mer, P'tit-Bonhomme put apercevoir, vers l'ouest, le port d'Innishaven, à l'entrée d'une baie couverte par la pointe du Donegal, et, au delà, le long promontoire terminé par le cap Malin, le plus avancé de ceux que l'Irlande projette vers le nord.

Cette première journée s'annonçait heureusement. Ce fut une

jouissance pour notre jeune garçon de se sentir emporté sous les ailes de la *Doris*, à travers cette mer un peu houleuse au large, très maniable d'ailleurs avec l'allure du grand largue. Pas le moindre malaise. Un mousse n'eût pas eu le cœur plus marin. Cependant une pensée lui traversait parfois l'esprit : il songeait à cette cargaison renfermée dans les flancs de la goélette, à ces abîmes qui n'auraient qu'à s'entr'ouvrir pour engloutir toute sa fortune...

Mais pourquoi cette préoccupation que ne justifiait aucun fâcheux pronostic? La *Doris* était un solide bâtiment, excellent voilier, bien dans la main de son capitaine, et qui se comportait crânement à la mer.

Quel regret que Bob ne fût pas à bord! Quelle joie *And Co* aurait éprouvée à naviguer « pour de vrai », cette fois, et non plus sur un *Vulcan* amarré au quai de Cork ou de Dublin? Si P'tit-Bonhomme avait prévu qu'il effectuerait son retour par mer, il eût certainement emmené Bob, et Bob aurait été au comble de ses vœux.

Il est admirable, ce littoral qui se prolonge sur la limite du comté d'Antrim, montrant ses blanches murailles de calcaire, ses profondes cavernes qui suffiraient à loger tout le personnel de la mythologie gaélique. Là se dressent ces « tuyaux de cheminées », dont la fumée n'est formée que de l'écume des embruns, et ces falaises rocheuses, tellement semblables à des murs de forteresse, avec créneaux et machicoulis, que les Espagnols de l'*Armada* les battirent à coups de canon. Là se développe cette Chaussée des Géants, faite de colonnes verticales, monstrueux pilotis de basalte, auxquels les violents ressacs impriment une sonorité métallique, et dont on compte plus de quarante mille, à en croire les touristes arithméticiens. Tout cela était merveilleux d'aspect. Mais la *Doris* se garda d'approcher ces lignes de récifs, et, vers quatre heures de l'après-midi, laissant au nord-est le Mull écossais de Cantire, à l'ouvert de Clyde-Bay, elle donnait entre le cap Fair et l'île Rathlin, afin d'embouquer le canal du Nord.

La brise de nord-ouest se maintint jusqu'à trois heures de l'après-midi, en dissolvant les nuages des hautes zones de l'atmosphère.

Tandis que le schooner prolongeait le littoral à deux ou trois milles de distance, c'est à peine s'il éprouvait un léger mouvement de roulis, le tangage étant à peu près insensible. P'tit-Bonhomme n'avait pas quitté le pont un instant. C'est là qu'il avait déjeûné, c'est là qu'il dinerait, c'est là qu'il comptait rester, tant que le froid de la nuit ne l'obligerait pas à regagner la chambre du capitaine. Décidément, cette première traversée maritime ne lui laisserait que d'excellents souvenirs, et il se félicitait d'avoir eu cette bonne idée d'accompagner sa cargaison. Ce ne serait pas sans quelque fierté qu'il entrerait au port de Dublin avec la *Doris*, et il ne doutait pas qu'à ce moment Grip et Sissy, Bob et Kat, prévenus par M. O'Brien, ne fussent à l'extrémité du quai, et même sur le South-Wall, ou peut-être au bout du musoir, à la base du phare de Poolbeg...

Entre quatre et cinq heures du soir, de gros pelotons de vapeur commencèrent à s'arrondir vers l'est. Le ciel prit bientôt mauvaise apparence. Ces nuages, à linéaments très durs, à contours massifs, que poussait une brise contraire, s'élevaient avec rapidité. Aucune éclaircie n'indiquait à leur base que le pied du vent dût se dégager avant la nuit.

« Veille au grain ! » il semblait que cet avertissement fût écrit là-bas, à l'extrême périphérie de la mer. John Clear le comprit, car son front se plissa, au moment où il interrogeait attentivement l'horizon.

« Eh bien, capitaine ?... demanda P'tit-Bonhomme, que l'attitude de John Clear, non moins que celle des matelots, n'avait pas laissé de surprendre.

— Ça ne me plait guère ! » répondit le capitaine, en se retournant vers l'ouest.

En effet, la brise régnante mollissait déjà. Les voiles, dégonflées, commençaient à battre sur la mâture. Les écoutes de la misaine et de la brigantine étaient largues. Les focs ralinguaient, tandis que le hunier et le flèche recevaient les derniers souffles venus du couchant. La *Doris*, moins appuyée, subit alors un violent roulis, sous l'influence d'une longue houle qui se propageait du large. La barre n'ayant que peu d'action par défaut de marche, gouverner devenait difficile.

Cependant P'tit-Bonhomme ne souffrit pas trop de ce roulis, qui est surtout pénible par les mers calmes, et il ne descendit point dans la cabine, bien que John Clear l'y eût engagé.

Entre temps, les risées de l'est arrivaient plus fréquentes, plus rapides, soulevant l'eau pulvérisée à la surface du canal. Sur les deux tiers de l'horizon, les nuages s'effilaient en longs stratus, que les rayons du soleil à son déclin rendirent plus noirs par opposition. Aspect très menaçant.

Le capitaine Clear prit donc les précautions que commandait la prudence ; il fit carguer le flèche et le hunier, ne gardant que sa trinquette, son petit foc, et l'équipage installa à l'arrière la voile de cape, sorte de tourmentin indispensable au navire qui veut tenir tête à la tempête. Auparavant, le schooner s'était, par bonheur, élevé à deux ou trois milles du littoral, dans la crainte, s'il ne pouvait gagner au vent, d'être jeté à la côte, lorsque la bourrasque tomberait à bord.

Aucun marin n'ignore qu'à cette époque de l'équinoxe, les troubles de l'atmosphère se développent avec une extrême violence, surtout dans ces parages du Nord. Aussi, la nuit n'était-elle pas close que la rafale assaillait la *Doris*, en déployant une impétuosité que ne peuvent imaginer ni admettre ceux qui n'ont jamais été témoins de ces luttes atmosphériques. Le ciel s'était assombri profondément après le coucher du soleil. L'espace s'emplit de sifflements aigus, au milieu desquels les goélands et les mouettes fuyaient éperdus vers la terre. En un instant, le schooner fut ébranlé de la quille à la pomme des mâts. La mer, comme on dit, « venait de trois côtés », c'est-à-dire que les lames à crêtes déferlantes, contrariées dans leur ondulation, brouillées par la bourrasque, se précipitèrent à la fois sur l'avant et sur les flancs de la *Doris*, en la couvrant d'écume. Tout fut bouleversé depuis le cabestan jusqu'à la roue du gouvernail,

Son équipage et lui se précipitèrent dans la chaloupe. (Page 427.)

et il devint très difficile de se tenir sur le pont. L'homme de barre avait dû s'attacher, les matelots s'abriter le long des pavois.

« Descendez, monsieur, dit John Clear à P'tit-Bonhomme.

— Capitaine, permettez-moi...

— Non... en bas, vous dis-je, ou vous serez emporté par un coup de mer ! »

P'tit-Bonhomme obéit. Il regagna la cabine, très inquiet, moins pour lui-même que pour cette cargaison menacée. Sa fortune entière à bord d'un navire en péril... tout ce bien qu'il ne pourrait faire, si elle était perdue...

Les choses prenaient une tournure très grave. En vain le capitaine avait-il tenté de mettre la *Doris* en cape courante, de manière à présenter son avant aux lames, afin de s'écarter de la côte ou d'en rester à bonne distance. Par malheur, vers une heure du matin, le petit foc et le tourmentin furent emportés. Une heure après, la mâture vint en bas. Brusquement, la *Doris* se coucha sur tribord, et, comme sa cargaison s'était déplacée dans la cale, ne pouvant se relever, elle risquait d'emplir par-dessus les pavois.

P'tit-Bonhomme, qui avait été jeté contre les cloisons de la cabine, se redressa, à tâtons.

En ce moment, pendant une accalmie, des cris arrivèrent jusqu'à lui. Il se faisait un grand tumulte sur le pont. Avait-il donc été défoncé par un coup de mer?...

Non! John Clear, dans l'impossibilité de redresser la goélette, et craignant qu'elle ne vînt à sombrer, faisait ses préparatifs pour l'abandonner. Malgré l'inclinaison, qui rendait la manœuvre très dangereuse, on avait mis la chaloupe à la mer. Il fallait s'y embarquer sans perdre une minute. P'tit-Bonhomme le comprit, lorsqu'il s'entendit appeler par le capitaine à travers le capot entrebâillé.

Abandonner la goélette et tout ce qu'elle renfermait dans la cale?... Non... Cela ne se pouvait pas! N'y eût-il qu'une seule chance de la sauver, P'tit-Bonhomme était résolu à courir cette chance, — même au péril de sa vie... Il connaissait la loi maritime : si la mer ne l'engloutit pas, un navire abandonné appartient au premier qui monte à bord... Le code anglais est formel, qui déclare propriété du sauveteur tout bâtiment trouvé en mer sans son équipage...

Les cris redoublaient. John Clear appelait toujours.

« Où est-il donc?... répétait-il.

— Nous allons couler! criaient les matelots.

— Mais... ce garçon?...

— On ne peut attendre...

— Ah! je le trouverai!... »

Et le capitaine se précipita par l'échelle du capot...

P'tit-Bonhomme n'était plus dans la cabine.

En effet, presque sans raisonner, guidé par une sorte d'instinct, fermement décidé à ne point quitter le bord, il s'était introduit à l'intérieur de la cale par une des cloisons que le choc d'une lourde caisse venait de briser.

« Où est-il... où est-il? répétait le capitaine en l'appelant de toutes ses forces.

— Il sera monté sur le pont... dit un matelot.

— Il aura été jeté à la mer... ajouta un autre.

— Nous coulons... Nous coulons!... »

Ces propos furent échangés de l'un à l'autre au milieu d'un effarement épouvantable. En effet, la *Doris* venait de s'incliner sous un formidable coup de roulis, à faire craindre qu'elle ne se retournât, la quille en l'air.

Il n'y avait plus à s'attarder. Puisque P'tit-Bonhomme ne répondait pas, c'est qu'il était remonté sur le pont sans que personne l'eût aperçu au milieu de cette horrible obscurité, c'est qu'il avait été emporté par-dessus le bord... Et cela n'était que trop vraisemblable!

Le capitaine Clear reparut, juste comme la goélette plongeait plus profondément entre le creux de deux énormes lames. Son équipage et lui se précipitèrent dans la chaloupe, dont l'amarre fut aussitôt larguée. Si peu d'espoir que l'embarcation eût de résister à cette mer furieuse, c'était l'unique chance de salut, et elle s'éloigna à force d'avirons, afin de ne point être entraînée dans le remous du schooner au moment où il sombrerait...

La *Doris* était sans capitaine, sans équipage... Mais ce n'était pas un navire abandonné, ce n'était pas une épave, puisque P'tit-Bonhomme n'avait pas quitté le bord!

Seul, il était seul, menacé d'être englouti d'un instant à l'autre... Il ne désespéra pas, il se sentait soutenu par un extraordinaire pressentiment de confiance. Remonté sur le pont, il se laissa glisser jusqu'aux pavois sous le vent, à un endroit où les dalots ne donnaient pas entrée aux lames. Quelles pensées l'assaillirent! C'était pour la dernière fois, peut-être, qu'il songeait à ceux qu'il aimait, aux Mac Carthy, à cette famille qu'il s'était faite avec Grip, Sissy, Bob, Kat, M. O'Brien, et il implora le secours de Dieu, le priant de le sauver pour eux comme pour lui...

La bande de la *Doris* ne s'accentuait pas, — ce qui éloignait tout danger immédiat. Par bonheur, la coque, très solidement construite, avait résisté. Aucune voie d'eau ne s'était déclarée à travers le bordage. Si la goélette se trouvait sur la route de quelque navire, si des sauveteurs en réclamaient la propriété, P'tit-Bonhomme serait là pour revendiquer sa cargaison restée intacte, que les coups de mer n'avaient point atteinte.

La nuit s'acheva. Cette affreuse tempête diminua de violence aux premières lueurs du soleil. Toutefois, la mer ne tomba pas, troublée d'une houle persistante.

P'tit-Bonhomme porta ses regards sous le vent, à l'opposé du soleil, dans la direction de la terre.

Rien en vue, nuls contours d'une côte vers l'ouest. Il était évident que la *Doris*, poussée par les rafales de la nuit, devait être sortie du canal du Nord et se trouver actuellement en pleine mer d'Irlande — peut-être par le travers de Dundalk ou de Drogheda. Mais à quelle distance?...

Et, au large, pas un bâtiment, pas une barque de pêche! D'ailleurs, un navire eût-il été là, qu'il lui eût été difficile d'apercevoir cette coque renversée, le plus souvent plongée dans l'entre-deux des lames.

Et pourtant, l'unique chance de salut était d'être rencontré. Si elle continuait à dériver vers l'ouest, la *Doris* se perdrait corps et biens sur ces récifs qui bordent le littoral.

Mais n'était-il pas possible de lui imprimer une direction, de manière à gagner les parages fréquentés des pêcheurs? En vain P'tit-

Bonhomme essaya-t-il d'installer un morceau de toile sur un espars maintenu par des cordes. Il ne pouvait donc compter sur ses propres efforts, il était entre les mains de Dieu.

La journée s'écoula sans que la situation se fût aggravée. P'tit-Bonhomme ne craignait plus que la *Doris* s'engloutît, puisque son degré d'inclinaison sur tribord semblait ne pas devoir être dépassé. Il n'y avait qu'une chose à faire : observer le large avec la chance de voir apparaître un navire.

En attendant, notre jeune garçon mangea afin de reprendre des forces, et, pas un instant, — nous insistons sur ce point, — pas un instant, ayant conservé la plénitude de son intelligence, il ne sentit le désespoir s'emparer de lui. Il ne voyait qu'une chose, c'est qu'il défendait son bien.

A trois heures de l'après-midi, une fumée se déroula dans l'est. Une demi-heure après, un grand steamer se montrait très distinctement, se dirigeant vers le nord et tenant route à cinq ou six milles de la *Doris*.

P'tit-Bonhomme fit des signaux avec un pavillon au bout d'une gaffe : ils ne furent pas aperçus.

De quelle extraordinaire énergie était-il donc doué, cet enfant, puisqu'il ne se découragea même pas alors? Le soir arrivant, il ne pouvait plus compter sur une autre rencontre ce jour-là. Aucun indice ne lui permettait de penser qu'il fût proche de la terre. La nuit, épaissie par les nuages, sans lune, serait fort obscure. Cependant le vent n'accusait aucune tendance à fraîchir, et la mer était tombée depuis le matin.

Comme la température était assez basse, le mieux était de descendre dans la cabine. Inutile de rester au dehors, puisqu'on ne pouvait rien distinguer, même à une demi-encâblure. Très fatigué par ces heures d'angoisses, incapable de résister au sommeil, P'tit-Bonhomme retira la couverture du cadre, sur lequel il n'aurait pu se coucher à cause de l'inclinaison, et, après s'en être enveloppé le long de la cloison, il ne tarda pas à s'endormir.

Son sommeil dura une grande partie de la nuit. Le jour commençait à poindre, lorsqu'il fut réveillé par des vociférations proférées au dehors. Il se redressa, il écouta... La *Doris* était-elle donc près de la côte?... Un navire l'avait-il rencontrée au lever du soleil?

« A nous... les premiers! criaient des voix d'hommes.

— Non... à nous! » répondirent d'autres voix.

P'tit-Bonhomme ne tarda pas à comprendre ce qui se passait. Nul doute que la *Doris* eût été aperçue dès l'aube naissante. Des équipages s'étaient hâtés de l'accoster, et, maintenant, ils se disputaient à qui elle appartiendrait... Les voici qui se sont hissés sur la coque, ils ont envahi le pont, ils en viennent aux mains... Des coups s'échangent entre les sauveteurs.

P'tit-Bonhomme n'aurait eu qu'à se montrer pour mettre les deux partis d'accord. Il s'en garda expressément. Ces hommes se fussent tournés contre lui. Ils n'auraient pas hésité à le jeter par-dessus le bord, afin d'éviter toute réclamation ultérieure. Sans perdre un instant, il fallait se cacher. Aussi, alla-t-il se blottir à fond de cale, au milieu des marchandises.

Quelques minutes plus tard, le tumulte avait cessé, — preuve que la paix venait d'être faite. On s'était entendu pour partager le produit de la cargaison, après avoir conduit au port le navire abandonné.

Les choses, en effet, s'étaient passées de la sorte. Deux chaloupes de pêche, sorties au petit jour de la baie de Dublin, avaient aperçu le schooner dérivant à trois ou quatre milles au large. Les équipages s'étaient aussitôt dirigés vers cette coque à demi chavirée, luttant de vitesse pour l'atteindre, car la coutume, ayant force de loi, est que l'épave appartient à celui qui met le premier la main sur elle. Or, les embarcations étaient arrivées en même temps. De là, querelles, menaces, coups, et, finalement, accord sur le partage du butin. Eh! ils auraient fait là « une belle marée », ces redoutables pêcheurs du littoral!

A peine P'tit-Bonhomme s'était-il réfugié dans la cale, que les patrons des deux chaloupes s'affalèrent par l'échelle de capot, afin de visiter la cabine. Et que l'on juge si P'tit-Bonhomme dût s'applaudir de s'être soustrait à leurs regards, lorsqu'il les entendit échanger ces paroles :

« Il est heureux qu'il n'y ait pas eu un seul homme à bord du schooner !...

— Oh ! celui-là n'y serait pas resté longtemps ! »

Et, en effet, ces sauvages n'eussent point reculé devant un crime pour s'assurer la propriété de l'épave.

Une demi-heure après, la coque de la *Doris* était mise à la remorque des deux chaloupes, qui forcèrent de voile et d'avirons dans la direction de Dublin.

A neuf heures et demie, les pêcheurs se trouvaient à l'ouvert de la baie. Comme, avec la mer descendante, il leur eût été difficile d'y faire entrer la *Doris*, ils se dirigèrent vers Kingstown, et bientôt ils accostaient l'estacade.

Il y avait là rassemblement de populaire. L'arrivée de la *Doris* ayant été signalée, M. O'Brien, Grip et Sissy, Bob et Kat, prévenus du sauvetage, avaient pris le train de Kingstown et se trouvaient sur l'estacade...

Quelle fut leur angoisse en apprenant que les pêcheurs ne ramenaient qu'une coque abandonnée... P'tit-Bonhomme n'était pas à bord... P'tit-Bonhomme avait péri... Et tous, Grip et Sissy, Bob et Kat, de pleurer à chaudes larmes...

En ce moment arriva l'officier de port, chargé de l'enquête relative au sauvetage, ayant qualité pour attribuer à qui de droit le navire avec la cargaison qu'il renfermait... C'était un coup de fortune pour les sauveteurs...

Soudain, hors du capot, apparait un jeune garçon. Quel cri de joie les siens ont poussé, et par quels cris de fureur les pêcheurs leur ont répondu !

En un instant, P'tit-Bonhomme est sur le quai. Sissy, Grip, M. O'Brien, tous l'ont serré dans leurs bras... Et alors, s'avançant vers l'officier de port :

« La *Doris* n'a jamais été abandonnée, dit-il d'une voix ferme, et ce qu'elle contient est à moi ! »

En effet, il l'avait sauvée, cette riche cargaison, rien que par sa présence à bord.

Toute discussion eût été inutile. Le droit de P'tit-Bonhomme était incontestable. La propriété de la cargaison lui fut conservée, comme celle de la *Doris* restait au capitaine Clear et à ses hommes, qui avaient été recueillis la veille. Les pêcheurs devraient se contenter de la prime qui leur était légitimement due.

Quelle satisfaction pour tout ce monde de se retrouver, une heure après, dans le bazar de *Little Boy and Co!* C'est qu'elle avait été singulièrement périlleuse, la première traversée de P'tit-Bonhomme! Et pourtant, Bob de lui dire :

« Ah! que j'aurais voulu être avec toi à bord!...

— Tout de même, Bob?...

— Tout de même! »

XV

ET POURQUOI PAS?...

Décidément, toutes sortes de bonheurs se succédaient dans l'existence de P'tit-Bonhomme, depuis qu'il avait quitté Trelingar-castle : bonheur d'avoir sauvé et adopté Bob, bonheur d'avoir retrouvé Grip et Sissy, bonheur de les avoir mariés l'un à l'autre, sans parler des fructueuses affaires que faisait le jeune patron des *Petites Poches*. Il allait simplement et sûrement à la fortune à force d'intelligence, disons de courage aussi. Sa conduite à bord de la *Doris* en témoignait.

ET POURQUOI PAS?... 441

« Une dépêche de Queenstown ! » répétait Bob. (Page 444.)

Un seul bonheur lui manquait, faute duquel il ne pouvait être absolument heureux, — celui d'avoir pu rendre à la famille Mac Carthy tout le bien qu'il en avait reçu.

Aussi, avec quelle impatience attendait-on l'arrivée du *Queensland !* La traversée se prolongeait. Ces voiliers, qui sont à la merci du vent et dans cette saison redoutable de l'équinoxe, vous obligent à la patience. D'ailleurs, nulle raison encore d'être inquiet. P'tit-

Bonhomme n'avait pas négligé d'écrire à Queenstown, et les armateurs du *Queensland*, MM. Benett, devaient le prévenir par dépêche, dès que le bâtiment serait signalé.

En attendant, on ne chômait pas au bazar de *Little Boy*. P'tit-Bonhomme était devenu un héros, — un héros de quinze ans. Ses aventures à bord de la *Doris*, la force de volonté, l'extraordinaire ténacité déployée par lui en ces circonstances, n'avaient pu qu'accroître la sympathie dont la ville l'entourait déjà. Cette cargaison, défendue au péril de sa vie, il était juste que ce fût pour lui un coup de fortune. Et c'est bien ce qui arriva, grâce à la clientèle des *Petites Poches*. L'affluence prit des proportions invraisemblables. Les magasins ne se vidaient que pour se remplir aussitôt. Il fut à la mode d'avoir du thé de la *Doris*, du sucre de la *Doris*, des épiceries de la *Doris*, des vins de la *Doris*. Le rayon des jouets se vit un peu délaissé. Aussi Bob dut-il venir en aide à P'tit-Bonhomme, à Grip, et même à deux commis supplémentaires, tandis que Sissy, installée au comptoir, suffisait à peine à dresser les factures. De l'avis de M. O'Brien, avant quelques mois, le capital engagé dans l'affaire de la cargaison serait quadruplé, si ce n'est quintuplé. Les trois mille cinq cents livres en produiraient au moins quinze mille[1]. L'ancien négociant ne se trompait pas en prévoyant un pareil résultat. Il disait bien haut, d'ailleurs, que tout l'honneur de cette entreprise revenait à P'tit-Bonhomme. Qu'il l'eût encouragé, soit! Mais c'était le jeune patron, lui seul qui en avait eu l'idée première, en lisant l'annonce de la *Shipping-Gazette*, et l'on sait avec quelle énergie il l'avait menée à bonne fin.

On ne s'étonnera donc pas que le bazar de *Little Boy* fût devenu non seulement le mieux achalandé, mais le plus beau de Bedfort-street, — et même du quartier. La main d'une femme s'y reconnaissait à mille détails, et puis, Sissy était si activement secondée par Grip! Vrai! Grip commençait à se faire à cette idée qu'il était son

---

[1] 300,000 francs.

mari, surtout depuis qu'il croyait entrevoir, — ô orgueil paternel! — que la dynastie de ses ancêtres ne s'éteindrait pas en sa personne. Quel époux que ce brave garçon, si dévoué, si attentif, si... Nous en souhaitons un pareil à toutes les femmes qui tiennent à être, nous ne disons pas adorées, mais idolâtrées sur cette terre!

Et, lorsque l'on songeait à ce qu'avait été leur enfance à tous, Sissy dans le taudis de la Hard, Grip à la ragged-school, Bob sur les grandes routes, Birk lui-même aux alentours de Trelingar-castle, si heureux actuellement, et redevables de ce bonheur à ce garçon de quinze ans! Qu'on ne s'étonne pas si nous citons Birk parmi ces personnes privilégiées... Est-ce qu'il n'était pas compris sous la raison sociale *Little Boy and Co*, et la bonne Kat ne le regardait-elle pas comme un des associés de la maison?

Quant à ce qu'étaient devenus ou deviendraient les autres, auxquels avait été mêlée son existence, P'tit-Bonhomme ne voulait pas s'en inquiéter. Sans doute, Thornpipe continuait à courir les comtés en montrant les marionnettes défraîchies de la famille royale, M. O'Lobkins, à s'abrutir par l'abus des écritures de sa comptabilité, le marquis et la marquise Piborne, à se confire dans cette auguste imbécillité dont leur fils le comte Ashton avait hérité dès sa naissance, M. Scarlett, à gérer à son profit le domaine de Trelingar, miss Anna Waston, à mourir au cinquième acte des drames! Bref, on n'avait jamais eu aucune nouvelle de ces gens-là, si ce n'est de lord Piborne, lequel, d'après le *Times*, s'était enfin décidé à faire un discours à la Chambre des lords, mais avait dû renoncer à la parole, parce que le râtelier de Sa Seigneurie fonctionnait mal. Quant à Carker, il n'était pas encore pendu, à l'extrême étonnement de Grip, mais il s'approchait visiblement de la potence, ayant été récemment pris à Londres dans une rafle de jeunes gentlemen de son espèce.

Il n'y aura plus lieu de s'occuper de ces personnages de haute et basse origine.

Restaient les Mac Carthy, auxquels P'tit-Bonhomme ne cessait de penser, dont il attendait le retour avec tant d'impatience! Les rapports de mer n'avaient plus signalé le *Queensland*. S'il tardait de quelques semaines, à quelles inquiétudes on serait en proie?... De violentes tempêtes avaient balayé l'Atlantique depuis quelque temps... Et la dépêche, promise par les armateurs de Queenstown, qui ne venait pas!

L'employé du télégraphe l'apporta enfin, le 5 avril, dans la matinée. Ce fut Bob qui la reçut. Aussitôt ces cris de retentir au fond du bazar :

« Une dépêche de Queenstown... répétait Bob, une dépêche de Queenstown!... »

On allait donc connaître ces honnêtes Mac Carthy... La famille d'adoption de P'tit-Bonhomme était de retour en Irlande... la seule qu'il eût jamais eue!...

Il était accouru aux cris de Bob. Puis Sissy, Grip, Kat, M. O'Brien, tout le monde l'avait rejoint.

Voici ce que contenait cette dépêche :

« Queenstown, 5 Av. 9,25 m.

« P'tit-Bonhomme, *Little Boy*, Bedfort-street,

Dublin.

« *Queensland* entré ce matin au dock. Famille Mac Carthy à bord. Attendons vos ordres.

« Benett. »

P'tit-Bonhomme fut pris d'une sorte de suffocation. Son cœur avait cessé de battre un instant. D'abondantes larmes le soulagèrent, et il se contenta de dire, en serrant la dépêche dans sa poche :

« C'est bien. »

Puis, il ne parla plus de la famille Mac Carthy, — ce qui ne laissa pas de surprendre Mr. et Mrs. Grip, Bob, Kat et M. O'Brien. Il retourna comme d'habitude à ses affaires. Seulement M. Balfour eut à passer écriture d'un chèque de cent livres qu'il délivra au jeune patron sur sa demande expresse, et dont celui-ci n'indiqua pas l'emploi.

Quatre jours s'écoulèrent, — les quatre derniers jours de la Semaine-Sainte, car, cette année-là, Pâques tombait le 10 avril.

Le samedi, dans la matinée, P'tit-Bonhomme réunit son personnel et dit :

« Le bazar sera fermé jusqu'à mardi soir. »

C'était congé donné à M. Balfour et aux deux commis. Et sans doute, Bob, Grip et Sissy se proposaient d'en profiter pour leur compte, lorsque P'tit-Bonhomme leur demanda s'ils n'accepteraient pas de voyager pendant ces trois jours de vacances.

« Voyager ?... s'écria Bob. J'en suis... Où ira-t-on ?...

— Dans le comté de Kerry... que je désire revoir, » répondit P'tit-Bonhomme.

Sissy le regarda.

« Tu veux que nous t'accompagnions ? dit-elle.

— Cela me ferait plaisir.

— Alors j'serai de c'voyage ?... demanda Grip.

— Certainement.

— Et Birk ?... ajouta Bob.

— Birk aussi. »

Voici ce qui fut alors convenu. Le bazar devant être laissé à la garde de Kat, on s'occuperait des préparatifs que nécessite une absence de trois jours, on prendrait l'express à quatre heures du soir, on arriverait à Tralee vers onze heures, on y coucherait, et le lendemain... Eh bien ! le lendemain, P'tit-Bonhomme ferait connaître le programme de la journée.

A quatre heures, les voyageurs étaient à la gare, Grip et Bob, très gais, bien entendu, — et pourquoi ne l'auraient-ils pas été — Sissy, moins expansive, observant P'tit-Bonhomme, qui restait impénétrable.

« Tralee, se disait la jeune femme, c'est bien près de la ferme de Kerwan... Veut-il donc retourner à la ferme? »

Birk aurait peut-être pu lui répondre; mais, le sachant discret, elle ne l'interrogea pas.

Le chien fut placé dans la meilleure niche du fourgon, avec recommandations spéciales de Bob, appuyées d'un shilling de bon aloi. Puis, P'tit-Bonhomme et ses compagnons de voyage montèrent dans un compartiment — de première classe, s'il vous plaît.

Les cent soixante-dix milles qui séparent Dublin de Tralee furent franchis en sept heures. Il y eut un nom de station, jeté par le conducteur, qui impressionna vivement notre jeune garçon. Ce fut le nom de Limerick. Il lui rappelait ses débuts au théâtre, dans le drame des *Remords d'une Mère*, et la scène où il s'attachait si désespérément à la duchesse de Kendalle en la personne de miss Anna Waston... Ce ne fut qu'un souvenir, qui s'effaça comme les fugitives images d'un rêve !

P'tit-Bonhomme, qui connaissait Tralee, conduisit ses amis au premier hôtel de la ville, où ils soupèrent convenablement et dormirent d'un tranquille sommeil.

Le lendemain, jour de Pâques, P'tit-Bonhomme se leva dès l'aube. Tandis que Sissy procédait à sa toilette, que Grip demeurait aux ordres de sa femme, que Bob ouvrait les yeux en s'étirant, il alla parcourir la bourgade. Il reconnut l'auberge où M. Martin descendait avec lui, la place du marché où il avait pris goût aux choses de commerce, la boutique du pharmacien dans laquelle il avait dépensé une partie de sa guinée pour Grand'mère qu'il devait retrouver morte à son retour...

A sept heures, un jaunting-car attendait à la porte de l'hôtel. Bon cheval et bon cocher, le maître de l'hôtel en répondait, moyennant un prix consciencieusement débattu : tant pour le véhicule, tant pour la bête qui le traîne, tant pour l'homme qui le conduit, tant pour les pourboires, ainsi que cela se fait en Irlande.

On partit à sept heures et demie, après un déjeuner frugal. Il faisait beau temps, soleil pas trop chaud, brise pas trop méchante, ciel de nuages floconneux. Un dimanche de Pâques sans pluie, voilà qui n'est certes pas commun dans l'Ile-Émeraude! Le printemps, assez précoce cette année-là, se prêtait aux épanouissements de la végétation. Les champs ne devaient pas tarder à verdir, les arbres à bourgeonner.

Une douzaine de milles séparent Tralee de la paroisse de Silton. Que de fois P'tit-Bonhomme avait parcouru cette route dans la carriole de M. Mac Carthy! La dernière fois, il était seul... il revenait de Tralee à la ferme... il s'était caché derrière un buisson au moment où apparaissaient les constables et les recors... Ces impressions le reprenaient... Du reste, le chemin n'avait subi aucune modification depuis cette époque. Çà et là, de rares auberges, des terres en friche. Paddy est réfractaire au changement, et rien ne change en Irlande, — pas même la misère!...

A dix heures, le jaunting-car s'arrêta au village de Silton. C'était l'heure de la messe. La cloche sonnait. Elle y était toujours, cette modeste église, bâtie de guingois, avec son toit boursouflé, ses murs hors d'aplomb. Là avait été célébré le double baptême de P'tit-Bonhomme et de sa filleule. Il entra dans l'église avec Sissy, Grip et Bob, laissant Birk devant le porche. Personne ne le reconnut, ni aucun des assistants ni le vieux curé. Pendant la messe, on se demandait quelle était cette famille, dont les membres n'avaient entre eux aucun point de ressemblance.

Et, tandis que P'tit-Bonhomme, les yeux baissés, revivait au milieu de ses souvenirs si mélangés de jours heureux et malheureux, Sissy, Grip et Bob priaient d'un cœur reconnaissant pour celui auquel ils devaient tant de bonheur.

Après un déjeuner servi à la meilleure auberge de Silton, le jaunting-car se dirigea vers la ferme de Kerwan, distante de trois milles.

P'tit-Bonhomme sentait ses yeux se mouiller en remontant cette route si souvent suivie le dimanche en compagnie de Martine et

Un jaunting-car attendait à la porte de l'hôtel. (Page 446.)

de Kitty, et aussi de Grand'mère, quand elle le pouvait. Quel morne aspect! On sentait un pays abandonné. Partout des maisons en ruines, — et quelles ruines! — faites pour obliger les évictés à quitter leur dernier abri! En maint endroit, des écriteaux attachés aux murailles, indiquant que telle ferme, telle hutte, tel champ, étaient à louer ou à vendre... Et qui eût osé les acheter ou les affermer, puisqu'on n'y avait récolté que la misère!

« Vous rappelez-vous?... » (Page 453.)

Enfin, vers une heure et demie, la ferme de Kerwan apparut au tournant du chemin. Un sanglot s'échappa de la poitrine de P'tit-Bonhomme.

« C'était là!... » murmura-t-il.

En quel triste état, cette ferme!... Les haies détruites, la grande porte défoncée, les annexes de droite et de gauche à demi abattues, la cour envahie par les orties et les ronces... au fond, la maison d'habitation sans toiture, les portes sans vantaux, les fenêtres sans châssis! Depuis cinq ans, la pluie, la neige, le vent, le soleil même, tous ces agents de destruction avaient fait leur œuvre. Rien de lamentable comme ces chambres démeublées, ouvertes à toutes les intempéries, et là, celle où P'tit-Bonhomme couchait près de Grand'mère...

« Oui! c'est Kerwan! » répétait-il, et on eût dit qu'il n'osait pas entrer...

Bob, Grip et Sissy se tenaient en silence un peu en arrière. Birk allait et venait, inquiet, humant le sol, retrouvant aussi, lui, des souvenirs d'autrefois...

Soudain, le chien s'arrête, son museau se tend, ses yeux étincellent, sa queue s'agite...

Un groupe de personnes vient d'arriver devant la porte de la cour, — quatre hommes, deux femmes, une fillette. Ce sont des gens pauvrement vêtus et qui paraissent avoir souffert. Le plus vieux se détache du groupe et s'avance vers Grip, qui, par son âge, semble être le chef de ces étrangers.

« Monsieur, lui dit-il, on nous a donné rendez-vous en cet endroit... Vous... sans doute?...

— Moi? répond Grip, qui ne connait pas cet homme et le regarde, non sans surprise.

— Oui... lorsque nous avons débarqué à Queenstown, une somme de cent livres nous a été remise par l'armateur, qui avait ordre de nous diriger sur Tralee... »

En ce moment, Birk fait entendre un vif aboiement de joie, et s'élance vers la plus âgée des deux femmes, avec mille démonstrations d'amitié.

« Ah! s'écrie celle-ci, c'est Birk... notre chien Birk!... Je le reconnais...

— Et vous ne me reconnaissez pas, ma mère Martine, dit P'tit-Bonhomme, vous ne me reconnaissez pas?...

— Lui... notre enfant!... »

Comment exprimer ce qui est inexprimable? Comment peindre la scène qui suivit? M. Martin, Murdock, Pat, Sim, ont pressé P'tit-Bonhomme entre leurs bras... Et maintenant, lui, il couvrait de baisers Martine et Kitty. Puis, saisissant la fillette, il l'enlève, il la dévore de baisers, il la présente à Sissy, à Grip, à Bob, s'écriant :

« Ma Jenny... ma filleule ! »

Après ces marques d'effusion, on s'assit sur les pierres éboulées, au fond de la cour. On causa. Les Mac Carthy durent raconter leur lamentable histoire. A la suite de l'éviction, on les avait conduits à Limerick, où Murdock fut condamné à la prison pour quelques mois. Sa peine achevée, M. Martin et la famille s'étaient rendus à Belfast. Un navire d'émigrants les avait transportés en Australie, à Melbourne, où Pat, abandonnant son métier, n'avait pas tardé à les rejoindre. Et alors, que de démarches, que de peines pour n'aboutir à rien, cherchant de l'ouvrage, de ferme en ferme, tantôt travaillant ensemble, mais dans quelles conditions déplorables! tantôt séparés les uns des autres, au service des éleveurs. Et enfin, après cinq ans, ils avaient pu quitter cette terre, aussi dure pour eux que l'avait été leur terre natale !

Avec quelle émotion P'tit-Bonhomme regardait ces pauvres gens, M. Martin, vieilli, Murdock, aussi sombre qu'il l'avait connu, Pat et Sim, épuisés par la fatigue et les privations, Martine, n'ayant plus rien de la fermière alerte et vive qu'elle était quelques années avant, Kitty, qu'une fièvre permanente semblait miner, et Jenny, à demi étiolée par tant de souffrances déjà subies à son âge !... C'était à fendre le cœur.

Sissy, près des deux fermiers et de la fillette, mêlait ses larmes aux leurs et essayait de les consoler, leur disant :

« Vos malheurs sont finis, madame Martine... finis comme les nôtres... et grâce à votre enfant d'adoption...

— Lui ?... s'écria Martine. Et que pourrait-il ?...

— Toi... mon garçon ?... » répéta M. Martin.

P'tit-Bonhomme était incapable de répondre, tant l'émotion le suffoquait.

« Pourquoi nous as-tu ramenés en cet endroit, qui nous rappelle ce passé misérable ? demanda Murdock. Pourquoi sommes-nous dans cette ferme où ma famille et moi nous avons souffert si longtemps ? P'tit-Bonhomme, pourquoi as-tu voulu nous remettre en face de ces tristes souvenirs ?... »

Et cette question était sur les lèvres de tous, aussi bien les Mac Carthy que Sissy, Grip, Bob. Quelle avait donc été l'intention de P'tit-Bonhomme en assignant aux uns comme aux autres ce rendez-vous à la ferme de Kerwan ?

« Pourquoi ?... répondit-il en se maîtrisant non sans peine. Venez, mon père, ma mère, mes frères, venez ! »

Et on le suivit au centre de la cour.

Là, du milieu des broussailles et des ronces, s'élevait un petit sapin verdoyant.

« Jenny, dit-il en s'adressant à la fillette, tu vois cet arbre ?... Je l'ai planté le jour de ta naissance... Il a huit ans comme toi ! »

Kitty, à laquelle cela rappelait le temps où elle était heureuse, où elle pouvait espérer que son bonheur aurait au moins quelque durée, éclata en sanglots.

« Jenny... ma chérie... reprit P'tit-Bonhomme, tu vois bien ce couteau... »

C'était un couteau qu'il avait tiré de sa gaine de cuir.

« C'est le premier cadeau que m'a fait Grand'mère... ta bisaïeule, que tu as à peine connue... »

A ce nom évoqué au milieu de ces ruines, M. Martin, sa femme, ses enfants, sentirent leur cœur déborder.

« Jenny, continua P'tit-Bonhomme, prends ce couteau, et creuse la terre au pied du sapin. »

Sans comprendre, après s'être agenouillée, Jenny dégagea les broussailles, et fit un trou à l'endroit indiqué. Bientôt le couteau rencontra un corps dur.

Il y avait là un pot de grès, resté intact sous l'épaisse couche de terre.

« Retire ce pot, Jenny, et ouvre-le ! »

La fillette obéit, et chacun la regardait sans prononcer une parole.

Lorsque le pot eut été ouvert, on vit qu'il contenait un certain nombre de cailloux, de l'espèce de ceux qui sèment le lit de la Clashen dans le voisinage.

« M. Martin, dit P'tit-Bonhomme, vous rappelez-vous?... Chaque soir, vous me donniez un caillou, lorsque vous aviez été content de moi...

— Oui, mon garçon, et il n'y a pas eu un seul jour où tu n'aies mérité d'en recevoir un!...

— Ils représentent le temps que j'ai passé à la ferme de Kerwan. Eh bien, compte-les, Jenny... Tu sais compter, n'est-ce pas?...

— Oh oui ! » répondit la fillette.

Et elle se mit à compter les cailloux, en faisant des petits tas par centaines.

« Quinze cent quarante, dit-elle.

— C'est bien cela, répondit P'tit-Bonhomme. Cela fait plus de quatre ans que j'ai vécu dans ta famille, ma Jenny... ta famille qui était devenue la mienne !

— Et ces cailloux, dit M. Martin, en baissant la tête, ce sont les seuls gages que tu aies jamais reçus de moi... ces cailloux que j'espérais te changer en shillings...

— Et qui, pour vous, mon père, vont se changer en guinées ! »

Ni M. Martin, ni aucun des siens ne pouvaient croire, ne pouvaient comprendre ce qu'ils entendaient. Une pareille fortune?... Est-ce que P'tit-Bonhomme était fou?

Sissy comprit leur pensée, et se hâta de dire :

« Non, mes amis, il a le cœur aussi sain que l'esprit, et c'est son cœur qui parle!

— Oui, mon père Martin, ma mère Martine, mes frères Murdock, Pat et Sim, et toi, Kitty, et toi, ma filleule, oui!... je suis assez heureux pour vous rendre une part du bien que vous m'avez fait!... Cette terre est à vendre... Vous l'achèterez... Vous relèverez la ferme... L'argent ne vous manquera pas... Vous n'aurez plus à subir les mauvais traitements d'un Harbert... Vous serez chez vous... Vous serez vos maîtres!... »

Et alors P'tit-Bonhomme fit connaître toute son existence depuis le jour où il avait quitté Kerwan, et dans quelle situation il se trouvait à présent. Cette somme qu'il mettait à la disposition de la famille Mac Carthy, cette somme représentée en guinées par les quinze cent quarante cailloux, cela faisait quinze cent quarante livres [1], — une fortune pour de pauvres Irlandais!

Et ce fut la première fois peut-être que, sur cette terre qui avait été arrosée de tant de pleurs, tombèrent des larmes de joie et de reconnaissance!

. . . .

La famille Mac Carthy demeura ces trois jours de Pâques au village de Silton avec P'tit-Bonhomme, Bob, Sissy et Grip. Et, après de touchants adieux, ceux-ci revinrent à Dublin, où, dès le matin du 11 avril, le bazar rouvrit ses portes.

Une année s'écoula, — cette année 1887, qui devait compter comme une des plus heureuses dans l'existence de tout ce petit monde. Le jeune patron avait alors seize ans accomplis. Sa fortune était faite. Les résultats de l'affaire de la *Doris* avaient dépassé les prévisions de M. O'Brien, et le capital de *Little Boy and Co* s'élevait à vingt mille livres. Il est vrai, une partie de cette fortune appartenait à Mr. et Mrs. Grip, à Bob, les associés de la maison des *Petites Poches*. Mais est-ce que tous ne formaient pas qu'une seule et même famille?

Quant aux Mac Carthy, après avoir acquis deux cents acres de terre dans d'excellentes conditions, ils avaient relevé la ferme, rétabli le matériel, racheté le bétail. Il va sans dire que force et santé leur étaient revenues en même temps que l'aisance et le bonheur. Songez donc! des Irlandais, de simples tenanciers, qui ont longtemps pâti

---

[1]. Environ 38,500 francs.

sous le fouet du landlordisme, maintenant chez eux, ne travaillant plus pour d'impitoyables maîtres!

Quant à P'tit-Bonhomme, il n'oublie pas, il n'oubliera jamais qu'il est leur enfant par adoption, et il pourra bien se faire, un jour, qu'il se rattache à eux par des liens plus étroits. En effet, Jenny va sur ses dix ans, elle promet d'être une belle jeune fille... Mais c'est sa filleule, dira-t-on?... Eh bien! qu'importe, et pourquoi pas?...

C'est du moins l'avis de Birk.

FIN DE LA DEUXIÈME ET DERNIÈRE PARTIE.

TABLE

LES PREMIERS PAS.

	Pages.
I. — Au fond du Connaught	1
II. — Marionnettes royales!	12
III. — Ragged-school	24
IV. — L'enterrement d'une mouette	37
V. — Encore la ragged-school	48
VI. — Limerick	61
VII. — Situation compromise	76
VIII. — La ferme de Kerwan	93
IX. — La ferme de Kerwan (suite)	107
X. — Ce qui s'est passé au Donegal	121
XI. — Prime à gagner	132
XII. — Le retour	145
XIII. — Double baptême	158
XIV. — Et il n'avait pas encore neuf ans	179
XV. — Mauvaise année	195
XVI. — Éviction	211

DERNIÈRES ÉTAPES.

I. — Leurs Seigneuries	225
II. — Pendant quatre mois	238
III. — A Trelingar-castle	245
IV. — Les lacs de Killarney	262
V. — Chien de berger et chiens de chasse	281

	Pages.
VI. — Dix-huit ans à deux	298
VII. — Sept mois à Cork	312
VIII. — Premier chauffeur	324
IX. — Une idée commerciale de Bob	338
X. — A Dublin	356
XI. — Le bazar des *Petites Poches*	375
XII. — Comme on se retrouve	388
XIII. — Changement de couleur et d'état	405
XIV. — La mer de trois côtés	422
XV. — Et pourquoi pas?	440

Paris. — Imp. Gauthier-Villars et fils, 55, quai des Grands-Augustins.

Contraste insuffisant
NF Z 43-120-14

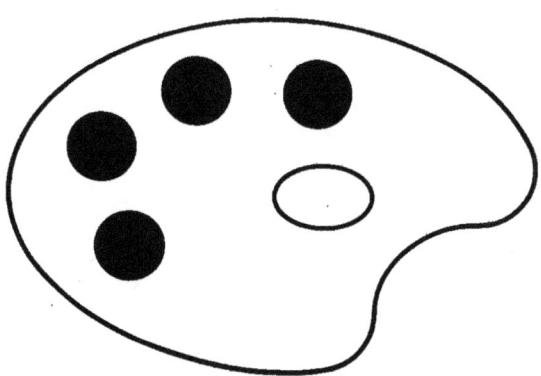

Original en couleur
NF Z 43-120-8

www.ingramcontent.com/pod-product-compliance
Lightning Source LLC
Chambersburg PA
CBHW060231230426
43664CB00011B/1616